Research and Development
Method of River-Crossing
and Bridging Equipment

渡河桥梁产品研发方法

◎ 孙文俊 著

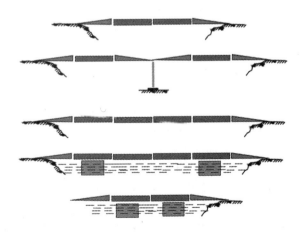

北京理工大学出版社
BEIJING INSTITUTE OF TECHNOLOGY PRESS

版权专有　侵权必究

图书在版编目（CIP）数据

渡河桥梁产品研发方法/孙文俊著．—北京：北京理工大学出版社，2019.3

ISBN 978-7-5682-6766-3

Ⅰ.①渡…　Ⅱ.①孙…　Ⅲ.①渡河器材-研究　Ⅳ.①U674.192

中国版本图书馆 CIP 数据核字（2019）第 035314 号

出版发行	/ 北京理工大学出版社有限责任公司
社　　址	/ 北京市海淀区中关村南大街 5 号
邮　　编	/ 100081
电　　话	/ （010）68914775（总编室）
	（010）82562903（教材售后服务热线）
	（010）68948351（其他图书服务热线）
网　　址	/ http：//www.bitpress.com.cn
经　　销	/ 全国各地新华书店
印　　刷	/ 三河市华骏印务包装有限公司
开　　本	/ 710 毫米 × 1000 毫米　1/16
印　　张	/ 20.5
字　　数	/ 363 千字
版　　次	/ 2019 年 3 月第 1 版　2019 年 3 月第 1 次印刷
定　　价	/ 120.00 元

责任编辑	/ 张慧峰
文案编辑	/ 张慧峰
责任校对	/ 周瑞红
责任印制	/ 李志强

图书出现印装质量问题，请拨打售后服务热线，本社负责调换

前 言

这是一本介绍渡河桥梁器材产品研发思想和方法的专门文集,笔者非常乐于将它奉献给致力于改革强军路上的舟桥装备后来者。这本书的分量不大,但信息量不小,涉及了渡河桥梁器材产品设计研发的许多方面,评述了国内外渡河桥梁器材发展的前因后果和我国渡河桥梁产品研发的现状及存在的问题,还原了许多业内人员对发达国家同类产品不甚了解的事实真相,提供了笔者长期从事渡河桥梁器材研发的经验总结和创新体会。笔者从事渡河桥梁器材科学研究工作 37 年,其中担任渡河桥梁专业学组组长 10 多个年头,知道或经历了我国渡河桥梁器材发展的各个阶段和我军骨干舟桥装备研发的重大事件,对业内的研发思想、工作方法、惯性思维和产品设计研发水平等有着较为全面的了解,也深感业内在产品设计开发能力方面与部队能打胜仗之间还存在着许多不足。

在我国,渡河桥梁专业是一个极其小众的专业领域,从业人员少,设计实践少,思维也相对不太开阔,在工作中所形成的一些认识存在偏差是在所难免的。例如,业内人士根据渡河桥梁器材的服役情况,发现舟桥车或者架桥车装备部队后,它们绝大多数都是放坏的,而不是用坏的,因为车辆的行驶里程非常少,但由于服役年代长久,导致车辆的一些元器件老化而使车辆无法使用。对此业内普遍认为这种现象是渡河桥梁器材特有的现象,而这种现象在其他装备使用中并不存在。其实,在和平年代,部队都是在自己的营区或者指定的训练场操作自己的技术兵器,无论是舟桥车、炮车还是其他战斗车辆,它们的行驶路线大都是车库到训练场,行驶里程非常有限,所以车辆在服役期间不会因为行驶里程导致磨损,而是由于年代长久而导致老化,这是和平年代技术兵器存在的普遍现象,而非渡河桥梁器材所特有的现象,业内之所以会认为是特有的现象,其实是业内人员的思维和眼界都不够开阔所致。笔者在此举这样一个小例子以说明业内还存在这样或者那样的不足,并不是想否定我国在渡河桥梁装备建设上所取得的辉煌成就,只是在思考和反思,我们是否还可以做得更好?在渡河桥梁器材研发领域,我们不缺乏从事产品技术设计的计算理论、计算方法和计算手段,但是我们却缺少从事产品设计的精品意识和科学理念以及理论联系实际的具体方法,缺乏对产品设计开发规律和设计方法的科学把握,关于这一点,参加国际军事技能比武工作的同志也有一定的切身体会。从现代设计理论和方法的角度讲,有系统设计方法、反求工程设计方法、优化设计方法、可靠性设计方法、计算机辅助设计方法、有限元法和创造性设计方法等。但落实到具体产品设计和开发时,还会有一些具体的研发规律和研发方法,这些规律和方法源于本领域的工作习惯、设计实践、研发思辨和经验总结。这些内容相对于产品研发来说,与前述设计理论和方法具有同等重要的地位和作用。笔者从理论联系实际的角度出发,探讨渡河桥梁器材产品研发中的一些问题和相关解决方法,虽然在内容上不像专业理论书籍那么系统,但却能帮助专业技术人员获得必要的专业信息和产品研发理念、方法,帮助专业技术人员更好地理论联系实际,设计出更具实际应用价值的、满足军事需求的渡河桥梁产品。

既然是对渡河桥梁产品及其技术研究工作的思考和经验总结,则书中内容就必然会打下个人观点方面的烙印,就会存在属于个人的看法。既然是个人的看法,是否应该公之于众?是否会影响后来人的视听,进而影响具体科研工作?笔者认为仁者见仁、智者见智。个人的看法不一定正确,但在这个看法之后一定存在着理论依据和实践经验总结。对作者来说,任何一部学术著作,都包含着作者的立场、观点和方法;对读者来说,关键是看作者认识事物的过程,而并不一定看重作者认识事物的结果。书籍的作用在于启发读者思考,如果说一个人的思维和看法是建立在客观基础之上,即建立在理论分析、历史条件、工作实践和国内外相关产品的全面信息综合之上,则这种看法必将反映出一种客观规律,也必将是一种科学方法和科学思维。本书内容就是笔者几十年科研实践的所见、所闻、所思、所学、所求,目的是向从事渡河桥梁产品研发的科技工作者传递科学的产品设计理念和工作方法。当然,笔者的看法也不可能完全正确或者没有漏洞,任何对客观事物的主观看法都具有一定的历史局限性和专业局限性,看问题的高度和角度不同,结论也可能会南辕北辙。笔者并不主张读者盲目地、不自觉地接受书中的观点和看法,因为简单的肯定和粗暴的否定都是片面的和不可取的。应该看到,笔者对相关专业问题的认识和思考都要受到其知识水平、工作经历和一定历史条件以及特定环境的影响。希望读者能够拿起批判的武器,对书中的观点进行一分为二的分析,肯定真理,修正错误,促进渡河桥梁专业学术争鸣和学术进步,促进渡河桥梁装备科学发展。

作者学习研究了本专业自1973年以来的《外军工兵装备研究》刊物,对外军多年来在渡河桥梁产品研发方面的战术技术信息进行了逻辑上的有机串联，向渡河桥梁科技工作者传递出比较全面客观的外军相关产品发展和建立渡河工程保障能力方面的信息，包括外军对产品研发的看法、经验以及与军事需求之间的关系，介绍如何利用外军产品支离破碎的战术技术信息进行产品的反求工程分析，由表及里地认识外军渡河桥梁产品；并且将笔者 30 多年来在渡河桥梁领域所经历的相关事件、技术问题及其思考、分析等总结出来。这些内容对于从事渡河桥梁产品研发来说是非常有益的，并且可以对从事渡河桥梁产品研发的工程技术人员起到启迪和示范的作用，但在渡河桥梁设计理论和设计计算方法的相关专业理论书籍中一般都不会涉及这样的内容。而根据笔者的工作经验，具有一定渡河桥梁产品设计研发经历的人员，总能在本书中找到自己希望获得的知识、经验、信息和解答，并且产生一种"似曾相识燕归来"的共鸣。

作为渡河桥梁产品设计的专门文集而非教材或者理论书籍，其内容自然不会像教材那么系统，在章节设计上也不可能像教材那样有着前后内容的逻辑关系，因此本书主要面对具备一定产品设计经历和具有一定产品设计综合知识的相关读者。希望读者能从作者解决专业问题的立场、观点和方法以及一些具体研究结论中得到启迪、思考和升华。

在本书撰写过程中，得到单位领导的大力支持和具体指导，孙宏祝所长还专门审校了全书并对本书提出修改意见。对此，作者对他们付出的劳动表示衷心的感谢和诚挚的敬意。

孙文俊

目 录

第1章 绪论 ………………………………………………………………………… 1

  1.1 渡河桥梁器材的由来和发展 ………………………………………………… 2

  1.2 渡江河行动的方法 …………………………………………………………… 5

  1.3 渡河桥梁器材的分类和名称 ………………………………………………… 8

  1.4 渡河桥梁器材在作战中的运用 ……………………………………………… 15

  1.5 现代高技术战争对渡河作战的基本要求 …………………………………… 25

  1.6 渡河工程保障的组织 ………………………………………………………… 31

第2章 渡河桥梁器材的作战使用性能和战术技术指标论证 …………………… 35

  2.1 渡河桥梁器材设计及其任务内涵 …………………………………………… 36

  2.2 渡河桥梁器材的组成 ………………………………………………………… 37

  2.3 渡河桥梁器材产品的寿命周期剖面和作战使用任务剖面 ………………… 38

  2.4 渡河桥梁器材产品的作战使用性能和设计参数提取 ……………………… 41

  2.5 渡河桥梁器材产品的总体技术方案及其对作战使用性能的影响 ………… 45

  2.6 渡河桥梁器材产品的总体设计思路 ………………………………………… 61

  2.7 渡河桥梁器材总体技术方案比较 …………………………………………… 64

  2.8 渡河桥梁器材总体技术方案确定的原则 …………………………………… 79

  2.9 渡河桥梁器材的战术技术指标体系 ………………………………………… 83

  2.10 渡河桥梁器材作战使用性能和战术技术指标论证方法 ………………… 88

2.11 现代渡河桥梁产品的产生过程 …………………………………… 89

第3章 渡河桥梁器材研发方法 …………………………………… 95

3.1 渡河桥梁器材的研发需要反思文化的引领 …………………… 96
3.2 用自行舟桥的发展引领渡河桥梁产品的技术进步…………… 109
3.3 外军渡河桥梁产品的发展 …………………………………… 111
3.4 外军渡河作战与渡河工程保障 ……………………………… 119
3.5 渡河桥梁器材的科学发展 …………………………………… 125
3.6 渡河桥梁器材的发展需要与时俱进 ………………………… 137
3.7 现代作战与渡河工程保障 …………………………………… 140
3.8 江河障碍与工程侦察 ………………………………………… 142
3.9 门桥渡河和桥梁渡河的选择 ………………………………… 144
3.10 舟桥水上推进动力的设计与发展 …………………………… 149
3.11 冬季渡河和冰上渡河 ………………………………………… 153
3.12 两栖舟桥（自行舟桥）的设计和发展 ……………………… 154
3.13 架桥拖车（拖车式冲击桥） ………………………………… 160
3.14 渡河桥梁器材的发展必须着眼体系作战的需要 …………… 163
3.15 渡越特大江河的考虑因素和处理方法 ……………………… 164
3.16 构筑海滩路面的方法 ………………………………………… 166

第4章 渡河桥梁器材的结构材料 ………………………………… 169

4.1 渡河桥梁结构材料的发展及其作用 ………………………… 170
4.2 渡河桥梁设计对结构材料的要求 …………………………… 173
4.3 渡河桥梁结构用材 …………………………………………… 175
4.4 国外结构材料在渡河桥梁产品中的应用情况 ……………… 180
4.5 结构材料对渡河桥梁结构减重的影响 ……………………… 183
4.6 结构材料对渡河桥梁产品总体技术方案的影响 …………… 186

第5章 渡河桥梁的载荷 …………………………………………… 189

5.1 载荷 …………………………………………………………… 190
5.2 载荷与产品重量以及与产品功能的关系 …………………… 191
5.3 渡河桥梁设计载荷的发展 …………………………………… 196

第 6 章 自行舟桥设计 ·· 197

- 6.1 自行舟桥的作战使命和特点 ································· 199
- 6.2 对国内外自行舟桥的分析 ····································· 200
- 6.3 自行舟桥的底盘选择 ··· 218
- 6.4 轮式自行舟桥总体技术方案和相关设计要求 ········ 222
- 6.5 舟桥总体结构的设计与计算 ································· 247
- 6.6 自行舟桥连岸结构系统设计计算 ·························· 255
- 6.7 轮式自行舟桥的总体设计要求和主要设计参数 ···· 295
- 6.8 轮式自行舟桥的总体技术方案的可行性论证 ······· 312

参考文献 ·· 314

第 1 章
绪 论

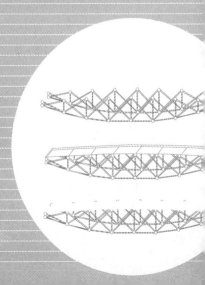

渡河是军队通过江河障碍的行动。为了保障军队在运动过程中克服江河、沟渠等道路障碍，在架设桥梁或者开设渡场中所使用的器具、设备和建筑材料，我军习惯上统称为渡河桥梁器材（Military Bridging and River-Crossing Equipment），外军称之为军用架桥跨障器材（Military Bridging and Gap-Crossing Equipment），Gap 在这里表示一种广义的道路障碍。上述器具和设备主要是指架桥车、运桥车（舟车）、汽艇或者水上推进动力装置等，而建筑材料则是指结构材料、结构件和大型预制结构件或整体结构，如固定桥的桥节、桥跨和桥脚，浮桥的桥节舟（河中舟或者岸边舟）和节套舟（包括桥脚舟、桥桁、桥板）等。一旦这种建筑器具和建筑材料按照一定的规格、数量配备给军队使用时，渡河桥梁器材便成了渡河桥梁装备。渡河桥梁器材通常包括用于架设固定桥和吊桥的桥梁器材/装备、用于开设浮桥和门桥渡场的舟桥器材/装备、用于渡河的水陆输送车辆等两栖渡河器材、橡皮舟和冲锋舟（冲击舟）等轻型渡河器材以及用于克服松软泥泞岸滩的路面器材等。

1.1 渡河桥梁器材的由来和发展

从最早期的战争开始，战场机动能力对军事行动的成败就起着决定性影响。因此，军事策划者和技术人员都千方百计地研究制造障碍和克服障碍的方法。

在冷兵器时代，由于技术的落后，军事人员主要是利用天时、地利、人和因素来实现战争企图，军队的机动力也只是人力和马力，军队运动缓慢，逢山开路、遇水架桥是保障军队机动的重要任务。早期军队在遇到不可迂回的河流障碍时，会在当地寻找就便材料（就地取材）架设桥梁或利用船只渡河，当时可以使用的建筑材料主要为木材。

随着科学技术的进步以及热兵器（火炮）的出现，战场有了一定的纵深，对军队机动能力的要求较之冷兵器时代有了大幅提高。此时，军队在运动中就会携带一些事先备制的轻型渡河器材，以便在遇到河流障碍时能够随时使用，如俄国 18 世纪中叶就创建了舟桥部队，并且使用了一种金属骨架的帆布舟，法国和美国在 19 世纪使用了木质重型舟桥。

到第一次世界大战时，壕沟和铁丝网是最有效的战场障碍，堑壕能够保护己方免遭敌火攻击，但也影响己方对敌实施有效射击，这种局面导致了一种装甲冲击车辆——坦克的问世。1916 年，坦克第一次在战场上发挥作用，导致人们选择设置较宽的壕沟障碍来限制坦克的运动。此时坦克需要得到保障自身跨越壕沟的装备支援，正是在这一需求牵引之下，1919 年第一辆架桥坦克（冲击桥）问世，它可以克服 9 m 宽的壕沟障碍。在第一次世界大战期间，俄国使用了带动力的木质摩托化舟桥。"一战"之后，法国、美国和苏联军队开始装备金属舟桥器材，这些舟桥器材具有金属的浮游桥脚舟和上部结构，即我们今天所说的可以架设桥脚分置式浮桥的舟桥器材。

随着武器装备的不断进步，特别是飞机在战争中作用地位的显现，战场纵深进一步加大，对部队机动能力的要求进一步加强，到第二次世界大战时，渡河桥梁器材得到进一步发展。英国在 1938 年发明了剪刀式坦克架桥车，桥跨结构由两个折叠在一起的桥节组成，可以克服跨度更大的沟渠障碍。美国在 1938 年研制了橡皮桥脚舟和金属上部结构的舟桥器材，苏联第一个将开口式桥脚舟改为闭口桥脚舟，把浮桥的安全性、稳定性和战场适应性提高到了一个新的高度。而"二战"中最著名的、也是今天还在广泛使用的渡河桥梁器材当属英国的贝雷桥。

第二次世界大战之后，随着各国工业化进程的加快，技术进步也为军事装备的发展提供了物资基础条件。军队的摩托化、机械化水平进一步提高，"二战"时期的渡河桥梁器材已经不能满足新的军事行动的要求。于是各国纷纷开始了新一轮的渡河桥梁器材研发工作，以架设桥脚分置式浮桥为主的普通舟桥提高了标准化、集成化程度。河中装车单元以节套舟的形式出现，一辆运载车可以运载一个节套舟，并能实现自装卸功能；岸边装车单元以码头器材和栈桥器材的形式出现。一个节套舟泛水后可以组成一个浮游桥节或者是一个浮游桥节的组成部分，既简化了浮桥架设作业动作，又提高了浮桥架设作业速度。自行舟桥也是在这个时期发展起来，该器材水陆自行，机械化程度高，机动性能好，能伴随和保障作战部队快速机动。而带式舟桥的出现则是"二战"后舟桥的一次重大革命，也是在"二战"后唯一接受过战争检验的先进舟桥器材。它造价低，效能与自行舟桥基本相当，并且是普通舟桥效能的 5 倍左右，它的出现导致普通的桥脚分置式舟桥基本退出了历史舞台。桥梁器材的机械化程度和适应战场的能力不断增强，冲击桥的桥梁长度达到 24~26 m；多跨固定桥的桥梁长度不受限制，通常带固定桥脚的机械化桥梁器材，一辆桥车就可架设 10~18 m 的单跨桥，多车组合可以架设多跨桥，一般 5 辆桥车可以架设的桥梁长度在 50~75 m；单跨固定桥的长度一般在 50 m 左右。

在 20 世纪 50、60 年代，伴随着两栖战斗车辆的出现，美军曾经设想战场机动再也不需要工兵的架桥支援。但随后越南战争的经验表明，不管两栖战斗车辆如何发展，桥梁仍然是必须的。正如美国人所做的分析总结那样，"一条河流对于架桥来说只不过妨碍了一次，但在没有桥梁的情况下，它对于需要渡河的每一辆车来说始终都是一个障碍"。因此，无论是舟桥器材还是固定桥器材，对于保障地面作战部队机动都是不可或缺的，都是需要大力发展的，即使是使用门桥漕渡，也比两栖战斗车辆自己上岸要容易得多。

伴随着直升机在战场上的出现和大量运用，使战术指挥官能够轻易地在战场上实施轻战术部队的机动。在武装直升机的直接火力支援下，战术指挥官可快速空运部队，达到出其不意和掌握有利态势的目的。但是，一旦敌人稳住阵脚并获得兵力、火力和后勤支援时，轻战术部队的技术兵器和战术方法将不能再保持原有的作用。保持对敌优势还需要重型部队的参与，而重型部队都不太可能通过空运实施战术机动。从这个角度讲，轻型战术部队，一旦空降到地面，其机动能力仍取决于工程兵支援；而重型战术部队的地面机动，将主要依靠工程兵支援。机动的地位决定着战争是阵地战还是运动战。火力的进步，促使部队需要通过高速机动以达成所需的分散。换句话说，指挥官必须提高军队的机动性来保持其与火力的平衡。技术的进步为不断提高机动性创造了条件，但现代机动的优越性要想得到充分体现，则还有赖于工程兵所建立或所保障的交通线是否顺畅。换句话说，在战术计划中能为指挥官提供可靠机动保障的就是交通线/道路网络。

军事侦察、通信指挥和精确打击武器性能的大幅提升，要求部队行动更加机动灵活，部队的行动速度必须与敌侦察和打击行动的反应时间相适应，并且对工程兵部队提出了更高的作战保障要求，同时也对渡河桥梁器材的作战使用效能提出了更高的要求。到了 20 世纪 80、90 年代，随着发达国家工业革命的基本完成，武器装备的性能也已接近或者达到了其自身的物理极限。人们已经发现，突破这些极限不是不可能，就是突破的幅度特别小，但费用却非常大，要进行武器装备的发展，就必须另辟蹊径。随着信息时代的到来，人们迎来了军事传感和军事通信革命，使现代战争呈现出体系与体系对抗的特点，而非一个国家、一种军队的单打独斗。军队利用军事传感技术提供敌对双方的战场情况，适时作出有利于己方的战场决策。利用军事通信技术将全球战场信息进行目标识别并提交作战平台,确保了各军兵种各作战单元之间在探测、侦察、跟踪、火控、指挥等方面的信息畅通,实现了军事力量的整体综合。为适应现代战争这一特点,渡河桥梁器材在各种性能已基本达到其物理极限的情况下,只有减少装备品种、实现装备功能兼容通用才能最大限度地发挥其战场作用。北约国家为了提高体系内的作战保障能力,制定了统一的渡河桥梁器材研制标准,20世纪80年代和90年代提出了桥梁族构想,并将现代传感技术、通信技术和现代侦察技术以及联合作战 C^4ISR 系统等引入渡河桥梁器材的产品设计,极大地促进了工程兵部队远程机动能力、精确保障能力和应急机动快速反应能力。伪装和欺骗技术的战场应用,也有助于渡河桥梁器材在战场上的有效使用。到21世纪初,渡河桥梁器材的通用化、系列化、组合化水平得到不断提高,机械化、智能化、信息化水平在不断加强,可靠性、维修性、保障性、安全性、测试性、可用性要求得到全面贯彻。

发展可空运桥梁装备,是加强渡河桥梁装备快速机动能力的重要一环。它能够承载空运战斗群的各种车辆,并且用途广泛,可以架设小跨度固定桥、结构浮桥和门桥,由于重量轻,因此可以用直升机来吊运和架设,还可以装载在越野车上或者由越野车牵引的拖车上,以满足空降部队机动作战的需要。军事工程师将不断努力提高渡河桥梁装备的战术机动水平,缩短作业时间,更确切地讲是缩短整个渡河工程保障的时间,以应对敌人的侦察探测和反应;减少作业人员,以降低使用费用;提高装备的可用性和可靠性,这样不仅可以降低费用,而且可以减少后勤和技术保障的负担。节省经费主要在平时,战时首先考虑人员的生命。

外军认为,克服水障碍能力是反映部队机动能力的重要标志。因此,战场上只要有军队运动,就需要有渡河桥梁器材保障军队运动。

1.2 渡江河行动的方法

不了解军队作战机动的组织形式和行动方式,就不可能掌握工程保障行动的特点和规律;不了解、不清楚渡河工程保障和道路工程保障行动中可能出现的问题以及应对这些问题所采取的解决方法,就不可能对渡河桥梁装备的发展作出科学的研究和判断。因此,了解军队渡江河行动的主要方法以及在行动过程中可能遇到的情况和问题,对于做好渡河桥梁新产品的需求牵引,具有重要意义。

军队渡江河行动的方法主要有:徒涉渡河、坦克潜渡、冰上渡河、泅渡、漕渡(包括门桥渡河、两栖车辆渡河和舟筏渡河)和桥梁渡河(包括固定桥和浮桥渡河）。徒涉渡河不需要使用渡河器材，只要水浅和河底土壤坚硬，战斗车辆和人员就可以涉水过河。坦克潜渡可以在水深、流速适合，河底平坦坚硬、岸坡平缓的河段借助一定的技术措施和潜渡设备从河底通过江河。冰上渡河是借助冰层的承载能力从冰上通过江河。泅渡是人员以游泳的方式通过江河。门桥渡河是通过漕渡门桥将战斗车辆渡送过河；两栖车辆渡河是指具有水陆自行能力的车辆自己渡越江河；舟筏渡河是借助船只、舟艇和木（竹）筏等渡送人员和轻武器通过江河。桥梁渡河是军队利用浮桥、固定桥等通过江河。

渡江河作战是军队不可避免的一项军事行动。渡越江河等水障碍是工兵的传统任务之一。目前，许多战斗车辆都具备水陆两栖性能，具备一定的克服水障碍能力。但渡河作战由三部分组成，即泛水（入水）、渡越水障碍和上岸（出水）。在这三部分中，泛水（入水）和上岸难度较大，其中又以上岸难度最大。由于受水流速度和岸边条件等影响，对两栖战斗车辆准确登陆产生较大困难。因此，两栖战斗车辆登陆在大多数情况下需要得到两栖战斗工程车的辅助，同时需要使用江河侦察器材和信息传感器材以确保登陆位置的准确性。为了帮助车辆上岸，需要使用一种特种锚具，该锚具可以人工设置也可以火箭发射（火箭锚），锚定设置后，车辆可以借助绞盘上岸。当车辆没有绞盘时，可以在车辆上安装轮毂绞盘，轮毂绞盘与锚具钢索连接，只要轮毂转动，钢索就会收拢，车辆即可上岸。改善上岸道路，还可以使用路面器材，路面器材可以有效提高车辆的通过性能，帮助车辆克服泥泞松软河滩。两栖战斗工程车具有良好的水上性能，它的火箭锚和绞盘能够确保自身顺利上岸，上岸后其自身就起锚具作用并可进行土工作业，修筑上岸通道，帮助其他车辆登陆。因此，两栖战斗工程车在登陆作战中具有"导航"的作用。

在现代战争中，军队实施渡江河作战是一项复杂的系统工程。从外军所开展的军事演习情况看，单一的渡河方法不足以达成军事企图。通常渡江河作战都是在一定的宽正面展开，渡河行动呈立体状态展开，防空和伪装欺骗等手段广泛运用，确保一定数量的渡河场点，各种渡河手段综合运用，开设的渡场主要是浮桥渡场和门桥渡场，如果条件合适，潜渡渡场和徒涉渡场也会加入其中。为确保军队强渡江河的突然性和有效性，发起渡河的一方还会实施空降行动，直插敌防御纵深对敌实施打击，有效支援己方的渡河行动。例如，1969 年华约集团曾经进行过一次渡河演习，选择三点同时渡河：一处利用两栖装甲运兵车渡河，一处采用坦克潜渡，还有一处利用浮桥供轮式车辆渡河。其中演习时的架设速度比相关规范标准规定快了 2 倍（苏军的标准是 7~8 m/min），一个东德摩步团只用几十分钟就完成渡河行动。还有一个捷克的摩步营则是采用直升机吊运的方式完成渡河行动。

从渡河作战原则上讲，江河作战应当从行进间在广正面的许多点强渡，而且不得妨碍向前推进。只有多点渡河才能分散敌人力量，保证具有一定数量的渡河点成功渡河。苏军在渡河作战计划中，为了寻找和控制渡场，通常会使用空降部队或空中机动部队，这些部队可以用来巩固渡场两岸滩头阵地，保障己方渡河。有时，可能会用到直升机吊运架桥器材，空降部队还必须承担寻找坦克渡场、门桥渡场和两栖装甲输送车渡场和浮桥渡场位置的任务。对于机械化机动部队而言，渡河后无须巩固桥头阵地，而是不停顿地向敌纵深推进，近距离消灭敌人。近距离交战可使敌远程或者垂直火力支援的作用降至最小。美军渡河分为从行进间渡河和预有准备渡河两种基本形式。行进间渡河是进攻的一种继续，是有计划的作战，是在敌防御相对薄弱的地段利用己方装备优势而实施的快速渡河。预有准备渡河则是经过周密策划、力量集结和准备之后所突然发起的渡河行动。渡河作战不能完全依靠工程兵开设门/浮桥渡场保障，要综合利用潜渡、涉水和车辆两栖性能，才能确保军队快速渡河。

说到渡河作战，就必须介绍 1973 年 10 月第四次中东战争中的强渡苏伊士运河，因为这是第二次世界大战之后最有代表性的一次经过实战检验的渡河行动。埃及军队为发动第四次中东战争进行了精心准备，为突破巴列夫防线强渡苏伊士运河进行了大量有针对性的试验和训练，在战术技术方面都做到了心中有数。为渡河桥梁器材隐蔽集结也开展了持续的伪装欺骗行动。例如，通过军队在苏伊士运河上进行浮桥架设演练，利用车辆运动掀起的沙尘作为掩护，采取朝进夕出，多进少出，逐步将器材集结隐蔽在渡场附近，确保了强渡江河计划的实施。为在巴列夫防线的沙堤上开辟渡口，通过多种试验，最终选择使用高压水枪冲沙的方法从沙堤上打开缺口。为保障渡河行动，埃军在渡场附近建立了多个防空阵地。由于用划桨橡皮舟有时要比用操舟机冲击舟更具隐蔽性和突然性，埃军就是在夜幕的掩护下采用橡皮舟将第一批战斗人员渡送至苏伊士运河对岸的。对岸属于敌占区时，须采用火力压制、抢占滩头的方式，在巩固登陆场后，方可实施桥梁渡河行动。战争于 1973 年 10 月 6 日 14 时打响，直至 10 月 7 日晚，渡过苏伊士运河的装甲部队才将桥头堡的纵深扩大到 7～8 km，接近公路。舟桥器材于 10 月 6 日夜间和 7 日到达渡场，架桥作业持续到 10 月 9 日，一共架设了 10 座 PMP 带式浮桥，有 120 个桥节舟在渡场作为备份，浮桥可以向上游或者下游不断移动以躲避敌火力打击，以军空军用火箭和炸弹对桥梁实施了攻击，但从未将浮桥彻底摧毁。每次当雷达显示以军的攻击来临时，埃军就将浮桥分解移动到岸边。虽然很多桥节舟遭到严重损坏，但组成浮桥的桥节舟可在几分钟之内得到更换。以军则成功地发现了埃军防线的缺口，于 10 月 15 日 17 时开始渡河行动，第一座桥于第二天早晨架通，于 10 月 16 日 16 时完成第二座浮桥的架设通载。10 月 18 日午夜，以军两个师成功实施渡河，第二天第三座浮桥架通，第三个师从这座桥梁上过河。以军过河后进入埃军后方，攻击了埃军导弹防空阵地和埃军防空领域,占领了埃军四座桥梁,造成埃军后方恐慌,彻底扭转了战争局势。最终在国际社会的调停下,第四次中东战争宣告结束。

进攻作战中强渡江河,进攻部队必须占领桥头堡或者滩头阵地,在对敌火力进行有效压制和对渡河保障实施有效防护之后,立即开展门桥渡河作业,同时实施桥梁渡河作业。舟桥器材可在门桥、浮桥渡河作业中不断变化,河宽小于 80 m 时,不宜采取门桥渡河。渡河地点经过短暂使用后应迅速转移位置,渡河应在几个不同地点同时进行或分梯次进行。多点渡河有助于减少伤亡,第一梯队重型装甲部队应在桥梁渡河之前,采用徒涉或者潜渡等方式渡过江河。

为了保证门桥渡河的顺利实施,必须尽早对需要渡河的车辆进行编队,使之按照一定队形有序开上门桥。门桥渡河效率较低,由门桥渡河转入桥梁渡河需要花费一定时间。桥梁渡河效率较高,通常每小时可以通过 150～250 辆战斗车辆。由于桥梁渡河造成明显的兵力集中,这就增大了敌远程火力和空中火力集中打击的危险。因此,桥梁渡河从时间上讲应该安排在夜间,并且尽可能缩短渡河时间,渡河的时间应短于敌侦察和火力反应所需的时间,桥梁渡口需要经常变换位置,渡河部队需要适时作出调整。渡河行动需要建立有效的防空体系作为保障,烟幕可以有效防护渡场地域,降低敌火力命中概率。

1.3　渡河桥梁器材的分类和名称

我军从红军时候起,就能利用民船和木质建筑材料等就便器材架设浮桥,实施渡河。抗日战争后,我军从日军和国民党军手中缴获大量制式渡河器材,这些器材在解放战争中发挥了巨大的作用。新中国成立后,我军通过进口和仿制苏联的舟桥器材,解决了抗美援朝战争时的部队需要。1958 年,随着工程兵技术装备专门研究机构的成立,我军正式开始了渡河桥梁器材的研制工作。20 世纪 60 年代以测绘仿制为主,20 世纪 70 年代在测绘仿制的基础上实现仿中有创,特别是 20 世纪 70 年代开始的渡长江大型军事演习,使我军积累了丰富的渡河实践经验。到 20 世纪 70 年代末期至 80 年代中期,我军参照国外渡河桥梁器材的先进产品,研制了一大批性能先进的渡河桥梁器材,其中最具标志的产品是四折带式舟桥和重型机械化桥,它们双双获得国家科学技术进步一等奖。进入 20 世纪 80 年代后,我军渡河桥梁器材研发能力得到快速发展,自主研发能力不断提高。进入 21 世纪以后,我军渡河工程保障体系初步形成,部队装备的渡河桥梁产品也开始向更新换代方向迈进。

然而,也正是由于我国自主研发渡河桥梁器材的历史较短,加之从业人员较少,产品设计实践有限,设计经验总结不及时、不系统,因此也使我国渡河桥梁产品的设计文化缺乏必要的底蕴。业内人员通常只关注产品开发,一个人一生往往也只有1~2个成名产品。在整个专业领域,几个人的意见和见识就可以成为一"家"之言,而一家之言也可能成为本专业的学说或共识,成为本专业的文化并且被一代一代地传承着。例如,我军渡河桥梁器材产品的名称,就缺乏必要的研究和科学的定义。多数都源于翻译国外的相关产品文献,由于中、外在语言表达习惯方面的差异,对产品名称的翻译未必准确,专业人员对一些产品名称的认识,也有约定俗成的味道。如果专业人员望文生义和主观臆断的话,产品名称就有可能被片面地理解,最终还可能影响渡河桥梁器材的发展。因此,搞清渡河桥梁的种类、名称和含义,有助于我军建立科学的渡河工程和道路工程保障体系。

1.3.1 渡河桥梁器材的分类

渡河桥梁器材产品的种类很多,有着许多划分方法,从《简氏防务年鉴》有关"Bridging Systems"的一贯表达方式看,主要将渡河桥梁器材分成四个类别,即机械化架设的渡河桥梁系统、舟桥器材、桥梁器材和舟艇器材。机械化架设的渡河桥梁系统主要指以单车或少数车辆组成的渡河桥梁器材,这些器材的最本质特点就是集桥梁、运输车辆和架桥/渡河功能为一体;舟桥器材主要指由多个舟桥车辆(带桥节舟和节套舟的舟桥车辆)等组成的成套器材,如带式舟桥、浮箱类舟桥和桥脚分置式舟桥器材;桥梁器材主要指由多个运输车辆(架桥车和运桥车)等组成的成套器材,如人工架设的桥梁器材或一台架桥车和多台桥梁运输车组成的架桥系统;舟艇器材主要指架桥汽艇、冲击/冲锋舟、侦察舟、操舟机等。随着技术的进步,各种器材之间可能存在交叉现象,从渡河桥梁器材的领条、从属条的归类看,从属条的含义也是非常广泛的。不同的出发点会出现不同的器材类型划分。例如,按技术特点的划分,有机械化作业和人工作业之分,浮桥和固定桥之分,两栖和非两栖之分,履带式和轮式之分,单跨与多跨之分,轻型和重型之分,等等;按使用时机和使用方式的划分,有前、后方之分,定点和机动之分,伴随机动和自主独立机动之分,近距离支援和全般支援之分,预有准备和仓促之分,就便器材与制式器材之分,等等。由于器材种类划分方面的多样性和器材名称之间的包容性,必然会导致渡河桥梁装备体系建设方面的问题,也会导致我们在规划渡河桥梁装备发展方面的困难,甚至连新器材的名称都很难确定。其实,只要弄清渡河桥梁器材的名称和意义,器材的归类就容易了,渡河桥梁装备体系也就清晰了。

渡河桥梁装备体系,应该由一系列相互联系、相互补充的渡河桥梁器材组成。而装备体系的划分则应该根据作战工程保障任务、保障模式和保障对象而定。从使用方式和使用时机的角度看，制式渡河桥梁器材可以划分为定点保障器材和机动保障器材。定点保障器材又可以分为特种舟桥器材和交通战备桥梁器材；机动保障器材又可以分为伴随机动渡河桥梁器材和自主机动渡河桥梁器材，伴随机动渡河桥梁器材还可以分为轮式伴随机动渡河桥梁器材、履带式伴随机动渡河桥梁器材和两栖伴随机动渡河桥梁器材，自主机动渡河桥梁器材可以分为单兵或班用渡河桥梁器材、可空投或可空运渡河桥梁器材、普通舟桥器材、大跨度固定桥器材、多跨固定桥器材和路面器材等。

定点保障所使用的渡河桥梁器材是战场准备的重要内容，即在和平年代，就要对重要的道路桥梁、重要的渡口附近设置或组建工程兵渡河桥梁专业部队或预备役专业部队，储备或装备大量渡河桥梁器材。在战时，对重要的桥梁或渡口以及重要的交通地段派出专业部队驻守，并利用其拥有的渡河桥梁器材及时抢架、抢修桥梁或开设渡口，确保重要交通线的畅通。由定点保障渡河桥梁器材中划分出来的特种渡河器材与目前认为的那种在特大江河上使用的舟桥器材有所不同，这里的特种渡河器材含义更加广泛，它包括了目前在特大江河上使用的舟桥器材，如在特大江河上实施定点保障的特种舟桥，还包括铁路舟桥、渡船、气垫平台等器材。这些器材要么自身的尺度很大，不适合陆上机动，要么器材投入量巨大，运输车辆和作业人员众多，行军队伍庞大，不适合远距离机动，只适合在特定地域和位置使用。而交通战备桥梁器材主要是指目前由国家交通战备部门所生产、储备和装备民兵或预备役人员训练使用的装配式公路钢桥。这些装配式公路钢桥平时就配置在重要的交通线附近，战时由相关的职能机构统一指挥部署器材和作业力量，实施交通线保障行动。

伴随机动渡河桥梁器材的定义是能够伴随机动作战部队运动，并随时前出快速架设桥梁或开设渡口的工程器材。这些器材的最本质特点就是集桥梁/舟桥、运输车辆和架桥/渡河功能为一体，通常一两台车就是/就可组成一个保障系统，能够完成保障任务，如可以架设一座桥梁或构筑一个门桥渡口。由于保障系统高效精干，因此特别适合伴随作战部队机动。它们通常都是完成仓促工程保障任务，即在部队行进间随时前出执行工程保障任务。这类器材主要是指我军目前拥有的冲击桥、伴随桥、自行门/舟桥和机械化桥等器材，它们还可以分成重型器材与轻型器材、履带式与轮式器材，等等。

自主机动渡河桥梁器材是指那些使用方法灵活、机动能力强，通常需要多台车辆才能形成一个保障系统的工程器材（例如带式舟桥一个60t门桥最起码要用4台车辆组成，三辆满载舟车和一辆满载艇车）。这些器材根据战区指挥官的统一部署，按照精确保障的要求，在陆上机动战中，为机动作战部队适时提供工程保障。自主机动保障器材，自身机动就具备一定规模，如果伴随机动作战部队一起运动，往往容易暴露部队作战企图，因此不适合伴随作战部队机动。

这类器材主要完成预有准备情况下的工程保障任务，通常保障任务的规模也比较大。单兵或班用渡河桥梁器材主要指轻型渡河器材，如徒步桥、冲击舟和侦察舟等；可空投或可空运渡河桥梁器材主要是指那些符合我军空中运输工具运输条件的轻型渡河桥梁器材，如轻型门桥或由充气结构、折叠结构和轻质材料结构构成的架桥系统。

1.3.2 渡河桥梁器材的名称

某一类器材的某一个产品的名称是否科学和准确，将会影响到人们对这一类产品的理解，如果管理层对产品名称及其意义有着特定的理解，而产品研发者对产品名称又缺乏必要的研究和应有的重视，就可能会影响到这一类产品的发展和进步。从实际情况看，产品研发者对产品名称的叫法是不够重视的，例如我军著名的"四折带式舟桥"，产品研发者在取名时就并没有用心，只是随便地将"四舟折叠式舟桥"取名为"四折带式舟桥"，而用心的人就会思考，这种舟桥的桥节舟以 W 方式折叠和展开，严格意义上讲应该叫"四舟三折带式舟桥"，四折带式舟桥应该叫三折带式舟桥，因为四个舟只能折三次。诸如情况还有两节折叠式机械化桥，通常被称之为两折式机械化桥；三节两折式机械化桥，通常被称之为三折机械化桥等。这些名称往往都是对产品最熟悉的研发者最先叫出的，后来人更不用心，反正约定俗成，只要名字一说出，业内都知道指的是什么产品。上述现象虽然不会对渡河桥梁器材的发展产生什么实质性影响，但却可以反映出专业人员的不拘小节和缺少文化积淀。

就像家长给孩子取名字那样，通常名字都具有一定的寓意，包含着长辈对孩子的祝福、希望，等等。产品的名称也应该表达设计者的一些想法或者包含产品的一些特点。关于渡河桥梁产品的名称，有用动物来命名的，如海狸冲击桥、狼獾冲击桥和鬣蜥桥等；有用人的名字或者地位命名的，如季洛瓦舟桥、酋长冲击桥等；有用技术特点命名的，如带式舟桥、快速桥、机械化桥等；也可以根据战术特点来命名，如近距离支援桥和全般支援桥等；还可以用年代来命名，如 99 式、88 式等；也可以将上述各种命名方法进行适当组合以获得产品名称。从专业的角度，渡河桥梁器材的名称只要取得形象、合理，不要出现明显的矛盾和误解即可。但如果用产品归类的角度来理解产品名称时，就有必要对渡河桥梁器材的归类和名称进行必要的研究和讨论，因为它直接关系到渡河桥梁装备体系的建立和渡河工程保障能力的建设。

从英国《简氏防务年鉴》中的"地面车辆与后勤"分册上的表达看，就具体某一个或某一类渡河桥梁器材来说，其总的英文领条是"Bridging Systems"，意思是架桥设备（System 有成套设备的意思）或架桥系统，并且强调"Military Bridging equipment is a mobile bridge system"，即军用架桥装备是一个可移动的桥梁系统。在"Bridging Systems"这个总领条之下，第二层次的英文词条或次领条是：Mechanised Bridges（机械化桥梁产品，按照我们的习惯就是指由单车或者少数车辆构成架桥系统的渡河桥梁器材。这里 Bridges 与 Bridge 并非单、复数这么简单，更多的是表达在这个次领条之下包含有各种各样的机械化渡河桥梁产品）；Tactical Floating Bridges and Ferries（战术浮桥和门桥产品。按照我们的习惯，就是指舟桥器材）；Tactical（Non-Floating）and Line of Communication Bridges（非浮游的战术桥和交通线桥梁产品，按照我们的习惯，就是指桥梁器材，包括大跨度桥梁或多跨桥器材）；Bridging Boat（架桥舟艇）。

在"Mechanised Bridges"这个次领条之下，有许多具体的渡河桥梁产品，其中有我们今天习惯称谓的冲击桥、伴随桥、支援桥和自行门桥等渡河桥梁器材。这些渡河桥梁产品均采用机械化方法架设和撤收，其中许多产品都是单车系统，即桥梁结构模块/舟桥结构模块由车辆运载、架设和撤收，并且可以单独完成工程保障任务。

关于冲击桥，按照我国GJB《军用桥梁术语》的定义，冲击桥是"由装甲车辆载运，在车内操纵机械装置，于敌火下快速架设的桥梁器材"。但从美军战斗条令《工程兵的战斗行动》介绍的情况看，在美军跨越沟川行动中，当障碍宽度超出装甲架桥车的克障能力时，可以使用 MGB（一种可以架设大跨度桥梁的桥梁器材，我军习惯将之视为二线桥梁器材）架设冲击桥。业内人士都知道，目前我们是将冲击桥视为一种桥梁器材，而没有视为一种桥梁建筑，这才导致了我们对冲击桥的狭义理解。按照美军的描述，冲击桥（Assault Bridge）应该属于在战斗部队发起冲击的路线上所架设的桥梁。而在部队发起冲击时，通常使用的桥梁器材就是我国GJB《军用桥梁术语》所定义的冲击桥。因此完整地讲，冲击桥应该具备两层含义：其一它可以代表某一类桥梁器材，其二它可以代表某类战场上的建筑物。关于冲击桥，外军使用的名称主要有：

Armoured Bridgelayer system，意为"带装甲的架桥设备"；

Armoured Bridgelayer，意为"装甲架桥车/机"；

Armoured Vehicle Launched Bridge，意为"具有架桥功能的装甲车辆"；

Bridgelayer Tank 和 Tank-launched bridges，意为"架桥坦克"；

Tank-mounted Multi-Hop Assault Bridge，意为"安装在坦克上的多跨冲击桥"。

Assault Bridge with the launching system based on ×××type chassis，这句话最能反映英文的表达意图，表示"以×××底盘为基础，具有架设设备的冲击桥"；Modular Bridging system，意为模块化架桥设备/系统；Modular Assault Bridge，意为模块化冲击桥。也有直接使用 Assault Bridge 来表示冲击桥产品的，还有在冲击桥前面加重型或轻型二字的，但从外军文章的表述中很难区别作者是在强调桥梁建筑本身，还是在强调一种桥梁器材。中文×××桥可以表达两层意思：第一表示某个桥梁（建筑物），第二表示某种桥梁器材。而英文通常通过词性变化或者增加其他名词来区别建筑物和器材。按照洋为中用的原则，专业人员应该建立这样一种概念，即冲击桥可以表达两层意思：一是指在战斗部队发起冲击的路线上所架设的桥梁；另一层意思就是我国《军用桥梁术语》（GJB1161－1991）或军事工程百科辞典对冲击桥的定义。

关于支援桥，虽然业内将之视为大跨度装配式桥梁，但我国目前并没有权威的定义。支援桥是一个外来语，无论是《军事工程百科辞典》还是《军用桥梁术语》（GJB1161－1991）都没有提到这个名称，但我军新研制的大跨度装配式桥梁器材已经被冠以了重型支援桥的名称了。从英国《简氏防务年鉴》介绍的相关产品看，国外主要有：

Towed Support Bridge（拖车式/牵引式支援桥）；

Rapidly Emplaced Bridge System（快速构筑桥梁系统）；

Truck-mounted Bridging System（安装架桥系统的卡车）；

Truck-mounted Treadway Bridge（安装车辙桥的卡车）；

Truck-mounted Scissors Treadway Bridge（安装剪刀式车辙桥的卡车）；

Heavy Bridge Building System（重型桥梁构筑系统）；

General Support Bridge（全般支援桥）；

Closed Support Bridge（近距离支援桥）以及 Long Span Bridge（大跨度桥梁）和 Two Span Bridge（双跨桥梁），等等。

从国外的上述用词情况看，支援桥一词的出现，与外军的作战力量分类和作战力量使用有关。美英军队通常分为战斗部队、战斗支援部队和战斗勤务支援部队，工程兵是战斗支援部队的一部分，主要任务是为战区内的战斗部队提供工程兵支援，美军的工程兵支援与我军工程保障的意思很接近。例如受援部队需要工程兵架设桥梁时，工程兵架设的桥梁就可以叫支援桥。其中"全般支援桥"应该与美军用语"全般支援"相对应，如果说全般支援是指对整个受援部队而不是对其下属某一部分提供支援的作战行动的话，那么全般支援桥可以理解为工程兵在全般支援行动中所架设的桥梁，这种桥梁在战场上将提供给所有受援部队使用而并不是给某个特定部队使用；全般支援桥也可以理解为其桥梁架设能力将覆盖整个战区中的沟壑障碍或全般支援桥可以在整个战区使用。而"近距离支援桥"应该与近距离工程兵支援相对应，近距离支援桥应该是指在近距离交战中工程兵所架设的桥梁或受援部队在近距离交战中使用的桥梁。从上述分析出发可以看出，支援桥是非常广义的，几乎所有渡河桥梁器材架设的桥梁都是支援桥。冲击桥就是一种近距离支援桥，这已经从外军具体产品的介绍中得到证实。应该讲，支援桥也具有两层含义，即首先是一个桥梁，其次是一种器材。如果将支援桥只认为是一种大跨度装配式桥梁，那这种认识一定是片面的和狭义的。

关于自行门／舟桥和伴随桥，前者英文有 amphibious bridging and ferrying syste m，意为两栖架桥和漕渡系统；self-propelled pontoon bridge，意为自推进舟桥。实际上自行门／舟桥就是具有水陆自行能力的舟桥产品。而后者按照我国《军用桥梁术语》（GJB1161－1991）的定义，是指可伴随部队机动，并快速克服江河障碍的桥梁器材。按照我国《军事工程百科辞典》的定义，伴随桥应该是能够伴随机动作战部队运动，并随时前出快速架设桥梁的桥梁器材。伴随桥一词最早源于英国1981年《简氏防务年鉴》介绍的法军 PAA 自行伴随桥，之后专业人员开始使用伴随桥这个名词并进行了科学定义。其实，只要是车载式工程器材，通常就具备伴随部队行动的能力，因此都可以被看作是伴随桥器材，但器材的数量和规模往往对部队机动的有效性影响很大，如果部队机动队形过长，隐蔽性自然不好。因此，能够作为伴随保障的渡河桥梁器材必须是精干高效的，通常一辆或几辆桥车就可完成工程保障任务。从这个意义上讲，伴随桥主要表示一种器材类型，而不是代表一个建筑物，可单车完成工程保障任务的带有桥梁或舟桥结构的轮式或履带式架桥车都是典型的伴随桥器材。伴随桥所包含的产品种类是很多的，许多器材的名称和功能虽然有所不同，但都可以被视为伴随桥。

在 Tactical Floating Bridges and Ferries 这个次领条之下的器材种类，就是桥渡专业习惯上所说的舟桥器材／渡河器材。在这个条目之下有：

Folding Pontoon Bridge system（折叠式舟桥系统）；

Autonomous Ferries（漕渡门桥）；

Light River Crossing Equipment（轻型渡河器材）；

Ribbon Bridge（带式桥）；

Heavy/Light Floating Bridge（重型／轻型浮桥）；

Foot Bridge（徒步桥）；

Floating Bridge Equipment（浮桥器材）；

Amphibious Ferry（自行门桥）；

Prefabricated Floating Road Bridge（拆装式道路浮桥）；

Ferry Bridge（门桥）；

Multipurpose Pontoon and Harbour Equipment（多用途舟桥和港口器材／多用途浮箱）；

Tactical Raft（战术门桥）和 Bridge Assault Floating（冲击浮桥）。

在这些舟桥器材中，Tactical（战术）一词可能是一种表达习惯，这种表达习惯正好说明了舟桥器材在战场上的任何一次运用都是一次战术运用，而每一次战术运用却是各有各的军事企图。渡河桥梁器材是保障军队快速克服江河、沟谷等道路障碍的工程器材，无论军队跨越沟壑机动达成何种作战企图，军队跨越沟壑的具体行动都是一次战术行动，工程兵利用渡河桥梁器材只是对作战部队提供战术支援。渡河工程保障的能力决定了军队渡河的规模，而渡河工程保障能力的大小主要取决于各种保障力量（人力、物力、火力等）的投入、渡河场的规模和数量，也取决于平时的战场建设和战争准备。

在 Tactical（Non-Floating）and Line of Communication Bridges 这个次领条之下的器材种类，就是桥渡专业习惯所说的桥梁器材。外军主要有：

Bridging System（架桥系统）；

Prefabricated Bridge Modules（预制桥梁模块/制式桥梁模块）；

Heavy Panel Bridge（重型节间桥）；

Foldable Bridge（可折叠桥梁）；

Military Mobile Bridges（军用机动桥梁）；

Short Trackway Bridge（短跨车辙桥）；

Infantry Assault Bridge（步兵冲击桥/徒步桥）；

Manually Launched Assault Bridge（人工架设的冲击桥）；

Rapid Deployment Bridge（快速展开式桥梁/快速构筑式桥梁）；

Section Bridge（拆装式桥梁）；

Sectional Personnel Bridge（拆装式单兵桥梁/徒步桥）；

Towed Assault Bridge（拖车式冲击桥）；

Mountain Bridge（山地桥）；

Mobile Bridge System（机动桥梁系统）；

Modular Bridging System（模块化架桥系统）。

从以上这些桥梁装备的名称中我们可以进一步看到，冲击桥的首要含义是在战斗部队冲击路线上架设/使用的桥梁。同时也说明桥梁器材在战场上的任何一次运用都是一次战术运用。交通线桥梁，是指在战区内交通线上架设的桥梁，通常这些桥梁可能会受到敌间瞄火力/远程火力或空中打击，也有可能会受到敌特的近距离破坏。通过对外军渡河桥梁器材名称的分析可以看出，渡河桥梁器材的名称具有很大的包容性，一种器材当它要表述的重点发生变化时，也可以跨界成为另一种器材。例如，上述器材如果机械化程度很高，都可以归入 Mechanised Bridges 装备之中。

1.4 渡河桥梁器材在作战中的运用

渡河桥梁器材是军队渡越江河障碍所使用的工程器材。这些器材包含了制式器材和就便器材两大类,跨越干沟障碍可以看作是渡河的特例。渡河桥梁器材主要用于支援作战部队的战术行动,重点给予空中机动部队、装甲部队和机械化部队以更好的支援。

1.4.1 装甲架桥车

装甲架桥车(图1-1为通过剪刀式架设方法架设桥梁的装甲架桥车,又称冲击桥),通常以没有炮塔的坦克为底盘,该架桥车装有稳定支腿和架桥机构,能够装运桥梁构件(桥跨结构)并可架设、撤收桥梁,稳定支腿可以提高其作业稳定性。

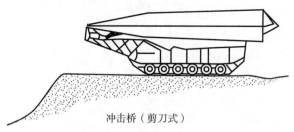

图1-1 装甲架桥车

这种架桥车在几分钟内可以架设一座10~26 m的桥梁,全部作业由驾驶员在车内完成而不必走出车外。装甲架桥车通常伴随主战坦克一起行动,在近距离交战中架设桥梁以保障坦克在发起冲击的路线上克服沟渠障碍和防坦克壕沟,确保战斗部队的机动和展开。也就是说,装甲架桥车是一种可以在敌直瞄火力威胁之下进行架桥作业的桥梁器材。这种架桥车一般不携带桥脚,在遇到较宽大的沟渠障碍时,可以采用两个桥跨、甚至三个桥跨搭接的形式克服障碍(见图1-2)。

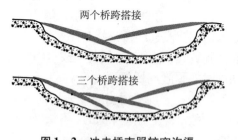

图1-2 冲击桥克服较宽沟渠

1.4.2 无装甲防护的轮式架桥车

无装甲防护的轮式架桥车(图1-3为通过剪刀式架设方法架设桥梁的轮式架桥车,又称伴随桥),通常以轮式越野底盘作为运输作业平台,该架桥车装有稳定支腿和架桥机构，能够装运桥梁构件（桥跨结构）并可架设、撤收桥梁，稳定支腿可以提高其作业稳定性。

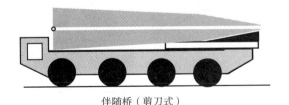

伴随桥（剪刀式）

图 1-3　轮式架桥车

这种架桥车在几分钟内可以架设一座 24 m 左右的桥梁，架设、撤收作业由驾驶员或者作业手操纵完成，既可以车内架设，也可以车外架设，还可以进行无线遥控架设。轮式架桥车通常伴随装甲机械化部队机动，在遇到干沟、小河等沟渠道路障碍时，随时前出架设桥梁，确保装甲机械化部队在行进间克服沟渠道路障碍。这种装备精干高效，一辆架桥车即构成一个保障系统，主要在作战部队的机动路线上架设桥梁，或者用来替换冲击桥所架设的桥梁，既为后续部队提供桥梁支援，又为装甲架桥车跟上突击部队行动创造了条件。

1.4.3　带桥脚的机械化架桥车

带桥脚的机械化架桥车（图 1-4 为剪刀式架设方法架设桥梁的带桥脚的架桥车，又称机械化桥），通常以轮式越野底盘作为运输作业平台。该架桥车装有稳定支腿和架桥机构，能够装运桥梁构件（桥跨结构和桥脚）并可架设、撤收单跨和多跨桥梁，稳定支腿可以提高其架设作业稳定性，桥脚高度可以调整。这种架桥车既可以单车使用，架设跨度 10～18 m 长的单跨桥梁，也可以多车使用，架设长度更大的多跨桥梁。这种架桥车适应流速在 2 m/s 以下，适应水深在 5 m 以内。单车使用时可以伴随作战部队一起机动，随时前出架设桥梁；多车使用时，如果架桥车数量较多，为隐蔽作战企图，可以按照精确保障的要求，在战区指挥官的统一指挥下，自主机动，隐蔽集结，并在指定的时间和地点架设桥梁，适时保障作战部队克服江河障碍，这就是一体化联合作战中所要求的精确保障。

1.4.4　装配式架桥器材

装配式架桥器材，通常以轮式越野车辆为运输平台，有时还会使用拖车运输。这类器材由桥梁器材和架设器材组成。由于它们可以为战区内的所有部队提供交通线支援，因此英国《简氏军用车辆与后勤年鉴》杂志将这类器材划归

(a) (b)

图1-4 带桥脚的架桥车
(a) 行进状态；(b) 作业状态

在交通线桥梁器材（line of communication bridges）名下，与冲击桥（assault bridge）对应，西方也称这类桥梁器材为战术桥（tactical bridges），与军语"全般支援（general support）"战术行动相对应，最近也将之称为全般支援桥（general support bridge）。以人工架设为标志的装配式桥梁器材主要有运输车、桥梁构件和架设器具。通常桥梁构件的尺寸和重量都相对较小，桥梁架设主要采用悬臂推出架设方法。这类器材中最经典的当属第二次世界大战中出现的贝雷桥（Bailey bridge），至今这个器材还在使用，其分解、组合功能被不断开发，桥梁架设长度可短可长，单跨最大可达60 m左右，目前以民用和交通战备为主要目的。在20世纪70年代大量装备北约国家的MGB中型桁梁桥（见图1-5）也是这类器材的优秀代表，这个器材坚持基本型派生发展的思想，形成了一个功能强大的架桥系统，可以结构小跨度单层单跨桥、中跨度双层单跨桥、大跨度双层加强型单跨桥、多跨固定桥、门桥和浮桥以及飞机临时起飞跑道（类似早期航母的飞行甲板，见图1-6）。以机械化架设为标志的装配式架桥器材主要有桥节、桥节运输车和架桥车等。架桥车用于桥节拼装并以悬臂推出的方式架设桥梁，这类器材主要有瑞典的48 m快速桥、英国的轴向折叠桥和BR90全般支援桥、德国道尼尔（Dornier）折叠桥（该桥与英国轴向折叠桥类似）。装配式架桥器材由于动用车辆较多，一般不宜遂行伴随工程保障任务，主要用于预有准备的战斗工程保障行动，在战区内，无论是遂行定点保障还是机动保障任务，工程兵桥梁部、分队或者交通保障队都必须按照精确保障的要求，在特定的时间和地点完成架桥作业，确保作战部队机动和战区交通线畅通。

1.4.5 带式舟桥

带式舟桥由舟车、河中桥节舟、岸边跳板舟和架桥汽艇组成（见图1-7）。与传统舟桥相比，这是一种将浮游桥脚和上部承重结构功能二合为一的现代化

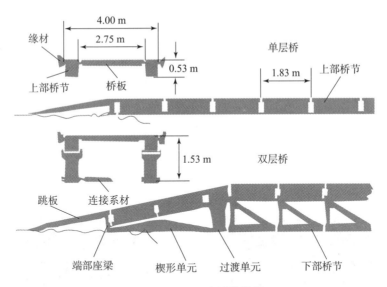

图 1-5　MGB 中型桁梁桥

（a）　　　　　　　　　　　　（b）

图 1-6　以 MGB 重型桁梁桥装备为基础开发的飞机起飞跑道
（a）飞机起飞跑道局部；（b）飞机起飞跑道全景

舟桥器材，一个舟车运输单元就是一个浮桥段，浮桥段串联形成桥节门桥或者漕渡门桥，桥节门桥串联就能形成浮桥。这种浮桥就像漂浮在水面上的一条带子，因此被称作带式舟桥。如果不使用岸边跳板舟，则带式舟桥的桥节门桥和漕渡门桥没有区别，因此浮桥渡河和门桥渡河的转换非常迅速。没有设计经验的人通常会认为，带式舟桥因为沿河幅全面阻水，因此水阻力较大，故不能适应高流速河流。殊不知，任何装备的性能都是设计出来的，早期带式舟桥适应的最大流速为 2.5 m/s，现在通过设置挡浪板以增加舟首高度，适应最大流速已经达到 3.0 m/s 以上；早期带式舟桥横向尺寸偏小且无法横向加宽，现在通过设计处理，带式舟桥的宽度可加宽近一倍，其水动力稳定性可提高约 40%。认为带式舟桥不能适应大江河的观点带有明显的片面性和思维僵化。带式舟桥的使用效率非常高，效费比在所有舟桥中最好，用途广泛。带式舟桥从 20 世纪 50 年代末在苏联问世以来，至今仍然是美、俄、德等发达军事强国的主要现役舟桥装备。带式舟桥在预有准备条件下实施强渡江河具有较高的成功率，第四次中东战争中埃军成功强渡苏伊士运河攻上西奈半岛就是使用了这种器材。通常人们可以在广正面上设置多个渡场，渡场数量多，既能加快渡河速度，又能方便渡口转移。河幅较宽时以门桥渡河为主，较窄时以浮桥渡河为主，门桥渡河和浮桥渡河可根据具体情况随时变换，确保强渡江河的成功性。

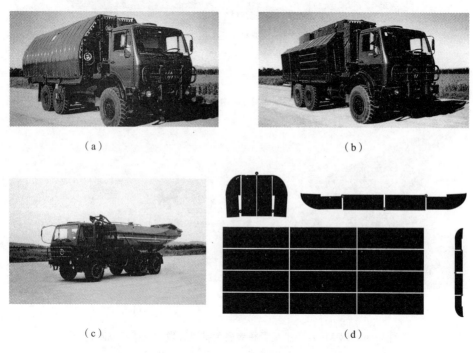

图 1-7　带式舟桥

(a) 河中桥节舟运输状态；(b) 岸边跳板舟运输状态；
(c) 架桥汽艇运输状态；(d) 桥节舟展开和结构原理

1.4.6　普通舟桥

普通舟桥由舟车、节套舟（舟加上部承重结构）、岸边器材（栈桥码头）和架桥汽艇组成（见图 1-8）。舟通常分为首舟、中间舟和尾舟，用于结构浮桥和漕渡门桥的浮游桥脚。浮游桥脚根据浮/门桥适应流速和载重量的不同由一、二、三或者四个单舟串联而成。首舟的舟首具有一定线形，舟尾为矩形以便于与中间舟连接；中间舟为一矩形体，尾舟的舟尾可以设计为线形，也可与中间舟相同，还可以设置水上动力。上部结构由桥桁、桥板、缘材和连接件等组成。两个浮游桥脚和上部结构就可以组成一个基本桥节门桥或者漕渡门桥，浮游桥脚舟越多，门桥承载能力越大。普通舟桥结构的门桥/浮桥，其浮游桥脚之间相隔一定距离，上部结构通过纵向连接器串联在一起，所形成的浮桥结构我们称之为桥脚分置式浮桥。这种浮桥结构的水阻力比较小，如果浮游桥脚为闭口桥脚舟的话，其浮桥的水动力稳定性比较好。这种舟桥器材因其作业动作烦琐，作业量较大，作业时间长，运输车辆多，行军纵列长，已经不适合现代战争对工程保障的要求，在以使用效率为标准衡量渡河桥梁装备优劣的今天，普通舟桥已经被带式舟桥所取代。但普通舟桥仍然可以在现代战争中发挥作用，如作为示假桥梁以迷惑敌人，也可以出敌不意由假变真，假中有真、真中有假，使敌人摸不清己方的作战企图。普通舟桥不被看好并不意味着桥脚分置式舟桥结构不被看好，像德国 M3 这样的自行舟桥，机械化程度很高，作业人员很少，一辆车就是一个浮桥段，这一点和带式舟桥非常类似，两辆桥车可以结构一个 MLC70 的带式漕渡门桥，三辆桥车就可以结构一个 2×MLC70 的桥脚分置式漕渡门桥，结构门桥的速度与带式舟桥相当。

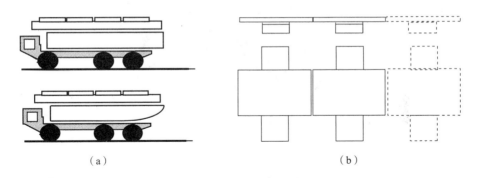

图 1-8　普通舟桥

（a）节套舟运输状态；（b）桥节/漕渡门桥结构原理

1.4.7　轻型渡河器材

轻型渡河器材主要指保障人员和轻型装备渡河的工程器材。制式器材主要是橡皮材质、玻璃钢材质和铝合金材质的冲锋舟（冲击舟）以及由冲锋舟组成桥脚舟加铝合金上部结构或者玻璃钢上部结构组成的轻型门桥和徒步浮桥（见图 1-9）等；就便器材主要有木、竹、浮囊或者浮筒等绑扎制成的木、竹筏。冲锋舟靠人力划桨或者操舟机提供水上动力，电动操舟机或者人力划桨推动冲锋舟时，噪声非常小，有助于人员在夜间偷渡江河。冲锋舟主要用于强渡江河第一阶段，在渡场广正面迅速输送突击部队抢滩登陆，构筑桥头堡。

图1-9 徒步浮桥

1.4.8 自行舟桥

自行舟桥是具有水陆自行能力的制式渡河器材，也是一种具有舟桥结构的专用水陆车辆。自行舟桥将舟桥、渡船和车辆的功能集于一身，通常一二辆自行舟桥车就可构成一个渡河保障平台，目前世界上典型的自行舟桥装备当属俄罗斯的 PMM 系列自行舟桥（见图1-10）、德国的 M3 自行舟桥（见图1-11）和法国的 EFA 自行舟桥。其中 PMM 系列自行舟桥和 EFA 自行舟桥可以单车成桥，M3 自行舟桥需要双车才能构成车辆渡河保障平台。上述自行舟桥机动性强，行军状态与渡河状态的转换迅速，便于疏散、隐蔽，只需一个泛水点即可连续、迅速地实施多辆自行舟桥车的泛水，特别适合行进间强渡江河行动。

自行舟桥是所有舟桥产品中各个分系统相互关联度最高、技术最为复杂、未知因素最多、对工业基础水平要求最高、研制难度最大的工程器材。我国早在20世纪50年代末就对自行舟桥开展过研制工作，但由于工业基础的落后和对自行舟桥设计技术知之甚少，致使研制工作终告失败。人们将失败的原因归

图 1-10　PMM 自行舟桥总体方案示意图
(a) 行进状况；(b) 作业方案

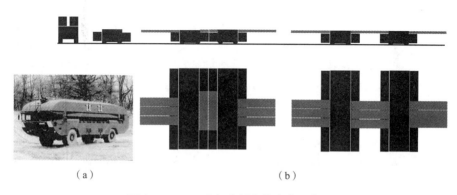

图 1-11　M3 自行舟桥总体方案示意图
(a) 双车标准门桥（带式门桥）；(b) 桥脚分置式门桥

结为工业基础条件不能满足自行舟桥的设计要求，但并未反思：为什么在条件不成熟的情况下还要研制自行舟桥？其实，缺乏应有的设计文化和设计实践，缺乏科学的态度才是研制失败的主要原因。时至今日，我们仍然对自行舟桥研制缺少全面认识，亟需对有关自行舟桥设计思想、设计方法进行全面、系统总结供专业人员学习。本书将在第 6 章重点介绍这种舟桥产品的设计知识。

1.4.9　就便器材桥梁

就便器材桥梁是指因地制宜、就地取材所架设的军用桥梁。架设这种桥梁曾经是工程兵的主要任务，"逢山开路，遇水架桥"这句老话也是源于此。在现代战争中，这种桥梁还有用武之地吗？笔者认为，架设便桥是我军的优良传统和优势，在现代战争和非战争军事行动中一定能发挥其应有的作用。在突发事件或者武装冲突中，制式渡河桥梁器材对机动的重要性不言而喻。但是，当渡河桥梁器材需要移作他用，或者遭到破坏，或者供应不及时，或者供不应求，如何才能保障军队在战场上的机动问题？也就是说，在战争和突发事件中，制式渡河桥梁器材并不一定能够完全满足军队克服江河等道路障碍的需要。因此，架设就便器材桥梁仍然是工程兵需要完成的工程保障任务之一。尽管便桥可能达不到制式桥梁的架设速度，但便桥的意义也与过去发生了很大变化。对便桥的理解也应从多方面去认识。随着技术的发展，架设就便器材桥梁的技术和观念也在不断进步，就便器材桥梁也出现了现代化的情况，今天的就便器材桥梁，木材已经完全失去了过去的统治地位，架设时间紧迫和载重能力的提高，都要求桥梁大量使用金属材料、工程塑料和混凝土材料。其中，美军利用战区内物质器材资源所研制的快速架桥器材使用了铝合金预制构件和复合材料构件，架设桥梁利用战区内的汽车吊车，铺设桥面利用战区内的混凝土罐车，所架设的桥梁非常快速、经济、耐用，它属于一种半制式半就便的桥梁（见图1-12），也是将体系作战理念应用于工程保障建设的一种新的尝试，在非战争军事行动和战场交通线保障中的意义非常明显。除了架设桥梁，对遭受破坏的现有桥梁进行加固固定、抢修修复也属于便桥架设的重要内容。目前，建筑用各种金属脚手架和预制模板很多，并且有着许多快速连接方法，将这些建筑材料运用于便桥架设或者桥梁加固是完全可行的。对此，工程兵部队必须在平时有所准备，

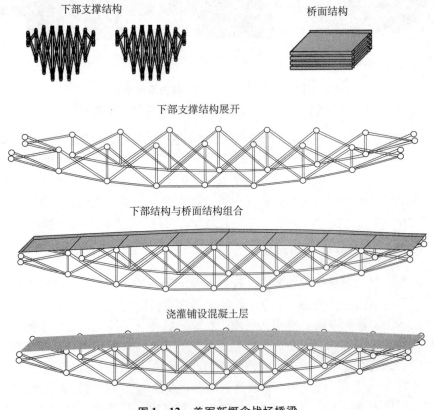

图1-12 美军新概念战场桥梁

特别是军队院校和技术部门应做好相应的技术探索和技术储备工作,这对提高部队工程保障能力具有重大意义。

1.5 现代高技术战争对渡河作战的基本要求

1.5.1 防护要求

桥梁渡口在战场上就是一个焦点,部队机动将以扇形的状态向桥梁聚焦。军用桥梁没有装甲防护,因此极易遭受炮火摧毁。军用桥梁器材的战斗使用速度越快,技术上可能越复杂,也越容易出现损坏。当桥梁遭到破坏以及进出路被切断时,将对我方作战行动产生决定性影响。为此,军用桥梁的防护意义重大。

工兵使用的冲击桥和带式舟桥在整个战区前沿均可使用,固定桥等大跨度拼装式桥梁大多在战区交通线上使用。各种类型的军用桥梁在白天的通车量为每小时120~210辆(载重车辆)。军用桥梁是敌人攻击的重要目标,摧毁这些目标的前提条件是侦察。空中侦察是现代战争的主要侦察手段,卫星侦察、无人机侦察和雷达侦察被广泛使用,尽管侦察手段的技术水平很高,但可以肯定,白天的侦察效果依然好于夜间。如果说一座军用桥梁白天在一小时内即可被发现的话,在夜间可能需要3个小时。距敌越近,越容易被发现,且发现时间越短。

军用桥梁尤易遭受炮火摧毁,摧毁的方式可以来自空中和地面,主要来自敌方的精确制导武器打击,发现就意味着被摧毁。在20世纪80年代末,炮兵在发现目标后可以立即攻击目标,武装直升机和无人机可以在几十分钟内完成攻击,空军的行动通常需要1个多小时。21世纪敌方反应速度会更快,尤其是侦、打一体化技术在无人飞机上的应用,对部队渡河提出了更高的要求。为此,军用桥梁的防护主要有以下内容:

(1)军用桥梁尽可能在夜间开进、架设、使用和撤收,并转移至隐蔽地域。

(2)桥梁器材应从远离渡口的地域迅速开进并直接投入战斗,而非在渡口附近准备集结。

(3)接近路在临近架桥时构筑,架桥以及渡河准备工作在渡口未使用前应分散进行,并做好伪装。

(4)有意识放弃一些有利的桥梁渡口,并设置假桥梁或者进行伪装欺骗,而在出敌不意的地点架桥。

(5) 架桥地点应设置在隐蔽处。
(6) 架桥地点应经常变更。
(7) 应利用雷达阴影,即在我岸进行遮障掩护,通过车辆交叉行驶进行干扰,再进入遮障区。在对岸遮障区位置开出之前,也要采取干扰、迷惑措施。这样可以影响敌方对架桥位置的判断。
(8) 已泛水的桥节舟和水中备用的桥节舟应置于面向敌方侦察的河岸。
(9) 在特殊情况下和风向合适时,可以使用人工烟幕。
(10) 夜间使用桥梁。
(11) 设置防空阵地。
(12) 渡河组织周密。
(13) 经常变换桥位或者多桥位应对并做好备份。
(14) 积极防卫,主动攻击敌方目标,确保我方安全。
(15) 构筑作业人员掩体,掩蔽地点应距桥 500 m 以外。
(16) 具备"核生化"三防能力,三防设备随手可取。
(17) 架桥部队应以夜间行军为主,白天行军应采取防空措施和欺骗手段或者化整为零,以小分队的方式实施机动。
(18) 加强和平时期按照实战要求进行的军事训练,提高工程兵应急机动作战能力,在作战计划、任务实施各个环节都力争做到快速反应,周到安排,精确保障。一支训练有素的工兵渡河桥梁部队,在任何情况下,都应该能做到桥一架通,其保障的第一辆战车即能从桥上通过;一支训练有素的部队通常能在 20 min 内用带式舟桥架设一座 100 m 长浮桥。

美军要求战斗工程兵必须到战场前方实施工程保障任务,工兵和工兵装备必须具备伴随作战部队机动的能力,及时有效地开展战斗支援行动。这个要求使工兵部队必须具有伴随作战部队运动的能力,同时拥有高度机动能力和防护能力的工程器材。美军还认为,如果在空中机动能力与装甲防护能力之间进行取舍的话,美军会毫不犹豫地选择装甲防护能力,因为人的生命才是最重要的。

1.5.2 机动性要求

现代战场侦察探测技术和精确打击技术不断进步,为避免遭敌打击或者有效打击敌人,人们越来越重视装备的运动性和作战力量的机动性能。装备和部队的机动将受到运动路线方向的各种天然或者人工的道路障碍的阻碍,如沟渠、河流、弹坑和防坦克壕等。从统计数据上看,每隔数千米至数十千米就会遇到 10~20 m 宽的沟渠,每隔 100 km 左右就会遇到 50~100 m 宽的河流,每隔 150 km 就可能遇到 100 m 宽以上的江河。因此,现代军队机动,需要使用大量渡河桥梁器材。行进间渡河的原则主要为：

（1）在敌人破坏或者占领前，迅速控制现有桥梁，并为前方部队配备两栖或者具备潜渡功能的战斗车辆；

（2）使用冲击桥伴随装甲机械化部队运动，并提供架桥支援；

（3）在敌直瞄火力射程之外大量使用渡河桥梁器材，以便向作战方向快速输送或展开部队和连续不断运送作战物资。

一体化联合作战特别强调主宰机动和纵深进攻，没有战场机动，一体化联合作战毫无意义，只有利用战场空间的快速机动，在运动中把握优势和战机，才能取得作战效果。而一旦道路障碍限制了坦克等战斗车辆的运动，则机械化、信息化部队的固有优越性将完全丧失。因此，未来陆战，必须解决保持作战部队的机动性问题，必须解决作战部队不依靠永久性桥梁即可快速渡越中、大江河问题，必须解决在潜在敌人无法预料的地点快速提供桥梁渡河的问题。为此要求战场上的桥梁必须具备如下战术技术特征：

（1）作为战役主攻方向的浮桥使用，对作战旅克服中、大江河提供快速支援；

（2）对作战部队行进间突然渡河，提供快速支援，无须准备即可投入使用；

（3）具备高度的灵活机动性，架设时间短，能迅速转换架桥点，能迅速由门桥渡河状态转入浮桥渡河状态，或由浮桥渡河状态转入门桥渡河状态，撤收特别迅速；

（4）尤其适合夜间作业和使用，机械化、自动化、信息化程度高；

（5）适应性强，适应浅水能力强，适应流速高，适应岸边坡度范围大；

（6）架设和撤收时间快于敌人反应时间；

（7）所需车辆尽可能少，单车或者双车即可形成一个渡河平台，操作简单，作业人员少；

（8）渡河效率高，能确保战场所有车辆（轮式和履带式车辆）渡河；

（9）结构坚固，抗损耐用性好，维修方便，具有较高的消费比；

（10）尺寸、重量适中，能够适应空运要求。早在1949年，为适应朝鲜战争的需要，美军所拟定的工程器材发展纲要，根据当时的空运能力，提出装备的外形尺寸需限制在7 620 mm×2 540 mm×2 080 mm（长×宽×高）以内，重量限制在7 200 kg以下；到20世纪70年代，空运重量达到16 t。这些数据对我军发展可空运工程装备具有一定借鉴作用，带式舟桥的长度尺寸控制在6.7 m左右也与可空运有关。美军20世纪60年代的液压系统，其最大压力就达28 MPa，现在可能更高，这也为减小装备尺寸和降低装备重量创造了条件。美军通常用C-130、C-130E、C-141和C-5A运输机空运装备，并可用数个降落伞进行空投，CH-47C 直升机可以进行短距离空中吊运，以便实施快速机动和突击行动。

认识渡河桥梁器材的机动性要求，必须从认识军队机动性建设入手。军队应该努力改善其技术装备的机动能力。随着军队进攻能力的发展，军队可以快速地、远距离集结突击力量和火力，或者迅速转移突击重点。为实施有效的防御，需要有比敌人反应速度更快、机动能力更强的防御力量，只有这样才能消减敌人行动范围内的优势并且避免己方处于不利状态。作战车辆和战斗支援车辆要获得较高的机动能力，也需要得到先进的工程器材（尤其是渡河桥梁器材）支援，以便迅速克服陆地障碍和水障碍，从而使陆军获得所需的机动优势，使作战力量在作战地域获得绝对优势，迅速消灭敌人或有效阻击敌人。因此，发展先进的工程保障器材，必须达到下列要求：

（1）要比现役器材具有更强的机动能力；

（2）要有与敌侦察手段和反应能力相适应的、在尽可能短的时间内迅速渡越江河的能力；

（3）使用寿命长，目标暴露征候小，不易被敌炮火摧毁；

（4）所需人员少，架设、撤收、使用和转移迅速；

（5）操作安全，易于修复；

（6）昼夜均能使用，且不需要增加其他器材；

（7）采购和使用费用合适。

军队的机动能力，取决于技术装备的机动能力、战场物资的机动能力和指挥的机动能力。指挥的机动能力包括战场侦察能力、指挥员的指挥能动性（指挥员的应变能力）、指挥过程（指挥层次、指挥方式、指挥命令流动）等，按照今天的说法它们都包含在军事信息力（C^4IRSK）之中。从某种意义上讲，信息力是一种广义的军队机动能力。军队机动能力的优势主要表现在可以随时阻止敌人的机动企图并快速克服己方机动线路上的障碍。技术装备的机动能力可以分成陆上机动能力、水上机动能力和空中机动能力。机动能力建设要根据时间、空间等自然环境条件，根据敌人的威胁能力和反应能力、根据己方的指挥控制能力和作战能力提出建设目标和要求。军队实施机动作战，需要具备如下条件：

（1）任何时候都能获得最先进的装备；

（2）不受时间和地点的限制，迅速变更战斗方式；

（3）能迅速化整为零或者集零为整（迅速疏散和集结兵力）；

（4）能迅速实施火力机动和火力打击；

（5）能迅速转移突击方向和突击重点；

（6）能迅速在机动和射击之间转换；

(7) 能灵活地保障供应（后勤保障有力）。

保障陆军机动的工兵器材（工程装备）是军队机动能力建设的重要内容。要使作战体系内的武器发挥最佳效能，就必须做好战斗支援（战斗工程保障）。因此，下列工程器材必不可少：

(1) 渡河桥梁器材；
(2) 现代化多用途装甲工程车；
(3) 岸滩路面器材；
(4) 水陆工程侦察车；
(5) 探、扫雷器材。

1.5.3　节能环保要求

美军认为，现代战争能源消耗巨大，发动机动力的重要性与燃油消耗相比处于次要地位，技术装备的吨马力必须适中，并非越大越好，新型环保节能动力技术是先进装备设计的优先选项。在越南战争中美军每月的燃料消耗超过380t，在作战地区，如果投入一定数量的装甲车辆，燃料消耗还要大大增加。因此，节能已经成为装备发展进步的一个重要标志，改进燃料装卸和输送也是体系作战需要重点研究的内容。采用新型燃气涡轮机取代柴油机，有助于减少发动机的尺寸和重量，降低使用成本并便于维修。新型结构材料的应用可以降低装备重量，也有助于降低能源消耗。燃料电池具有高效、简单、可靠和噪声小等特点，在军事装备上具有广阔的应用前景。

1.5.4　隐身要求

隐身要求其实也是一种防护要求。架设桥梁和保障军队渡河可能是战争中工程兵所完成的最艰巨的保障任务。外军认为，由于装甲战斗车辆的两栖性能并不像广告中吹嘘的那么优越，绝大多数渡河作战仍然得依靠工程兵使用渡河器材，而面对现代侦察和火力威胁，渡河作战将是十分困难的战术行动。在应付光学、雷达和红外侦察方面，需要在结构材料、表面涂层和外挂遮障等方面有所研究。隐身作为一种防护要求，需要考虑四个方面：首先就是要防止被敌发现，从减小目标发现轮廓的角度讲，单车装备要优于多车装备，有伪装措施的装备要优于没有伪装措施的装备；再就是要避免被敌击中，从避敌击中这个角度讲，活动目标比静止目标的被命中的概率要低，夜间目标比白天目标被命中的概率要低，有欺骗手段的要比没欺骗手段的被命中概率要低，反应快的要比反应慢的被命中概率要低，故可以通过伪装、欺骗和机动等措施尽量避免被命中；当然，战场目标被命中也是不可避免的事件，因此要求装备即使被命中，也不致带来全军覆没，即要能严格控制损耗。通过技术设计，如装甲、模块设

渡河桥梁产品研发方法

计、冗余设计、防火抗沉设计和快速分解隐蔽等措施，尽量限制损耗，例如，舟桥的隔舱、超静定结构设计、填充抗沉材料、科学设置模块尺寸和连接形式等都有助于将损耗控制在局部范围之内；最后就是要求避免损失，即通过快速反应、隐蔽消失、摆脱敌方侦查等措施，以避免损失。渡河桥梁器材需要按照这个防护原则优先序，从技术方面和使用方面提出要求，以便对总体技术方案施加影响。

1.5.5 标准化要求

从后勤、经济和战术的观点看，现有渡河桥梁器材与国家的工业和军事研究水平都存在大量不相适应的地方，主要表现为品种过多，不同品种之间缺乏有效兼容，骨干器材不能适应大量小跨度障碍的需要，桥梁器材、路面器材都以追求单车克障能力作为新产品发展目标，器材操作方式求新求变，明显缺乏有效的继承性等。渡河桥梁器材的发展必须以提高渡河工程保障能力为目标，即必须坚持以形成和提高战斗力为标准。器材品种多，不光维修配件数量巨大，后勤保障困难，而且对操作人员和维修保养人员的训练要求也相应提高，这些对战时战斗力的形成都是极为不利的。关于这个问题，国外在20世纪70年代就已经达成共识。例如北约组织在构思发展新一代渡河桥梁器材时，就计划在80年代末和90年代初拥有一个统一一致的渡河桥梁器材体系，它们的构件具有很大的同一性，国与国之间实行统一的设计标准，以实现桥梁构件标准化要求，这就是西方国家著名的20世纪80年代桥梁族计划。虽然该计划在实施过程中不断得到调整，并逐渐演变成20世纪90年代桥梁系统，但结构轻便、控制运输规模、减少作业兵力、降低装备和训练成本等始终是发达军事国家的发展目标。为此，发达国家在建立标准化制度、标准化设计理念、开展"通用化、系列化、组合化"技术研究等方面成效显著，20世纪末和21世纪初所出现的渡河桥梁器材基本都体现了基本型派生发展这个主要特征。俄军在标准化方面也成效卓著，他们以PMP四折带式舟桥为基本型大量开发可相互兼容的舟桥产品，在全面提升带式舟桥性能和拓展其用途的同时，也促进了渡河工程保障能力的持续进步。可以说没有标准化，就没有精干、高效和多能的现代渡河桥梁器材。从整个陆军武器装备体系建设的角度讲，实现一种平台多种负载或者一种负载多种平台的产品设计目标，将会使战场资源得到最有效的运用。实现桥梁预制构件的标准化和通用化，促进制造工艺简化、备件供应系统改善、订货成本降低、训练作业方便、作战过程中的维修设备简单，是未来渡河桥梁产品设计的重要追求之一。

1.6 渡河工程保障的组织

随着科学技术的进步,渡河桥梁器材的作战使用性能已基本接近其物理极限,在一体化联合作战中,工程兵部队要想提高自身的作战效能,就需要在指挥、控制、通信、计算机运用以及情报等方面进行更有效、更快捷的融合,即通过嵌入 C^4I 系统,使工程兵部队遂行战斗工程保障任务的能力得到新的提高。经验证明,为了缩短指挥员下定决心的时间,快速制定作战工程保障计划和计算保障能力非常重要,因为这些是指挥员下决心的重要依据,周密的计划能够确保作战保障任务的顺利实施。工程兵部队的 C^4I 系统建设,必须建立必要的数据库,并迅速提供战斗工程保障相关任务的计算数据和计算结果,为指挥员决策和制定作战计划提供依据。其中,战斗中克服江河障碍的相关计算对制定作战工程保障计划意义重大,如军队渡河时间、构筑渡口(架设桥梁)时间、投入兵力和器材的数量以及机动速度等都是拟定作战任务的重要内容。要说实现渡河桥梁器材的信息化,从事渡河桥梁器材研制的工程技术人员的落脚点,更重要的应该是为快速拟定作战计划提供数据、算法和任务想定库。

周密的作战工程保障计划,是一体化联合作战中顺利完成任务的重要保证。战场条件瞬息万变,要求作战命令适时下达,时间紧迫,过去那种依靠教范和作战条令等指导性文件来拟定作战命令的形式已经不能适应现代战争的需要。利用 C^4I 系统,指挥员就可以迅速获得兵力、器材、任务时间等参数,并根据战场态势作出正确的判断和决策。对工程兵遂行战斗工程保障任务而言,必须将大量的数据和计算方法通过相应的软件融入计算机系统,编制软件需要考虑下述战斗情况和因素。

1.6.1 司令部工兵参谋所需要获得的资料和需要考虑的问题

在战斗中克服江河障碍时,工程勤务指挥官或者工程兵作战参谋需要事先掌握哪些数据呢?首先需要得到下列数据资料:

(1) 每道江河障碍面前的部队采取何种战斗队形;
(2) 部队的平均进攻速度或者部队要求的渡河日期;
(3) 渡场区域的道路情况以及江河水文地质情况;
(4) 我岸渡口到双方接触线的距离;
(5) 情报提供的现有渡口种类、数量、性质和位置以及提供时的日期;
(6) 遂行任务前已经储备的桥梁器材数量、制作或者架设桥梁的可能速度;

（7）派出构筑和维护渡口的兵力和器材。

为保证顺利克服江河障碍，工程兵作战参谋需要考虑哪些因素和提出哪些具体建议呢？他必须做到：

（1）要求在规定的时间内和宽大的正面上确保第一梯队顺利渡河（只适合进攻或者反攻作战中渡河）；

（2）最迟在进攻开始前 2 小时（这个时间是外军 20 世纪 90 年代初提出来的，现在看值得商榷，从精确保障的要求看，应该适当缩短）完成桥梁渡口的构筑（只适合进攻或者反攻作战中渡河）；

（3）在部队行进和机动路线上及时构筑好渡口，且其通行能力与部队运动道路的通行能力相适应（在宽大江河障碍上，可用门桥渡口代替桥梁渡口，但渡送能力必须与桥梁渡口的能力相一致，或者能保证在规定的时间内完成渡送任务）；

（4）渡口能成倍增加；

（5）有预备的作业兵力和器材；

（6）对渡口采取伪装措施；

（7）渡河兵力和器材做好机动准备。

1.6.2　进攻（反攻）战斗中克服江河障碍

进攻（反攻）战斗中克服江河障碍时，需要计算第一梯队和第二梯队各分队渡河所需要的时间。计算渡河时间需要计算和确定用于渡河工程保障的兵力和器材数量，其中需要考虑从其他地域机动而来的兵力和器材情况；需要分配用来构筑和维护渡口以及作为预备队的兵力和器材；需要计算桥梁架设、撤收作业时间；完成上述工作后，需要在强渡江河的渡场区域及进出口道路处，形成一个综合渡口群（包括主要渡口、预选渡口和示假渡口），并将他们标示在工程保障工作图上。接着，根据现有的兵力和器材、原道路桥梁情况和桥梁架设时间，确定渡河方法，如首先采用两栖车辆渡河和门桥渡河，然后进行桥梁渡河。

计算第一梯队和第二梯队的渡河时间，还要考虑战斗队形纵深 15～18 km 的部队渡河情况，一般计算出的渡河时间需要乘以 1.5 倍的放大系数，作为计划时间。如果这个时间大于所要求的时间，当完成任务系数小于 0.8（要求的渡河时间与计算的渡河时间之比）或者需要在主要方向上集中兵力时，则需要重新分配渡河兵力和器材。并且要求重新计算出第一梯队的渡河时间直至完成任务系数达到 0.8～1.0 时为止。

在第一道江河的克服计算完成后，需要接着考虑后续江河障碍的克服问题。这需要考虑确定从第一道江河障碍上撤出或者抽出渡河兵力和器材的时间。按照前述方法计算渡河所需时间,再计算完成任务系数,如果完成任务系数小于0.6,或者需要在主要突击方向上集中兵力,则需要重新分配渡河兵力和器材,同时考虑到渡河器材和兵力沿江河正面机动等因素。确定渡河器材和兵力的抽出时间,以便及时机动到下一道江河障碍之上。计算后续江河障碍的克服情况,要考虑使用从前道江河障碍上机动过来的兵力和器材,计算方法类似于克服第一道江河障碍。制定作战计划时还要考虑派出兵力和器材构筑和维护渡场道路和各个渡口,如果渡口条件不同于夏天、白天等一般条件(无影响渡河的不良因素),则所需渡河时间需要通过条件因素进行放大,如下雨、大风、高流速、黑夜以及冰上渡河等条件都将增加渡河所需时间。

1.6.3 防御战斗中克服江河障碍

在防御战斗中克服江河障碍,需要根据防御地区的水网和道路确定渡口配置。在部队行军和机动的主要道路上渡口数量至少要比现有情况增加一倍,在部队前出实施反攻的区域道路上,每两个主要渡口就要配备一个预备渡口,在部队从防御地带退却的道路上,可以不考虑增加渡口。要根据道路通行能力确定所需的渡口渡送能力,对大规模渡河一般要求每小时渡送/通过 200~250 辆战斗车辆,通常要求每小时渡送/通过 100~200 辆战斗车辆。根据上述要求确定渡河兵力和器材,合理配置各个渡口位置,及时构筑和维护各个渡口,同时配置预备队兵力和器材。架设桥梁或者结构漕渡门桥,计算通行能力和渡送能力并适当留有余地,再与要求进行比较,如果需要变化,可以重新分配渡河兵力和器材,或者从其他地域抽调作业兵力和器材。

根据防御战斗地域的情况以及退却路线,如果需要,应该计划渡河作业兵力和器材向下一道江河障碍上机动,并计算克服下一道江河障碍的时间。

1.6.4 行进间克服江河障碍

部队行进间克服江河障碍,首先根据道路通行能力确定所需渡口的通行能力并确定渡口数量,确定渡河兵力和器材,进行兵力、器材分配,包括设置预备队规模和预备渡口数量,架设桥梁或者结构漕渡门桥,确定渡河时间并与要求时间进行比较,如果需要,应该计划渡河作业兵力和器材向下一道江河障碍上机动,并计算克服下一道江河障碍的时间。

第 2 章
渡河桥梁器材的作战使用性能和战术技术指标论证

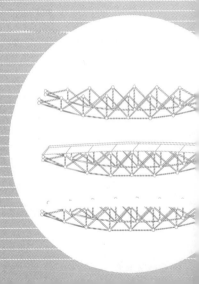

2.1 渡河桥梁器材设计及其任务内涵

渡河桥梁器材研发设计的任务是根据用户要求和现实物质条件，设计出满足用户要求的同时也是满足未来战场需要的、经济适用的渡河桥梁产品。设计不同于验算，前者要求设计出一个尚未存在的桥梁或渡河桥梁器材来。渡河桥梁器材的系统组成、结构形式、结构尺寸和结构材料等诸多数据，全都需要由设计人员自己来选定；而后者主要是在渡河桥梁产品的结构材料、结构形式、结构尺寸都已经确定的情况下，计算或验算桥梁的强度、变形等是否满足设计规定，是对已存在的桥梁进行结构分析。由此可见，前者比起后者要繁难得多，因为设计渡河桥梁器材所要考虑的问题远比验算一座桥梁要广泛得多，要运用的知识也比验算桥梁要多得多。

渡河桥梁器材是随着生产力的进步和战争方式的演变而不断发展的。在热兵器出现以前，战争双方只能进行面对面的冲刺，战场的机动空间很小，由于生产力水平低下，军队只能利用原有桥梁和船只渡河，或者利用民舟架设浮桥解决军队的机动问题。随着热兵器，尤其是火炮的出现，战场有了一定的纵深，军队的快速机动才具有了真正的意义。由于军事装备的数量和重量的增加、车辆的出现，军队渡河的次数和强度都大为增加，对渡河速度的要求也随之提高，于是就产生了军队自己携带预先制作好的渡河桥梁器材的想法和要求。如今，随着生产力的发展，战场空间不断扩大，军队的机动能力空前提高。为了实现渡河桥梁器材的军事职能，对渡河桥梁器材的作战适用性也提出了更高的要求。

设计渡河桥梁器材，首先要明确这个器材的军事职能并根据已有物质条件确定该器材必须具备的作战使用性能,通常管理层将新研产品的作战使用性能以战术技术指标的形式加以明确。渡河桥梁器材的战术技术指标是根据其所遂行的工程保障任务和当前的科学技术水平提出来的。因此,提出战术技术指标是一项极其重要的顶层设计工作,必须兼顾需要与可能两个方面,通过系统分析和全面平衡,才有可能获得科学的战术技术指标体系。必须从新研产品总体效能的角度全面、深入地分析产品的战术技术指标问题,搞好综合平衡。

2.2 渡河桥梁器材的组成

从产品设计开发的角度看,现代制式渡河桥梁器材就是具备架桥或者渡河功能的军用车辆,如轮式架桥车、履带式架桥车、运桥车、舟桥车和艇车等。渡河桥梁器材具有两个显著的特点:第一就是可以机动,第二就是可以快速投入使用。渡河桥梁器材的直接功能就是可以架设桥梁或者可以渡送车辆、人员和物资过河。桥梁(包括浮桥、固定桥和吊桥)作为连接两岸交通的建筑物,它的最基本、最直接功能就是承受移动载荷的作用。渡船是一种水上建筑物,作用也是连接两岸交通,功能是在水上负载行走。因此,渡河桥梁器材的承载结构是桥节或桥跨、桥节舟(舟节)或舟艇。从承载结构的可移动和快速投入使用的特点出发,我们需要解决承载结构怎样实现可移动和快速使用的问题,即有了一个承载结构,这个承载结构怎样发挥作用。因此我们需要通过架设、撤收作业机构和车辆来实现承载结构或构件的移动和运动问题,如桥梁的机械化架设和撤收、桥节舟/节套舟的装车和泛水、门桥的水上机动、舟节或桥节(桥跨)等的运输作业。从完善产品功能的角度看,渡河桥梁器材所有的作业动作都必须按照一定的程序去运行,诸如先动什么、后动什么以及动多少等问题,都需要受到有效的控制,这部分工作需要由作业控制系统来完成。因此,渡河桥梁器材作为机动保障平台,其系统组成如图 2-1 所示。

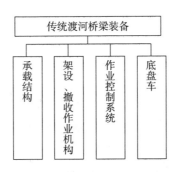

图 2-1 传统装备的系统组成

渡河桥梁器材作为一个信息化的机动保障平台，它应该是安装有大量的电子信息设备，与 C^4IRSK 系统联网并且成为该系统的节点。这些电子设备具有多种信息传感功能，有计算机系统、任务生成系统、专家咨询和诊断系统，能够为完成保障任务及时提供各种信息，对渡河桥梁器材的架设作业进行有效的控制。因此，作为现代渡河桥梁器材，其组成如图 2-2 所示。由此可见，现代渡河桥梁器材在系统组成上与传统器材的差别在于大量电子信息设备的嵌入。如数字信息接收与发射系统、计算机系统、侦察监视系统、器材操作系统和器材使用方法数据库，等等。通常只有与渡河工程保障有关的数据库（渡河工程保障任务想定、专家咨询和诊断系统）和操作系统属于渡河桥梁产品设计人员研究的范畴，其他大量的信息技术及其产品只属于渡河桥梁器材设计人员应用的范畴，而不属于他们的研究任务。

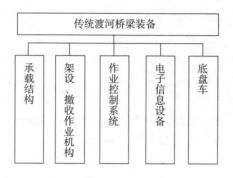

图 2-2　现代装备的系统组成

2.3　渡河桥梁器材产品的寿命周期剖面和作战使用任务剖面

在现代战争中，渡河桥梁器材的作战使用性能是克敌制胜、完成战斗工程保障任务的一个关键因素。但伴随着军事装备性能的不断改善，装备系统的复杂程度、维修时间、维护费用和使用费用的不断增加，也导致军事装备完好率降低，整体战斗力下降，致使军事装备优越的性能难以得到充分的发挥。单纯追求军事装备战术技术性能的传统观念已经受到挑战，人们转而追求更全面、更科学的战术技术指标体系，由追求装备性能转而追求装备效能和全寿命周期费用。因此，研究渡河桥梁器材的设计要求，就必须将这个器材放在整个军事任务和战场环境中去考察、分析，放在全寿命周期中去思考、综合，归纳出设计参数的种类和意义，真正弄清设计参数的科学内涵。

渡河桥梁器材新产品的研发要经过立项论证、方案论证、总要求论证、技术设计、工程研制、试验验证、定型等工作阶段方能成为部队装备。在产品设

第 2 章 渡河桥梁器材的作战使用性能和战术技术指标论证

计和生产定型后,要组织装备的采购和产品的批生产,进行质量控制和产品验收,最终被用户所接收。装备制造完成后,制造方通过铁路、公路或水路将装备运往订购方指定的地点或仓库储存,订购方根据需要将装备发放到用户手中。用户在平时利用装备(含模拟训练器材)进行日常训练,在战时利用手中装备遂行战斗工程保障任务。为了保证装备的正常使用,用户要按照产品的技术要求对装备实施日常保养和维护,如果装备出现损坏或故障,还要进行各种级别的维修工作。当装备老化并失去维修意义或性能落后不能满足用户要求时,装备就将被报废或淘汰,有些废装备在报废或淘汰后,仍然具有一定的利用价值,如可以转为民用,也可以回收金属等。因此,渡河桥梁装备的寿命周期剖面可以用图2-3表示。分为装备的研制—装备的生产制造—装备的出厂与储存—装备的发放与使用—装备的维护与维修—装备的报废与回收。每个事件还可以分出若干个环节,这些环节都需要发生一定的费用,所有环节的费用叠加,进而形成全寿命周期费用。当然,如果考虑装备在使用中所存在的问题和改进意见,在装备的维护与维修、报废与回收环节之间可以增加装备改进环节。

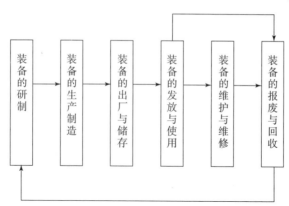

图 2 - 3 装备的全寿命周期剖面

军事装备的效能是指装备投入使用时完成其规定任务的能力。作战适用性是装备投入使用时能够保持可用的程度,即装备在计划的保障方案和资源下,由军事人员在外场使用时能完成规定任务的程度。它是在考虑了可用性、兼容性、运输性、互换性、可靠性、战时利用率、维修性、测试性、安全性、人为因素、环境因素、人力资源和培训要求等因素的情况下,反映军事装备在外场使用所具备的满意程度。性能、质量(可靠性和维修性)、保障特性和信息技术等是构成渡河桥梁器材效能的要素。渡河桥梁装备的性能是多元的,如承载能力、环境适应能力、隐身性、机动性和互换性,等等,它们与可靠性、维修性、保障性和信息能力等一起构成一个 n 维空间,而渡河桥梁装备的效能,则是这个空间的 n 个要素的乘积。当然,对于这些要素的评价必须科学,对某种特定功能的渡河桥梁器材来说,各种效能要数有主有次、有轻有重,进行效能分析和计算时,不可眉毛胡子一把抓,必须赋予一定的权重。对于某个渡河桥梁器材而言,如果最重要的效能要素被评价为0,则这个产品的使用效能必然是0,即表示这个产品无法满足战场要求。如果设置性能参数门限值和期望值的话,则效能要素可以根据性能参数的设计值、门限值和期望值进行评价,重要性能参数的设计值达不到门限值要求时,其效能要素评价必然为0,一般性能参数或者次要性能参数的设计值达不到门限值要求时,可以考虑让步、折减等方法作出效能要素评价,以保证最终效能分析的科学性和可用性。综合效能就是军事装备在战场上完成任务的总体能力,是对军事装备各个效能要素的全面评价。装备的效能要素是多方面的,有时可能存在此消彼长的关系,即"物或损之而益,或益之而损",这是古人对待事物的辩证观点,也应该成为人们进行立项论证、方案论证、技术设计等应该汲取的原则。渡河桥梁器材新产品研发,需要处理好先进与可靠、简单与复杂、过去与现在、现在与将来、需要与可能、愿望与现实等的相互关系。而处理好这些关系的基础和依据就是渡河桥梁器材的设计计算原理、相关计算数据、试验数据、敌情、我情和产品使用实践。作战适用性其实就是军事装备的综合效能。装备的效能由许多因素构成,这些因素主要在完成任务剖面中展现出来。因此,进行渡河桥梁器材完成任务剖面分析,对于技术人员提取产品设计参数意义重大。

　　渡河桥梁器材在遂行战斗工程保障任务时,主要经历以下环节:部队在驻地集结待命,此时装备处于战备完好的运输状态。在接到工程保障任务后,部队开始沿公路(水路或空中)向任务区机动。到达任务区后,根据命令要求直接向渡场开进并进行桥梁架设或结构门桥,也可以隐蔽于任务区并伴随攻击部队向渡场开进,架设桥梁或结构门桥。桥梁通载或门桥漕渡,保障武器装备跨越沟渠、河流等道路障碍。完成保障任务后,进行器材撤收并重新回到运输状态。在保障武器装备跨越沟渠、河流等道路障碍的过程中,可能会根据战场情况适时撤收、转移渡场和再架设桥梁,以防止渡河桥梁器材遭到敌方的攻击。由此可以看出,渡河桥梁器材要完成既定功能,指挥控制环节不可缺少。由于指挥控制是一个独立的系统,它对渡河桥梁器材完成工程保障任务虽起关键作用,但不能改变器材的固有特性。因此,渡河桥梁器材的完成任务剖面可以用图2-4表示,而不去分析指挥控制环节对新产品设计的影响。下面将按照完成任务剖面以及在各个环节中完成任务的具体行为进行设计参数(作战使用性能参数)的分析和提取。

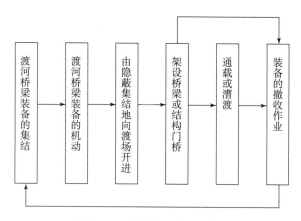

图 2-4 装备的完成任务剖面

2.4 渡河桥梁器材产品的作战使用性能和设计参数提取

2.4.1 器材的集结

根据完成任务剖面分析，渡河工程保障任务的第一个行动就是器材的集结，这是执行任务前的准备工作。在这个阶段，首先考察的是渡河桥梁器材的快速反应能力和综合保障能力，研究器材的规模、数量和部队编制之间的关系，研究保障需求等。具体的设计参数有：

（1）单套装备的乘员数量；
（2）单套装备的数量（车辆数量和桥梁长度）；
（3）使用油料的品种；
（4）车辆加满燃油后的续驶里程；
（5）额定功率条件下的燃油消耗；
（6）主要部件（如发动机和各种阀件等）的型号；
（7）单套装备的使用组合等。

2.4.2 器材的机动

在这个阶段，主要研究机动方式、机动能力和机动速度等。具体的设计参数有：

（1）整车外形尺寸；
（2）整车重量；
（3）分装运输尺寸（将运输作业底盘和功能结构分开后进行运输）；

(4) 公路行驶速度；

(5) 越野行驶速度；

(6) 整车重心；

(7) 车辆爬坡能力（爬坡度）；

(8) 车辆的接近角和离去角；

(9) 车辆的转弯直径；

(10) 车辆的涉水能力；

(11) 车辆跨沟跨坎能力（越障宽度和高度数据）；

(12) 单套装备的行军长度；

(13) 水上运输要求（固定方式、固定装置负载能力）；

(14) 空中运输要求（固定方式、固定装置负载能力）；

(15) 空运、空投时的抗冲击要求；

(16) 铁路运输要求等。

2.4.3 隐蔽集结和向渡场开进

在这个阶段，主要研究开进路线，作业场地条件、器材展开和卸载（泛水）要求等。具体的设计参数有：

(1) 单个车辆的泛水时间（从满载舟车进入渡场到空载舟车驶离泛水点）；

(2) 在同一个泛水点进行单套装备泛水的时间；

(3) 在 N 个泛水点进行单套装备泛水的时间；

(4) 单套装备在渡场展开所需要的最小宽度和纵深（只考虑一个泛水点的情况）；

(5) 固定桥器材卸载所需要的场地长度和宽度；

(6) 架设固定桥所需要的场地长度和宽度；

(7) 开辟岸边接近路（或进出路）的工程量和工程时间的数据；

(8) 泛水（卸载）场地要求：适应岸边坡度、接近角、离去角、岸边水深等。

2.4.4 架设桥梁或结构门桥

架设桥梁指架设固定桥、吊桥或者浮桥，结构门桥指结构漕渡门桥、桥节门桥或者定位门桥等。在这个阶段，主要研究桥梁/舟桥结构的组成、作业人数和人员编组、作业方法、作业机构、架设作业速度、作业时的自然环境要求等。具体的设计参数有：

(1) 单套装备的使用组合，例如，一套器材架设两座或 N 座桥梁（门桥）；

(2) 机械化作业或人工作业的人数（作业人数超过乘员时）；

第 2 章 渡河桥梁器材的作战使用性能和战术技术指标论证

（3）单个构件、桥节或桥节舟的重量；

（4）作业机构要求，如液压系统压力、起重能力与起重安全系数、油泵排量等；

（5）桥梁每纵长米架设时间（外军使用人时，即作业人员乘以作业时间）；

（6）门桥作业时间（外军使用人时，即作业人员乘以作业时间）；

（7）架设作业时的适应风力；

（8）架设作业时的适应流速；

（9）桥梁适应两岸的高差以及两岸的坡度；

（10）架桥汽艇与门、浮桥作业时的适配性指标（推力、航速、功率、油耗等）；

（11）桥型与载重量；

（12）架设作业时间（从第一辆桥梁/舟车进场到可以通载/渡送车辆载荷止）；

（13）多桥跨搭接使用要求规定等。

2.4.5 桥梁通载和门桥漕渡

在这个阶段，主要研究桥梁的通载能力和门桥的载重量等。具体的设计参数有：

（1）桥梁的设计载荷；

（2）桥梁车行道宽度，单行道或双行道；

（3）多跨桥的桥脚高度及其调整范围；

（4）桥端高度与桥面坡度；

（5）载荷偏心距；

（6）载荷间距；

（7）载荷冲击系数；

（8）载荷在桥梁上的行驶速度（通载速度）；

（9）桥梁在单位时间内的通行量（过车数量）；

（10）桥梁在使用时的适应风力；

（11）桥梁在使用时的适应流速；

（12）桥梁在无载荷生存状态下的适应风力和适应流速；

（13）桥梁寿命（通载次数）；

（14）浮桥的连岸能力（跳板长度、岸边舟岸端的提升高度和适应岸高范围等）；

（15）浮桥安全干舷；

（16）门桥安全干舷（浮力储备）；

（17）漕渡门桥的载重量；

（18）漕渡门桥的承载面积；

（19）门桥在使用时的适应流速；

（20）门桥航速（包括0到设计航速的加速距离和加速时间）；

（21）漕渡门桥与水上动力的适配性指标（推力、最大航速、额定航速、功率、油耗等）；

（22）漕渡门桥的靠岸时间（包含系留）、上载时间、离岸时间和下载时间；

（23）200 m、300 m、500 m和1 000 m河幅宽度条件下漕渡门桥一个航次的时间；

（24）门桥漕渡效率等。

2.4.6 器材的撤收

在这个阶段，主要研究器材分解和撤收的时间等。具体的设计参数有：

（1）门桥撤收时间（从渡送最后一辆车上岸后到最后一辆舟车装车完毕呈运输状态）；

（2）浮桥撤收时间（从通过最后一辆车辆后到最后一辆舟车装车完毕成运输状态，特别要注意起锚时间）；

（3）浮桥分解为桥节门桥的时间（与桥节门桥数量和类型相关）；

（4）正向撤收桥梁时的时间；

（5）反向撤收桥梁时的时间；

（6）单个桥节（桥节舟）的装载时间（从空载桥车/舟车进入渡场到满载舟车呈运输状态）；

（7）具有N个装载场地时，单套器材的装载时间。

2.4.7 综合性设计参数

这些参数贯穿完成渡河工程保障任务全过程，主要有：

（1）车辆故障间隔里程；

（2）装备完成任务成功概率；

（3）装备的维修性指标；

（4）装备的可用性或者叫可达可用度指标；

（5）装备的指挥通信系统要求；

（6）装备的电磁兼容性等；

（7）装备的保障性（互换性、兼容性）、测试性和安全性等要求等。

上述设计参数在渡河桥梁器材完成任务的过程中具有相互衔接的连续性，

相互衔接事件的边界条件是清晰的,前一个事件的终点就是后一个事件的起点,进行时间要素规划时必须特别注意,不能留有间隙。每个参数不但有理论上的意义,而且能够为实际使用提供有效数据支持。例如,为制订作战工程保障计划提供有效数据支持。作战参谋可以根据保障任务的需求和工程量,制订切实可行的工程保障行动计划,如器材需求量多少,在何处集结,如何机动,机动多少路程,在何时何地完成架设作业任务,桥梁使用多长时间,等等。如果上级下达的战术技术指标不能为制订作战工程保障计划提供有效数据支持的,则这些战术技术指标相对于保障任务来说一定是不连续、不闭环的。而这些指标的边界条件也一定是人为设定的,其目的只是为了用户的检验考核,以验证装备是否达到设计要求。

以上按照任务剖面提出的设计参数,也可以和图 2-2 所示的装备系统组成中的各个分系统一一对应起来。有些设计参数是针对装备的职能结构提出来的,有些参数是分别针对底盘车、架设撤收作业机构、液压系统和电控系统提出来的,有些参数与各个分系统都有关联,需要系统分析、统筹考虑,才能保证装备的整体效能。总体看,渡河桥梁器材的作战使用性能和整体保障效能,与渡河桥梁器材的总体技术方案及其使用方法、操作步骤等密切关联,只有熟悉器材使用的有心人,才能分清楚哪些是器材的主要效能参数,那些是次要效能参数,才能在器材操作步骤和技术设计结合上有针对性地简化、合并作业程序,进而提高渡河桥梁器材的作战使用性能和整体保障效能。

2.5 渡河桥梁器材产品的总体技术方案及其对作战使用性能的影响

所谓产品的总体技术方案,实质就是根据总体设计要求和设计思路指导下的产品结构框架。对于渡河桥梁器材产品而言,包括系统组成、外形尺寸、工作原理和实现方法等,同时包括对原材料、元器件和相关设备的具体技术要求等。总体技术方案不但能够说明产品满足总体设计要求的程度,而且能够说明产品对相关产业技术的依赖程度,包括产品的优点和不足。所谓总体设计要求,就是指在产品设计中应该遵从的规律和把握的原则。而要遵从规律和把握原则,首先需要具有清晰的设计思路或者叫设计思维逻辑,要清楚地知道产品设计中的主要矛盾和主要问题,不要纠缠在一些无关紧要的次要问题上,避免设计方案出现重大失误、捡了芝麻丢了西瓜,只有设计思路清晰,才能把握正确的设计方向。

以自行舟桥设计为例,可以看出产品总体设计要求和设计思想的重要性。

我国从 20 世纪 50 年代末开始着手研制自行舟桥，从起步时间上讲与世界发达国家是比较同步的，但当时的从业者几乎完全没有任何产品设计方面的积淀，产品研发也属于摸着石头过河。由于对自行舟桥产品缺少必要的理论研究和使用经验，研制出的科研样机因自身重量过大而失去保障武器装备渡河的能力，当时人们并未从产品设计理论上总结不足，而是把研制失败的原因归结为我国工业技术基础水平还不能满足研发自行舟桥的需要，也就是说我国研发自行舟桥的时机在当时还不成熟，但研发自行舟桥到底需要什么样的工业基础条件，却没有具体文字总结记载。到了 20 世纪 70 年代末，我国曾与德国 EWK 公司的工程技术专家以及季洛瓦自行舟桥的创始人季洛瓦中将进行过相关技术交流，对自行舟桥技术有了一些初步认识，例如轮式自行舟桥大都采用 4×4 越野底盘，自行舟桥装备全重一般在 26 t 左右，自行舟桥的两栖底盘的车桥必须具备较大的载重能力和转向功能，需要具备车轮/车桥收放功能以降低舟桥吃水，需要具备轮胎自动充放气功能以提高车辆越野能力，自行舟桥必须尽量控制装备重量等。应该说，除结构材料外，专业人士始终将大载重转向车桥、车桥收放和轮胎自动充放气等作为自行舟桥的关键技术，并且认为这些技术不解决，轮式自行舟桥研发的条件就不成熟。至于自行舟桥为什么需要具备上述功能，整个业内仍然处于知其然不知其所以然的境地。例如有人提出单个车轮载重能力不够，可不可以采用多轮并联？也有人提出车桥承载能力不够可不可以采用多个车桥？但最终谁也没有给出科学答案。基于一般原理，大家总是从减少自行舟桥水阻力和门桥吃水两个方面来认识上述技术要求。到 20 世纪 80 年代初，随着苏联 PMM 轮式自行舟桥的出现，人们只知道苏联发展了一种新型自行舟桥，但当时鲜有人关心这种自行舟桥采用何种底盘、车桥是否能够收起等问题。现在人们知道，PMM 轮式自行舟桥采用 8×8 越野底盘，车桥不能收起，水上采用导管螺旋桨推进，主机在现有自行舟桥中功率最低，航速却与其他自行舟桥基本持平。由此可见，减少水阻力和门桥吃水并非自行舟桥设计是否可行的主要因素，这个结论与前辈们的观点相去甚远！时至今日，大多数专业人员对自行舟桥的认识仍然延续着前辈们的观点。由此可见，把握渡河桥梁产品总体设计要求和建立产品设计思路的工作依然任重道远。

产品的技术先进性历来都受到设计者的高度关注，并且将之视为重要的总体设计要求，但如果不能将技术先进性与产品的总体技术方案以及产品在使用中的整体效能有机地结合起来，片面追求产品某些技术方面的先进性，并不能给产品的作战使用性能和整体效能带来实质性改变，有时可能还会带来问题。例如，一个简单的人工作业动作就没有必要通过一套复杂的机械、电气系统来实现机械化作业；浅吃水的舟桥器材的水上推进装置可以使用轴流泵式喷水推进器，而对于吃水较大的舟桥器材则完全可以使用螺旋桨推进，是否一定要使用轴流泵式喷水推进器以彰显器材的先进性就值得商榷。技术指标的先进性也是如此，必须放在整个产品的总体技术方案中去权衡，权衡的依据依然是产品的整体效能，不同的指标与特定的效能产生关系。例如，门桥航速将与门桥漕渡效能产生关系，但确定门桥最大航速指标时，却并非越高越好。门桥的漕渡效能与门桥的使用环境、门桥本身的操作控制技术有很大关系，最大航速只是选择发动机功率的重要依据，并非确定门桥漕渡效能的重要依据，漕渡效能只与门桥平均航速、额定功率航速有关，平均航速又与河幅宽度、门桥加速性能等密切相关。根据目前国内外舟桥器材的门桥航速水平，对门桥漕渡效能影响最大的因素是门桥的码头作业时间，即门桥的靠、离岸和系留固定所花费的时间占门桥一个航次时间的比例相当大，河幅越小，占比越大。因此，需要具体情况具体分析，不可盲目追求最大航速。否则会导致发动机功率过大，燃油消耗和装备重量都会对产品设计产生重大影响。因此任何一个战术技术指标的论证背后都需要有方方面面的数据支撑。一些数据是技术可行性方面的，一些数据是使用效能方面的，一些数据虽然对产品的某个性能产生有利影响，但是也会对产品的一些性能产生不利影响，这种关联作用必须进入论证的范围，任何孤立的、片面的、只说优点不说问题的指标论证都是必须避免的。

进入 21 世纪以来，笔者有幸从事自行舟桥的研发工作，特别是从 2008 年起，投入了大量精力研究自行舟桥的设计技术问题，前后参加了履带式自行舟桥和轮式自行舟桥的设计开发工作，对国外自行舟桥的总体设计研究颇多，并一直跟踪设计实践和自行舟桥使用情况，探究自行舟桥设计的内在联系和设计规律，取得了相应的研究成果，对我国今后设计自行舟桥，正确把握产品设计要求和建立清晰的产品设计逻辑，具有重要参考作用。下面就将笔者从事自行舟桥研究的体会介绍如下。

2.5.1 自行舟桥的特点和用途（掌握特点和用途）

从事产品设计研发，首先要清楚产品的特点和用途。特点和用途把握得越清楚，设计要求和设计思路就会越明确，设计弯路就会走得越少。

舟桥装备通常由运输车辆、舟桥模块（节套舟或桥节舟）和水上推进动力模块（架桥汽艇或舷外挂机）组成。自行舟桥与普通舟桥有何特点和不同，还需要从普通舟桥和自行舟桥各自特点的分析中获得答案。

普通舟桥装备的运输车、舟桥模块和水上动力模块三者相对独立，各有各的功能。运输车辆具有桥节舟/架桥汽艇的泛水、装车和载运功能；舟桥模块具有拼装组合门桥、浮桥、水上平台等水上工程结构物的功能；架桥汽艇具有架设浮桥、漕渡门桥功能并且兼具水上交通、警戒、指挥等功能。普通舟桥的运输车的车型比较多，根据舟桥运输模块的大小和重量可以分为轻型车辆和重型车辆；普通舟桥的舟桥模块品种也可以多种多样，根据不同的功能可以制作不同的模块，并且有着多种拼装组合方式，组成可以适应不同条件和不同任务的水上工程结构物。因此，普通舟桥装备使用灵活、适应能力强、功能强大，但缺点是舟桥模块品种多、作业时间和作业人员多、劳动强度大，完成保障任务的规模大，暴露征候明显，不利于伴随作战部队实施快速机动保障，比较适合遂行预有准备条件下的定点渡河工程保障和自主机动条件下的精确渡河工程保障任务。这样的装备设计约束少，设计方案选择的余地大，对运输底盘、架桥汽艇设备的要求都不是很高，具有一定工业基础水平的国家，几乎都可以设计、生产制造这样的舟桥装备。

为了减少装备模块的品种，提高装备模块的应用效率，可以设想将舟桥模块的功能和架桥汽艇的功能合二为一，这样的模块叫动力舟（通常小型模块叫动力舟，大型模块就是机动门桥），动力舟既是水上推进动力，又是舟桥结构的组成部分。这种产品在俄罗斯 PP-91 和 PP-2005 舟桥纵列中均有所体现，美军在带式舟桥改进中也曾经考虑过动力舟方案。它比普通舟桥使用效率更高，渡送效能更大。例如带式舟桥一个 60 t 漕渡门桥承载面长度20 m，由 3 个桥节舟和一艘架桥汽艇组成，需要 4 辆运输作业车完成泛水、装车和运输等任务。如果这个门桥要将自身的运输车辆渡过河的话，20 m 的门桥承载面长度漕运一辆舟桥（一辆空舟车长度接近 9 m）可能有所富余，漕运 2 辆舟车又有可能稍显不足（考虑门桥两端各留出 1 m 的安全距离且车辆间有适当间距），门桥要 4 个航次才能完成漕渡 4 辆舟车的任务。但如果将架桥汽艇变成了动力舟，则同样是 4 辆运输作业车，门桥由 3 个桥节舟和一个动力舟组成，承载能力将从 60 t 变为 70 t，承载面长度从 20 m 变为 23 m 多，门桥只需 2 个航次即可完成漕渡 4 辆舟车的任务。显然，将架桥汽艇和舟桥功能合一的做法取得的效益是非常显著的。当然，由于两者功能合一，架桥汽艇所具备的水上交通、警戒、指挥等功能在动力舟上必然有所弱化。由于动力舟的尺寸与架桥汽艇基本相当，所以设计难度和对工业基础的要求都不是很高，舟桥器材在使用上也没有太大的变化和不同。

自行舟桥将运输作业车辆、舟桥模块、水上动力模块三者的功能集于一身，三者在任何时候都互相联系、互相牵制、不可分割，形成了一个具有两栖车辆功能的舟桥装备。这样的装备一辆车就可以构成一个渡河工程保障平台，特别适合遂行伴随机动渡河工程保障任务。自行舟桥最大的特点是对渡场中泛水点的数量要求低，一个泛水点就可以快速进行多辆自行舟桥车泛水，水陆转换迅速，快速保障能力强，是作战部队在仓促渡河情况下首选的渡河桥梁器材。渡河工程保障效能与泛水点数量关系密切，如果在广正面上泛水点足够，则普通带式舟桥的作业速度与自行舟桥相差不大（据统计，早期的自行舟桥架设浮桥

第 2 章 渡河桥梁器材的作战使用性能和战术技术指标论证

的速度在 3 m/min 左右,最新的达到 5~10 m/min,而带式舟桥达到 7 m/min 左右,这些数据并不包括泛水作业速度)。而泛水点和渡口接近路的修筑,其土工作业量往往是巨大的,通常只有在预有准备的情况下才能实施广正面的多点渡河工程保障行动。如果用自行舟桥实施广正面多点渡河行动,则这种器材与普通舟桥相比将失去性价比优势,而对于作战部队行进间仓促渡河行动而言,采用自行舟桥则优势明显。将车辆、舟桥和水上推进三者功能集于一身后,这种舟桥器材在提高部队行进间渡河效能的同时,也带来一些问题。例如由于存在底盘车的羁绊,自行舟桥适应流速、水深和岸边等自然条件的能力自然比普通舟桥有所下降。

研发自行舟桥对一个国家的工业基础水平要求相当高,能够匹配自行舟桥设计要求的工业产品是非常难寻的。自行舟桥对整备的重量和运输体积都有特定要求,在规定的重量和排水量下,为了确保自行舟桥的载重量,自然要求底盘车重量越轻越好,同时也要求舟桥结构越轻越好(这个要求与自行舟桥所具备较高的承载能力往往是矛盾的);为了确保自行舟桥的岸边适应性能,要求两栖底盘的车桥(含车轮)能够收进主舟体内部;为了确保足够的门桥排水面积,要求车桥越少越好(车桥收起会损失门桥的排水面积和排水量);为了自行舟桥所有设备便于在车体中布置,也要求车桥越少越好(车桥收起会大量占用车体空间),同时也希望所有设备的体积和重量越小越好(而这个要求与目前国家工业基础水平往往是不相适应的,无论是发动机还是传动装置等设备,国产设备的体积和重量都大于国外的先进装备,这是不争的事实)。由于车、船、桥三者一体化,使用时互相关联,设计时互相牵扯,舟桥设计师不了解车辆设计的情况,车辆设计师不知道舟桥设计和具体使用要求,因此给科学设计自行舟桥带来了许多不确定因素和设计难度。

综上所述,自行舟桥是所有舟桥中各个分系统相互关联度最高、技术最为复杂、未知因素最多、对工业基础水平要求最高、研制难度最大的舟桥产品,主要用于伴随战斗部队/突击部队机动,保障战斗部队/突击队在行进间快速克服江河障碍,实施渡河行动。

■ 2.5.2 水陆转换能力是自行舟桥性能的重要体现(把握重要性能和技术难点)

自行舟桥就是具有舟桥功能的两栖车辆,而这种两栖车辆并不是在普通车辆的基础上加一个水上推进器,尤其是像自行舟桥这样具有广泛岸边适应性的工程器材,其水陆转换性能需要比一般两栖车辆更优越。根据自行舟桥的特点和用途,设计师应该清醒地意识到自行舟桥不同于一般战斗两栖车辆,自行舟桥更注重使用时的水陆转换能力。一般战斗两栖车辆,其主要功能主要体现在战斗性能上，作为车辆功能不可能设计得面面俱到，只是在具备陆上行驶功能的基础上，再增加一套水上行走系统，使之实现水陆自行。其实，这样的两栖车辆，由于其水陆转换性能较差，因此对出、入水码头的要求相对比较严格，我们经常可以看到一些普通的两栖车辆，在出、入水时会困在岸边浅水区某个位置，有时是上不了岸，有时是浮不起来。而自行舟桥担负着保障战斗车辆迅速克服江河障碍的使命，必须能够在无准备或通过简易土工作业的情况下迅速参与渡河工程保障行动，尤其是能够在行军状态下，迅速前出实施渡河工程保障作业。因此，自行舟桥特别是轮式自行舟桥不同于一般两栖车辆，它更加重视水陆转换的性能，这就解释了为什么在许多战斗车辆都具备浮渡能力的情况下，自行舟桥仍然是渡河工程保障骨干器材的主要原因。当自行舟桥底盘具备车桥收放功能后（通常车桥的收放行程在 0.6~0.7 m），特别是轮胎具备了充放气功能后，自行舟桥可以从容驶入水中，鲜有打滑现象，当浮力作用导致车轮失去行走能力后，收起车桥，车轮收进车体内部，浮起的自行舟桥即转入水上行走状态。收起车桥的自行舟桥能够更接近岸边浅水区域，通过放下收起的车桥可以将自行舟桥的舟体向水面上方顶起以消除舟体浮力，使车轮获得行走所需附着力，自行舟桥即可顺利出水上岸。在特殊情况下，自行舟桥还可以利用水上推进动力和陆上行走动力共同作用确保其上岸。为了确保自行舟桥出、入水时获得更大的驱动力，在传动系统设计时可以考虑前、后车桥的驱动力矩根据轮胎的附着力进行自动分配。

2.5.3 建立外形尺寸、总体布局和设计参数与产品性能的内在联系（把握产品设计规律）

不同方案的总体布局、外形尺寸和设计参数对自行舟桥装备的性能和技术设计带来的影响是不同的，本节的目的是通过外军典型自行舟桥产品分析以及对我军自行舟桥研发的反思，以寻求自行舟桥各种方案的最佳设计。根据对外军现有自行舟桥的研究发现，自行舟桥的外形运输尺寸大都控制在 13 m × 3.2 m ×4.0 m 左右，这样的外形尺寸确保了自行舟桥展开成门桥状态时其有效载重排水量达到 40 t 以上，但前提是轮式自行舟桥必须采用 4×4 越野底盘。轮式自行舟桥的轴距通常在 6.5 m 以上，离地间隙在 0.60~0.65 m，这样可以确保传动轴在车桥收起和放下 0.60~0.65 m 时，能够在 ±10% 范围内摆动（据车辆设计人员介绍，传动轴的摆动角度一般不适合超过 ±10%）。由于轴距的增大，为了保持自行舟桥具有良好的越野性能，需要使用大直径车轮，而大直径轮胎（根据对外军轮式两栖工程车辆的了解，轮胎直径大致在 1.60~1.74 m 之间）通常都具有一定的宽度，这就解释了一些专业人员提出的"自行舟桥不能使用双胎并联以提高承载能力"的疑问，因为自行舟桥没有足够的空间使用双

第2章 渡河桥梁器材的作战使用性能和战术技术指标论证

轮胎;而大尺寸轮胎的车桥收起需要占据很大的轮穴空间,导致自行舟桥出现较大的浮力损失,这就解释了自行舟桥为什么需要使用 4×4 越野底盘的主要原因,因为 4×4 越野底盘既能实现车桥大行程收起,又可使自行舟桥的浮力损失降至最小,6×6 越野底盘车桥收起行程受限且浮力损失相对较大,8×8 越野底盘车桥将不能大行程收起(如 PMM 轮式自行舟桥)。另外,4×4 越野底盘的水密设计相对比 6×6、8×8 越野底盘要简单可靠。从自行舟桥运输尺寸可以看出其有效载重排水量超过 40 t,这就表明具备单车成桥(即一台自行舟桥装备结构一个漕渡门桥)的自行舟桥总体方案,将设计载荷确定在 40 t 以上可以最大限度地发挥其漕渡能力。当然,产品设计不是一成不变的,随着电动车辆的出现,一些设计要求也会发生相应的变化。

外军自行舟桥基本都是低驾驶室底盘,驾驶室高度一般为 2.8~3.0 m。这种设计有助于增加侧舟长度,提高门桥排水量和水动力稳定性,浮桥宽度的增加也有助于适当减轻舟桥结构重量,便于结构优化。自行舟桥总体技术方案主要有车轴线与桥轴线一致方案和车轴线与桥轴线垂直方案。目前外军典型的自行舟桥装备主要是以俄罗斯 PMM 和德国 M3 为代表的车轴线与桥轴线垂直方案以及以法国 EFA 为代表的车轴线与桥轴线一致方案。

俄罗斯的 PMM 系列自行舟桥总体布局如图 1-10 所示,其总体技术方案主要由中间舟和左、右侧舟组成,中间舟含两栖车辆底盘,左右侧舟在运输时叠置在中间舟上方,使用时左、右侧舟分列在中间舟两侧。作为桥节门桥使用时,跳板折叠在侧舟车行道部位并且作为车行道使用;作为漕渡门桥使用时,跳板从侧舟上方翻转展开,用于漕渡门桥接岸。PMM 系列自行舟桥指 PMM 轮式自行舟桥、PMM-2 履带式自行舟桥和 PMM-2M 履带式自行舟桥,PMM 系列自行舟桥可以单车成桥使用,也可多车构成载重量更大的漕渡门桥或者结构浮桥使用,属于带式舟桥结构体系。PMM 和 PMM-2 自行舟桥单车门桥的承载能力为 40 t,PMM-2M 为 42.5 t,PMM 系列自行舟桥的浮桥载重量是履带载荷 50 t。必须指出的是,PMM 轮式自行舟桥并不如前所述的那样使用 4×4 轮式越野底盘,而是使用了 8×8 轮式越野底盘,车轮直径大约 1.3 m,车桥不能收起。尽管使用了 8×8 轮式越野底盘使 PMM 轮式自行舟桥的越野通过性较为出色,但由于不具备车桥收起功能,PMM 轮式自行舟桥的水陆转换性能仍然不够理想。因此,俄罗斯又研发了 PMM-2 履带式自行舟桥,以解决其水陆转换性能问题,随着主战坦克重量的增加,又对 PMM-2 加以改进,使单车漕渡门桥的承载能力达到 42.5 t。

德国 M3 自行舟桥运输状态外形如图 2-5 所示,其中图 2-5(a)为载有 4 块桥板/跳板的自行舟桥,图 2-5(b)为载有 3 块桥板/跳板的自行舟桥,总体技术方案和使用状态如图 1-11 所示。从图 1-11 中可以看出,M3 自行舟桥单车不能成桥，因为其展开后的水线面积和水线面积惯性矩明显小于 PMM 自行舟桥，根据计算分析，这样的单车门桥稳定性较差，不能满足相关设计规范的承载要求，即不足以承受与其有效载重排水量（约 40 t）相应的车辆载荷。根据 M3 产品信息，M3 自行舟桥单车门桥展开后，可以运载 12 t 的货物。M3 自行舟桥的设计载荷为 MLC70 级，相当于履带式车辆载荷 63.5 t。

(a)

(b)

图 2-5 M3 自行舟桥
（a）载有 4 块桥板/跳板；（b）载有 3 块桥板/跳板

　　M3 自行舟桥具有可变体系舟桥结构，双车门桥既可以是带式舟桥结构，也可以是桥脚分置式舟桥结构。作为带式舟桥结构，双车漕渡门桥需要 8 块桥板/跳板，也就是说一台自行舟桥车需要携带 4 块桥板/跳板，这是 M3 自行舟桥完全可以做到的；作为桥脚分置式舟桥结构，双车漕渡门桥需要 9 块桥板/跳板，单车携带跳板数超过 4 块，这对于一台自行舟桥车而言是不可能的，但可以看出桥脚分置式的三车门桥需要 12 块桥板/跳板，每台车也是携带 4 块桥板/跳板。因此，用 M3 自行舟桥结构双车漕渡门桥通常使用带式舟桥结构，结构三车门桥时使用桥脚分置式舟桥结构。根据分析，当结构 4 车以上的浮桥段时，如果每台车还是携带 4 块桥板/跳板，则桥板/跳板将出现多余，因此 M3 自行舟桥主要结构双车或者三车漕渡门桥，用作结构浮桥时，则有的车携带 4 块桥板/跳板，有的车携带 3 块桥板/跳板。过去我们只有图 2-5（b）的情况，因此总觉得 M3 自行舟桥需要有专门的桥板运输车，而图 2-5（a）的出现解除了我们的疑问。M3 自行舟桥运输时左、右侧舟铰接在中间舟上，使用时依次翻开左、右侧舟，然后用随车吊臂来设置桥板（同时也是连岸跳板），形成桥节门桥或漕渡门桥。

　　EFA 自行舟桥的使用情况如图 2-6 所示。运输时前、后跳板舟铰接在中间舟上，使用时首先对气囊进行充气作业，之后依次翻转前、后跳板舟和跳板，形成漕渡门桥（跳板翻出）或桥节门桥（跳板不翻出，如果跳板舟设有中间气囊的话就必须拆除跳板）。从图 2-6 中可以看出，法国 EFA 自行舟桥外形尺寸

第 2 章 渡河桥梁器材的作战使用性能和战术技术指标论证

偏大，结构系统复杂，因为设置有浮囊系统，虽然增加了作业准备时间，但单车漕渡门桥排水量大，门桥渡送效能较高，该自行舟桥属于变刚度带式舟桥承重结构，关于它的特点将会在相关反求工程分析中加以讨论。

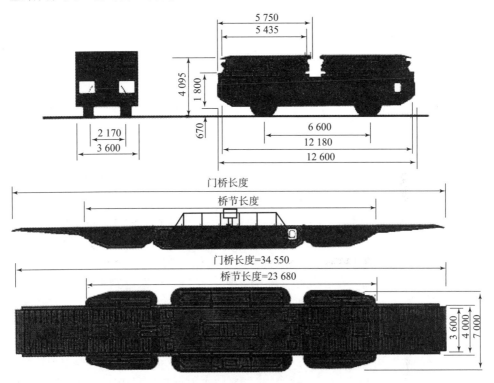

图 2-6 EFA 自行舟桥总体方案示意图（单位：mm）

我国研制并定型的履带式自行舟桥，其总体技术方案和基本结构形式与 PMM-2M 自行舟桥基本相同，由于工业基础水平的原因，我国履带式自行舟桥在底盘车重量和装备全重上与 PMM-2M 自行舟桥存在着一定差距，虽然在浮桥载重量上较 PMM-2M 自行舟桥有所提高，但在结构安全富裕度和耐用性方面不如 PMM-2M 自行舟桥。由于缺乏必要的设计实践，尤其缺乏成熟科学的设计理念，加之底盘设备系统和零部件在尺寸、重量和可靠性等方面的差距，致使我国履带式自行舟桥虽然在某些局部技术上有所创新，但其综合总体性能与 PMM-2M 自行舟桥仍然存在差距，PMM-2M 自行舟桥有的缺点我军履带式自行舟桥基本都存在，PMM-2M 自行舟桥没有的问题我军履带式自行舟桥也不同程度地存在着。我国对轮式自行舟桥的设计也进行了一些必要的技术探索，在车桥收起、轮胎中央充放气、铝合金舟体焊接制造、两栖车辆水密等技术方面取得了一些突破，但设计理念和逻辑并没有因这些技术的解决而真正形成。总地看，我国在适合自行舟桥设计要求的底盘设备选择上依然存在差距，由于外形尺寸偏大、偏重,给中间舟设计带来许多困难,导致中间舟机舱非常拥挤,并带来一系列技术问题。

根据对外军典型自行舟桥装备的技术分析,可以总结出下列技术参数之间的相互关系:

(1) 外形尺寸与门桥承载能力。

外军自行舟桥的运输外形尺寸基本都控制在 13 m×3.2 m×4.0 m 以内,而它们的单车门桥扣除自重和安全储备浮力后所能提供的排水量不小于 40 t。也就是说,如果自行舟桥外形尺寸接近 13 m×3.2 m×4.0 m,而门桥扣除自重和安全储备浮力后所能提供的有效载重排水量如果低于 40 t 的话,则这样的自行舟桥总体技术方案一定存在着严重的不合理性。

(2) 自行舟桥的主机功率与陆上和水上吨功率。

表 2-1 和表 2-2 列出了外军典型自行舟桥装备的吨功率数据。自行舟桥陆上机动时的吨功率反映了装备的陆上机动性能,通常吨功率越高,机动能力越好。轮式自行舟桥的吨功率在 10 kW/t 左右比较科学,低于 8 kW/t,动力可能不足;超过 12 kW/t,动力可能过强,容易导致装备使用时的经济性下降和装备重量增加。EFA 自行舟桥的主机功率在几种轮式自行舟桥中最大,其配套传动系统、冷却系统等的重量也必然随之增大,整装重量达到 44 t 就是一个很好的例证。自行舟桥水上机动时的吨功率,主要反映了门桥的水上加速性能,吨功率太低,门桥达到最大航速所花费的时间就越长,通常轮式自行舟桥重载门桥(载重 40 t 以上)满载航速都在 10 km/h 以上,不超过 11 km/h,水上推进时的吨功率在 3.4~5 kW/t 之间,取下限时,门桥使用时的经济性较好,超过 5 kW/t 时,表明门桥推进效率不高或者门桥阻力偏大。PMM-2M 履带式自行舟桥水上吨功率数据最大,只能说明其门桥阻力较大,需要消耗较大的能量。

表 2-1 自行舟桥装备陆上机动时的吨功率　　　　kW·t^{-1}

PPM 轮式自行舟桥	M3 轮式自行舟桥	EFA 轮式自行舟桥	PMM 履带式自行舟桥
8.46	9.96	12.37	14.69

表 2-2 自行舟桥装备水上机动时的吨功率　　　　kW·t^{-1}

门桥种类	PPM 轮式自行舟桥	M3 自行舟桥	EFA 自行舟桥	PMM 履带式自行舟桥
	自重+载重	自重+载重	自重+载重	自重+载重
单车门桥	3.33	—	5.06	6.74
双车门桥	3.33	4.42	4.57	6.74
三车门桥	3.33	3.73	—	6.74

第 2 章 渡河桥梁器材的作战使用性能和战术技术指标论证

(3) 外形尺寸、设计载荷与结构内力和变形分析。

PMM 轮式自行舟桥单舟(车)门桥的平均计算水线面面积(排水面积)大约为 105 m², 门桥展开后的长度大约为 9.6 m, 则门桥的计算水线面平均宽度为 11 m 左右, 门桥计算水线面面积惯性矩在 900 m⁴, 浮桥设计载荷为 50 t, 铝合金舟桥结构,舟桥总纵承重主梁的高度为 0.75 m 左右, 总纵承重结构上下纵向连接接头的间距为 0.7 m 左右, 考虑间隙影响(按弯矩下降 15%、吃水增加 15% 考虑)、偏心受力(1.2 倍的不均匀系数)和载荷冲击(1.05 的冲击系数), 则舟桥结构的弹性弯曲特征系数 β、抗弯刚度 EJ、截面惯性矩 J、截面抗弯模量 W、截面弯矩 M[①]、截面应力 σ、结构吃水(活载吃水) y 和接头拉力 N (拥有两个下部连接接头) 的关系见表 2 − 3。

表 2 − 3 50 t 履带载荷作用下 PMM 轮式自行舟桥浮桥的计算参数

β	M/tm	y/m	σ/MPa	N/t	$4EJ$	J/m⁴	W/cm³
0.08	122.187 5	0.236 231	58.990 21	118.427 9	268 554.7	0.009 591	23 978.1
0.085	113.593 8	0.250 995	69.891 34	110.098 6	210 725.4	0.007 526	18 814.77
0.09	105.954 9	0.265 76	81.937 77	102.694 7	167 657.4	0.005 988	14 969.41
0.095	99.120 07	0.280 524	95.158 86	96.070 22	135 051.1	0.004 823	12 058.14
0.1	92.968 75	0.295 289	109.579 5	90.108 17	110 000	0.003 929	9 821.429
0.105	87.403 27	0.310 053	125.221 3	84.713 94	90 497.27	0.003 232	8 080.114
0.11	82.343 75	0.324 818	142.100 2	79.810 1	75 131.48	0.002 683	7 155.379
0.115	77.724 18	0.339 582	160.228 9	75.332 67	62 892.86	0.002 246	5 989.796
0.12	*73.489 58*	*0.354 346*	*179.615 6*	*71.228 37*	*53 047.84*	*0.001 895*	*5 052.175*
0.125	*69.593 75*	*0.369 111*	*200.264 3*	*67.452 4*	*45 056*	*0.001 609*	*4 022.857*
0.13	65.997 6	0.383 875	222.174 8	63.966 9	38 514	0.001 376	3 668.005

作为铝合金舟桥结构, 材料的屈服强度应该在 280 MPa 以上, 工作应力应该在 210 MPa 以下, 从表 2 − 3 的计算数据看, PMM 轮式自行舟桥的弹性弯曲特征值 β 应该在 0.12~0.125 之间最为科学, 这时承重结构的工作应力大约在 200 MPa 以内, 接头所受的轴向拉力在 75 t 以内, 活载荷吃水在 0.36 m 左右, 根据这个吃水, 可以推断 PMM 轮式自行舟桥侧舟的自重吃水在 0.25 m 左右。

M3 自行舟桥单舟(车)门桥平均水线面面积为 72.9 m², 浮桥的跨度为 $l = 11.5$ m。作为桥脚分置式浮桥结构, 根据对相关照片的反求分析, 其上部结

---

① 本书弯矩、力矩单位用吨米(tm)表示, 1 tm = 9 800 Nm。

构（桥板）高度为 37~40 cm，空载门桥吃水 0.54 m，铝合金舟桥结构，在 63.5 t 履带载荷作用下，考虑间隙影响（按弯矩下降 10%、吃水增加 10% 考虑）、偏心受力（1.2 倍的不均匀系数）和载荷冲击（1.05 的冲击系数），则舟桥结构的弹性弯曲特征系数 β、抗弯刚度 EJ、截面惯性矩 J、截面抗弯模量 W、截面弯矩 M、接头剪力 Q、截面应力 σ、结构吃水（活载吃水加自重吃水）y 的关系见表 2-4。

表 2-4　63.5 t 履带载荷作用下 M3 自行舟桥浮桥的计算参数

β	M/tm	y/m	σ/MPa	Q/t	$4EJ$	J/m^4	W/cm^3
0.08	160.734 4	1.037 964	69.123 29	67.508 44	154 763.9	0.005 527	28 713.16
0.085	149.178 3	1.069 087	81.759 28	62.654 89	121 437.8	0.004 337	22 530.21
0.09	138.906 3	1.100 21	95.685 81	58.340 63	96 618.36	0.003 451	17 925.48
0.095	129.715 5	1.131 333	110.928 2	54.480 49	77 827.89	0.002 78	14 439.31
0.1	121.443 8	1.162 455	127.506 1	51.006 38	63 391.3	0.002 264	11 760.91
0.105	113.959 8	1.193 578	145.433 6	47.863 13	52 152.18	0.001 863	9 675.73
0.11	107.156 3	1.224 701	164.719 1	45.005 63	43 297.11	0.001 546	8 032.86
0.115	100.944 3	1.255 824	185.365 5	42.396 6	36 244.18	0.001 294	6 724.338
0.12	95.25	1.286 947	207.369 9	40.005	30 570.65	0.001 092	5 671.735
0.125	90.011 25	1.318 069	230.723 9	37.804 73	25 965.08	0.000 927	4 817.269
0.13	85.175 48	1.349 192	255.413 4	35.773 7	22 195.06	0.000 793	4 117.821

根据表 2-4 计算结果，并综合已知设计参数，M3 自行舟桥的弹性弯曲特征值 β 应该在 0.115~0.12 之间最为科学，这时承重结构的工作应力在 200 MPa 左右，上部结构（桥板）的接头竖向力在 40 t 左右。

EFA 自行舟桥的主舟体（车体）前后两端分别连接有跳板舟。跳板舟分为两节，靠近主舟体的一节连有浮体，远端的一节没有浮体。EFA 自行舟桥为带式连续体系浮桥，铝合金结构，承重结构的高度比较复杂，主舟体高度 1.8 m，刚度较大，跳板舟的刚性结构高度也在 1.0 m 以上，空载门桥吃水在 0.4 m 左右，水线面宽度为 6.5 m 左右，在 63.5 t 履带载荷作用下，考虑间隙影响（按弯矩下降 15%、吃水增加 15% 考虑）、偏心受力（1.2 倍的不均匀系数）和载荷冲击（1.05 的冲击系数），假设按照总纵承重结构高度 1.0 m 考虑结构平均刚度，则舟桥结构的弹性弯曲特征系数 β、抗弯刚度 EJ、截面惯性矩 J、截面抗弯模量 W、截面弯矩 M、截面应力 σ、接头拉力 N 和结构吃水（活载吃水加自重吃水）y 的关系见表 2-5。

第2章 渡河桥梁器材的作战使用性能和战术技术指标论证

表2-5　63.5 t 履带载荷作用下 EFA 自行舟桥浮桥的计算参数

β	M/tm	y/m	σ/MPa	N/t	$4EJ$	J/m^4	W/cm^3
0.08	151.804 7	0.907 715	165.369 9	136.624 2	158 691.4	0.005 668	11 335.1
0.085	*140.890 6*	*0.939 447*	*195.600 1*	*126.801 6*	*124 519.6*	*0.004 447*	*8 894.256*
0.09	131.189 2	0.971 179	228.917 8	118.070 3	99 070.26	0.003 538	7 076.447
0.095	122.509	1.002 911	265.383 5	110.258 1	79 802.95	0.002 85	5 700.211
0.1	114.696 9	1.034 643	305.044 3	103.227 2	65 000	0.002 321	4 642.857
0.105	107.628 7	1.066 376	347.933 8	96.865 85	53 475.66	0.001 91	3 819.69
0.11	101.203 1	1.098 108	394.072 3	91.082 81	44 395.87	0.001 586	3 171.134
0.115	95.336 28	1.129 84	443.466 5	85.802 65	37 163.06	0.001 327	2 654.569
0.12	89.958 33	1.161 572	496.109 7	80.962 5	31 346.45	0.001 12	2 239.032
0.125	85.010 63	1.193 304	551.981 5	76.509 56	26 624	0.000 951	1 901.714
0.13	*80.443 51*	*1.225 036*	*611.048 6*	*72.399 16*	*22 758.31*	*0.000 813*	*1 625.593*

从表2-5计算数据看，综合已知设计参数，EFA自行舟桥与结构应力比较匹配的弹性特征系数 β 在 0.085 左右，而与吃水比较匹配的弹性特征系数 β 大于 0.13，这种矛盾的计算结果表明，像EFA这样的自行舟桥总体技术方案，其结构体系一定是变刚度的。作为弹性地基梁，中间12m长的主舟体（车体）刚度大；两边各6m长的跳板舟体刚度小，载重量的增加需要利用间隙设计，通过增加吃水减小浮桥的结构弯矩，同时需要利用载荷布置设计（如门桥载荷沿门桥长度均匀布置），在不增加内力的情况下增加门桥吃水。

以上分析可以看出，EFA自行舟桥总体技术方案结构系统更为复杂，充气浮囊的应用，在增加战术使用时间的同时，也对使用适应性带来影响，只是目前缺乏设计实践和使用经验，暂时还不清楚这方面的影响如何，对岸边地形的适应性与跳板强度的关系等也需要通过专门的系统设计和研究才能得到答案。EFA作为浮桥使用时，由于桥宽相对较窄，因此浮桥的横向稳定性（水动力稳定性）相对M3自行舟桥要差很多，即EFA自行舟桥作为浮桥使用时，其适应流速不如M3自行舟桥结构的浮桥。

（4）装备自重、载重与车行部长度。

自行舟桥门桥展开后的车行部长度与自重之比反映了结构材料的利用率，是反映自行舟桥总体技术方案合理性的重要参数，也是反映自行舟桥使用效能的重要参数。漕渡门桥的载重量与自重之比反映了装备所用材料的效率，该系数越大，材料利用率越高，也是反映自行舟桥总体技术方案合理性的重要参数。表2-6、表2-7和表2-8分别给出了三种轮式自行舟桥漕渡门桥的车行部长度、漕渡门桥的自重与载重以及三种自行舟桥漕渡门桥车行部长度与自重之比，表 2-9 给出了三种自行舟桥漕渡门桥的载重量与自重之比。

表 2-6　三种自行舟桥漕渡门桥车行道长度（含连岸跳板）　　　m

类别＼型号	PMM	M3	EFA
单车漕渡门桥	17.6	—	36
双车漕渡门桥	27.2	26.6	60
三车漕渡门桥	37	43	

表 2-7　三种自行舟桥漕渡门桥自重与载重量（含连岸跳板）

类别＼型号	PMM	M3	EFA
单车漕渡门桥	26t（40 t）	26t（12 t）	44 t（63.5 t 或 2×36 t）
双车漕渡门桥	52 t（2×40 t）	52 t（63.5 t）	88 t（2×63.5 t）
三车漕渡门桥	78 t（3×40 t）	78 t（2×63.5 t）	

注：M3 自行舟桥单车有配 3 块桥板和 4 块桥板之分，配 4 块桥板的整装重量为大约 26 t，门桥应按 4 块桥板考虑。括号内的数字为门桥载重量。PMM 单个载荷≤50 t。

表 2-8　三种自行舟桥漕渡门桥车行道长度与自重之比　　　m/t

类别＼型号	PMM	M3	EFA
单车漕渡门桥	0.677	—	0.818
双车漕渡门桥	0.523	0.512	0.682
三车漕渡门桥	0.474	0.551	

表 2-9　三种自行舟桥漕渡门桥的载重量与自重之比

类别＼型号	PMM	M3	EFA
单车漕渡门桥	1.538 46	—	1.476 7
双车漕渡门桥	1.538 46 (0.961 54)	1.221 2	1.744 2
三车漕渡门桥	1.538 46 (1.282 1)	1.628 2	

注：括号内的数据表示双车门桥漕渡一个 50 t 坦克和三车门桥漕渡两个 50 t 坦克。

第2章 渡河桥梁器材的作战使用性能和战术技术指标论证

从表2-8的数据可以看出，一个合理的自行舟桥结构形式方案，其漕渡门桥车行部长度与自重的合理比值应该在0.48~0.82之间，EFA自行舟桥之所以比值较高，是因为它使用超轻的充气结构作为舟桥浮体，如果不采用充气结构，而只采用金属舟桥结构，这个比值应该控制在0.5左右，单车带式门桥的比值较多车带式门桥高，多车桥脚分置式门桥的比值较多车带式门桥高。表2-9数据表明一个合理的自行舟桥结构形式方案，其漕渡门桥的载重量与自重之比应该在1.5左右。对于任何一种舟桥总体结构方案，如果与同类装备相比差距较小，可以认为是工业基础水平方面存在不足；如果差距较大，则表明方案存在重大技术缺陷。

(5) 排水量曲线与舟体设置位置。

从排水量曲线的斜率可以看出自行舟桥的吃水与总体结构布局的关系（见图2-7）。M3自行舟桥由于侧舟底面与中间舟底面基本平齐，因此门桥排水面积随吃水的变化比较小，M3自行舟桥的排水量曲线斜率大，表示门桥吃水比较小，其自重为26 t，自重吃水只有0.54 m，自重排水量曲线的斜率与载重排水量曲线的斜率变化不明显。而反观PMM-2M自行舟桥，侧舟底面与中间舟底面具有较大的高差，自重排水量曲线斜率较小，表示门桥存在较大的自重吃水，其自重为36 t，吃水达到1.4 m，载重排水量曲线斜率较陡，表示门桥具有较大的载重排水面积。因此若想降低自行舟桥门桥吃水，应该尽量降低侧舟底面与中间舟底面之间的高差，合理选择中间舟和侧舟的尺寸和相互之间的位置。

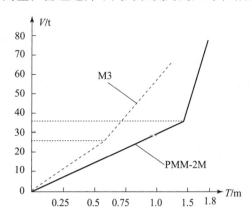

图2-7 单车门桥排水量曲线示意图

(6) 自行舟桥与两栖底盘设备。

自行舟桥所采用的两栖底盘，其设备尺寸、重量与门桥结构方案的关联度非常高，发动机、变速箱、车桥等设备的重量或者体积过大都会影响自行舟桥的总体布置和结构设计。根据自行舟桥产品设计实践可知，自行舟桥中间舟体内部的空间非常有限，因此就自行舟桥对其底盘设备的需求上看，自行舟桥特别需要使用重量轻、能力强、尺寸小的底盘设备。我们经常讲需求牵引，大都讲的是军事需求牵引。其实就产品设计本身而言，设计需求牵引也是非常重要的，设计上需要，但市场中或者现实中却不能提供这种需要，这就能够促使我们在基础研究或者应用研究中提出研究课题和进行关键技术攻关，市场也可以根据需求提供相应的设备和技术。

通常所说的设计要求，无非就是一些根据外军装备战术技术数据而提出的战术技术指标或者作战使用性能，而不太关注具体技术细节与战术技术指标之间的内在联系。从上述技术分析可以看出，设计要求除满足战术技术指标要求外，还需要清楚具体技术细节与总体技术方案以及战术技术指标之间的内在联系，只有这样，才能保证指标合理、方案先进。

2.5.4　自行舟桥产品的总体设计要求（提出产品总体设计要求）

军事装备的发展依靠技术推动和需求牵引。军事装备的设计要求、设计方法、设计理念都有其内在设计规律，并且在长期的设计实践中逐步被设计人员所认识和掌握，反过来又影响设计实践。在这个长期的设计实践中所积累下来的知识和经验，就形成了军事装备的设计文化。军事装备的发展，依靠科学技术的推动，其中最重要的基本条件就是必须有与装备发展要求和设计要求相匹配的系统、分系统、材料、设备、零部件和元器件。这是装备发展要求和装备设计要求的内在规律，也是军事装备预先研究必须重点把握的研究方向。例如，美军早在20世纪60、70年代就开始了电力驱动车辆方面的技术研究工作，并在发电机、电动机、燃料电池、电动车辆控制系统、高频电能应用和高频大功率硅控整流器等技术方面取得突破，运用于电动车辆的所有系统、装置、设备和元件的重量、体积和功能都要符合军事上对电动车辆所要求的机动性、技术特性和后勤保障性。又例如，发展先进的无人战斗系统，需要燃料电池、微型电机和新材料等技术和设备的技术支撑。同样道理，自行舟桥装备的发展也需要相关技术和设备的支撑，我国在20世纪50年代就开始涉足自行舟桥装备开发，但由于缺乏装备设计实践和装备设计文化，历时近10年，最终得出我国工业基础条件不能满足发展自行舟桥的研发要求。实践证明，如果没有与自行舟桥产品研发要求相匹配的技术、材料、设备、零部件和元器件，则开发自行舟桥产品的条件就是不成熟的。

渡河桥梁器材研发是针对特定任务和特定人群所进行的产品设计开发。产品开发需要设计要求、设计观念、设计理论、设计经验、设计方法和设计物质条件等的大力支持。人们在长期的设计实践中所形成、所积淀下来的设计观念、计算理论、设计方法和设计规律等就是这个产品的设计文化。科学、先进的产品设计文化能够促进产品的不断进步，使产品的品质不断符合人们的最新要求，

第 2 章 渡河桥梁器材的作战使用性能和战术技术指标论证

符合科学技术发展的内在要求。也就是说任何产品的设计文化的形成都有一个过程，先进的、科学的设计文化来源于实践，来源于对已有产品设计的深刻解读和理解。对于一个缺乏自行舟桥设计实践和设计文化的工程技术人员而言，形成较为科学和先进的设计文化就需要对外军自行舟桥进行系统深入的研究，需要从历史的角度、发展的角度、技术的角度深刻解读外军的自行舟桥产品，其中最有效的方法就是通过反求工程分析和设计，通过各种技术数据并结合相关专业知识获得科学的结论。对于一些目前我们尚未掌握的设计理论，完全可以根据一般物理常识和数学方法进行科学归纳，通过大量数据去发现规律，反求工程分析越充分、越细致，我们能够获得的科学数据就越多，只要数据本身是真实的，数据越多，则规律就越清晰。通过对自行舟桥设计规律的理解，就可以逐步形成科学、先进的自行舟桥产品设计文化。根据对国外主要典型自行舟桥产品的技术分析，自行舟桥的设计要求基本可以归纳如下：首先，自行舟桥是一种水陆自行的舟桥器材，因此要求自行舟桥必须具备良好的水陆转换性能，能够轻松完成出、入水作业；第二，自行舟桥主要用于渡送战斗车辆过河，因此要求自行舟桥的外形尺寸必须充分利用自身的运输空间，使其具有足够的载重排水量和载运面积以满足渡河工程保障的需要；第三，自行舟桥主要遂行伴随保障任务，因此要求自行舟桥必须具有与战斗部队同等的机动能力，需要严格控制整备重量，所设计的系统、分系统、零部件和设备在重量和安装尺寸上必须与前面两项要求相适应；第四，自行舟桥是一个系统、分系统、零部件和设备相互关联度极高的装备系统，因此要求其产品的先进性必须体现在各系统、分系统等相互之间的协调上，体现在产品设计的内在合理性上，而并不纠缠于某一项先进技术或者某个性能指标的卓越上。总之，自行舟桥设计必须满足快速渡河工程保障的要求，必须满足自行舟桥的内在设计规律，必须与本国的工业基础技术水平相适应，必须与部队的使用习惯相联系。

2.6 渡河桥梁器材产品的总体设计思路

进行渡河桥梁器材产品的作战使用和战术技术指标论证，必须具有科学的产品总体设计思路，确保产品满足任务书的要求。正确把握产品的总体设计要求，需要有系统清晰的设计思路，思路不清晰，就无法解决设计过程中所出现的各种矛盾和问题。产品研发，首先要从武器装备体系建设的角度考虑问题，按照战术使用和技术性能相互联系、互为补充的思路发展渡河桥梁器材，构建渡河桥梁装备体系。对此，要把握好以下几个问题。

· 61 ·

2.6.1 控制好产品研制周期

随着军事装备的大型化、复杂化，产品的研制周期有过长的倾向。控制好研制周期的关键在于确定研制目标，科学定位产品的技术水平，目标太高，研制周期太长，可能会导致项目还未研制成功，其在技、战术方面的水平就已经落后于时代了。目标太低，研发工作毫无意义，目标高而研制周期短，则不符合产品的研发规律，会给后期的装备服役带来很多隐患和问题。因此，需要预测到研制周期加上其在部队服役期总的期间中保持优越的技术水平，至少应该估计到使产品应保持相当的技术水平。这就要求军事装备设计人员在着手项目研制时，就应该对各项技术要求加以明确规定。然而，由于技术的突飞猛进和日新月异，想要预测15年的未来相关技术的进展情况是极其困难的。但是，如果我们有渡河桥梁装备的长期发展研究计划，则根据长期发展计划，有助于提高技术预测的准确性。

2.6.2 控制好产品研制成本

在任何时候都必须认识到鉴定渡河桥梁器材的共同标准是其渡河效率，但具有高渡河效率的渡河桥梁器材，并不意味着金属使用量的增加、技术上更加复杂和造价上更加昂贵。要在管用、好用、实用的条件下尽可能做到经济，这是形成战斗力的重要条件。工程装备体系是一个可以相互支援、相互配合和相互补充的保障体系，其中并不需要每一种装备的功能都做到大而全，一些工程器材的功能可以相对单一，而一些器材的功能可以相对强大。渡河桥梁器材的研制必须紧扣一体化联合作战这个大背景，必须研究器材的使用环节和使用方法，必须充分利用战场上的物质条件（人力、物力），只有这样，才能控制好研制成本和装备成本，确保形成整体战斗力。随着我国经济的发展，从事军事产品研发的工程技术人员有忽略产品经济性的倾向。要知道，工兵装备历来以低成本、高效能著称，即使是发达国家，如美国空军，都非常注重产品成本，更不用说是工兵装备。西方国家对工兵装备的成本控制也是非常严格的，对所有满足战术技术使用要求的渡河桥梁产品，军方通常选择经济性较好的装备部队。因此，我国在渡河桥梁器材的研发上也必须贯彻低成本路线，拒绝华而不实的渡河桥梁产品。

2.6.3 解放思想，渐进使用先进技术和先进设备

在长期的科研实践中，往往会形成一些思维定式，这些思维定式如果一成不变，大家都墨守成规，则看似是好的经验，最终可能导致新装备研发目标降低而失去研制的意义。目前渡河桥梁产品研发存在一个思维定式，或者叫设计惯例，即根据通用保障性要求，渡河桥梁器材所使用的零部件和设备都必须向

现役主战装备看齐，总地看这个思路是正确的，但也不应该一成不变。例如，如果现役主战装备技术陈旧，所使用的设备、装置或者零部件技术水平低下，那么在新型渡河桥梁器材研制时，如果一味强调向现役主展装备看齐，就不利于工兵装备的技术进步，还有可能导致新装备在低水平上重复。

自行舟桥开发需要有与其设计要求相匹配的原材料、元器件、装置和设备等作为设计基础，自行舟桥的发展，需要突破传统设计思维的束缚，敢于将新材料、新技术、新工艺、新设备等运用于新产品的设计，并以此来带动和引领所有相关军事装备技术水平的整体跃升。例如，自行舟桥可以考虑使用铝合金发动机并且通过涡轮增压进一步降低发动机的重量和体积。自行舟桥的底盘行走系统目前大都采用传统的机械传动，发动机动力通过变速箱、传动轴系驱动车桥，而可收起车桥由于传动轴角度变化会带来中间舟体水密问题（传动轴存在摆动角度），传统两栖车辆底盘还会破坏舟桥承重结构的完整性。因此，电驱动技术的应用有助于解决自行舟桥的机舱布置难题和舟体水密问题，使用混合动力、燃料电池等新型动力可以提高自行舟桥抗红外侦察能力和隐身性能，大功率液力传动有助于减小底盘设备布置空间并解决舟桥结构设计问题，底盘作业系统与舟桥作业系统一体化设计有助于减轻装备重量和节约设备布置空间。

2.6.4 把握产品设计规律

不清楚产品设计规律，就不能抓住产品设计的主要矛盾。一旦将次要问题当作主要问题，产品设计的内在关系就会被打破，导致产品功能的急剧下降。以自行舟桥为例，由于不能得到适配的两栖底盘设备，因此在自行舟桥的重心分布上可能存在不够理想的问题，即自行舟桥门桥展开后，其重心并不一定与门桥水线面积形心在同一坐标位置，空载门桥可能发生首倾或者尾倾现象，尤其是门桥首倾时对总体设计影响较大。此时是应该充分发挥运输空间尺寸、尽可能多地为自行舟桥提供排水量还是刻意追求重心与门桥水线面积形心的坐标重合而缩小舟体（对饱满的舟体斩头去尾以求得重心与门桥水线面积形心的坐标重合）？关于这个问题，专业人员有过争论，也曾经走过弯路，但理论分析和外军装备设计实践都证明，科学的做法应该是充分发挥运输空间尺寸、尽可能多地为自行舟桥提供排水量，而不必在意空载门桥的初始倾斜，俄罗斯 PMM – 2M 空载门桥就存在轻微首倾。缩小舟体尺寸不仅带来排水量的降低，而且带来门桥水线面惯性矩的急剧下降，导致门桥稳定性的急剧下降并带来使用安全问题。由于目前渡河桥梁装备的设计载荷多为 LD – 60 和 LT – 20，而 LT – 20 的单个车桥的最大轴荷为 13 t，这个载荷是渡河桥梁器材桥面承重结构设计的重要依据，但并非唯一依据。而有人认为轮式自行舟桥既然选择 4 × 4 轮式越野底盘，就只能采用 13 t 的越野车桥，尤其是轻型桥梁装备的设计载荷只有履带载荷25 t，因此自行舟桥的自重就必须控制在26 t以内，只有这样才能满足其在其他军用桥梁上的通行要求，否则其他渡河桥梁不能对轮式自行舟桥实施工程保障。具有这种想法的人，通常都缺乏对渡河桥梁产品设计规律的了解，对渡河桥梁结构设计也是一知半解，所以产生这种朴素的想法具有一定的合理性。其实，渡河桥梁装备通常以LD-60为结构设计载荷，以LT-20为结构校核载荷，桥面承重结构可以承受13 t的轮式轴压力，并不代表其不能承受超过13 t的轴压力，结构试验表明，主要渡河桥梁产品的实际承载能力都远大于13 t的轴压力。例如，英国MGB中型桁梁桥的设计载荷为MLC60级，此时的通载疲劳寿命为10 000次，当通行MLC70级载荷时，其通载寿命为7 000次，这个现象表明，不必太在意老产品的技术指标，而应该全面了解老产品的设计过程。另外，桥梁的通载也存在正常、谨慎和冒险之分，即使是同样大小的轮式轴压力，如果作用面积、作用速度和作用方式不同，产生的结构响应也是不一样的，轮式自行舟桥的轮胎直径和宽度都大于LT-20，气压也可以自动调整，因此将轮式自行舟桥的全重限制在26 t的观点并不完全正确。

2.7 渡河桥梁器材总体技术方案比较

产品总体技术方案的不同，必然带来产品作战使用性能和战术技术指标的变化。因此，在进行渡河桥梁产品作战使用性能论证时，不可避免地要遇到总体技术方案比较问题。进行总体技术方案比较，必须科学、客观，不能带有个人的感情和好恶。通常总体技术方案确定之后，这个产品的技术组成、技术瓶颈和技术关键都将一一显现出来。专业技术研究的相关课题和研究内容也是通过总体技术方案对组成方案各项技术、设备、材料和元器件等的设计需求被一一牵引出来的。因此，进行总体技术方案比较，首先需要吃透总体技术方案的设计特点和设计内在规律，通过功能分析法进行方案比较虽然有效，但工作量是巨大的，必须将各个功能元求解清楚，才能进行决策。目前本行业内部基本还不能做到按照功能分析法进行方案比较工作，在具体操作上，进行总体技术方案比较，只是为了履行必要的科研程序。而在渡河桥梁产品设计领域，工程技术人员大都还是采用反求工程设计方法，即是一个通过对已有同类产品的消化吸收，再进行创新设计的过程。当然，反求工程分析的详细程度直接决定了方案比较的效果。从已有产品研发的方案论证实践看，目前的方案论证属于引导式论证。由于工程技术人员少，研究时间和研究经费严重缺乏，因此在新型渡河桥梁产品研发中，工程技术人员不可能对所有技术方案都进行深入细致的研究分析，往往都是首先选择一个平时思考比较多、自认为在技术上相对比较

第2章 渡河桥梁器材的作战使用性能和战术技术指标论证

熟悉、同时又相对比较符合我国工业基础技术水平和条件的方案（这个总体技术方案可能带有感情色彩）进行较为深入细致的技术研究和技术设计工作，其他陪衬方案的技术工作相对都比较粗糙，在设计上都存在一定的"破绽"，并以此来证明首选方案（第一方案）的科学性和合理性。

其实，不管是机械化桥梁器材中的平推式架桥方案还是剪刀式架桥方案，也不管是自行舟桥器材中的车轴线与桥轴线垂直方案还是车轴线与桥轴线一致的方案，这些总体方案形式在各国渡河桥梁产品的开发中始终存在着，并不存在谁比谁就先进或谁比谁就落后的问题，因为所有存在着的总体方案形式都是满足军方要求的（即满足订购方下达的战术技术指标或作战使用要求），不同的总体技术方案通常在性能上都存在着尺短寸长的比较关系，关键就看设计者和使用者更注重哪个方面的性能要求了。装备存在不同的总体技术方案形式，正说明了不同总体技术方案形式都存在着各自的合理性。如果真是能够比较出各种方案形式的先进和落后，那渡河桥梁器材的发展就不可能像今天这样呈现出多样化的状态了。如果不能在一个特定的战场环境下进行装备效能的比较，评价出来的装备优劣是没有意义的，即使在特定的战场环境下进行的装备效能比较，也只能说明是在这个特定战场环境下的比较，这个结论也不能类推到其他战场环境之下。因此，一个满足作战使用性能的总体技术方案是设计出来的，对于所有满足作战使用要求的总体技术方案，选择的依据必然是设计人员对这个技术方案的熟悉程度以及这个方案对国内工业技术基础水平和技术能力的依赖程度，同时考虑该方案与部队现役同类产品的继承性、兼容性和经济性等问题。设计人员不可能在一个规定的研制周期内去研究一个自己所不熟悉的，或者是技术系统非常复杂的，或者是目前国内工业技术基础水平不能胜任的技术方案，除非它是订购方明确需要的总体技术方案。

我国渡河桥梁产品的研发始于20世纪50年代末，从测绘仿制到自主研发，走过了半个多世纪的历程。正像国外介绍的那样，各国70%以上的技术都来自其他国家，我国渡河桥梁产品的研发也大多参考了国外的一些同类产品，但由于我国工业基础水平与工业化国家存在一定的差距，技术人员主要根据产品系统组成，然后在市场上寻找和选择与产品系统组成相对应的原材料、元器件和设备等工业产品，再进行系统集成和相关设计以形成最终产品，其中大多产品存在着系统集成不明显、单项技术简单堆砌较突出的问题。这也说明了我国渡河桥梁产品设计文化还处于建设初期，需要根据产品设计实践和使用实践不断总结积累，其中研究、了解国外相关产品的发展情况非常重要，如果不清楚真实情况，我们有可能被一些表面现象所蒙蔽。笔者一向强调对产品总体技术方案的决策必须以理论计算、科学实验、相关信息资料和科学的系统分析作为依据，切忌简单、轻率、粗暴和想当然。为了让专业人员更好地掌握方案比较方法，本节将介绍一些国内、国外发生的事件和笔者的研究体会。

2.7.1 关于美、德、苏带式舟桥

各国对渡河桥梁器材的评价和看法通常都会带有片面的色彩，对带式舟桥的看法也是如此。在中东战争中，以色列缴获了埃及军队装备的PMP带式舟桥（苏联研制的产品），并很快移交美国，美国以此实物为基础，又在一些方面进行了修改设计，很快就产出了美国的带式舟桥。1977年美国又将自己生产的带式舟桥和苏联PMP带式舟桥交给德国军队，德国军方委托EWK公司负责研制自己的带式舟桥。EWK公司在研究分析了上述两种带式舟桥的基础上，很快就开发出了自己的带式舟桥，其总体结构布局与美国带式舟桥极为相似。德国人认为，与苏联PMP带式舟桥相比，自己的带式舟桥具有如下几点改进：

（1）结构材料更加先进。舟体结构采用AlMgSi合金，轻质高强，$\sigma_{0.2}$ = 280 MPa，使桥节舟重量由7.2 t减少到5.6 t，主承重结构为钢铝混合结构，连接接头采用$\sigma_{0.2}$ = 800 MPa的高强度合金钢制作。

（2）桥节舟展开原理不同，PMP带式舟桥桥节舟展开与折叠如图2-8所示，美、德带式舟桥桥节舟展开与折叠如图2-9所示。德国人认为，PMP桥节舟利用扭力杆展开的方式容易产生故障，而采用液压撑杆（最新的产品是使用弹簧）加联动钢索的展开方式不光展开动作可靠，而且可以使用单根钢索完成桥节舟的折叠装车。而PMP桥节舟的折叠装车需要两根钢索，作业层次多，钢索同步性差，作业速度慢。

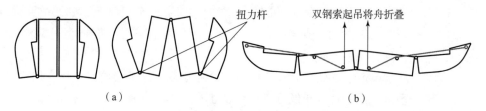

图2-8 PMP带式舟桥的展开与折叠
(a) 舟体展开；(b) 舟体折叠

图2-9 美、德带式舟桥的展开与折叠
(a) 舟体展开；(b) 舟体折叠

第 2 章 渡河桥梁器材的作战使用性能和战术技术指标论证

（3）德国人对 PMP 带式舟桥的岸边跳板舟调整装置也由在上部机械式伸缩改为在下部液压式伸缩调整，岸边跳板舟岸端高度的调整速度明显快于 PMP 带式舟桥。

（4）车行道采用大型挤压异型铝板材取代 PMP 带式舟桥的正交异型板结构，使焊接工作量大大降低，不设舱口和舱口盖，也未填充防火抗沉材料，表面涂敷铬钢玉和树脂混合涂层，比钢防滑条具有更好的防滑、耐磨和消减震效果。

（5）锚定方式和锚机设置有所变化。PMP 带式舟桥的河中桥节舟均装有锚和锚机，而德国带式桥主要采用动力锚定，但并未放弃投锚锚定，所以河中桥节舟均设有锚位和锚机舱，当长期使用浮桥时，会将锚和锚机临时安放到相应位置。动力锚定可三个桥节舟一艘汽艇或者两个桥节舟一艘汽艇，流速大时可一舟一艇。

据了解，德国人的上述看法对我业内人员有相当影响，人们大多认为，美、德带式舟桥产生在苏联 PMP 带式舟桥之后，并且以苏联带式舟桥为基础，因此一定比苏联带式舟桥先进，这种认识也符合一般的思维逻辑，但接下来发生的事件却促进了技术人员更深层次的思考。早在 20 世纪 70 年代末，当时的联邦德国 EWK 公司曾经三次到我国推销其带式舟桥产品，在第二次技术洽谈中，我方人员提出要使用半全形舟以架设小承载力浮桥，结果德方在第三次来华所提供的总体技术方案与苏联 PMP 带式舟桥一模一样。德方表示，如果要使用半全形舟浮桥，则只有选择钢结构舟桥结构和扭杆展舟机构，装卸载形式与美、德带式舟桥基本相仿。此时的德方也说不出 PMP 带式舟桥有什么不妥之处了。由此事可以看出，原先德国人对 PMP 带式舟桥的看法是片面的，其中一个重要的方面就是对 PMP 带式舟桥的总体设计思想、使用方法等缺乏应有的了解，同时也缺乏对 PMP 带式舟桥的使用实践。因此，出现评价偏差和一些想当然是可以理解的。从这一点上讲，也说明评价一个总体技术方案其实是一件非常困难的事情。通过这件事，笔者对德国带式舟桥的所谓 5 点改进进行了有针对性的思考和评价：

（1）选择轻质高强材料以降低舟桥结构重量，这无疑是一种进步，但铝合金结构存在局部承载能力偏弱的不足，在总体技术方案上如果采取与 PMP 带式舟桥完全相同的设计思路的话，则结构材料选择铝合金就未必适合。例如，扭力杆的支座就需要有较大的承载能力。我们知道，展开桥节舟的扭力杆使用了屈服强度为 1 350 MPa 的高强度钢材，扭干直径超过 50 mm，采用铝质耳板支座基本无法满足设计要求；美、德带式桥的总纵承重结构为满足承载 MLC60 的设计要求就采用了钢铝混合结构（铝合金舟体和钢质主龙骨混合结构），如果钢铝混合结构在桥节舟设计中使用过多，将会降低使用铝合金材料减轻结构重量的效果。从某种意义上讲，采用何种结构材料与选择何种总体结构方案和结构布局关系重大，与使用环境、使用要求和使用方式关系重大，不能孤立地认为采用新材料就一定能够代表着进步，充其量只能说是具备了先进的因素。

（2）从 PMP 带式舟桥和我国四折带式舟桥的使用实践看，扭力杆只要保养得当、扭转角设置正确，桥节舟的展开基本没有故障，且结构形式非常简单，扭杆不能顺利展开折叠舟体这种现象是存在的，但并不是像德国人说的那样经常发生。从我军四折带式舟桥 30 多年的使用实践情况看，口碑很好，至今仍然能够正常使用。德国人之所以认为常有扭杆打不开舟体可能是一种推测，抑或是为了推销自己的产品而对其他产品的某种诋毁。因为这一说法是德国人在 1979 年与我国进行商务谈判时提出的，他们并不清楚我们已经研制了四折带式舟桥。再者，PMP 带式舟桥的桥节舟展开方式是与桥节舟的使用方式相互对应的，PMP 带式舟桥浮桥的桥节舟既可以是全形舟桥节（用于架设载重量为 60 t 的浮桥）也可以是半全形舟桥节（用于架设载重量为 20 t 的浮桥），德国人是否清楚这一点我们不清楚，但我们现在清楚，采用扭杆展开桥节舟的方式可能限制铝合金材料的应用，而采用美、德带式舟桥的桥节舟展开方式就不可能使用半全形舟桥节，这一点德国人自己也已经清楚地认识到了。PMP 带式舟桥装车用的吊臂也是靠扭杆打开，不像中、美、德带式舟桥那样靠液压油缸打开，但 PMP 带式舟桥的装车系统并没有德国人担心的问题而影响其正常使用，因为我国带式舟桥的装卸载也采用双钢索，该器材出口巴基斯坦后，巴方认为比美国带式舟桥的装车操作更方便。由此可见，美、德带式舟桥装车形式的改变也是由于结构材料、总体方案改变所带来的一系列连锁反应，并不能视为是对 PMP 带式舟桥的一种改进，但可以认为是结合了自身结构材料特点的一种再创新。

（3）关于岸边舟（跳板舟）提升机构的改进问题，也是可以商榷的。选择液压式伸缩调整机构相比采用机械式伸缩调整机构确实能够提高作业效率。有一般工程经验的人都知道，手动液压千斤顶的顶升速度与螺旋千斤顶差不多或者稍快一些，但其下落的速度要比螺旋千斤顶快得多，因为螺旋千斤顶的升、降速度差不多而液压千斤顶则差很多，这个改进算是一个进步，但传统机械式千斤顶如果设计得当，其升降速度也可与液压千斤顶作业效率相差无几，且比液压系统要简单、可靠，目前的一些齿轮齿条千斤顶就比过去的螺旋千斤顶效率要高很多。我国带式舟桥的出口型也设计过液压提升装置，总地看，带式舟桥的岸边舟液压式伸缩调整机构要比机械式伸缩调整机构复杂得多，有手动液压泵、油箱和高压油缸等，油箱的液面高度和排气孔位置设置要满足岸边舟折叠和展开两种工况的要求，考虑不周全时会导致漏油或者油量不足，且整体重量偏大。将调整机构的受力点由舟体上部改到舟体下部，也需要对 PMP 带式舟

第 2 章 渡河桥梁器材的作战使用性能和战术技术指标论证

桥的河中桥节舟和岸边跳板舟进行一定的修改设计。河中桥节舟主要完成桥节舟互相连接功能，与岸边跳板舟之间的连接主要是岸边跳板舟适应河中舟，应该讲 PMP 带式舟桥的岸边跳板舟是以一种最为简单的方式去适应与河中舟的连接要求，其岸边跳板舟的提升调整装置也不参与浮桥的承载受力。而美、德带式桥的岸边跳板舟与河中舟连接需要使用一个过渡耳板，这个耳板下部与河中舟的接头连接，上部与河中舟和跳板舟的顶紧部件卡在一起，确保过渡耳板在受力时不发生运动，且液压装置必须参与浮桥岸边承载，也就是说油缸的受力不仅与岸边跳板舟的重量有关（油缸受压），而且与浮桥岸边受力的大小有关（油缸受拉），油缸既受压力又受拉力，整个液压装置和岸边连接设计要比 PMP 带式舟桥复杂很多，孰优孰劣是很难比较的，这其实还是结构材料变化导致的一系列设计变化。PMP 带式舟桥的纵向拉紧装置为钢结构，可以承受较大的集中拉力，完全可以作为岸边跳板舟提升的着力点，而铝合金舟体就不一定能完全套用钢结构的结构形式。所以变化是必然的，无论好与不好，美国、德国的带式舟桥，因为使用了铝合金，其相关装置、机构等的设计就必须满足铝合金结构的相关设计特点和要求，岸边跳板舟的提升也只有借助舟底的钢质纵向接头才能得以实现。其实处于舟底部的液压设备长期浸泡在水中，其可靠性也值得怀疑。因此技术人员对于具体技术问题，必须透过现象看到事物的本质，决不能跟着别人人云亦云，毫无自己的技术分析和见解。

（4）采用挤压型材，这是发挥铝合金材料特点的具体表现，高强度钢结构是无法挤压大型型材的，只能焊接，而铝合金材料软，可以挤压大型型材。但不设舱口和舱口盖和不填充防火抗沉材料却是值得商榷的。进入 21 世纪，美国和德国的改进型带式舟桥都填充了超轻质的防火抗沉泡沫塑料。要填充这些材料，大多采用后填的方式，并且是分块填充而非整体发泡，整体发泡不利于装备的维修保养，因此开舱口和设舱口盖还是有其优点的。关于防滑层的变化，关键在于主战坦克履带的具体情况，欧美坦克多为挂胶履带，苏联和中国的坦克多为不挂胶履带，铝合金材料及其铬钢玉柔性涂层可能无法承受不挂胶履带的恶劣作用，这是一种适应铝合金材料和挂胶履带的防滑层，是一种科技进步，但对钢结构和不挂胶履带未必合适，需要进一步研究。

（5）浮桥的投锚固定，对于有浮桥架设、撤收实践经验的人来说一定印象深刻。带式舟桥的架设速度很快，但撤收速度不高的短板就在于锚和锚纲的撤收。因此用架桥汽艇的动力来固定浮桥是浮桥固定的一次革命，这无疑是一项值得推广的技术。但只要有架桥汽艇，都可以实现浮桥的动力固定，只是美、德的带式舟桥平时不安放锚和锚机，这就使桥节舟的重量得到了降低。另外，美、德带式舟桥都没有提到河中舟的跳板问题，PMP 带式舟桥考虑非常全面，河中舟上设置有跳板和搬运跳板用的吊杆，这些部件虽然增加了桥节舟的重量，但也确保了带式舟桥在没有岸边跳板舟的情况下也能够有效接岸,而美、德带式舟桥的漕渡门桥必须配置岸边跳板舟或者岸边码头器材,否则不能连接岸边实现上、下载荷功能。美、德的铝合金带式舟桥看似比 PMP 的钢结构舟桥轻了 1.6 t,但 PMP 的车行部宽度达到 6.5 m,而前者只有 4.2 m,种种迹象表明,如果 PMP 的桥节舟取消 2 台锚机、锚,2 根吊杆和 2 块跳板,同时缩小车行部宽度,则钢结构桥节舟的重量与铝合金相差 10%~15%(分析依据为锚重 50 kg 一个,锚机重 50 kg 一台,吊杆重 75 kg 一根,跳板重 250 kg 一块)。

分析至此,笔者也只能说美、德、苏(俄)带式舟桥均能满足各自军方提出的战术技术要求,他们在设计上各有侧重,性能上各有千秋,使用上各有特点,但并不能因此而判断谁比谁更好。这正是产品设计的魅力所在,一切的一切,完全由产品使用者自己去体会。

2.7.2 英军对渡河桥梁产品的看法

英国工程兵的战斗力在北约国家中是比较突出的,20 世纪 70 年代英国的 MGB 中型桁梁桥之所以能在北约国家装备,其主要原因就是它当时打败了由著名的德国克虏伯公司生产的克虏伯固定桥。德国人在谈到失败的原因时,并没有将失败的原因归结为产品性能的不足,而是承认输给了一支训练有素的英国工兵部队,正是这支工兵部队操作 MGB 中型桁梁桥器材架设桥梁的速度快于德国工兵架设的克虏伯桥,才导致北约最终选择 MGB 中型桁梁桥,而放弃了克虏伯固定桥。

英国在第一次世界大战时就发明了坦克冲击桥,在第二次世界大战时又推出了著名的贝雷桥(我国叫装配式公路钢桥),20 世纪 60 年代与德国联合研制了 M2B 轮式自行舟桥,20 世纪末又和德国联手推出了 M3 自行舟桥。这一切都说明英国人对渡河桥梁产品的开发和战场应用有着独到见解,他们对渡河桥梁产品的看法也是值得我们学习和借鉴的。

英国人曾经搞过一项河川宽度调查,从统计情况看,在每 100 km 纵深内,20 m 以下的河流约占 60%,30 m 以下约占 85%,50 m 以下占 96%,50 m 以上的河流只占 4%(其实这些统计数据与我国的河流统计情况相差也不是很大,我国南方水网较为密集,北方季节性河流偏多)。根据这个统计数据,英国人认为宽度在 5~8 m 以下的河流无须架桥,最经济的方法是填充,如填充塑料管道束材,或者直接通过爆破填埋。河流宽度大于 60 m 时以架设浮桥为宜。军用固定桥克服的主要对象为 50 m 宽以下的河流和沟谷。多跨桥的桥脚高度在流速小于 5.5 m/s 时可以达到 12 m,对干沟障碍,桥脚高度可以达到 18 m。通常在 40~70 m 宽的河流上以架设多跨桥最为经济。正是在这个指导思想下,英国人研制了贝雷桥,也是在这一指导思想下,同时为了解决贝雷桥存在的不足,英

第 2 章 渡河桥梁器材的作战使用性能和战术技术指标论证

国人在"二战"之后又研制了 MGB 中型桁梁桥。下面介绍一下英国的 MGB 中型桁梁桥（如图 1 – 5 所示），它是英国军事车辆和工程设备研究中心历时十多年所发展起来的一种架桥系统，它可以通过结构高度变化来调整桥梁跨度，通过设置固定桥脚或者浮游桥脚来构筑多跨固定桥或者浮桥，浮游桥脚可以充当冲锋舟，上部结构可以结构飞机短道起飞跑道（用于前方陆、海基临时机场）。它是一种人工架设的桥梁器材，其基本构件有 7 种，重量基本在 200 kg 以下，除两个构件需 6 人搬运外，其余构件只需 4 人搬运。这种架桥系统除桥节构件品种过多、作业机械化程度偏低外，基本具备北约"80 年代桥梁族"的特征，但由于构件小，组合性更强，其在多用途和可维修性方面比"80 年代桥梁族"还有所提高。表 2 – 10 给出了贝雷桥、MGB 中型桁梁桥和 BR90 架桥系统的相关数据比较。由表中数据可以看出，MGB 中型桁梁桥在作业所需人数和作业速度两个方面与机械化桥梁相比要逊色很多，但与贝雷桥相比，则进步相当明显。在 MGB 中型桁梁桥的研制中，采用了当时强度最高的普通商用焊接铝锌镁合金材料，但实践表明，焊接结构出现了一些或大或小的焊接裂纹，后来经专门研究，严格控制了焊接铝锌镁合金材料的化学成分，采取了慢冷的热处理时效工艺，终于排除了开裂现象。这种合金的牌号为 DGFVE – 232，其中锌的成分为 4%，镁的成分为 2%。这种材料的锻造、压延、辊轧以及冷却速度都经过严格的控制和检验，最后还要进行固溶处理和工艺时效。焊接工艺也经过专门研究，通常铝锌镁合金不能直接使用铝锌镁焊接材料，而是使用铝镁或者铝硅焊接材料，而 DGFVE – 232 却是使用一种铝锌焊接材料，焊接时铝、锌分子向内渗透，冷却过程中铝、锌分子往外扩散。我国目前商用铝锌镁合金纯净度不够、杂质较多，对焊接材料和焊接工艺也鲜有研究，这些情况也制约了铝合金材料在渡河桥梁产品上的应用。

表 2 – 10　30 m 桥梁的相关战术技术数据比较

桥名	桥长/m	承载能力	桥型	人数	桥重/t	车辆数（4 t 运输车）	白天最快作业时间/h	白天计划作业时间/h	作业工时
贝雷桥	30	MLC60	双排三层	90	78	28	8	12	720～1 080
MGB中型桁梁桥	31.1	MLC60	双层桥	25	22	10	0.67	1.25	17～32
BR90架桥系统	30	MLC70	单层桥	8				0.5 h	4

还是回到英国人对发展渡河桥梁器材的态度上来。前面介绍了英国人对河川宽度数据的统计，并根据统计数据得出了渡河桥梁器材的使用原则。现在介绍一下英国人根据这些使用原则而对当时渡河桥梁产品所进行的性能比较，这

个比较不一定科学，也存在着英国人"王婆卖瓜"的嫌疑，但也反映了英国人在渡河工程保障建设方面的务实态度。比较以表格的形式进行，这个表格是1979年英国与我国进行 MGB 中型桁梁桥商务技术洽谈内容的一部分，表中的结论没有说明依据。表 2－11 为各种渡河桥梁产品的综合性能比较。

表 2－11 渡河桥梁器材综合性能比较

器材名称		桥长/m	承载力 MLC	多跨性	装甲防护	经济性	优越性
履带式架桥车	M60 架桥车	18.3	60		√	√	☆☆
	海狸坦克架桥车	20	60		√	√	☆☆
	奇伏坦克架桥车	22.8	60		√	√	☆☆☆
	T－55 架桥车	19	50		√	√	☆☆
PAA 自行伴随桥		22	40～45	√			☆☆
TMM 机械化桥		10.5	50	√短桥脚		√√	☆
贝雷桥（公路钢桥）		可变	60（80）	√		√√	☆
MGB 中型桁梁桥		可变	60	√固定桥浮桥		√√	☆☆☆
T4M6 舟桥		可变	50	√浮桥		√√	☆
特波波（62 式舟桥）		可变	50	√浮桥		√√	☆
MAB 自行舟桥		可变	60	√浮桥		√	☆
季洛瓦自行舟桥		可变	50	√浮桥		√	☆
M2B 自行舟桥		可变	60	√浮桥		√	☆
PMP 带式舟桥		可变	60	√浮桥		√√	☆☆☆
美国带式舟桥		可变	60	√浮桥		√√	☆☆☆
说　明		优越性是指器材的综合性能，包括器材的多用性、适应性和作业速度等因素，星越多综合性能越好。					

从表 2－11 数据可以看出，英国人将自己生产的奇伏坦克架桥车（剪刀式架设方法）的综合性能给了 3 颗星，而将海狸坦克架桥车（平推式架设方法）给了 2 颗星，这个结论似乎与我国业界流行的看法有出入，通常大家都认为平推式海狸坦克架桥车要比剪刀式奇伏坦克架桥车要先进。笔者认为，海狸坦克架桥车的架设高度较低，对付可见光侦察存在优势，除这点外，应该讲剪刀式架桥方式的奇伏坦克架桥车要优于平推式的海狸坦克架桥车，无论是架桥速度、适应地形能力还是结构形式，或是系统组成，剪刀式架桥车都有较大优势。尽管我们不清楚英国人评价海狸坦克架桥车的依据，但至少可以从一个侧面提醒业内人员，并非平推式架桥车就比剪刀式架桥车先进。

TMM 机械化桥相当于我军的重型机械化桥，我们将之视为一种性能非常先

第 2 章 渡河桥梁器材的作战使用性能和战术技术指标论证

进的桥梁器材,而英国人却给了它一颗星的待遇,北约国家确实也没有装备这种类型的桥梁器材,这种现象需要引起管理者和工程技术人员高度关注。西方人认为,带桥脚的军用架桥器材总是让人觉得有点不靠谱(浮游桥脚除外)。首先是对河底状态的不了解,再者是对河流深度的不确定,其三是对水流速度的影响不确定,这三个因素直接影响了设置固定桥脚的稳定性和可用性。因此,带桥脚的军用架桥器材作为一种快速架设的机械化桥梁,在实战中的使用是存在很大风险的。从西方国家对军用架桥器材的开发情况看,德国、法国都曾经开发过带桥脚的机械化桥梁器材,但从最终装备部队的情况看,美、英、德等军事强国还是觉得横跨两岸的单跨桥更为靠谱,只有在充分了解障碍特性的情况下,才会架设带固定桥脚的桥梁。

像 PAA 自行伴随桥这样的器材,除经济性可能不太理想外,作战效能应该属于比较高的一类,我国至今的伴随桥还达不到法国 PAA 自行伴随桥的技术水平,但不知为何,在英国人那里也只得到 2 颗星的待遇。

贝雷桥得到一颗星可以理解,它是"二战"时期的产物,但它的用途非常广泛,能获得与当时自行舟桥以及 TMM 机械化桥同等的一颗星待遇也算实至名归。很有意思的是,贝雷桥至今还在各国军队中广泛使用着,而不是被淘汰。从这个角度讲,即使能够获得一颗星的评价,也表明其足以满足起码的军事需求,再多一两颗星也只是起到锦上添花的意味。

MGB 中桁梁桥获得 3 颗星有些出乎预料,这可能出于英国人对它的偏爱,但它也确实有着许多过人之处,除了需要的作业手较多、作业速度稍慢且劳动强度较大外,这个器材还真是无可谓挑剔,该器材在伊拉克战争中仍然发挥了较大的作用。我国于 20 世纪 80 年代曾以 MGB 中型桁梁桥为参考对象开发过重型桁架桥,应该讲重型桁架梁桥只是完成了一个类似 MGB 的基本型设计,可以架设单层桥、单层加强桥、双层桥和双层加强桥。MGB 中型桁梁桥是一个架梁桥系统,功能非常强大,时至今日,北约军队还在大量使用 MGB 中型桁梁桥和贝雷桥(装配式公路钢桥)。相比之下,我国重型桁架梁桥确实只相当于 MGB 其中的一部分,对它的应用开发研究还远远不够,这也是应该引起管理者和工程技术人员高度关注的现象。在我国,从管理者到工程技术人员再到桥梁器材的使用者,对于这种需要人工架设的桥梁器材均已不屑一顾,甚至认为是一堆废铁。而国外还在不断研究扩大 MGB 的用途,例如用它的桥节构件开发可空运轻型桥梁等。别人认为很好,我们却认为不好,别人还在使用,我们却想淘汰,为什么会有这么大的认识差距呢?是我们的装备水平太高还是我们的战斗力太弱或是士兵吃苦精神下降?即使重型桁架梁桥存在有不足,也完全应该采取不断改进的态度。渡河桥梁器材的研制决不能"黑瞎子掰苞米,掰一个丢一个",需要有人把精力放在最大限度发挥现役装备的潜力上,放在现役装备的持续改进上。最近，某学校得到一套重型桁架桥教学器材，在架设桥梁的过程中，对这种器材的结构设计及其细部构造处理以及为方便人工架设而设计的架设工具都大加赞赏，认为对培养学生的设计能力很有帮助。笔者认为，重型桁架桥研制成果在当时能够获得国家科技进步二等奖，就一定说明它确实是有其可取之处。英国国防部对 MGB 中桁桥的设计要求主要体现在 8 个方面：

（1）人工架设，最大构件重量不得超过 6 名作业手的搬运能力；

（2）最小的作业场地和最少的场地准备时间；

（3）MLC60 级、跨度 9.1 m 的桥梁，只需 8 名作业手在最短时间内架成（12 min 左右）；

（4）MLC60 级、跨度 30.5 m 的桥梁，25 名作业手在 1 小时内架成；

（5）可变换跨度和载重量；

（6）能通过安装轻便桥脚实现多跨桥架设以满足克服较宽河川的需要；

（7）桥梁器材采用 4 t 越野车辆装运和拖运（拖车运输）；

（8）便于空运。

后期对 MGB 中桁桥的开发应用有：

（1）配套刚性浮舟作为浮游桥脚，用于架设浮桥和漕渡门桥；

（2）配套充气浮囊，与单层桥结构一起组成可空运轻型门桥；

（3）配套支撑构件，与单层桥结构一起组成滑跳式起飞跑道；

（4）配套下部加强杆系，增大双层桥的跨度；

（5）直升机架桥。

英国人对当时的自行舟桥评价普遍不高，M2B 也是德国和英国共同研制的自行舟桥，这次并没因为与英国沾边就给出较高的评价，这很可能是受到当时乃至今天都非常优越的带式舟桥的影响，带式舟桥的光环，尤其是在中东战争中的表现，使当时的自行舟桥黯然失色，因为自行舟桥的经济性远不如带式舟桥，但效能却与带式舟桥差不多。带式舟桥获得 3 颗星表明其综合效能已达到当代渡河桥梁器材设计的最高境界。

装备的优劣比较是一个非常复杂的系统工程，没有装备的设计实践、制造实践和使用实践，往往会导致比较出来的结论存在一定的片面性，特别是对自己的产品理解比较深，各方面的积累比较多，而对别人的产品理解比较浅，有一些观点可能是基于一般专业知识的主观臆断，再加上对自己的产品比较偏爱，导致产品综合性能评价存在偏差是非常正常的。只有对所有产品设计思想、使用方法、使用时机和使用经验都了解的情况下，产品的评价才会比较客观，但这种情况几乎是不可能的。建议决策者通过科学计算、试验验证等相关数据作为决策依据，这样可以做到相对客观，而非人云亦云。产品设计开发，一定要牢记"只有想不到，没有做不到"这句话。没有实际工作经验的人通常把注意力集中在想到的具体技术问题怎么计算、怎么制造，而具有一定工作经验的人会把注意力集中在产品应该具备什么样的功能，怎样使用更为有效等一般人想不到的问题上面，即用在构思产品方面。也就是说构思产品比设计制造产品更为重要。

关于军用桥梁的疲劳寿命规定，其实也是源于1979年英、德、法等国与我国所进行的商务技术洽谈。从此，我们清楚北约对军用桥梁、关键构件以及桥面板所规定的疲劳寿命要求。即固定桥通行最大设计载荷10 000次，冲击桥为5 000次，MLC16以下的固定桥通车次数为90 000次。随后，我军虽然没有在军用桥梁设计规范中规定通车次数，但设计人员一直将主要受力构件和连接接头的疲劳寿命定在10 000次或者5 000次进行相关技术设计和试验验证工作。

MGB中型桁梁桥采用单销多耳连接，连接耳板的疲劳寿命很高，疲劳裂纹首先在最外边的耳板出现，由最外边的耳板破坏到第二个耳板破坏需要继续通车1 000次以上，最外边耳板的破坏是极易于发现和修复的。值得一提的是耳板在安装之前都经过预加载处理，预加载约为设计载荷的1.5倍，使耳板大约产生0.3%的残余变形，当正式承载时，耳孔周边应力趋于均匀，不再产生残余变形。MGB中型桁梁桥的基本设计思想就是轻便、操作简单、易于运输、适应性良好和用途广泛，它是一种优秀的人工操作的军用桥梁。它在伊拉克战争中发挥了重要的道路桥梁工程保障作用。

2.7.3　美军对渡河桥梁产品的选择

美军的装备发展通常对各国军队建设起着引领的作用，但美军从来不愿在渡河桥梁这样的传统产品的研发上投入过多精力，美军通常是提出作战使用要求，然后通过多方协作、标准化、民品军用和向友军订购等方式获得渡河桥梁产品。

美、英、德的联合桥梁计划自20世纪80年代执行以来，从"80年代桥梁族"逐渐转化为"90年代桥梁器材"。所有桥梁器材已明显趋于三大类别：冲击桥——可以安装在轮式或者履带式底盘上，跨度为24 m左右的桥梁器材；固定桥——安装在轮式车辆和架设装置上，其跨度为24～52 m的桥梁器材；浮桥——包括那些作为舟艇和门桥使用的各种舟桥器材，它们总是装在一个专用的轮式车辆上，其中自行舟桥对军队快速机动的影响最大。

（1）冲击桥。

美军于1983年开始研发第三代重型冲击桥，桥梁长度32 m，到1989年，对第三代冲击桥的要求发生了改变，要求提供长度为26 m的桥梁，因经费因素，项目研究中断。海湾战争后，1992年又恢复第三代冲击桥的研发工作。该桥梁长度为26 m，标准跨度24 m，通载速度13～16 km/h，MLC70履带式载荷通行5 000次（有外评认为，这个指标提得偏低，对军事用途可能低估），可以从桥梁的任意一端完成桥梁的架设和撤收，架设时间小于5 min，撤收时间小于10 min，桥梁、架设装置和装甲架桥车具有同等的生存能力，整车系统具有与M1系列坦克和"布雷德利"战车相同的机动性、生存力和互换性。架桥车包括2名成员、一个三防超压系统、一个冲击桥辅助架设系统、一个模拟训练装置和一个甚高频电台等信息化系统。平均故障间隔时间为60小时，可用性（实用性）指标为0.6，架桥系统适应纵坡10%，适应横坡20%。美国的第三代冲击桥选择了两个方案，一个是英国BR90的近距离支援桥方案，即桥跨结构采用BR90的桥节组合，采用M1坦克底盘；另一个是鬣蜥冲击桥方案，即桥跨结构采用鬣蜥桥的桥节，采用M1坦克底盘。

英国BR90的近距离支援桥的桥跨结构，由两个8 m长的跳板桥节（端桥节）、两个4 m中桥节和一个2m的铰接桥节组成，全长26 m，能够克服24.5 m宽的障碍，两名乘员，剪刀式架设机构，桥上没有任何液压元件，这种桥梁对适应两岸高差架设非常方便，而相比之下，平推式架设困难较大。

德国鬣蜥桥最初为挪威陆军而研制，挪威陆军共订购了28套，后该桥又被西班牙军队采纳。鬣蜥桥全长26 m，两人5 min便可架设或者撤收完毕。它在当时被大多数人看作是德国桥梁工业界在这一领域处于领先地位的新一代桥梁系统。鬣蜥桥的桥跨结构由两个13 m长的半桥跨组成，平推架设，能跨越24 m宽的障碍，可通载MLC70载荷10 000次。所有液压和电子设备全部作为M1底盘的组成部分，并集成在车体的乘员舱内，以便充分利用装甲的保护作用。架设所用动力由配备的辅助动力机组提供，该动力机组无噪声干扰，便于观察架设作业，桥梁系统本身不带任何液压或电子设备，因此生存能力较高。配备辅助动力机组的目的可以实现一种平台多种负载，有效地提高了装备体系的"三化"水平和使用效率。

美军对于这两个均能满足美军第三代冲击桥设计要求的产品会如何选择？这是人们所关心的，因为人们总是想通过美军的选择以表明那种产品更先进，但事实上美军的选择与产品的先进性无关，国外分析家当时就普遍认为，由于德国曼公司与美国M1底盘制造商有联合关系（这种关系可能类似企业的跨国资产重组），因此英国的BR90方案如果不是成本低得让人难以置信的话，美军将肯定选择鬣蜥冲击桥方案。最终的事实证明，美军现装备的狼獾冲击桥就是使用了鬣蜥桥的桥跨结构和架设方法。但这种选择并不能说明BR90不如鬣蜥冲击桥，而是美国要照顾"自家"的企业——美国M1底盘制造商的利益。

（2）重型固定桥。

美军发展的重型固定桥旨在能够克服46 m宽的障碍，可通载MLC70履带车辆和MLC100轮式车辆。该桥主要用于取代MGB中型桁梁桥、贝雷桥和

M4T6 舟桥。新型重型固定桥要求能够架设大跨度桥梁，主要在后勤补给线（交通线）上使用，用于取代已有的并被毁坏的桥梁。美军采取租借竞争试验的方式以获取桥梁方案。参与竞争的桥梁方案有 4 个，即德国道尼尔公司的折叠式固定桥、英国的 BR90 全般支援桥、瑞典的 48 m 快速桥和英国费尔雷公司的轴向折叠桥。这 4 个方案均满足美军新型重型固定桥的设计要求，但分析家认为，最不可能获胜的就是瑞典 48 m 快速桥，这种桥当时被架设和撤收了约 20 次，平均用时为 2 小时，也就是说平均架设时间约 1 小时，平均撤收时间也要 1 小时，48 m 快速桥的技术水平并不是最高的，但效费比却是最好的，不能获胜的主要原因是这个国家的国防工业基础中并没有制造军用桥梁器材的悠久历史。

德国道尼尔公司的折叠式固定桥一套器材包括 2 台架桥车和 5 台运桥车，可以同时架设一座 39.5 m 长的桥梁和一座 13.9 m 长的桥梁；或者可以同时架设一座 33.1 m 长的桥梁和一座 20.3 m 长的桥梁；或者可以同时架设两座 26.7 m 长的桥梁。一座 39.5 m 长的桥梁架设时间约为 1 小时，其承载能力为 MLC60 时，铝合金桥梁结构，通载速度为 25 km/h；承载能力为 MLC70 时，通载速度为 15 km/h；两辆豹Ⅱ主战坦克可以 5 km/h 的速度通过桥梁。

英国的 BR90 全般支援桥主要用于取代英国皇家工兵使用的 MGB 中型桁梁桥，设计载荷为 MLC70，铝合金桥梁。整个架桥系统包括一台机械化架桥车和两台运桥车，它们均选用与坦克桥运输车相同的 8×8 越野底盘。一套 32 m 的桥由两辆运桥车载运，机械化架桥车可以架设长达 44 m 的全般支援桥。

瑞典 48 m 快速桥由 6 辆 12 t 标准卡车运桥车和一辆架桥车组成，钢质桥梁结构，桥长 48 m 时的设计载荷为 MLC70，桥长 42 m 时的设计载荷为 MLC100。

英国费尔雷公司以发展贝雷桥而闻名，其研发的轴向折叠桥吸取了 MGB 中桁桥的经验，跨长可达 61 m，它便于运输，架设迅速，作业简便，劳动强度低，原本是为美海军研制的高架栈桥，采用高强铝合金材料，承载能力可以达到 MLC70。英国轴向折叠桥的运输尺寸较上述三种器材要小，可用 6.1 m×2.44 m×2.44 m 的国际标准平台运输，每个平台载运两个桥节，它能够满足美国陆军重型固定桥在竞争中提出的许多外形尺寸要求，跳板坡度平缓，满足民用交通车辆的通行要求，一座 41 m 长的轴向折叠桥，8 名作业手可在 1 小时内架设完毕，并在演习中通车 6 500 次，其中还包括 M1A1 主战坦克。

美陆军最终还是选择了英国的轴向折叠桥作为其交通线保障桥梁（重型干沟支援桥）。从技术的角度看，上述四种重型固定桥器材的桥节尺寸、架设方式等均大同小异，架设速度和承载能力均满足陆军提出的相关要求，之所以选择英国费尔雷公司轴向折叠桥，笔者个人认为，美军还是考虑了与海军同类装备的统一以及军民融合等因素，并不是说其他器材的先进性不如费尔雷公司轴向折叠桥，而是它更能够满足美军对重型固定桥的使用定位。

（3）浮桥器材。

美军的浮游桥梁器材仍然选择带式舟桥作为骨干装备。根据近20年的使用实践，带式舟桥的使用效率和效费比依然是最突出的，改进现带式舟桥，使之比原器材的适应性能和使用效率更加出色，这就是美军的选择。美军改进型带式舟桥，将岸边舟长度由原先的5.5 m提高到6.7 m，这就相当于提高了浮、门桥的岸高适应性；在河中舟舟首设置了挡水板，这就相当于增高舟首以提高水流适应性，使改进型带式舟桥在保留原带式舟桥优越性的同时，又扩大了带式舟桥的适用范围；舟体填充了防火抗沉泡沫材料，这就相当于增强了器材的抗损性，提高了器材的使用效率。

2.7.4 德国和法国的桥梁计划

德、法桥梁计划体现了20世纪末在发展冲击桥方面的最新变化。随着技术的进步，冲击桥的发展从早期的小跨度冲击桥，逐步走向可以架设跨度为24 m（桥梁长度为26 m）的大跨度冲击桥。然而，战场上的障碍宽度并非都与大跨度冲击桥相对应，相反还是小跨度障碍的数量多于大跨度障碍。因此，人们在追求桥梁架设长度的同时，也在考虑适应不同的障碍宽度，德、法两国军方就提出，未来的冲击桥应该可变化长度，可以克服8～25 m宽的障碍，并且能够最大限度地发挥一辆架桥车的效能。新型冲击桥的作战使用要求提出于1987年10月，其主要要求如下：

（1）机动力、生存力。

冲击桥只用于近距离交战，在直接战斗支援区域内克服3～25 m宽的沟渠障碍。冲击桥的机动能力、防护能力必须与所支援的机械化战斗部队的标准相一致。在架桥过程中，静止的目标会遇到极大的危险。因此要求架设速度快，乘员在架桥时必须有装甲防护，光学侦察器材也必须得到防护。

（2）桥梁的使用要求。

一辆架桥车及其载运的桥梁既可以架设小跨度桥梁，又可以架设大跨度桥梁。例如，可以架设3座10 m长左右的短桥梁；或者架设一座10 m长左右的短桥梁和一座17 m长左右的中桥梁；或者架设一座27 m长左右的长桥梁。桥梁能够在障碍的任意一端进行架设和撤收。

（3）承载能力和通载效率。

本冲击桥无论架设哪种长度的桥梁，其承载能力都必须能够满足北约国家军队战斗车辆的正常通行要求，即通载速度至少为15 km/h，履带车辆为MLC70，轮式车辆为MLC60。要求新型冲击桥的使用寿命为30年，架桥车系统工作时间为6 000 h；桥梁疲劳寿命为10 000次，其中MLC70履带车辆通行3 000次，MLC50车辆通行3 500次，MLC40车辆通行3 500次；桥梁架设次数

第 2 章 渡河桥梁器材的作战使用性能和战术技术指标论证

为3 000次;使用环境-33℃~63℃。

根据以上设想,德国和法国分别提出了自己的冲击桥方案,其中德国采用履带式架桥车,而法国采用轮式架桥车,一辆架桥车运载三个相同的桥梁模块(见图2-10),桥梁模块的左车辙梁前端和右车辙梁后端各设置一个活动跳板,当两个桥梁模块互相连接时,只需将连接面上的活动跳板置于水平状态即可实现模块的相互连接。因此,这三个桥梁模块既可以单独使用,分别架设三座短跨桥;也可以相互组合,架设一座短跨桥和一座中跨桥,或者架设一座长跨桥。桥梁架设装置的功能必须与桥梁模块的使用要求相适应。桥梁架设采用平推式架设方法,使用一根架设梁,并在架设梁上设置推桥驱动装置和连桥装置。从这种新型冲击桥的桥梁模块结构情况可以看出,桥梁的架设动作将比之前的传统冲击桥复杂,架设时间也将较传统冲击桥要稍长一些,但装备的使用效率将达到传统冲击桥的一倍以上。由于这种新型冲击桥采用了既可作桥梁使用又可作桥节使用的桥梁模块,人们将之定义为模块化冲击桥。

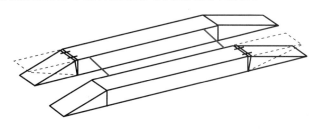

图2-10 桥梁模块

2.8 渡河桥梁器材总体技术方案确定的原则

从上述发达军事强国的渡河桥梁器材发展情况看,各国军队对各自渡河桥梁器材的选择上都有自己的侧重点和考虑,也就是说总体技术方案的比较没有谁好谁坏、谁先进谁落后,只有谁更满足这个国家军队的建设思想和装备使用要求。对于满足作战使用要求的总体技术方案,还是需要从本国的实际出发,从设计、制造、使用、维修、保障等各个环节做到人与器材的最佳结合,并在经济性方面与国家的整体实力相适应,只有这样才能促进渡河桥梁器材的科学发展,才能促进军队战斗力的持续提升。除坚持上述原则外,确定渡河桥梁器材总体技术方案的原则还必须考虑未来战场的特点以及工程兵部队的任务、规模等因素,使现役渡河桥梁器材和新研渡河桥梁器材一起组成相互联系、互为补充的可遂行多种工程保障任务的渡河桥梁器材体系,以便于建设更加精干、高效和多能的工程兵舟桥和桥梁部队。即渡河桥梁器材的发展必须与工程兵部队的任务与行动方式相匹配。掌握现代战争的战场特点以及工程兵的任务，对于渡河桥梁器材的科学发展和高效运用起着重要的牵引作用。因此，了解现代战场特点、工程兵任务、工程兵部队建设趋势以及渡河桥梁器材的使用原则，对于研发新型渡河桥梁器材和进行总体技术方案选择具有重要意义。

2.8.1 数字化战场

了解数字化战场，有助于人们更好地了解信息化的意义，正确认识渡河桥梁器材信息化的内容。所谓数字化战场，就是表示所有参与战斗的各个组成部分都能及时获取、交换和使用数字信息。数字化能使各级指挥员、战斗员和战斗支援人员对其战斗空间保持清楚而精确的认识，以支持任务的制定和执行。图像显示终端为每个用户提供了共同的画面，使大家共享战场态势和情况通报，从而使指挥员能够获得以高度机动、合成和有效的方式去部署兵力和资源的能力。

数字化技术加强了跨建制作战行动的能力。利用现代数据处理、通信、定位导航、敌我识别、侦察传感和显示等技术，可以使各个部队、各级指挥机构以数字通信的形式进行无缝连接。数字化技术促进了各军兵种、各个部队之间的行动一体化，减少相互间的误伤，增加了完成任务的效果，使参与战斗的所有部队从中受益。实现战场的数字化，有助于通过近似实时的指挥和控制，造成一种合成效应，产生比敌人反应能力更快的、有利于己方的作战速度，提高对敌的杀伤力和对己的生存力。

工兵部队在遂行战斗任务时，其指挥员可以实时了解敌我双方的运动情况，展现在指挥员面前的画面，不是通过望远镜，而是能够显示图像的监视器。敌人的运动情况由侦查部门将情报资源以数字化方式传输到各个部队，敌人的行动以图标的形式被显示在以地图为背景的荧光屏上。工兵部队可以通过数字化装备，将刚刚完成的作业信息连同地图背景实时地传输到指挥机关和友邻部队，指挥员和各作战部队，就是通过这种方式实时获者近似实时地获得敌我双方的战场态势。如果敌人的攻击方向发生变化，指挥机关利用战场数据库和指挥控制软件系统，迅速制定新的作战部署，参战的各个部队能够迅速获得指令并协同完成新的任务。

2.8.2 工程兵的任务

工程兵部队的传统任务是阻碍敌人的机动、保障和促进我军的机动以及提高己方的生存能力。这些任务在将来也不会改变，并将继续有效。现在和将来，变化的将是军事政治状态、战场规模和战役进程等，这些因素将决定工程兵任务务重点的改变。

第 2 章　渡河桥梁器材的作战使用性能和战术技术指标论证

对进攻方来说，在同样大小的区域内，使用兵力将比以往更少，这就意味着必须将自己的兵力集中在主要突击方向上。而对于防御方来说，在同样大小的区域内，也同样会使用比传统要少的兵力，边境防御不再是线形区域防御，而主要是依靠对广阔地域的监视能力，以便迅速将兵力集中到敌真正的主要突击方向。对工程兵而言，下列任务占有重要地位：一是在战斗中开辟通路；二是快速高效的桥梁克障行动；三是机动设障和远距离雷场设置；四是对空中机动部队实施工程兵支援。

战术和战役机动同时辅以强烈的火力和障碍能力，对战斗进程的成功起着决定性作用，一方面在重点地区集中较多的兵力，另一方面在其他地区只能使用较少的兵力，要做到这一点，就要求工程兵部队在战斗工程保障方面具备下列能力：

一是通过现代化的设障器材快速适时设置障碍的能力。快速设置障碍能够有效促进己方机动和迟滞对方机动，这就需要大力发展远程快速设置雷场的设障器材，如火箭布雷器材等，并要求器材具备高度的机动性能，以便将障碍的作用和火力超视距地及时送给敌方。

二是具备一定的战场预见性，具有将作战行动与保障机动和阻敌机动有机结合的能力。能够对重点地区的作战部队实施积极的直接支援并减轻其他地区作战部队的作战压力。

三是具备精确设障和清障能力。设置障碍要突然、适时，以便最大限度地发挥障碍的作用；消除障碍的行动也必须快速、有效，以便在攻防转换中提高己方的行动灵活性。

四是具备探障、破障一体化能力，保持部队战场行动的主动性。努力提高障碍可视性，可以避免部队直接行进到地雷障碍上。

五是具备快速克服河谷沟渠障碍的能力，使部队可以自主选择有利的集结和分散地域，保持部队的进攻锐势。因此需要大力发展用于近距离直接支援作战部队行动的近距离支援桥，这种支援桥包括冲击桥（用于克服沟渠障碍）和自行舟桥（用于克服超过 30 m 的水障碍）；也需要发展保障部队机动的全般支援桥，这种支援桥（重型固定桥和带式舟桥）不仅确保了作战地区的河流不会阻碍部队的行军，而且使部队在后方地区行动自如。

六是具备可持续战斗的能力。工程兵是一支特殊的战斗部队，其特点就是利用较少的费用去完成其他兵种难以完成的战斗任务。高技术装备会带来较高的费用，因此工程兵的技术装备也需要高低配置，一味发展和使用高技术高费用装备，将会使一个国家承受不起一场战争所产生的巨大消耗。当然，工程兵设备陈旧、技术落后的时代已经成为历史，现代军用桥梁也需要高度机械化和自动化，只有机、电、液一体化技术和现代材料技术的应用，才能确保渡河桥梁器材满足现代战争对机动性、快速性和承载能力等方面的要求。

2.8.3 建设多功能架桥分队

在社会愈来愈依赖于复杂而易遭破坏的公共设施的今天，天灾人祸的影响远比过去大得多，今后的社会将日益需要工程兵，以便迅速应付各种灾害。为此，陆军工程兵的编制、专业技术和装备能力都要适应这一目的。未来的工程兵部队必将向精干、高效和多能方向发展，今天的工程兵桥梁和舟桥部队都将面临重大变化，博学、多能一定是未来的桥梁或者舟桥部队指挥官必备的军事素质，同时要求未来的工程兵部队增加训练内容，掌握多种渡河桥梁器材的使用方法。随着我军由数量规模型向质量效益型的转变，军队不再需要大量的专门使用某一型渡河桥梁器材的专业架桥分队，而是需要那种能够使用多种渡河桥梁器材、并且能够综合利用这些器材的职业化、多功能架桥分队。这种职业化的工程保障部队，对人员素质的要求非常高，过去那种车辆驾驶员不参与舟桥器材作业、舟桥器材作业手不会驾驶车辆的情况将不能满足未来多变的战场保障需求。在人员减少的情况下，保障能力要想不降低，就必须提高人员的能力素质（战斗力），同时还不能减少渡河桥梁器材的装备数量。这就与按照人员数量来决定器材编配的现行体制产生了冲突，而解决这一矛盾的关键就在于优化力量，提高人员能力。例如，过去一辆四折带式舟桥车的标准乘员配备是3人，一支30人的部队最多只能配备10辆舟桥车，而根据舟桥器材使用操作的程序看，一旦桥节门桥拼装结合完毕，作业人员就会出现富余，因此在遂行渡河工程保障任务时，合理规划部队机动路线和人员编配，后到渡河场（渡口）的舟桥车，可能只需配备一名驾驶员即可。总之今后部队编配舟桥器材不必按照标准的乘员数量，而是应该根据完成任务的能力来编配器材数量。未来的渡河桥梁器材体系就是那些可以互相支援、相互配合和功能互补的一系列渡河桥梁器材，这些器材装备多功能架桥分队后，多功能桥梁分队可以根据任务需要，选择最佳器材或者最佳器材组合来完成渡河工程保障任务或者跨越干沟工程保障任务。

2.8.4 渡河桥梁器材的使用

目前，5 m以下的沟渠障碍大多采用推土填埋或者束柴填充的方法克服，利用冲击桥可以跨越5~25 m之间的干湿沟障碍，利用重型固定桥可以跨越50~75 m之间的干湿沟障碍，利用带式舟桥和自行舟桥可以克服25 m以上的水障碍。但是，对于有桥脚的架桥器材来说，使用范围受到流速大小和障碍深度的限制；对于舟桥器材来说，也会受到岸边条件、流速大小和障碍深度的限制。并且每种器材的适应条件各不相同，关键在于合理地使用器材或者器材组合。

第 2 章　渡河桥梁器材的作战使用性能和战术技术指标论证

例如，带式舟桥的浮桥适应流速一般要优于自行舟桥，但用带式舟桥架设浮桥时，如果不采用架桥汽艇进行动力固定，则在水深超过 15 m 时无法进行投锚固定，因为带式舟桥的锚长度通常在 70 m 左右。此时，如果将自行舟桥设置成锚定门桥，或者用自行舟桥参与浮桥的动力固定，带式舟桥在大江河或者特大江河上的使用都是完全可行的。又例如，舟桥器材的岸边跳板通常都比较短，在高岸或者陡岸条件下，为了实现浮桥顺利连岸，可以使用固定桥器材作为连岸跳板，如冲击桥的桥跨一边与岸边连接，一边与河中浮桥连接。再例如，带固定桥脚的桥梁器材，在深水障碍中使用可能受到水深限制，如果水太深，也可以通过与舟桥器材配合使用，由舟桥器材作为浮游桥脚，用固定桥器材充当上部结构，以确保完成渡河工程保障任务。从以上这些组合看，渡河桥梁器材的总体技术方案应该考虑其在渡河桥梁器材体系之中所起的作用，为多功能架桥分队的建立提供技术和物质基础。

2.9　渡河桥梁器材的战术技术指标体系

渡河桥梁器材产品的作战使用和战术技术指标论证需要以科学的战术技术指标体系作为依据。新型渡河桥梁器材的发展，必须以提高作战使用效能为目的和检验标准。现行的渡河桥梁器材的战术技术指标体系是按照用户的验收需要而提出的，适用这种战术技术指标体系的数据，工程兵的指挥员或者作战参谋是无法制订出科学合理的作战计划的。原因就在于这些指标只能反映作战工程保障任务进程中的某一个区间的特征，而这些区间对于整个任务进程来说，却是间断的，而非连续的，因此对估计整个作战工程保障进程没有实质意义。但这些指标对于用户验收却非常合适，因为战术技术指标反映了某个区间或者某个性能的特征，因此边界条件很清晰，便于验收人员进行试验验证。例如，我军四折带式舟桥的舟车装、卸载时间在 GJB436—1988 中是这样定义的：

舟车卸载（泛水）时间：从舟车进入泛水最后位置开始，到全形舟在水上自由飘浮为止所用的时间；

舟车装载时间：从舟车绞盘钢索挂在全形舟折叠圆钮上开始，到全形舟在舟车上固定呈运输状态为止所用的时间。

从具体实践上看，所谓舟车进入泛水最后位置，就是舟车进入渡河场，并倒车对准泛水点后，指挥员下达"泛水"命令，作业手解除桥节舟与舟车平台的固定装置，舟车开始倒车，在舟车后轮入水一定深度后，突然刹车，桥节舟在惯性的作用下从舟车平台上自动下滑入水并展开成全形舟。这段时间就是考核产品是否达到战术技术指标要求的重要依据，而从作战保障任务进程看，车辆到达渡河场后,倒车对准泛水点的动作和时间都是必不可少的,缺少这个时间,保障全过程的时间就不能获得。装载也是如此,车辆必须先进场、倒车至点装载点,翻转吊臂,放出钢索后,才会有前述舟车装载时间所定义的绞盘钢索挂在全形舟折叠圆钮上之后的舟车装载动作,而缺少了舟车进场开始到放出绞盘钢索并挂在全形舟折叠圆钮上这一阶段的时间,保障全过程的时间也不能获得。

从带式舟桥的泛水和装载时间看,美军的标准和我国军标之间是存在一定差距的:美军标提出的带式舟桥的桥节舟卸载(泛水)时间是 5 min,而我国军标是 3 min;美军标提出的带式舟桥的桥节舟装载(撤收)时间是 10 min,而我国军标是 6 min。这个差距并不是因为美军带式舟桥的性能不如我军带式舟桥,而是表明美军标的数据是以实际完成任务为目的而提出的,而我国军标是以验收器材性能为目的提出的,这就说明,外军的技术指标是向军事工作延伸的,而我军的技术指标还不能满足军事工作的要求。

浮桥架设时间也是这样,通常都是桥节舟泛水后,作业手上舟就位,然后指挥员下达"浮桥架设"命令后,作业手开始浮桥作业,从结合桥节门桥至浮桥架成具备通车条件为止所用时间就是浮桥架设时间。这个时间用于用户验收无可挑剔,但并不能为拟订作战工程保障计划提供有实际意义的参数。因为在桥节舟泛水阶段,泛水时间的长短与舟车数量、泛水场的泛水点数量等关系密切,这个时间不确切,作战计划依然无法周全。

因此,我们需要与作战工程保障任务和进程相协调的战术技术指标。例如,说到桥梁作业时间,首先需要明确桥梁长度、器材数量(桥车/舟车数量),这样我们就可以定义从第一辆桥车/舟车进入渡场,到允许第一辆战车渡河所用的时间为桥梁架设时间。不同河宽、桥型所用的时间是不同的,可以给出多个数据,这些数据与某一阶段的任务进程是完全吻合的,可为作战计划的拟定提供科学依据。又例如,桥梁撤收时间,可以规定为从下达撤收命令到最后一辆桥车/舟车离开渡场所用的时间。有了这两个时间,如果再加上桥梁通载效率参数,如根据单位时间的通车数量、任务要求的渡送量,就可以求出从第一辆桥车/舟车进入渡场,到完成渡河工程保障任务后,最后一辆桥车/舟车离开渡场这个任务进程的总时间。如果再提供公路平均行驶速度和土路平均行驶速度数据,则根据机动路线、机动条件和机动距离,就可以求出从部队出发到完成渡河工程保障任务这个进程的总时间。最大行驶速度对用户考核验收产品有意义,但对推算任务时间无意义。门桥的航速也是如此,门桥最大航速并不能为漕渡效能分析提供科学依据,针对不同河宽的门桥平均航速更有利于效能分析。

提供一个装备产品给部队,必须提供有利于作战行动的战术技术数据,这些数据虽然可以通过使用部队自己的训练进行摸索,但这种摸索对于产品设计

第 2 章 渡河桥梁器材的作战使用性能和战术技术指标论证

而言属于迟来的宣判,装备的好坏应该在设计阶段就得到验证。这就要求渡河桥梁产品的设计者,不能闭门造车,必须了解和熟悉器材的使用细节,并通过细节的优化提高产品效能。规范渡河桥梁产品战术技术指标体系也有利于专业人员进行各种装备间的效能比较。由于目前各种器材的战术技术指标或者性能不规范,这就给专业人员进行相关效能分析和器材或者方案之间的比较带来许多争议,在以同一种边界条件下进行比较而得出的结论也不能被同行认可,因为使用的数据与现有出版物有冲突,但出版物的数据明显是应对用户考核的,而对渡河工程保障行动而言是存在出入的。因此,在产品研发阶段,我们既需要过去那种便于用户验收产品所使用的战术技术指标,又需要那种适合一体化联合作战所使用的符合作战保障要求的战术技术指标,真正为作战工程保障的信息化作出贡献。

2.9.1 渡河桥梁器材的信息化需要科学的战术技术指标体系

目前人们对武器装备的信息化建设都非常重视,新装备都配备有现代通信系统,确保了各级、各个作战单元的互联互通。但信息化绝对不是像给装备或者部队配备通信电台那么简单,信息化也不是装备的操作自动化。前面这些工作只能被认为是实现信息化的基础条件,信息化的核心是一体化联合作战体系的建立,是 C^4I 系统的建立。首个 C 是指挥,指挥就是下达作战命令,这是一切军事行动的前提,在信息化条件下,指挥也需要一套便于计算机辅助决策的指挥软件系统;第二个 C 是控制,它表示对整个作战行动的运筹、计划、组织实施、实施方法、实施过程等的实时提出和有效控制,在信息化条件下,控制也需要一系列与作战任务有关的控制软件系统,增强控制的实时有效性;第三个 C 是通信,整个作战行动都离不开通信,上情下达和下情上达的及时性和有效性都得通过通信手段来实现,在信息化条件下,现代通信网络技术有效解决了各个作战单元之间以及上下级之间的互联互通问题;第四个 C 自然是计算机软硬件系统,信息化之所以可以实现部队作战效能的"倍增",就在于计算机系统可以综合各个方面的信息、数据等,通过相关的计算软件快速合理地进行辅助决策和辅助设计,提高指挥机关的快速决断能力、作战部队的快速反应能力、武器装备的快速执行能力。而 I 是信息,是一切与作战行动有关的信息数据库,指挥机关、作战部队都是通过相关情报信息、数据,通过计算机的相关软件系统进行数据处理,自动生成数字化战场态势、作战命令、作战计划、作战组织实施和具体行动方法,并通过通信网络实现各个作战单元的有机互动。

渡河桥梁专业技术人员对信息化建设的贡献主要应该体现在专家辅助决策系统的建设和相关数据库建设方面,为作战行动提供有效、实用的战术技术数据和行动方法。其中,改进现行装备战术技术指标体系对信息化建设的意义非常重大。例如美军标给出的带式舟桥的浮桥架设速度为 3 m/min，而我们通常认为带式舟桥的浮桥架设速度为 6~7 m/min，两者相差之大，也说明美军标的数据与军事工作相关联。所以，没有与军事行动匹配的战术技术指标数据，就不可能有科学、正确的战场快速决策。

2.9.2 渡河工程保障行动的自动化需要科学的战术技术指标体系

工程兵桥梁分队的作战工程保障效率的提高，主要依靠工程兵指挥自动化系统。在这个系统中，渡河工程保障行动的自动化设计占有重要地位，但这项工作目前并未引起渡河桥梁专业工作者的高度重视。无论是军事演习还是实战行动，在时间有限的情况下，必须快速编制具体的桥梁施工设计文件（渡河工程保障行动计划书）。为加快这一工作进程，应该利用预先拟定的标准方法（各种环境条件下的作战工程保障想定数据库）或者是供设计者（决策者）使用的计算技术（作战任务、图表自动生成技术、工程量计算方法、各种数据调取和相关数据组合、优化方法等）。这就是渡河桥梁专业工作者在促进部队信息化方面应该做的工作。运用计算机可以预先拟定出桥梁渡口标准图册，计算出计划任务所需的相关指标、参数，绘制标准方案图、表等，迅速提供器材数量、投入兵力、桥梁形式、作业方法、作业时间要求等一整套渡河工程保障计划，为工程兵部队适时完成工程保障任务提供信息、技术和决策支持。

渡河工程保障的自动化设计必须以现役制式渡河桥梁器材和就便器材、半就便器材为设计物质条件，建立相关数据库和计算程序，通过标准参数输入，如桥梁跨度、承载能力、任务规定时间、通载车辆数量等数据，即可获得应该使用何种器材或者器材组合、采用何种渡河方法、器材数量、兵力投入、渡口数量等，根据侦察数据生成渡场全貌图、桥梁渡口构造图，标注相关桥梁位置等一整套的作战工程保障计划。这项工作应该由专业技术人员和作训部门共同研究完成。

依据作战工程保障任务所编制的渡河工程保障计划书应该通过工兵指挥自动化系统来完成。该计划书是对渡河工程保障行动进行的全面计划，是一项系统工程，提高渡口生命力就是其中重要一环。它包括渡口的选择、渡口的伪装、渡河形式的转换（门桥渡河和桥梁渡河的转换），渡河器材的机动、集结和疏散，渡河时机（白天或者黑夜）以及构筑假渡口等。轻视渡口伪装会导致严重的不良后果。第四次中东战争埃及强渡苏伊士运河时，第一阶段渡口只在夜间使用，后来决定连续使用。在连续使用的第一天，以色列就摧毁了 40% 的渡口。因此，如何提高渡口生存能力对现代战争意义重大。外军认为，浮桥渡河虽然比门桥渡河效率高，但浮桥受敌火的损伤更大，这就意味着浮桥在一个地点的使用效率比较低，需要综合运用多种渡口形式。已有的实践表明，混合式桥梁渡口具有较高的效率,该种渡口由水面下桥和带式舟桥组成。在备用桥轴线上预先构筑好水面下桥,这种水面下桥可以是制式的机械化桥,既可以隐蔽渡河企图,又可以缩短架设浮桥的长度,还可以把余下的带式舟桥的桥节舟用于门桥渡口或者储备起来。这样可以使敌人对渡口的形式感到迷惑,因为在雷达屏幕上和照片上看,这种混合桥梁就像一个门桥渡口。例如,苏联曾经进行的强渡江河军事演习中,其工程兵部队就构筑有门桥渡口、假渡口和混合式桥梁渡口。渡河部队第一批坦克分别从5个门桥渡口渡送到对岸,接下来改为桥梁渡河。桥梁渡口为一混合式桥梁渡口,在两岸设置有三跨水面下栈桥,车行道表面以上保留 0.3~0.5 m 的水深,为保证水面下桥段的稳定性,通过八字形斜张纲对其进行纵横向固定,斜张纲一端与岸边系留桩连接,一端与水面下栈桥连接。混合型桥梁如图 2-11 所示,在两端水面下栈桥之间用 5 个河中桥节舟和 2 个岸边桥节舟组成浮桥段,其中部分桥节舟曾用于门桥渡河,并由汽艇引入桥轴线。浮桥段也需要横向固定。在桥梁渡河实施以后,门桥渡河仍可继续实施,假渡口可以迷惑敌人,引导敌火对假渡口实施攻击,进而减少真渡口的损失。演习第一阶段,仅门桥渡口起作用;而在演习第二阶段,桥梁渡口和门桥渡口以及假渡口同时起作用;第三阶段,桥梁渡口和假渡口起作用,假渡口成为敌攻击目标。即使混合式渡口的浮桥段遭到破坏,也很容易被及时引出桥轴线并用备用器材进行更换。假渡口可以是充气雷达反射体(角反射器)构成的假浮桥;也可以是假目标浮桥并配合假目标以佯动;可以在行军路上设置角反射器,还可以配合烟幕进行遮盖等。总之,渡河工程保障需要精心策划。

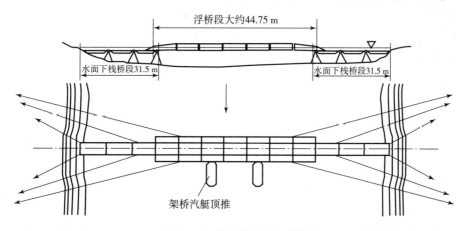

图 2-11 混合型桥梁示意图

从信息化角度看,工程兵在受领作战工程保障任务后,其作战参谋和工程兵指挥员需要根据 C^4I 系统提供的相关信息数据,如任务区交通地理情况、障碍情况、渡河桥梁器材情况等数据,构思作战工程保障方案,提取关键初始参数，输入工程兵指挥自动化系统的相关系统（如渡河保障功能模块），快速生成最佳渡河工程保障方案并且输出具体任务命令。如兵力、器材数量和种类、部队出发地点和时间，机动路线，渡场布置，兵力布置，保障方式等等一应俱全，确保部队快速反应，快速行动，快速应变。使传统作战保障需要准备一天甚至数天的工作，瞬时获得解决，这才是信息化应该带来的巨大效益。为了确保作战任务下达的科学性，需要建立各种渡河桥梁器材战术技术指标数据库和专家辅助决策系统，这些数据必须与军事行动、作战工程保障进程等相匹配，才能使渡河工程保障行动的自动化和快速化真正得以实现。

2.10 渡河桥梁器材作战使用性能和战术技术指标论证方法

渡河桥梁器材的作战使用性能和战术技术指标论证是一项涉及面很广、技术要求很高的产品开发工作。该项工作必须以现役同类器材的作战使用性能和战术技术指标为基础，并且以突破现役器材的作战使用性能和战术技术指标为工作重点，同时注意平衡军事需求与技术支持两个方面的关系。要以初步总体技术方案为依托，以器材的完成任务剖面、器材的使用环节细节以及器材的寿命剖面为研究对象，以提高器材的作战工程保障效能和器材的使用效率为追求目标开展相关论证工作。

渡河桥梁产品的作战使用性能和战术技术指标论证的过程，其实就是一个产品总体设计要求产生的过程，也是一个产品总体技术方案和系统组成形成的过程。有了产品的系统组成，总能找到各个系统相对于任务剖面、寿命剖面和使用细节的对应关系。通过研究老器材设计输入与设计输出之间的关系，结合新技术和新情况，就可以提出新器材对应的使用要求和指标要求以及相应的具体技术设计要求等。

例如水上动力系统的发动机功率，就是一个与自行门桥航速、油耗、器材重量、续航里程（续航时间）等相关的设计输入，新器材的先进性也主要体现在设计输入与输出的关系上，而不是看设计输出的大小。通常人们关注航速，而忽视高航速带来的能源消耗和设计问题，只注重输出数值的大小，而忽视高输入所带来的其实是低输出，这是设计者必须引起重视的。

又例如自行舟桥的中央充放气系统，就是一个与车辆机动性能和行驶适应性有关的重要设计输入，目前我们只是提出自行舟桥必须具备轮胎自动充放气功能，而对系统应该具备何种性能并没有深入研究。从产品设计实践看，轮胎工作压力在 0.15~0.48 MPa 之间，轮胎压力由 0.15 MPa 升至 0.48 MPa 需要 18 min，轮胎压力由 0.48 MPa 降至 0.15 MPa 需要 10 min，这个充放气时间与作战使用要求显然存在差距。而外军自行舟桥的轮胎在工作压力范围内,由低压升至高压只需 4 min,由高压降至低压只需 1.5 min,并且可以在轮胎遭受损坏的情况下低速行走 4 km,这就表明外军自行舟桥的中央充放气系统具有较大的补气和排气能力,效率是我们的 4 倍以上,其作战使用性能明显优于我们的产品。

再例如,在渡河桥梁产品开发中,设计人员通常只注重作业动作和作业原理的实现,而忽视作业动作的优化控制,忽视作业动作对缩短作业时间所起到的作用。没有门桥漕渡实践经验的人,通常都认为提高门桥航速就可以提高漕渡效率,其实不然。提高门桥漕渡效率的关键在于缩短门桥靠、离岸的码头作业时间。关于这一点,外军早在 20 世纪 70 年代就已经有过相关研究,这也是外军自行舟桥的门桥航速大都处在 10 ~ 14 km/h 的原因所在。门桥靠、离岸花时间,一是飘浮在水上的门桥不容易操控,二是门桥需要岸边系留以便于车辆上、下门桥,系留通常需要设置系留桩,这些作业都使门桥靠、离岸时需要花费一定的时间和人力,有时还需要专门的码头作业班来辅助门桥漕渡作业,这对用于伴随部队机动、快速保障渡河的自行舟桥来说是绝不允许的。而外军在自行舟桥开发时,就看到了可以通过技术来改变门桥漕渡中的不利状况,抓住了自行舟桥产品开发中的主要矛盾。外军首先开发了喷口可 360°回转的离心泵式喷水推进器,并通过电液伺服控制等技术实现门桥的半自动甚至自动靠岸,通过液压系统控制连岸跳板,利用跳板岸端与岸边支撑之间的摩擦力,使跳板岸端牢牢锁定在接岸位置以实现门桥岸边定位的目的,既省略了打桩和岸边系留作业,又确保了自行舟桥只需乘员即可完成门桥漕渡作业,同时大大缩短了门桥靠、离岸时间。现在 M3 自行舟桥在河宽 200 m 以内的河流上进行门桥漕渡作业,漕渡门桥一个航次所花时间就低于过去漕渡门桥一个航次中的码头作业时间,这就是产品开发中所取得的进步。新产品的开发一定是在旧产品的基础上发展起来的,而每一个进步都与各个系统相对于任务剖面、寿命剖面和使用细节相对应。诸如此类的实例将在自行舟桥的开发中详细介绍。

2.11 现代渡河桥梁产品的产生过程

前面提到,渡河桥梁产品的作战使用性能和战术技术指标论证的过程,其实就是一个产品总体设计要求产生的过程,也是一个产品总体技术方案和系统组成形成的过程。从国外的渡河桥梁产品发展情况看,这个过程是相当复杂的,在发展新的渡河桥梁产品之前,通常需要经过多年的技术研究、使用研究和效能模拟,直至获得最佳方案。即一种新的渡河桥梁产品的诞生并非一蹴而就,

渡河桥梁产品研发方法

与老式产品的全面比较可能就需要花费相当长的时间和精力，即使新式渡河桥梁产品装备部队后，这种比较仍然会继续下去。现代渡河桥梁产品，由于对其作战使用性能要求的不断提高，进而导致技术上的先进性和复杂性也不断得到提高，其结果必然导致产品造价巨大。因此，新产品的研制和装备需要充分考虑与财政投入相协调，必须从体系作战的角度考虑军费的承受能力。

过去人们通常认为，老式装备不能满足战争需要，不能对付未来威胁，就自然会被新式装备所取代。人们以需求为牵引，在每个"五年计划"中根据所谓的需求不断地提出新开发的产品项目，在新产品开发中也是延续早期的一套并不科学严谨但却行之有效的方法。由于渡河桥梁产品的服役周期大都在30年左右，因此几个"五年计划"下来，渡河桥梁产品的数量和品种不断增多，导致装备型号多，通用兼容性不足，影响了部队战斗力。当然也有人不认同这个观点，认为只要不断地用新产品替代老产品，装备的型号就不会繁杂，而持这种观点的人却忽略了新产品形成战斗力的周期以及相关费用支持。从发达国家军队的装备情况看，在相当长的一个时期内，新、老产品都是同时装备的。人们应该检讨：我们的装备发展模式，新产品的研发是否有些草率？发展新产品，提高部队能打仗、打胜仗的能力，这是全军上下的迫切愿望，但装备建设有着自己的发展规律，唯有尊重客观规律，工作才能事半功倍，否则很可能是低水平重复或者缺乏作战实用性。我们知道，论证有因果论证和类比论证，过去在新产品论证中，业内通常习惯于因果论证，如因为有需求，所以要上项目。而现代论证，应该在因果论证的基础上，充分运用类比论证，往往类比论证更能给人启发，并且思考更深层次的问题。例如，随着公路建设的飞速发展，高速公路、各种城市高架道路已经成为运输的主要基础设施，于是业内看到了一种作战保障需求，就是战时一旦高速公路或者高架道路遭受敌人破坏，如何保障交通线畅通的问题，特别是如何将在高架道陆上行驶的车辆引入地面的问题，并且通过战术需求这个因，牵引出了一个交通线保障项目这个果。而如果从类比论证这个角度出发，我们就可以思考更深层次的问题，甚至是有没有这种作战需求的问题。例如，在国外，尤其是在美欧等发达国家中，高速公路和高架道路也是客观存在的，这些国家为什么没有发展这样的交通线保障项目？就我们已有的认知，目前在介绍渡河桥梁产品方面，英国的《简氏防务年鉴》应该是最全面和最有代表性的了，之所以没有我们所设想的交通线保障产品，很可能就是这种需求根本不存在。战时部队机动，完全可以利用地面道路进行，并且便于隐蔽，也可以做到畅通无阻，为什么一定要借助高架道路？即使借助高架道路，也应该是克服高架道路上的障碍（直接在高架受损处架设桥梁），而不是以克障的形式（架设高架道路与地面之间的桥梁）再进行迂回机动。这是一个作战原则问题，一般可以迂回的障碍就不需要强行克服。如果有了这种类

第 2 章　渡河桥梁器材的作战使用性能和战术技术指标论证

比论证，我想新产品的研发就一定会慎之又慎，对发达国家军队骨干装备使用研究得越充分，认识越深刻，对自己的作战需求和装备研发的启发作用就会越显著。

设计现代化渡河桥梁产品的基础就是产品设计的物质条件，如设计理论、设计方法、设计原材料、元器件、加工制造设备和制造工艺等。对产品设计者而言，就是对渡河桥梁产品的军事职能、军事行动规则、器材使用条件和使用方法等的全面了解和对产品设计物质基础条件的全面掌握。设计者运用产品设计物质基础条件来构建一个新的产品系统，并且进行一个与产品系统有关的各种检验和判断，从产品的安全可靠、作战使用的合理性、使用效能到产品的经济性等多个方面进行检验和评判，采用系统分析方法和作战使用研究，以期获得产品的最佳方案和产品存在问题的最佳解决方法。即通过新技术、新材料、新工艺、新器件等的应用，将各个零部件、相关分系统组合成一个新的产品系统。在这个系统形成之后，需要通过完成任务剖面，将新产品完成既定任务情况进行详细分析，同时结合产品系统相互关联性检查、分析和判断，以期获得最佳的设计效果。上面之所以强调对军事职能、军事行动规则、器材使用条件和使用方法的全面了解和对产品设计物质基础条件的全面掌握，是因为系统分析方法只提供一种方法，使用这种方法的人，如果不具备上述条件，其分析结果必然南辕北辙。因为先入为主的判断，会导致对定性数据的人为干预，如专家打分法和加权平均法等，没有对产品的深入思考和具体而全面的长期研究，没有对现役同类产品的使用研究，何来专家？更不用说专家打分法。从我国目前的渡河桥梁器材从业人员情况看，以产品作战使用和全寿命剖面的各个环节为研究对象，进行相关模拟、对比，可能比现在使用的边界条件不明确的所谓设计要素所进行的分析方法更具有现实意义。也就是说，现代渡河桥梁产品产生的第一步是建立评价模型，进行综合判断，并且围绕着评价的科学性进行相关技术研究工作和作战使用研究工作。

2.11.1　建立评价模型，进行综合判断

产品研制的目的是以最少的财政投入获得完全达到设计要求的产品，或者是产品达到完成任务所需的效率。新的产品研制，需要将产品研制所支出的费用、产品生产所需的费用包含在新产品系统的方案选择之中。过去的方案选择之所以不能获得令人满意的结果，与人们的工作方法和工作习惯不无关系，而外军在产品系统鉴定方面的工作值得我们借鉴。这个分析评价模型的构成如图 2-12 所示。

对新产品系统职能的模拟以作战、训练为基础，通过相关作战保障任务想定，以一个完整的完成任务剖面为研究对象，进行过程分析以及对应每个过程

渡河桥梁产品研发方法

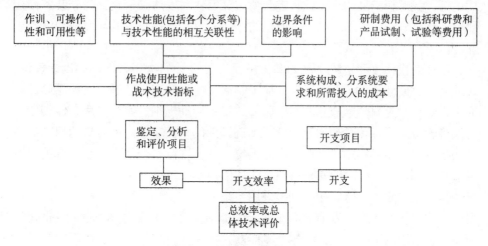

图 2-12　鉴定评价系统框图

的操作分析，提炼出各种技术要求和设计计算输入参数，对应设计计算输入参数，进行计算试验，分析系统、分系统的可实现性。如果存在不足，进行参数改变或者系统改变，重新进行相关计算分析，以期获得最佳方案。整个模拟将通过鉴定评价模型得到补充，即引入价值工程，将产品全寿命周期费用分析作为鉴定评价的重要因素，除训练费用、后勤费用和战术上的可用性与互换性外，要针对每个鉴定评价的项目逐一进行效费比分析。当不同方案的效果不分伯仲时，效费比分析将为科学决策提供重要依据。

由于费用在选择设计中起着重要作用，所以必须采用一种适当的方法。因为对于综合评价而言，价格对效率不产生影响。对研制费用和产品费用进行单独分析，可以一目了然地知道研制费、订购费和日常费用。通过效费比来评价设计就是一种可行的方法，这种方法有利于方案的最优化。

从整个财政开支来评价一种器材是否可以研制时，日常费用可能起决定性作用。通过使用昂贵的液压、电子和控制技术以实现高度机械化和自动化，可以减少作业人员，进而节省日常费用，这种情况虽然增加了装备费用，但节省了产品装备后的相关费用，且总费用得到减少。

以完成任务最佳和减少总费用为目标，在模拟分析与技术进步之间反复沟通，不断优化的反馈过程，使得最佳方案被选中并成为研制的产品。德国人通过这项工作，产生了一种可作为冲击桥、固定桥和浮桥用的桥梁族，即 20 世纪 80 年代桥梁族方案。通过高度的机械化大大提高了作业速度，并使作业人员显著减少；通过通用化、系列化和组合化，大大降低了训练费用和后勤费用，提高了战术可用性能。

第 2 章　渡河桥梁器材的作战使用性能和战术技术指标论证

2.11.2　承重结构设计与实验研究

进行方案优化和选择需要有充分的可能性，即允许尽早对技术部分和设计进行评价。为此需要提供一套研制用的理论方法，用这种方法在模拟、优化和测试中进行相互比较，以获得满意的解决方法。其中，对承重结构（桥梁结构）性能的计算模拟，就是重要的一环。

承重结构的性能通过样桥试验和关键构件测试进行确定。承重结构设计是否合理需要制定相应的设计规范，选择相应的设计参数，随着技术的进步，对设计参数的要求也越来越详细，规范的研究内容主要有：

（1）从军事行动资料中推导出载荷和载荷谱；

（2）桥梁通载时的耦合振动系统及其动态特性研究；

（3）通过有限元模型分析，测试承重结构的总体变形和局部变形、截面大小和应力水平；

（4）进行静态强度、动态强度和疲劳强度的验证，疲劳强度验证以足尺寸构件或者结构的疲劳试验为依据；

（5）进行承重结构可靠性研究；

（6）进行承重结构优化研究；

（7）进行承重结构断裂力学性能研究，这一点对新型纤维复合材料的应用意义重大；

（8）进行轻质高强新材料研究。

产品的设计研究和试验研究主要以产品的使用为研究对象，科学确定产品的相关设计输入和设计输出。例如确定外形尺寸，就要研究各种运输要求，公路运输、铁路运输、水运、空运都有各自的运输要求和运输规律；确定产品的承载能力，就要研究产品的使用环境和使用条件，水流速度、波浪、风力、车辆载荷的作用速度、作用位置等都对承重结构的承载能力产生一定影响；确定续航能力，无论是续航里程还是续航时间，都与发动机的功率和转速相关联；确定陆上行驶速度，必须研究各种道路条件；确定水上行驶速度，也必须研究最高速度、加速性能和平均速度等设计输出问题。如果我们对产品的战术技术指标不加以边界条件，则会导致产品评价没有客观科学的标准。例如，在产品验收时，为了确保续航时间指标，参试人员刻意采用小油门方式进行航行试验，为了确保最大航速指标，参试人员不惜调高发动机标定功率进行相关试验等，出现这些问题的原因就在于没有规范、标准的设计输出。

2.11.3　对渡河桥梁产品的基本要求

进行渡河桥梁产品论证，需要了解一些基本常识，这些知识对于方案优化和方案选择具有指导性意义。从一般战术技术需求上看，渡河桥梁产品设计的基本要求是：

（1）承载能力大；
（2）重量轻；
（3）运输体积紧凑；
（4）克障能力强；
（5）架设、撤收速度快，互换性好，使用安全可靠；
（6）在满足运输要求的条件下，车行道宽度尽量宽；
（7）作业人员尽量少，以降低日常费用；
（8）运输车辆尽量少，不光提高完成任务成功性，而且降低日常保养费用。

在具体渡河桥梁产品指标论证时，必须科学对待产品的这些基本要求，并非承载能力越大越好、重量越轻越好这么简单，需要考虑各种设计约束，在同等设计约束条件下，实现产品的功能最优化。例如，产品的外形尺寸直接受到运输要求的限制，也受到运输平台承重能力的限制，必须在满足设计约束条件的情况下，通过技术，追求外形尺寸的最大化以便实现承载能力的最大化以及克障能力的最大化。

第 3 章
渡河桥梁器材研发方法

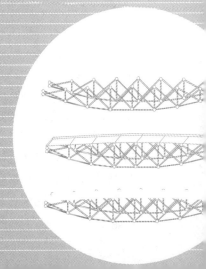

渡河桥梁器材的研发方法涉及产品设计的方方面面，从现代设计理论和方法的角度讲，有系统设计方法、反求工程设计方法、优化设计方法、可靠性设计方法、计算机辅助设计方法、有限元法和创造性设计方法等。但落实到具体产品设计和开发时，还会有一些具体的研发规律和研发方法，这些规律和方法源于本领域的工作习惯、设计实践、研发思辨和经验总结。这些内容相对于产品研发来说，与前述设计理论和方法具有同等重要的地位和作用。本章将从理论联系实际的角度出发，探讨渡河桥梁器材研发中的一些问题和相关解决方法。

3.1 渡河桥梁器材的研发需要反思文化的引领

文化是人类社会历史实践过程中所创造的物质和精神财富的总和，是一种社会意识形态，是一种经验总结，是一种长期影响人们思维和行动的观念，是一种历史的沉淀。因此，文化是一种历史现象，文化也随着社会物质生产的发展而发展，同时文化又对社会物质生产的进步给予巨大影响。应该讲，有什么样的产品设计文化，就可能造就出什么样的技术产品。新产品总是在不断发现旧产品问题的基础上才脱颖而出的，从这个意义上讲，渡河桥梁器材的研发，需要反思文化的引领。进行渡河桥梁产品的研发，需要了解军队作战机动的组织形式和行动方式，需要掌握现代工程保障行动的特点和规律，需要了解和清楚渡河工程保障和道路工程保障行动中可能出现的问题以及应对这些问题所采取的解决方法，只有这样才能对渡河桥梁器材的发展目的、发展要求等作出科学的构思和判断。从事渡河桥梁器材研发的工程技术人员，必须树立科学发展的理念，本着为国家、军队高度负责的态度，以能打胜仗为基本出发点，不仅

第3章 渡河桥梁器材研发方法

要有坚实的专业技术能力,同时需要具备敏锐的洞察,卓越的远见和明确的目标,为我军渡河桥梁器材的发展和渡河克障工程保障能力的提高,不断优化渡河桥梁装备体系,使之以最小的费用持续适应未来战争的需要,适应部队作战、训练和保障的需要。

我军渡河桥梁器材的发展经过几代人的共同努力,目前已经取得了长足的进步,渡河桥梁器材的品种相当齐全,今后渡河桥梁器材如何发展、路在何方?需要业内人士深入思考。客观而言,我国渡河桥梁产品设计是一个从业人员极其稀少的专业领域,一个或者几个人的意见或者见识就可以成为一"家"之言,而这一"家"之言也可能成为本专业的学说或者共识,这种共识如果一代一代传承下去,其影响殊难预料。这种现象需要业内人员经常反思。古人云"知人者智,自知者明;胜人者力,胜己者强",这句话本身就说明要想认识自我、战胜自我是多么不容易。但是一个优秀的民族、一个优秀的团队和一个优秀的个体,无疑都是通过不断的、深刻的反思才取得成功。从现状看,渡河桥梁器材的科学发展尤其需要业内进行深刻的反思,通过反思在渡河桥梁产品研发领域存在的一些言论、一些思潮和一些现象,尤其是要反思其中那些具有一定代表性的、从一定层面反映我军渡河桥梁器材研发现状的思潮和现象,反思这种状况与我军准备打仗和能打胜仗的要求还存在什么不相适应的地方,问题找得越准,渡河桥梁器材的发展方向就越明,自我定位越准,超越自我的动力就越大,渡河桥梁器材的发展,需要从发现和反思不足中寻求新的突破。

3.1.1 渡河桥梁产品研发领域存在的问题

从目前渡河桥梁器材产品的技术水平和作战效能看,渡河桥梁产品研发还存在发展目标不够具体的问题,新老装备之间断代特征不明确。

现代地面作战,部队的机动速度已经发生了根本性变化,各种信息技术的应用,也使战场监视以及火力反应速度和精度发生了质的飞跃。因此外军认为,衡量一种装备先进与否的关键在于这种装备的使用效率,渡河效率的高低应该成为鉴定所有渡河桥梁器材先进与否的共同标准。早在20世纪70年代,北约就对苏联PMP带式舟桥给予了极大的重视,该带式舟桥教范规定其架设浮桥的速度为7~8 m/s,而让北约惊叹的是,苏联曾经用PMP带式舟桥仅花了5 min就架通了一座91 m长的浮桥,其架设速度接近20 m/s(边界条件不详,笔者认为应该是在桥节门桥已经结构完成的条件之下)。当北约"80年代桥梁族"计划终止时,西方军事专家就预测,到20世纪80年代末甚至在更长一段时间内,舟桥器材不会出现质的飞跃。事实证明,到今天为止,各国的非自行舟桥没有一个在架设和撤收时间上能够与四折带式舟桥比肩,美、俄、德等先进军事强国的工程兵部队至今所使用的骨干舟桥器材仍然是带式舟桥及其改进型带式舟桥。

从技术上讲，第一代舟桥器材由桥脚舟和上部结构（桥桁＋桥面系结构）组成，以结构桥脚分置式浮桥为结构特征。早期的桥脚舟为开口舟，数个开口舟可以摞起来运输，开口桥脚舟还可以兼作人员渡河的舟艇使用；后来为了适应高流速和提高安全性，桥脚舟多变为闭口舟，此时运输单元为节套舟，节套舟就是将一个（一节）桥脚舟和一定数量的上部结构进行配套运输，我国的62式重型舟桥和63式轻型舟桥就属于这个时期的舟桥器材。如果说由开口桥脚舟和上部结构组成的舟桥器材属于第一代舟桥的话，则由闭口桥脚舟和上部结构组成的舟桥器材至多属于一代半，因为只是在舟桥个别性能上取得突破，总体效能没有发生质的飞跃。带式舟桥将桥脚舟和上部结构合二为一，其运输单元为桥节舟，即一个运输单元就是一段桥梁，这种整体化的桥节结构，大大简化了浮桥架设步骤，降低了劳动强度，精简了作业兵力，使舟桥的效能出现了成倍的增长，我国的74式、79式和74式改进型重型舟桥就属于这样的器材。这种舟桥苏联军队20世纪60年代开始列装，北约军队70年代中期开始列装。我军74式型重型舟桥是为适应我国当时工业基础水平而研制并定型的舟桥器材，后来随着我国工业基础水平的进步，又研制并定型了79式带式舟桥，至此我国舟桥器材除底盘车外基本达到国际先进水平。应该讲，以79式带式舟桥为代表的一系列重型舟桥属于第二代舟桥。从20世纪60年代中期开始到21世纪前10年，我军陆续研制并定型了多型舟桥器材，由于我们缺乏舟桥断代方面的文化，不像主战装备在机动力、火力、防护力和信息力等方面对装备断代给出明确的定义，因此我军舟桥器材都是以研制时间断代，而非以清晰的效能要素为目标进行舟桥断代，这就导致了新器材在作战效能提高方面没有明确和系统的追求。

舟桥器材是如此，桥梁器材、路面器材等的情况也差不多，从20世纪90年代至今，先后研发的多型渡河桥梁器材除在控制技术、计算机技术和通信技术的应用方面有所进步外，其他使用效能要素都没有出现质的飞跃。渡河桥梁品种齐全，相关产品从时间上讲也经历了多代，基本形成了我军渡河工程保障体系。但客观地讲，我军渡河桥梁器材虽新老共存，但却并非"多代同堂"。现役装备虽有新老之分，但作战使用效能和相关技术水平没有发生突变或者倍增，因此很难达到新一代的水平，很多装备处于同一代水平或者充其量算提高了半代。由于这些现役渡河桥梁器材存在系统组成特征变化大、架设作业方式区别显著等现象，因此给部队使用带来协同保障困难、训练要求高、遂行任务难和装备管理复杂等问题。解决这些问题的关键在于加强顶层设计，建立科学的装备发展理念，始终坚持战斗力标准，坚决杜绝为创新而创新的浮躁作风，建立新老装备之间的科学联系，科学定位渡河桥梁器材的断代原则和方法，使装备既有新老之分，又真正实现多代同堂。

从目前渡河桥梁产品的研发实践看，还缺乏对产品研发规律和特点的科学把握。其根源在于渡河桥梁产品研发观念不够成熟,设计文化相对薄弱。我们知道,产品开发需要设计要求、设计观念、设计理论、设计经验、设计方法和设计物质条件等的大力支持。人们在长期的设计实践中所形成、所积淀下来的设计观念、计算理论、设计方法和设计规律等就是这个产品的设计文化。科学、先进的产品设计文化能够促进产品的不断进步,使产品的品质不断符合人们的最新要求,符合科学技术发展的内在要求。军事装备的发展,依靠科学技术的推动,其中最重要的基本条件就是必须具有与军事装备发展要求和设计要求相匹配的系统、分系统、材料、设备、零部件和元器件。这是军事装备设计的物质条件,也是军事装备发展的必然要求和产品设计研发的内在规律。

从事军事装备产品研发的工程技术人员,在制订装备发展计划时都会喊出"探索一代,研制一代,装备一代。"这样的口号,并且将之作为最先进的军事装备发展理念。但长期的装备产品具体研发实践也会形成一些固有经验和思维定式,如果这些经验和思维定式一成不变,则完全可能与上述先进的装备研发观念格格不入。在渡河桥梁产品研发中,为了满足标准化方面(通用化、系列化和组合化)的设计要求,确保装备的保障特性,设计人员在原材料选用、元器件和设备选用等方面都已经养成紧跟现役主战装备或者紧跟现役同类装备的习惯。也就是说研制一代的渡河桥梁与装备一代的渡河桥梁在设计物质条件上几乎没有任何进步。人们常讲需求牵引,总是说我们需要一个什么样的具体产品,而很少对设计物质条件进行需求牵引,例如,我们选择的运输作业底盘,其技术水平可能与几十年前没有多大区别,因为它们与现役装备底盘相同或者处于同一系列。设计思维定式的形成和僵化导致装备的效能不能得到全面提高。例如,山区道路狭窄,车辆原地掉头困难,因此要求架桥车既可以从车头架设和撤收桥梁,又可以从车尾架设和撤收桥梁,山地伴随桥就是在这样的需求牵引下所开展的装备研制工作。山地伴随桥的总体技术方案可以有两种选择,一种是在原有伴随桥上进行改进,即通过在架桥车重心位置下面设置车架回转支撑(见图 3-1),使原有架桥车实现原地回转,即可满足在山地道路上的架桥需要。但是一些人会认为增加回转支撑会影响车辆越野性能,还有一些人认为采用回转支撑会导致使用适应性

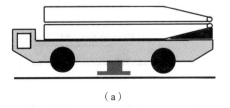
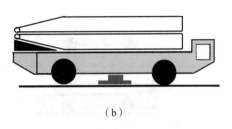

图 3-1 增加车架回转支撑的架桥车
(a)回转支撑顶起桥车;
(b)回转整车实现架桥方向变化

受限，在地基不均匀时可能导致车辆翻倾。其实越野性能的保持在于回转支撑的具体设计和使用方法，地面不平或者地基不均匀可以在架桥前对场地进行局部预处理，如平整或夯实等，并不需要追求完美，所谓完美本身就是一种不完美，这就是辩证法。

还有一种就是新研装备，而新研装备也有两种选择，一种是在现有底盘的基础上，将架桥重心提高，使桥跨翻过高高的驾驶室完成桥梁的前架设和撤收，而后架设、撤收可以采用已有技术。这种总体技术方案架桥重心高、风险大、技术成熟度低、设计难度大，装备的总体效能与现役装备比可能还有所不足，经济性也不好，但这种思路可以考验设计师的业务能力，也可以体现设计师处理复杂问题的技术水平。另一种选择是在底盘车上做文章，彻底产生一个新底盘产品，但这种做法必然触动车辆型谱和通用化保障问题，而僵化的思维定式是不可能想到这种选项的。而这种选项无疑是研制一代产品应该遵从的基本原则，如研制像敞篷车这样可折叠、分解驾驶室的专用底盘，架桥时驾驶室自动从车辆两侧分解开来，这样架桥重心就不需要抬高，架桥动作完全可与现役装备相一致（见图3-2）；又如可以研制一种能够前、后驾驶的双低驾驶室车辆底盘，即该型专用底盘有前、后两个低矮的驾驶室，车辆在机动中不需要掉头就可实现行驶方向转变和满足能够前后架桥的功能（见图3-3）。这种低矮双驾驶室底盘设想的实现，不光可以用于山地伴随桥设计，还可以用于自行舟桥等水陆两用装备的设计，促进渡河桥梁产品底盘的一体化和更新换代。我们选择的动力系统、传动系统、行走系统和水上推进系统也存在着类似的问题。其

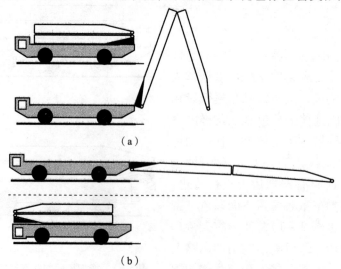

图3-2　可自动分解驾驶室底盘架桥车

（a）后架设；（b）驾驶室外壳分解，架设架回转前移，即可实现前架设

第3章 渡河桥梁器材研发方法

实,对设计物质条件进行需求牵引是探索一代、研制一代需要解决的问题,例如,装备的吨马力、动力系统的尺寸和重量,能源的类型、持续能力、单位重量所具备的能量等,都是根据新形势下的军事要求和产品自身技术条件等情况牵引出来的,而不是市场有什么,产品设计就选用什么,也不是现役装备用的是什么,我们新产品设计就选用什么。否则,我们研制的一代产品与现役的一代还有什么实质上的区别呢?!

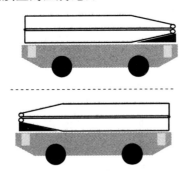

通过低矮双驾驶室,架桥车的机动方向灵活,架桥方向可通过架设架180°回转进行调整,确保桥梁架设撤收自如

图 3-3 低矮双驾驶室架桥车

在渡河桥梁产品的研发中,设计观念的僵化主要源于设计观念的不成熟。我们提倡并强调创新,但军事装备的创新并不表现在其系统的复杂和设计难度的增加上,创新的目的在于以最低的全寿命费用、最简单可靠的方法去获得满足任务要求,既实用、又好用、管用的装备产品。设计观念的幼稚主要体现在装备总体技术方案的多变上,注重表面现象,似乎新产品开发,如果总体技术方案没有变化就等于没有创新,不与现役装备产品相同才能体现技术水平,变化越大水平就越高。业内人员都知道,路面器材有卷式、平折式和竖折式之分;舟桥器材有纵割式和横割式之分;自行舟桥有车轴线与桥轴线一致式和车轴线与桥轴线垂直式之分。这些总体技术方案的普遍存在,本身就说明了各自都具有存在的理由,因为它们都能满足用户的使用要求,它们在功能上尺短寸长,本身的孰优孰劣是无法判断的。但工程技术人员可以根据自身对各种总体技术方案的熟悉程度以及各种方案对国内工业技术基础水平和技术能力的依赖程度,根据全寿命经济性、军队现役同类装备的继承性和兼容性等因素,作出正确的选择。新装备产品的研制必须科学考虑与老装备产品的联系,国外的先进经验告诉我们,对于一个国家来说,一种装备产品的总体技术方案,通常不需要来回变动,因为来回变动容易造成装备品种繁杂,不利于部队形成战斗力。以汽车的发展历程为例,一百多年来,汽车技术在不断进步,变化的是具体技术,如发动机、传、行、操等,但谁也没有改变汽车的总体结构布局和驾驶方式,无论是自动挡技术的应用,还是混合动力或者电动汽车技术的应用,都没有改变原有的驾驶方式,只要是司机,不需要培训,只要简单了解一下新车情况,

渡河桥梁产品研发方法

就可以驾驶最新型的汽车,这就叫以不变应万变。渡河桥梁器材的架设和操作方式也是如此,来回变化不利于部队简化训练和形成战斗力。先进国家军队在渡河桥梁器材发展上的经验值得我们借鉴,他们不变的是架桥方式和总体布局,变的是具体技术的进步,如结构材料更加轻质高强,动力设备、机电设备更加节能环保、先进可靠,控制技术更加轻巧实用等。

从现役渡河桥梁器材的种类看,产品研发者还缺乏对军事行动的深入思考和必要了解,致使渡河桥梁型号品种繁杂。缺乏对现代军事行动的认知和对实战环境条件的研究(想定),是造成目前渡河桥梁型号品种偏多,使用操作方法差别大,战术技术指标和作战使用性能不能形成优势互补的最佳保障体系的根本原因。新产品的研制均由作战部队的实际需求牵引出来,如果产品设计者只运用因果关系牵引,认为两栖作战部队必须全部配备两栖渡河桥梁器材,轻型作战部队必须全部配备轻型渡河桥梁器材,重型作战部队必须全部配备重型渡河桥梁器材,以轮式战车为主的部队必须全部配备轮式底盘渡河桥梁器材,以履带底盘战车为主的部队必须全部配备履带底盘渡河桥梁器材。这种牵引新产品的方法本身就是值得商榷的。产品研发人员还应该学会利用类比分析,看看发达国家军队的相关做法和力量结构和部队编成,以便从中获得有益的借鉴。从国外渡河桥梁器材的发展和使用情况看,以重型渡河桥梁器材为主、轻型渡河桥梁器材为辅是渡河桥梁装备体系架构的基本形式,军队只要有陆上机动,就需要有渡河桥梁器材克服河谷沟渠等道路障碍。渡河桥梁的战场使用与被保障主战对象的关系也不像人们设想的这么单纯,在战区内机动的战车种类也一定不会是单一品种。例如,法国的 EFA 自行舟桥和德国的 M3 自行舟桥都是轮式底盘的重型舟桥,但它们完全可以保障战场上的一切车辆渡河。又例如,国外的冲击桥大都为履带底盘的重型架桥装备,但在设计上就规定了桥跨的尺寸必须满足轻型车辆的通行要求,达到以重代轻的目的。而我军的重型冲击桥、履带式自行舟桥等,由于车辙宽度小,两车辙之间的空隙大,导致绝大多数轻型车辆不能通行或者存在通行安全隐患,不能实现以重代轻的要求。

也有一些人认为,会"游泳"的战车不需要工程兵的工程保障,因此对新上渡河桥梁产品的作用产生怀疑,这也是对渡河作战缺乏认知的具体表现。渡越水障碍,是工程兵的传统任务之一。渡河作战由三部分组成,即泛水、渡越障碍和上岸。在这三部分中,上岸最为困难,因为水流和岸边环境条件将影响两栖车辆准确登陆。也就是说,即使战斗车辆会"游泳",在工程兵的帮助下,也有助于加快渡河进程。这里不妨介绍一个小故事,那是在 20 世纪 80 年代初中期,我军研制的水陆工程侦察车在上海地区进行陆上行驶试验,车辆开到黄浦江边某渡船码头,准备摆渡过江,当地群众提出你们是水陆两用车辆,怎么还要靠老百姓轮渡过江?当时的参试人员被老百姓将了一军,头脑一热,决定

· 102 ·

第3章 渡河桥梁器材研发方法

不上渡船直接开车入水横渡黄浦江。水陆车下水后，顺利航行到对岸，但由于不了解对岸岸边情况，车辆根本无法上岸，最后沿岸边航行寻找了半个多小时，终于找到一处符合水陆车上岸的条件，才使水陆车脱离困境。

  早在20世纪60年代，随着具有潜渡和浮渡功能的水陆两用车辆的快速发展，美军方曾经有一种意见认为，渡河桥梁器材的作用将逐渐失去。但越南战争的经验表明，渡河桥梁的作用不能排除。因为，一条河川对于架桥来说只不过妨碍一次，而对在没有桥梁的情况下，它对于需要渡河的每一辆车来说始终都是障碍。因此，不管两栖车辆怎么发展，渡河桥梁器材的作用都是无法取代的。由于对渡河作战缺乏研究和实践，也导致我们对产品功能的要求产生偏差。例如，我军轻型自行门桥的功能定位、战术技术指标等只涉及单车门桥和双车门桥，而没有涉及三车门桥和浮桥。严格意义上讲，自行舟桥和自行门桥只是名称上的一字之差，只是一个叫法而已，而无实质性区别。自行舟桥机动性超强，适合伴随作战部队机动，并保障作战部队从行进间迅速实施渡河，自行舟桥可以在一个泛水点实施多个车辆的迅速泛水，具有超强的水陆转换能力。通常，开辟泛水点或者开设门桥渡口的工作难度可能超过渡河本身，而一个渡口能够容纳的门桥数量是有限的，要想提高渡河速度，只有增加渡河器材的投入，在码头数量少而渡河器材多时，要想提高单位时间的车辆渡送量，只有结构大承载力门桥，即一个门桥一次可以装运多个车辆以提高渡河效率。因此，先进国家的自行舟桥都可以结构三车门桥。外军研究认为，用 100 m 舟桥器材架设的浮桥，其渡河效率大约是 100 m 舟桥器材所结构门桥渡河效率的 5 倍，随着河宽的增加，这种差距会逐渐缩小。所以外军对中小江河通常使用浮桥渡河，而对大江河和特大江河采用门桥渡河。而自行舟桥特别适合伴随作战部队克服中小江河，因此具备架设浮桥功能是一个非常重要的设计要求。而我们在相关产品的研制中却偏偏忽视了上述两个非常重要的要求。

  从产品研发者对产品功能及指标的认知情况看，目前对渡河桥梁器材的先进性认识还存在一定的偏差，导致渡河桥梁产品综合效能不佳。对渡河作战缺乏认知，还影响到对渡河桥梁先进性的认识。就舟桥产品而言，高适应流速和门桥高航速是相关人员衡量产品是否先进的重要指标。其实，高流速在舟桥使用时出现的概率很低，舟桥的适应流速并非越高越好，指标定得过高，将会使一种特定产品的许多性能出现下降。适应高流速也可以从使用方法上入手，通过辅助措施解决舟桥使用时偶尔出现的高流速问题。而门桥航速要受到门桥外形尺寸和排水量的限制，门桥高航速需要动力和能耗的支撑，门桥最大航速的实现也需要一定的水上加速距离，如果河宽受到限制，漕渡门桥根本无法实现最大航速。因此从设计和使用两个方面讲并非航速越高越好。国外也曾经追求过漕渡门桥高航速，但漕渡门桥的使用实践却让人们发现这种追求不切实际，

渡河桥梁产品研发方法

漕渡门桥在岸边装载后，经过离岸航行，需要相当长的加速时间才能达到设计最大航速，对于河宽在 100～200 m 的江河来说，通常在还没有到达设计航速的情况下，漕渡门桥就必须减速靠岸了，从外军漕渡门桥的航速指标看，空载门桥最大航速一般都在 14 km/h 左右，满载门桥最大航速一般都在 10 km/h 左右，这个速度从渡河的角度看是比较快速和经济适用的。

就架桥汽艇而言，大推力和高航速是相关人员追求先进性要求的主要考虑。其实架桥汽艇的主要功能是与舟桥配套使用，如果舟桥产品的性能并不需要过大的推力和航速，这种追求在实际使用中是毫无意义的。航速和推力都需要靠一定的动力为基础，美军早在 20 世纪 70 年代就认识到，发动机动力的重要性与燃油消耗相比已经处于次要地位。汽艇动力的增加会引发一系列的设计和使用问题，架桥汽艇的先进性主要体现在与配套舟桥的协调上。就路面器材而言，单车铺设长度是相关人员衡量路面装备是否先进的重要指标，如果不在单车铺设长度上有所突破，新路面产品研制路在何方？20 世纪 90 年代初的机械化路面，单车铺设长度大约在 35 m，后来达到 40 m 左右，现在人们希望达到 80 m，这种追求是否科学是值得相关人员深思的。路面器材的性能是多方面的，其中最重要的应该是车辆的通过性指标，其他性能指标适合就好。由于运输空间的限制，单车铺设长度越长，其路面结构刚度相对就会越弱，车辆的通过性也会有所下降。其实路面作为舟桥的配套器材，一般克服松软岸滩的长度是有限的，单车铺设长度与之相适应即可。而对于具有较大长度的松软岸滩（如黄河下游岸浅滩和一些海滩），单车铺设长度 50 m 和 80 m 从使用上讲并没有实质性区别，不同的只是两者的造价、铺设方法和路面通过性等。桥梁的架设长度也需要科学论证，并非架设越长越先进，如果用一个 26 m 长的桥梁去克服一个 8 m 宽的障碍，这个桥梁对实际使用来说就太浪费了。目前国外在追求桥梁跨度的同时，也开始追求桥梁的使用效率，并且开发了模块化冲击桥。

在渡河桥梁产品开发方面，只注重单个性能指标的突出，而忽略单个性能指标突出给产品设计所带来的不利影响，把一些先进性元素引入产品设计，以期将来获得较高的科技奖励，这也是业内存在的突出问题。与国外同类产品相比，桥梁的架设长度过大，可能会给产品带来机动性问题，同载重量桥梁自重太轻，可能给产品安全性、耐用性等带来不良影响。渡河桥梁产品的先进性，不在于某个性能指标的突出，而在于整个性能指标的协调，目前我们尚未建立科学的渡河桥梁产品指标体系。

从产品研发实践对存在问题的态度看，产品设计者还缺乏否定自己的勇气。否定之否定，是实践和落实科学发展观的重要规律。否定是渡河桥梁产品发展过程中具有决定性作用的环节。现实中的渡河桥梁器材，都是特定历史条件下的产物，对于它所赖以产生的历史条件来说，必然有它存在的理由；随着时间的推移和条件的变化,它就会逐渐丧失其存在的理由,只有经过否定,新产品代替旧产品,渡河桥梁器材才能不断向前发展。

新产品对旧产品的否定,绝不是对旧产品的全盘否定,而是对旧产品的一种扬弃,保留旧产品中适应战斗力生成的一切成果,并与一切阻碍战斗力生成的因素决裂。

实践是检验真理的唯一标准,战争年代的战斗胜负可以决定指挥员的决策是否正确,可以识别一种军械器材或者武器装备是否能够促进或有利于战斗力生成或者战斗力倍增。和平年代,通常容易失去这种最直接、最明确的判别标准。人们往往不愿意否定自己的劳动成果,尤其是从业人员稀少时,这种否定更是不容易实现。通过相关战斗任务想定,将产品放在作战使用整个过程中加以观察、研究和总结,就一定能够寻找出作战使用各个环节中可能存在的问题,并为新产品开发提供正确的引导和评判。在长期的工作中,我们形成了以"讲成绩为主、讲问题为辅"的思维定式。对问题的深刻认识往往会被刻意回避,因为我们没有失败的概念,没有承认失败的勇气,自然也不会宽容失败,如果坚持错误,就会带来更大的失败。因此提倡宽容失败,并把失败当作成功的基础,这对渡河桥梁产品开发有百利而无一害。

3.1.2 渡河桥梁产品开发需要解决的问题

首先,需要建立科学的渡河桥梁器材体系。从后勤、经济和战术的观点看,现役渡河桥梁器材与国家的工业和军事研究水平都存在大量不相适应的地方,主要表现为产品型号数量过多,不同型号产品之间缺乏有效兼容,骨干渡河桥梁器材不能适应大量小跨度障碍的需要,桥梁器材、路面器材都以追求单车克障能力作为新产品发展目标,架设、撤收操作方式求新求变,明显缺乏有效的继承性,增加了部队训练和技术保障难度。为改变上述现状,必须持续不断地开展渡河桥梁产品通用化、系列化、组合化研究,开展渡河桥梁产品可靠性、维修性、保障性、测试性、实用性等技术研究,按照战术使用和技术性能相互联系、互为补充的思路发展渡河桥梁器材,构建渡河桥梁装备体系。在产品设计技术上不断研究如何使用新型轻质高强结构材料、如何设计桥节间/舟节间自动闭锁连接器、如何设计水陆两栖装备的连岸跳板、如何取消或者发展新型锚定装置、如何发展新型水上推进装置和实现全向推进,在减少桥梁品种提高桥梁产品使用效率上有所突破,在降低自重与载重之比上有所突破,在减少车辆和作业人员以减少后勤保障和技术保障工作方面有所突破,在降低渡河桥梁发现概率以确保作战工程保障任务完成方面有所突破,在降低渡河桥梁产品全寿命费用和适应未来战争特点方面有所突破。

工程装备体系是一个可以相互支援、相互配合和相互补充的保障体系,其中并不需要每一种装备的功能都做到大而全,一些工程装备的功能可以相对单一,而另一些装备的功能可以相对强大。这些都需要通过顶层设计加以规范。在进行顶层设计时,必须考虑到整个战场体系、战区体系的物质条件,必须根据利益最大化原则,按照一体化联合作战的思想,进行物质资源的组织、调配、控制和使用,确保以最快的反应速度、最协调一致的行动、最经济有效的方法完成相关渡河工程保障任务。

第二,以渡河桥梁产品设计需求为牵引确定相关技术研究内容和发展途径。军事装备的发展,依靠科学技术的推动,其中最重要的基本条件就是必须有与装备发展要求和设计要求相匹配的系统、分系统、材料、设备、零部件和元器件。这是装备发展要求和设计要求的内在规律,也是军事装备相关技术研究必须重点把握的研究方向。渡河桥梁领域的技术研究也需要根据产品的断代要求和发展下一代的目标,从产品设计需求上牵引出新的设计支撑技术,以实现未来目标。从目前的情况看,新一代渡河桥梁产品需要在节能环保、隐身能力、装甲防护、空吊空运和渡河行动组织实施等方面有所突破。节能已经成为新一代渡河桥梁产品发展进步的一个重要标志,而采用新型燃气涡轮机取代柴油机,有助于减少发动机的尺寸和重量,降低使用成本并便于维修。现代战争电力需求巨大,今后的发电机组将由涡轮交流发电机、燃料电池和其他新型电机取代今天的汽油发动机/柴油发动机带动的各类发电机组。燃料电池具有高效、简单、可靠和噪声小等特点,因此是军用动力设备的重要组成部分,需要大力发展,并在军用装备上广泛推广应用。隐身已经成为新一代渡河桥梁产品发展的一个重要要求,为躲避敌方侦察,战场上愈来愈迫切需要无声电源。因此,燃料电池(燃料中的化学能直接转换成电能)的研发和应用值得重视。电驱动车辆的运用,可以提高越野机动能力,高效利用动力设备,提高车辆控制精度,方便装备保养,兼作移动电站,车辆变形设计灵活,效能高、噪声低、排量小等。研究电力驱动系统在两栖车辆上应用的可能性技术对提高自行舟桥等的隐身能力具有重大影响。高机动、高效率、多功能、通用化是对未来工程保障装备的基本要求,其中空运和装甲防护是现代军队突出强调的两个性能。新一代渡河桥梁产品不可能像主战装备那样采用重型装甲防护,而主要采取披挂"防弹衣"以增加防护能力,因此研究防火、抗沉和防弹等要求的新型轻质材料在渡河桥梁装备中的应用非常重要。空运是实现渡河桥梁快速机动最有效的方法,如何实现渡河桥梁产品的空运、空投和空中吊运架桥也需要进行相关研究论证。加强对现代作战和相关工程保障研究也是促进装备进步的重要内容。

今天的战场监视能力和火力反应速度以及精确打击能力与过去相比已经发生巨大变化。过去,为了隐蔽作战意图,工程兵多半依靠夜幕掩护来实施工程保障行动。但如今,想依靠夜幕掩护进行工程作业已不可能。因此,在今后的

第 3 章 渡河桥梁器材研发方法

工程作业中,工程兵的准备行动必须计划周密、准备充分,在目前工程作业速度已接近极限的情况下,要更加重视侦察、伪装和欺骗手段的综合应用。在发展新一代渡河桥梁产品的同时,要设计出新的战术欺骗和伪装手段与之相适应,并将工程作业与军事行动作为一个整体加以研究。也就是说要将军事行动速度和工程作业速度同步提高,才有可能实现作战意图。根据这个原则,桥梁产品最重要的是要加快作业速度,同时为车辆的快速通行提供技术保证。这就要求对现有设计要求和设计规范进行适当的更新,桥梁结构设计和车行道宽度都需要符合上述战术要求(即桥梁结构要适应载荷高速通行,桥面宽度要确保车辆高速、安全行驶)。

第三,从目前渡河桥梁产品发展的薄弱环节看,需要加快研发渡河桥梁产品专用两栖底盘。水陆两用渡河桥梁产品对提高渡河工程保障能力意义重大,也是我军渡河桥梁产品发展中的短板。20 世纪由于工业技术基础水平的薄弱,我军水陆两用渡河桥梁器材发展受挫,因此与外军存在不小的差距,直到 21 世纪初才开始重新启动自行舟桥和轮式冲击桥的研制工作,并定型了相关产品。从总的技术情况看,我军对渡河桥梁产品使用的两栖底盘的具体技术要求还缺乏具体而系统的认识。两栖车辆在渡河作战中要经历三个过程,即入水、渡越和上岸,其中上岸难度最大,入水次之,渡越最容易实现。因此,必须清醒地意识到水陆两用渡河桥梁器材的两栖底盘不同于一般两栖战斗车辆,它必须更注重使用时的水陆转换能力。一般两栖战斗车辆,其主要功能主要体现在战斗上,作为车辆功能不可能设计得面面俱到,只是在具备陆上行驶功能的基础上,再增加一套水上行走系统,使之实现水陆自行。

其实,这样的两栖车辆,由于其水陆转换性能较差,因此对出、入水码头的要求相对比较严格。通常一些普通的两栖车辆,在出、入水时会困在岸边浅水区某个位置,在水上推进器不能发挥作用且车轮又出现打滑的情况下,车辆既不能浮起也不能运动。而水陆两用渡河桥梁器材担负着保障战斗车辆迅速克服江河障碍的使命,必须能够在无准备或通过简易土工作业的情况下迅速实施渡河工程保障行动,尤其是能够在行军状态下,迅速前出实施渡河工程保障作业。这就解释了为什么在许多战斗车辆都具备浮渡能力的情况下,自行舟桥仍然是渡河工程保障骨干器材的主要原因。因此,渡河桥梁产品的专用两栖底盘必须具备车桥收起功能和轮胎自动充放气功能,这两个功能可以确保水陆两用渡河桥梁装备从容驶入水中,鲜有打滑现象,当浮力作用导致车轮失去行走能力后,收起车桥,车辆自然浮起并转入水上行走状态。车桥收起能够使舟桥更接近岸边浅水区域,通过放下被收起的车桥可以将车辆向水面上顶起以消除浮力,使车轮获得行走所需附着力,水陆两用渡河桥梁产品便可顺利出水上岸。在岸边水沿坡度比较陡的情况下,为了确保上岸动力足够强劲,还可以利用水上推进动力和陆上行走动力共同作用确保其顺利上岸。我军目前的轮式冲击桥，虽然配置有水上推进器，但自身的出、入水能力非常有限。自行舟桥是一个必须利用自身浮力渡送战斗车辆的装备，为了提供足够的浮力，通常要求自身重量尽可能降低，外形设计尽量提供浮力，没有一个合适的专用两栖底盘，自行舟桥的优越性很难体现；自行舟桥将传统的舟桥、车辆底盘和架桥汽艇的功能集于一身，系统复杂，各系统之间高度关联，设计空间非常狭小，对底盘工业产品和设备都有特殊要求，没有适合的工业产品、设备和技术就没有适合渡河桥梁器材所需的专用两栖底盘。而拥有一个合适的渡河桥梁器材专用两栖底盘，不光可以改善我军渡河工程保障能力，还可以有效减少渡河桥梁器材型号和品种，形成系列化渡河桥梁装备。例如，一个低驾驶室两栖底盘，可以用于图 3-4 所示轮式自行舟桥装备，这是一种低驾驶室底盘的车轴线与桥轴线垂直的自行舟桥总体技术方案，两个侧舟叠置在车体（中间舟）之上，展开后便形成漕渡门桥，多车串联可以结构多车门桥和浮桥。也可以用于图 3-5 所示水陆快速架桥（功能涵盖一般伴随桥和山地伴随桥），这种架桥车既可以车、桥分离，又可以利用两栖车的浮力架设跨度更大的浮桥，还可以用于图 3-6 所示水陆快速桥。这种桥梁装备车、桥不能分离，但架设速度快，可克服干、湿沟障碍，横向并联可以架设承载能力更大的固定桥，水中串联和并联可以结构门桥和浮桥。

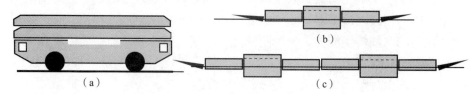

图 3-4　轮式自行舟桥和展开形式
（a）自行舟桥运输状态；（b）单车自行舟桥门桥；（c）双车自行舟桥门桥

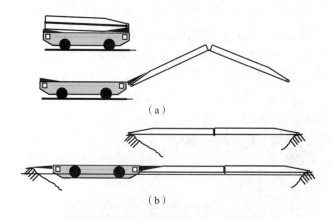

图 3-5　水陆快速架桥车使用示意图
（a）车、桥分离，架设固定桥；（b）车、桥一体，架设浮桥

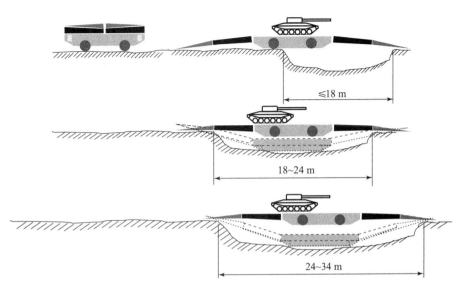

图 3-6　不同跨度时的桥梁架设示意图

通过上述装备发展设想可以看出，研发渡河桥梁装备专用两栖底盘，对于发展我军新一代渡河桥梁装备意义重大，其相关技术还可以用于其他陆军装备，为我军从总体上减少装备型号品种提供了有力支持。例如可以为发展水陆两用消防车、工程车、救护车和侦察车等专用装备提供技术支持和设备支持。

3.2　用自行舟桥的发展引领渡河桥梁产品的技术进步

由于从业人员稀少，设计实践有限，技术总结不全面等因素的影响，我国军用渡河桥梁产品设计文化相对比较薄弱，这也不同程度地影响到渡河桥梁专业技术建设存在一定的盲目性，通常制定的专业发展规划目标不够具体明确，确定研究课题缺少必要的技术储备，立题论证工作线条粗、内容不够具体充分，研究内容通用性强，专用性不足，研究成果难于转化为军事装备产品的设计。毛泽东同志在《矛盾论》中指出："就人类认识运动的秩序说来，总是由认识个别的和特殊的事物，逐步地扩大到认识一般的事物。人们总是首先认识了许多不同事物的特殊的本质，然后才有可能更进一步地进行概括工作，认识事物的共同的本质。当人们已经认识了这种共同的本质以后，就以这种共同的认识为指导，继续地向着尚未研究过的或者尚未深入地研究过的各种具体的事物进行研究，找出其特殊的本质，这样才可以补充、丰富和发展这种共同的本质的认识，而使这种共同的本质的认识不致变成枯槁的和僵死的东西。这是两个认识的过程,一个是由特殊到一般,一个是由一般到特殊。"而我们在确定专业技术发展规划时,由于缺乏长期的深入思考和技术积淀,不习惯进行深入细致的技术工作,因此许多研究问题都是从一般到一般,虽然我们坚持以渡河桥梁产品设计需求为牵引,开展渡河桥梁设计技术研究,但共性有余个性不足,必然导致研究成果难以得到转化。

坚持以渡河桥梁产品设计需求为牵引,首先必须坚持从特殊问题入手,由特殊到一般,通过特殊来认识事物的共同本质,然后用这种共同的本质指导具体的产品设计,使研究成果真正得到向产品设计的转化。没有特殊,或者说没有具体的渡河桥梁产品,没有对具体渡河桥梁产品设计的深刻了解,以及对产品设计存在问题的深刻剖析,就不可能对渡河桥梁产品设计需求具有深入的了解,需求牵引的形式作用将大于实际效果。需求牵引首先在于对需求的理解,理解得越深,牵引的效果越好,需求是抓手,只有通过特殊的、具体的需求才能带动专业技术不断向前发展。

怎样促进和引领渡河桥梁专业进步,如何做到事半功倍?关键在于选好研究对象这个"特殊",然后通过这个特殊的研究对象,进行详细的工程设计和设计研究,才能发现制约这个新产品的关键技术或者瓶颈技术,再将这些问题一一提炼出来进行专门的技术研究,并将获得的成果用于产品的最终设计,最后检验新产品是否达到相关设计要求。选择自行舟桥的发展问题来引领整个专业技术的进步,主要源于自行舟桥产品设计所涉及的技术问题完全可以覆盖整个渡河桥梁产品,因为自行舟桥是所有舟桥产品中各个分系统相互关联度最高、技术最为复杂、未知因素最多、对工业基础水平要求最高、研制难度最大的工程器材。例如,自行舟桥对产品自重要求非常严格,同时又要求其载重量尽可能大以满足军事用途。降低自重与载重之比在产品开发中本身就是一个相互矛盾的设计要求,只有新型轻质高强结构材料的应用才有可能实现这个要求,而将新型结构材料用于自行舟桥结构设计,自然也需要研究许多结构设计和结构制造问题,而这些问题对于其他舟桥产品的结构设计和结构制造也一定是适用的或者可以借鉴的。减轻自重不光是减轻结构自重,对于自行舟桥设计所涉及的相关工业产品,也存在减重问题。例如自行舟桥两栖底盘的减重问题,新型高效燃气轮机就比同马力柴油机重量轻,铝合金发动机就比钢质发动机重量轻;专门研发的高强度钢传动轴要比一般市场提供的钢质传动轴要轻;液力传动和电传动可能比传统机械传动系统的重量要轻;适当提高液压系统压力,也有助于降低油缸重量;铝合金液压油缸要比同等压力的钢质液压油缸重量轻等。组成自行舟桥各个系统、分系统的许多原材料、元器件和设备等的技术要求比较苛刻,通常市场产品和相关应用技术很难满足自行舟桥的设计要求,因此需要我们进行专门的研究,这些技术的突破,对于我军开发其他渡河桥梁产品也一定能起到引领的作用。从目前的情况看，自行舟桥涉及底盘技术、动力传动技术、水上推进技术、舟桥水动力稳定技术、机电液一体化控制技术、新材料结构设计和先进制造技术等。今后为了适应在近海登陆中应用，提高航渡速度，还可能涉及气垫门桥技术。例如，发达国家的军事专家根据军事技术的发展趋势，得出未来渡海登陆战役中登陆舰必须停泊在距离岸边较远的地方，他们认为这个距离可能达到 80 km，也就是说登陆器材必须克服很长一段的水上航渡距离，在这种情况下，唯有大力提高登陆车辆的水上航速，才有可能大大降低登陆器材被摧毁的可能性。美军当时打算研制水上航速可达 65 km/h 的 5 t 水陆两用汽车，并且考虑采用滑行车体和 1 500 hp① 的燃气轮机，还进行过装有 1 000 hp 燃气轮机的水翼汽车试验，论证过载重 5 t 和 15 t 气垫登陆汽车的战术技术要求。美军研制的 LACV-30 气垫船，载重量 30 t，战斗全重约 52 t，长 23.40 m，宽 11.20 m，载货甲板面积 15.5 m × 10 m，装有两台 1 400 hp 发动机，最大功率可达 1 800 hp；船上设置了装卸设备和降噪设备，能够克服 0.9 m 高的垂直障碍、20% 的纵坡和 6% 的横坡，能跨越 3.6 m 宽、3 m 深的壕沟；时速 93 km，最大航速 111 km/h，高速航行时的转弯半径为 305~610 m；能适应 −40℃ 低温，能够在 15.5~26 m/s 的风速条件下机动，一台发动机也能保证气垫船工作，续航时间为 5 h。可以看出，上述技术工作对整个陆军装备的发展都有一定的牵引或者推动作用。

3.3　外军渡河桥梁产品的发展

从"洋为中用"的角度讲，外军渡河桥梁器材的发展和建设历程对我军装备建设是具有一定的参考作用的。对外军渡河桥梁器材的研究，并不是光看看这些产品有什么样的战术技术指标，也不是光看看这些产品采取什么样的总体技术方案或者运用了哪些先进技术，而是要联系外军的新、老产品变化和作战运用等情况，站在更高的角度进行综合研究，做到知其然又知其所以然，以期获得对我军装备发展真正有用的东西。

3.3.1　发达国家在研制军用桥梁器材方面的合作

外军认为，战场机动始终是军事计划人员十分关心的一个问题。无论是在进攻、防御还是退却作战中，战术机动是取得战场胜利的一个决定性因素。江河沟渠障碍，无论是天然的还是人工的，都会大大影响多数地面作战部队的机

---

① hp 即马力，1 hp = 746 W。

动。因此，对战术桥梁的需要是众所公认的。在美国，有一个独立于研究部门的机构，专门规定对装备的作战要求，研制人员则通过各种技术途径以满足这些要求。对美军的所有研制项目来说，不一定全部由自己来完成研制工作，也可以选择与盟军进行合作，这种合作可以使各方都获得利益。美、德在桥梁器材方面的合作就是这方面的重要例证。

现代战场的一种主要武器是作战坦克，而江河沟渠障碍可以有效限制坦克部队的运动。基于这种认识，美军在20世纪50年代就开始研制装载坦克上的桥梁，以便坦克部队能够快速克服战场上的沟渠障碍，保持进攻锐势。这种坦克桥就是20世纪60年代装备驻欧美军的M60冲击桥。由于这种桥梁费用过高，这就促成了美国和德国在军用桥梁器材方面的第一次合作，大量M60冲击桥被德军采购并交付使用。20世纪60年代苏军的PMP带式舟桥开始崭露头角，在中东战争中发挥重要作用，并给美军带来较大震动，因此美军开始利用PMP带式舟桥技术研发自己的带式舟桥。到20世纪70年代美国决定与英国、德国进行合作研制美军所需的桥梁器材，这个合作项目叫作"80年代桥梁族计划"，以使各国战术桥梁实现现代化并适应未来战场的需要。按照这个设想，桥梁族包括冲击桥、固定桥和浮桥，它们应使用尽可能多的通用部件。这种通用性可以减少采购、训练和后勤方面的费用，使三种桥梁的主要部件实现互相通用。用于近距离支援时，桥节用坦克底盘运输和架设；用于全般支援时，桥节用轮式车辆运输和架设。经过美、英、德三方小组第一阶段的方案研究之后，未能就着手共同研制的方案达成协议。于是又产生了一个过渡计划，即"90年代架桥系统"，决定每个国家研制和试验自己的方案样机，然后根据实验数据，大家再在一起来敲定最终方案。样品必须严格满足使用要求，尤其是架设速度和作业人数。在过渡计划结束时，三方仍然未就最佳方案达成一致，于是计划进入了一个各国重新评价的时期。美国方面的用户认为，他们不需要大轮胎专用运输架桥车，他们还认为，"90年代架桥系统"中的浮桥与美军大量装备使用的带式舟桥相比，并无重大改进，甚至不如带式舟桥。他们最后只剩下一种需要，即需要一种能与M1坦克车族相适应的冲击桥。受经费限制，其他国家没有参加这项合作计划。

美、英、德三国的军用桥梁合作计划密切了他们军队之间的关系。在合作期间，德国军队决定采用美国带式舟桥，美国将全部的带式舟桥资料提供给德国，作为德国工业部门制造德军带式舟桥的基础。没有三方合作计划，这种转让很难顺利而迅速地实施。"80年代桥梁族计划"几年来的技术工作成果就是促进了三国人员的相互了解，并且共同制定了《军用架桥和跨障器材设计和试验三方规范》，这一规范目前也被其他一些国际机构所采用，指导北约盟国的军用桥梁研发。这一规范保证了盟国军用车辆在作战时能够安全地通过彼此的桥

第3章 渡河桥梁器材研发方法

梁。但其并非是一个一成不变的技术文件，而是由三方小组根据实际情况不断进行修订的技术文件。

在三方合作结束时，美军仅需要一种能与其新型主战坦克 M1 相适应的新型冲击桥。在阐述作战需求时，用户希望该桥尽可能长一些，同时又能具备较强的机动性能，确保行军队形不受影响。此外用户还希望该桥车可以运输和架设现役的冲击桥，即架设机构可以适用于 M60 坦克底盘，也就是说要求新、老冲击桥能够兼容互换。为此美国研制了一个 32 m 长的两次剪刀式冲击桥，并进行相关可行性试验。在大约一年的研制工作期间，用户要求不断变化，桥梁承载能力要求达到 MLC70，32 m 样桥已经制成，但桥梁的桥端强度和桥节折叠机构设计都遇到重大技术瓶颈。与此同时，用户在确定桥梁的功能时最终认为桥梁的跨度只需要达到 24 m。鉴于制造更长桥梁还存在相关技术问题，于是决定把研制的剪刀式桥梁的长度改为 26 m（跨度 24 m），这就是今天要求冲击桥所具备的克障能力。该桥是铝合金和高强度钢混合结构，铝合金桥跨可以降低自重、提高桥梁承载能力，独特的倾斜架设机构无须与车体焊接，而是完全连接在炮塔塔身内部，桥梁自重 11 300 kg。

美国国防部每年都会拨款用于评估外国装备以适应美军需要的情况，其中一个方面就是所谓的北约比较试验。德国曼公司已经生产了一种轮式底盘的 26 m 平推式"鬣蜥桥"，美国在降低冲击桥跨度的同时，还取消了新型冲击桥必须与 M60 冲击桥相互通用的要求。因此美国在作出新冲击桥的决定前，便开始考虑对平推式冲击桥进行相关评价工作。为此美军开始了将鬣蜥桥和 M1 坦克作为架桥车的鉴定工作，德国曼公司与美国通用公司进行了合作，生产由 M1 坦克底盘架设鬣蜥桥跨的冲击桥样机，并将之与美国剪刀式冲击桥一起进行试验，并最终选择了德、美合作方案，新冲击桥取名为"狼獾冲击桥"。

美、德两国在 20 世纪 80 年代就预测，进入 20 世纪 90 年代舟桥器材也不会出现重大突破，带式舟桥的效费比仍然是最高的，因此，改进带式舟桥意义重大。改进型带式舟桥将围绕现役带式舟桥存在的缺点展开，现役带式舟桥设计承载能力为 MLC60，不能满足 MLC70 军用车辆在高流速条件下渡河的要求；不适合垂直的高岸条件；在破舱时不具备抗沉性能；5 t 的越野载重底盘处于超重使用状态。针对上述问题，美军提出在不改变方舟设计特性的情况下，采取了如下改进措施：在方舟和尖舟内部填充了防火抗沉泡沫材料；改善了尖舟流体动力学特性，即增设了挡水板以提高舟桥的水动力稳定性；岸边舟适当加长，以适应 2 m 的垂直岸高；采用 10 t 越野底盘以解决原底盘超重问题，桥车兼能装卸北约标准的 10 t 托盘/货架（这表明美军对车辆通用性要求的重视，一种平台多种负载）。美国在改进带式舟桥的同时，又关注到德国，因为德国早先为德军生产美国设计的带式舟桥，但随着主战坦克重量的增加，致使美国设计的带

· 113 ·

式舟桥存在不足，因此德国工业部门对美国设计的带式舟桥进行了改进，并将其推向世界，这就是著名的 FFB2000 型带式舟桥。美国陆军向德国订购了 FFB2000 带式舟桥并与美国改进型带式舟桥一起进行试验，以决定哪一种更适合美军需要，试验周期为 1991—1992 年。由于缺乏跟踪研究，故笔者不能对最终情况作出介绍，但从美军改进型带式舟桥的数据看，与德国 FFB2000 型带式舟桥没有什么实质性不同。

美军在 20 世纪 80 年代主要使用英国 MGB 中型桁梁桥。作为重型固定桥，MGB 的承载能力、架设跨度、作业时间和作业兵力以及运输车辆都已经不适合美军的要求。改进重型固定桥的要求也被提上议事日程。美军对固定桥提出的要求是：承载能力 MLC70（履带车辆）、MLC96（轮式车辆）；最大跨度为 45～50 m；桥车数为载重车 3 辆、拖车 3 辆；作业人数为 10 人；架设时间为 75～95 min。实现这个目标的最有效方法是减轻结构重量，而减轻结构重量同时提高桥梁承载能力的唯一途径就是采用先进的轻质高强结构材料。在"80 年代桥梁族计划"进展过程中，德国冲击桥方案就采用了碳纤维复合材料以最大限度减轻整个结构的重量，美国在 20 世纪 80 年代也为增加桥梁长度而试验过复合材料构件，包括复合材料下弦等受拉构件和腹板。上述研究成果使美军对多年前提出的、如图 3-7 所示的"三拱支援桥"重新发生兴趣。当初提出这种构想时，由于涉及的金属构件重量太大而使方案无法实现。随着复合材料带来的重量减轻以及复合材料的设计特点，美军制造了一个足尺寸"三拱桥"样品，由于样品设计得非常详细，从桥梁架设的角度看，桥梁架设会存在许多使用方面的缺陷，如果不能加以解决，将导致架设困难。在解决这些问题的过程中，每纵长米桥梁的重量（使用复合材料）也增加到接近于同类金属桥梁的水平。因此美军果断终止了对"三拱支援桥"的探索。

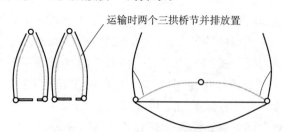

图 3-7　三拱支援桥的折叠与展开

至此，美军不打算自己研发固定桥，转而利用目前市场上所取得的技术成果。通过考察其他国家的固定桥产品，他们开始在德国 Dornier 折叠式固定桥、瑞典 48 m 快速桥、英国 BR90 架桥系统和英国轴向折叠桥之间寻找答案。美军通过实物对比试验，最终选择了英国以研发贝雷桥而闻名于世的费尔雷公司所开发的轴向折叠桥。

3.3.2 德国 20 世纪 90 年代对新一代渡河桥梁的设想

随着苏联和华约的解体,北约国家军队都相继裁减了各自的兵力。显然兵力的减少和防御地域的扩大,将会给军队机动提出更高的要求。这种机动作战能力包括最佳利用地形、快速转移作战重点和迅速集结装甲战斗部队。只有这样,才能保证在任何地方以火力迎击敌人并打破敌人的行动规律。这种进攻行动需要在机动中完成,具备长时间机动能力的部队方可掌握战争的主动权。因此,在有障碍地区保持机动能力非常重要。水障碍对防御而言意义重大,作战部队必须通过大范围机动并迅速克服水障碍才能在运动中觅得战机,有效阻敌并消灭敌人。德军正在大力发展高效率机动武器系统,但是如果武器系统自身不具备渡河机动能力,渡河桥梁器材将会给它们创造条件。现行的作战方案和水域类型、数量,比以往任何时候都更加注重渡河桥梁器材和水上机动能力的重要性。渡河桥梁器材和水上机动能力两者必须相互结合,以便扩大战术用途。

首先是建立渡河桥梁体系和设想渡河桥梁使用方案。高速机动可以削弱敌人自主行动方面的优势并弥补己方许多方面的不足。德国陆军在机动技术方面已经发展到了一个很高的水平。作战车辆的水上机动能力包括涉水、深涉水、潜渡和浮渡能力,豹 2 坦克涉水深度达到 2.25 m,潜渡水深达到 4 m;鼬式步兵战车涉水深度达到 2.0 m;山猫装甲侦察车和狐狸装甲输送车都具备浮渡能力。战斗车辆具备高机动能力,就意味着它们具有很大的机动灵活性。然而,克服河岸,尤其是狭窄水障碍,仍然是一个问题。有专业人士认为,战斗车辆水上机动能力的提高,已经使水域丧失障碍价值,这种观点明显是对水障碍缺乏全面了解。应该说战斗车辆水上机动能力的提高,正在改变水域的障碍作用。但河岸的垂直护堤、河床疏浚后形成的河底局部深沟、河水流速以及淤泥河底等均会对战斗车辆形成障碍作用。出于经费的原因和战斗车辆自身功能的限制,战斗车辆的水上机动能力是有限的,只有满足战斗车辆水上机动条件的水障碍才会失去障碍作用。因此,工程兵必须支援战斗车辆在陆上机动和水上机动受限制的区域克服障碍。

支援的目的在于使作战部队指挥员可以为战役行动选择有利的地域,并且不受障碍物限制就能保持或者形成己方部队的冲击力和机动性。因此工程兵必须拥有渡河桥梁器材以确保这种冲击力和机动性。德军认为,工兵首先需要装备野战渡河桥梁器材,直接支援战斗部队的渡河桥梁器材应尽可能具备装甲防护能力,如像坦克冲击桥那样。在克服宽大水障碍时,需要一种像自行舟桥那样的快速浮桥。支援桥可供大部队抵达作战地域使用,而在后方地域使用时可以保障战役行动自由。这类桥梁主要包括可变跨度固定桥和带式舟桥,早期的渡河桥梁器材也包含在这类桥梁之中。

不论是战斗车辆自身的能力，还是渡河桥梁器材的能力，其能力的发挥还有赖于前期的行动准备和相关配套技术的完善。例如工程侦察和渡河行动的有序组织，这些在20世纪90年代都已经取得决定性进展。德军工兵现役的江河侦察器材，可提供浮游作战车辆使用。1988年列装的獾式工兵坦克，在开设徒涉渡场和构筑进出路方面具有突出能力。改善地面通过性的机械化路面器材也可用于完成上述任务。在克服水障碍方面、在急造军路和交通补给线路、迂回路以及构筑后勤设施方面，路面器材也会发挥重要作用。德军目前的折叠式机械化路面器材，能在10 min内敷设50 m长的路面，能在20 min内撤收50 m长的路面，所需人员为2人，即驾驶员和副驾驶，副驾驶兼做敷设机构的操作手，操作非常简单，并且易于保养，士兵经短期培训即可完成路面敷设。目前德军和法军主要使用该路面器材来改善路面的通过性能。在20世纪80年代中期所研发的新式架桥汽艇——3型汽艇，采用了2个可360°回转的离心式喷水推进装置，汽艇吃水浅，操纵灵活，既可作为警戒艇和输送兵力，又可作为带式舟桥的水上配套动力，用于顶推或者牵引桥节门桥和漕渡门桥，或者用于浮桥的固定，大大提高了带式桥的使用效率。桥梁使用方案的发展，主要取决于下列因素：一是未来己方战斗车辆的水上机动能力的大小；二是敌方侦察监视能力和火力打击能力的提高所带来的威胁；三是机械化部队活动范围的扩大和机动能力的提高；四是机械化部队规模的进一步缩小。德军认为，未来渡河桥梁使用方案的发展，一定是将冲击桥、固定桥和浮桥组成一个系统，可以相互支援，互为补充。德军认为，提高军队克服干沟和水障碍机动的能力，不仅需要重视渡河桥梁器材本身的能力，还应该重视与渡河克障行动有关的其他方面的能力建设。例如行动的组织、指挥和控制，工程侦察和进出口构筑等方面的能力也必须全面提高。德军构建的渡河桥梁体系如图3-8所示，渡河桥梁使用方案如图3-9所示。

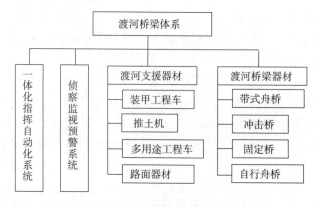

图3-8　德军渡河桥梁体系

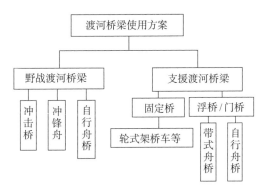

图3-9 德军渡河桥梁器材使用方案

第二是发展新型冲击桥。海狸冲击桥桥长22 m，可以克服德国境内85%的水障碍。根据统计，构成障碍的干沟，其中70%的宽度不超过10 m，如果架桥坦克携带一跨22 m的桥和一跨12 m的桥梁，遇到一个跨度小于10 m的干沟障碍时，无须架设22 m的长桥而只需架设12 m长的短桥，这样架桥坦克的经济效益就会明显提高，德军将之称为高效海狸冲击桥，后来被称之模块化冲击桥。

海狸冲击桥的架桥系统虽然很先进，但受材料技术的制约，其服役期限可能只到2000年前后。另外，长度在20～40 m范围内的冲击桥目前还属空白，需要予以填补，并且要求这种桥梁的承载能力达到MLC70。1989年获得批准的新型冲击桥的战术方案，其作战使用要求为：

(1) 跨度40 m；
(2) 承载能力MLC70；
(3) 采用模块化架设方法，可以架设长、中、短三种长度桥梁；
(4) 运输和架设采用同一台车辆；
(5) 采用平推式架设方法；
(6) 架桥车携带桥梁后的全重控制在MLC60；
(7) 桥梁实现自动化架设；
(8) 乘员2名；
(9) 架设40 m长桥的时间不超过40 min。

根据军方的上述要求，德国道尼尔公司提出一个方案，该方案具有如下特点：铝合金桁架结构，重量超轻；模块化设计，可架设10 m、20 m、30 m和40 m长的桥梁；采用折叠式结构以降低运输高度；根据跨度不同，可调节桥梁高度。桥节的连接和闭锁工作，全部由乘员在架桥车中通过液压系统进行控制，桥梁本身不需要任何动力装置。

德国克虏伯公司也提出一个令人感兴趣的冲击桥方案：采用模块化桥节，

桥节长度7.5 m，一辆架桥车可运载和架设6个这样的桥节单元。这样，最短桥长7.5 m，最长的桥为45 m。桥节为刚性梁单元，刚性梁再由下部张紧装置加强。运输时，下部张紧装置折叠在桥梁的横截面中，通过专门的机构来展开下部张紧装置，展开长度超过15 m。采用可伸缩的导梁进行桥梁架设，各桥节单元之间的连接操作非常简单，架桥车拟选豹2坦克底盘。

进入21世纪后，根据有关文献介绍，德国最终研发的模块化冲击桥，并没有实现当初的设想，但当初的设想对发展新型冲击桥仍有借鉴作用。德国研发出的模块化冲击桥产品采用铝合金结构，一辆架桥车携带三个9.7 m长的模块化桥节（同时也是模块化桥梁），战斗全重达到61.8 t，一个模块化桥梁重4.8 t，可架设9.7 m、18.7 m、27.8 m长的桥梁，架设三个桥节的总时间大约在8 min以内，桥梁高度0.65 m，桥梁宽度4.0 m，承载能力为MLC70。从0.65 m的桥梁高度可以分析推断，当架设27.8 m长的桥梁时，桥梁的跨中挠度在0.4 m以上，挠跨比小于1/70，大大超出我国军用桥梁设计准则的规定，说明国外冲击桥不考虑结构刚度限制条件。

第三是发展陆军快速浮桥。德国从1959年开始研发自行舟桥，经过几十年的使用实践，证明M2自行舟桥是一种快速、高效的舟桥器材。陆军无论是在前沿还是在后方，这种高效的渡河器材都能满足军方所提出的要求，在未来的作战中，兵力更少，作战地域更广。随着M2自行舟桥即将退役，德国和英国决定联合研制M3自行舟桥。其作战使命是保障师、旅作战部队快速克服中等和宽大水障碍。军方要求：无须任何准备工作，随时可以迅速投入使用；作业速度快、门桥和浮桥转换迅速；浅水适应性好；方便夜间使用；驾驶和操作简单，作业人员少；比M2自行舟桥车辆更少；维修保养费用低。德军分析认为，M3自行舟桥可能比带式舟桥更加经济、高效。例如一个M3自行舟桥结构的三车门桥可以渡送两辆豹2主战坦克，而使用带式舟桥漕渡一辆豹2主战坦克需要两个河中舟和两个岸边舟，至少需要一艘汽艇，适应高流速时需要两艘汽艇，也就是说使用带式舟桥漕渡两辆豹2主战坦克，至少需要8辆舟车和2辆艇车，行军的隐蔽性和作业的快速性将受到很大影响。而M3自行舟桥只需要三辆桥车，其经济性和高效性不言而喻。这也是自行舟桥自20世纪50年代研发第一代以来，人们首次想到研发第二代自行舟桥的重要原因。

第四是发展新型固定桥。德军乃至整个北约军队都认为，在作战部队不停顿的机动中，工兵必须不断替换已经架设好的冲击桥，以便坦克冲击桥能够伴随突击部队，工兵部队也需要在整个战区范围内为作战行动提供克服干沟和水障碍支援。因此需要一种固定桥，既可以用来替换已经架设完成的冲击桥，又可以为保障战区交通线畅通而架设桥梁。过去北约部队主要装备MGB中型桁梁桥，但架设该桥需要的兵力、车辆较多，架设时间偏长，架设跨度仅29 m，如果架设双跨桥或者加强桥将会花费更多的时间和兵力。因此，德军在美、英、德三方合作提出的"80年代桥梁族计划"流产后，于1987年推出了自己的新型固定桥——道尼尔公司的折叠式固定桥，并进行了相关试验工作。该桥最大跨度40.5 m，承载能力MLC70，整体桥面车行道，桥面宽度4.4 m，桥节长度7 m，折叠宽度约2.7 m。一套折叠式固定桥包括56 m长的桥梁构件、2辆架桥车和5辆运桥车。可以同时架设一座42 m的长桥和一座14 m的短桥，或者一座35 m的中长桥和一座21 m的中短桥，或者两座28 m的中长桥。架设42 m长桥的时间为60 min，由于桥面较宽，且为整体式桥面，因此通行效率较高并且适合夜间使用。

克虏伯公司还研发了一种轮式架桥车，架设桥长为26 m，车行道宽度4.0 m，单个车辙宽1.1 m，架桥车与运桥车一体，为8×8轮式越野底盘，乘员2名。如果增加中间桥节和具有随车吊的专用车辆，也可以使桥梁长度达到42 m。

德军认为，侦察技术的进步和火力精确打击能力的提高，对军用桥梁的架设、撤收和使用都提出了更高要求。如：应主要在夜间使用，工程勘察迅速、可靠，架设快（包括构筑进出路快速），限定通载时间，桥梁撤收、分解迅速，在预备架桥点无须充分准备即可架设桥梁等。德军还认为，克服干沟和水障碍，对于提高陆军机动能力越来越重要。只有合理的、满足军方要求的技术方案在发展中得以实现，陆军的机动能力才算真正得到提高。从技术方面看，要特别重视效费比，将费用降至最低，人员减至最少。

3.4 外军渡河作战与渡河工程保障

了解渡河作战的特点和渡河工程保障的要求，方能对未来渡河桥梁器材的能力进行科学定位和谋划。对于渡河桥梁器材的能力要求和发展预测，不应该建立在想当然的基础之上，而应该根据既定作战计划或者军事斗争准备要求进行相关谋划。产品研发者通常对此知之甚少或者不太关心，目前能够参考到的资料只有1968年苏联国防部出版局出版的《苏军强渡江河工程保障》一书，当时的战争特点和器材水平与今天已完全不同。因此，本节将介绍外军20世纪90年代对强渡江河的一些想定和对渡河桥梁器材运用的一些设想。了解外军的作战想定（其实是一种战争准备）和通过作战想定所牵引出的渡河桥梁器材作战能力要求和渡河机动的相关程序，对于我国发展渡河桥梁器材的意义非常重大。目前我们习惯于用作战样式牵引渡河桥梁产品，一个作战样式或者一种类型部队就装备一类渡河桥梁产品。例如，山地作战部队就装备山地伴随桥器材，轻型机械化部队就装备轻型的或者轮式的渡河桥梁器材,这样的牵引方式与部队作战样式、机动方式想定是否一致暂且不说,但这种做法必然导致渡河桥梁器材的品种繁多,作战能力受限。目前,我们的产品设计开发也很少考虑器材的使用细节,或者不清楚使用细节,故很难对产品设计进行有针对性的优化,而细节往往决定着产品开发的成败。因此,了解外军渡河作战和外军渡河桥梁器材的发展针对性,对我军渡河桥梁器材发展意义重大。

3.4.1 首先对威胁进行预测和防范

华约解体,德国统一后,各国军队都进行大幅度裁减。这些行为意味着北约将以较小的兵力防御更广阔的区域。德军认为,敌人利用局部地区占优的装甲部队突破我防御阵地,并且对我防御部队的侧翼或者后方采取灵活的战役行动,主动分割我方部队的前后联系。当然,敌人也没有能力对我方广正面和大纵深采取进攻行动,只能在重点地区集结兵力实施重点突破。

根据现实威胁,德军拟将采取的措施是,将进攻的敌人逼进理想方向,依靠技术优势,迟滞、拦截进攻之敌,使其停止活动,然后选择有利地形,消灭来犯之敌。外军要求,边防部队不依赖战役部队就能在不同地域进行大面积作战,因此要求边防部队必须具备高度的机动能力。边境防御作战之初通常只有少数参战部队,增援部队和加强部队需经过战斗准备后,才能进行最后的决战。主力部队的一系列行动,如战时动员、兵力投送、战役行动、物资供应等都必须在短时间内有序进行。然而,进犯之敌会千方百计地破坏和迟滞上述军事行动,例如在行军地带进行袭扰,尤其是破坏公路桥梁等交通枢纽。

3.4.2 外军对机动性的要求

工兵部队主要保障战斗部队的陆上机动和水上机动。如果想不绕过被破坏的行军道路及其已有渡口,就必须迅速修复道路、架设桥梁,确保机动路线畅通。我方部队应以优势的机动和有预见性的战术行动,如通过伪装和欺骗,对敌发起突然袭击。敌方的现代化侦察监视器材,如无人飞机、飞机和卫星等能够很快发现未经伪装的部队,并且立即评价侦察到的相关信息,然后有针对性地采取行动。敌方会立即实施火力打击以破坏我战役行动,在发现目标后的 60~90 min 以后使用战斗直升机进行袭扰;白天在一小时后、夜间在 3 小时后即可使用战斗轰炸机进行袭扰。

我方为了避免遭受损失,需要始终保持和提高生存能力。采取的主要方法是化整为零、快速机动、快速伪装、适时隐蔽,造势欺骗并且迅速集零为整。利用电子、光学等技术与敌侦察形成对抗,确保隐蔽机动和快速突击,确保火力的效果。不间断的机动能够使敌人的侦察和打击难度加大,同时还可以掩盖己方的实际兵力和作战意图。隐蔽出击和在运动中出击会增加决胜的机遇，并且能够促进战术和战役两方面的机动，而机动的效果在很大程度上依赖于现代化的高效渡河器材。

3.4.3 德军的渡河桥梁器材

随着结构材料和架桥技术的不断发展，架设桥梁和结构门桥所需的兵力已经越来越少，架设时间越来越短，渡河桥梁器材的使用效率越来越高。德军根据任务要求和地形条件，已经组建了若干个工兵旅、10多个工兵营，并且装备有M3自行舟桥、折叠式固定桥和带式舟桥器材。为了进一步缩短渡河时间，还配备和使用了折叠式路面器材和獾式工兵坦克等现代化器材，大幅提高了构筑接近路和进出口的速度。

M3自行舟桥是一种水陆两栖、全轮驱动并且具备高越野能力的4×4轮式车辆，是目前最为高效的渡河器材，可以用来结构漕渡门桥和架设浮桥，可供MLC70及其以下的战斗车辆和战斗支援车辆快速渡河。M3自行舟桥吃水浅，操纵简单灵活，承载能力强，能快速投入使用，门/浮桥转换快，使用效率高。它机动性强，陆上行驶速度超过75 km/h，自动变速箱使驾驶员的操纵精力更集中，轮胎气压自动调整，可以轻松通过松软地面，可在无路地带顺利通行。全轮转向使车辆转弯半径由21 m降至12 m，可在等级公路、乡村土路、草地路以及越野条件下行驶25 000 km无故障。

桥车从陆上行驶到入水航行，既可以是折叠状态也可以是展开状态，何种状态取决于进出口宽度、河岸特征和河水深度。桥车不必在江河边准备，可在渡口附近完成少量准备工作。以折叠状态泛水时，驾驶员将桥车驶入水中，用液压装置伸出防浪板，桥车浮起后收起前后车桥，然后将侧浮体展开并锁定，然后开启水上操作系统。水上驾驶员与驾驶室内陆上驾驶员交接，离开驾驶室，到车尾部的操纵台实施水上航行操控，并担任水上漕渡的门桥长。作业手在侧浮体展开后，离开驾驶室，操纵随车吊设置跳板（桥板）。以侧浮体展开方式泛水时，准备工作可以在车辆行驶时完成。M3自行舟桥采用两个可360°回转喷水的水上推进装置，推进装置首尾布置，驾驶台的单手柄既可控制航向又可控制推力，故障监视系统可实时提供驾驶工作状态，该桥车不设锚定装置，浮桥采用动力固定。M3自行舟桥使用时，应配备汽艇以作救援之用。M3自行舟桥操纵灵活，在紧急情况下可以急停、急进和急退以避开危险区域。

桥车从水中上岸时，侧浮体既可以呈折叠状态，也可以呈展开状态。如果河岸出口太窄，桥车就不能以展开状态上岸。此时将水上操纵台放倒，并将侧浮体折叠，然后将前后车桥放下，将车轮锁和差速器锁锁定，调整轮胎上岸气压使之与河岸地形相适应，两个车桥触地后，断开水上操纵系统，桥车即可出水上岸。桥车可以不停顿地向新的任务区开进。当以侧浮体展开状态上岸时，须在行进中放倒水上操纵台，并将侧浮体折叠锁定，然后离开河岸。当车轮附着力足够时，其爬坡能力超过 26°，在重新行军时，应对制动器进行预热，使其重新获得足够的制动力。为保证下次使用，应在距离河岸 50 km 以外的准备区对桥车水下部分进行润滑。

M3 自行舟桥可以结合不同结构形式的多车门桥，通常双车结构带式门桥，3 车结合桥脚分置式门桥，也可以结合混合结构门桥（带式和分置式混合门桥）。结合多车门桥前，作业手的工作如下：水上驾驶员在水上驾驶桥车，陆上驾驶员操纵随车吊车，作业手将跳板（桥板）铺设到指定位置，并用销钉将跳板锁定在主浮体和侧浮体上。各个桥车连接之后，将指挥权交给指定的门桥长。M3 桥车至少配备 3 块桥板（同时也是跳板），也可以配备 4 块桥板，双车带式门桥和 3 车分置式门桥每车需要配备 4 块桥板，混合型门桥可以根据桥车所携带的桥板数量（3 块还是 4 块）进行灵活组合。早期的 M3 自行舟桥，每个桥车携带 3 块桥板，在结合分置式门桥时，需要附加 3 块桥板，结合双车带式门桥时需要附加 2 块桥板，结合 3 车带式门桥时需要附加 1 块桥板，只有 4 车带式门桥无须附加桥板，附加桥板需要由附加的载重车辆或者拖车运输。从门桥结构时间和承载能力两个方面看，4 车带式门桥是最佳漕渡门桥。后来人们发现，M3 桥车可以携带 4 块桥板，只是运输尺寸比携带 3 块桥板的桥车略为宽一些和高一些。

根据训练的熟练程度不同，M3 自行舟桥结合双车门桥的时间为 7~9 min，结合更大门桥所需的时间更长，已有的实验数据表明，从桥车泛水到做好漕渡准备，一个 6 车门桥的用时为 20~25 min。在宽 80 m 的江河上，一个航次的用时为 2.5~3.5 min；在 240 m 宽的江河上，用不同的门桥结构形式，装载豹 2 主战坦克，一个航次的用时为 4~7 min。门桥渡河的效率如此之高，主要得益于可 360°回转喷水的水上推进装置，使门桥的靠岸、离岸非常方便；该推进装置吃水浅，岸边适应性极佳；跳板（即桥板）长度达到 8.45 m，也提高了门桥的适应岸边能力；装在侧浮体内的跳板调整油缸具有对跳板岸端施加作用力的功能，使跳板岸端与河岸产生必要的接触抓力，这种抓力可以限制门桥移动，确保了门桥在岸边流速不超过 1.5 m/s 的情况下靠岸时不需要使用岸边系留装置或者动力顶推锚定；M3 自行舟桥所配备的信息系统能确保指挥员和驾驶员的通信畅通和对门桥漕渡实时指挥，夜间渡河的指令全部通过无线电设备实施，一般不使用传统的灯光信号和旗语。

M3 自行舟桥一般架设桥脚分置式浮桥。当河宽大于 120 m 时，采用多车桥节门桥架设浮桥；小于 120 m 时，采用单车桥节门桥架设浮桥速度更快。架设浮桥时，必须规定桥车的泛水顺序、作业位置、桥节门桥的组合方式和进入桥轴线的顺序直至浮桥架通。在两岸的岸边门桥定位后，其他桥节门桥方可按照命令进入桥轴线。在闭塞门桥连接后，浮桥架通。在流速小于 1.5 m/s 时，浮桥的横向定位固定通过水上推进装置来完成；在流速大于 1.5 m/s 时，可以使用架桥汽艇顶推，或者使用岸边斜张纲，也可以使用投锚进行浮桥的横向定位固定。浮桥通载前，必须将跳板液压缸的压力消除；调节水上推进泵的转速，使浮桥向上游微弯。M3 自行舟桥具有极佳的机动性能，在流速小于 1.0 m/s 的情况下，整个浮桥可以在河面上向下游或者上游更换架桥位置而无须将浮桥分解。M3 自行舟桥架设 100 m 浮桥需要桥车 8 辆，作业手 24 名，从泛水到准备渡河，架设时间约 30 min。而带式舟桥需要 16 辆舟车（含桥节舟）、5 辆艇车（含汽艇）和 63 名作业手（含车辆驾驶员），泛水后的架桥时间约 15 min，但泛水时间应该超过 15 min（一辆车的泛水时间就 3～5 min）。所以说 M3 自行舟桥是一种高效的现代化渡河桥梁器材。

3.4.4 外军的合成军作战

战斗部队指挥员利用先进的 C^3I 系统，尤其是工程侦察数据来判断作战部队到底是利用作战车辆自身具备的水上机动能力还是使用工兵部队来克服水障碍。除了要考虑水障碍条件外，还需要考虑作战意图、遇到的威胁、所拥有的武器、可提供的器材、渡河持续时间以及限制己方战斗准备的时间等因素。如果战斗车辆不能深涉水，则为了保障机动的连续性，由工兵保障机动是最佳解决方案。由于部队所装备的潜渡器材数量有限，战斗车辆只有在特殊情况下才会选择潜水渡河。

3.4.5 外军渡河桥梁器材的使用和渡河行动的组织

渡河始终是战场上最危险的行动，它会吸引敌人的注意力和火力，只有顺利克服水障碍或者频繁而快速地转换渡河位置才会使敌人的侦察和火力难以发挥作用。一般白天 1～2 小时变更一次渡河位置，夜晚最多 2 小时就得变更一次渡河位置。敌人破坏渡河的行动主要有火炮远程打击、空对地打击、空降部队袭扰、蛙人偷袭破坏、江河水雷和特种部队破坏等。渡河桥梁是空军打击的主要目标，因此渡河需要有防空措施。渡河行动是一个庞大的系统工程。要确保渡河行动有效组织和有序进行，必须重视下列工作：

（1）利用战场态势和数据信息，尽早摸清工兵部队的作业区域、行军道路和渡口情况。

（2）尽可能晚地将渡河桥梁器材运达作业现场，或者采用伪装欺骗等手段，隐蔽渡河企图，适时将器材运抵渡场。

（3）构筑接近路和渡场进出口工作要在架桥作业前完成，架设、通载和撤收、转移工作应在夜间进行，或者在能见度较差的时机进行，例如使用人工烟幕进行掩护。作业点上要配备备用器材，保持通信畅通，选择有利于己方且能出敌不意的架桥点位置，门桥渡场道路要进行天然伪装并辅以适当的器材伪装，构筑永备工事并进行伪装，由工兵进行水上警戒。

（4）由防空部队进行渡场保护，战斗部队防止地面敌人、特别是防敌空降部队破坏，炮兵部队要随时对抗敌方炮兵的行动，配备爆炸物处置分队等。

工兵部队需要在渡河作业中划定作业水域，渡河行动的各级指挥员必须信息流畅、指挥控制及时有效，旅部的机动指挥所应设置在渡场指挥所附近。渡河部队开进和离开渡河场的渡河计划的实施需要获得一体化指挥系统的支持，原则是短暂准备，然后不间断渡河。采用设置假渡口、架设假桥梁、佯攻、设置烟幕、真假结合、隐真示假等手段达成掩盖己方意图的目的。有时需要故意放弃一些有利于己方、并且已经准备好的渡口，这类渡口特别适合于迷惑敌人。

3.4.6 外军战斗协同设想

工兵部队担负着保障机动、实施反机动和提高部队生存力的任务。来犯的敌人为了弥补自身在地域、兵力和时间等方面的不足，会采取机动灵活的袭扰行动以延缓己方的战役组织。己方战斗部队也必须机动灵活地避敌锋芒，同时又必须通过突然的、出其不意的行动消灭敌人。在战斗中，己方将利用高机动能力和地形条件，在适当的时机和地点，不断打击敌有生力量，切断敌与后继部队的联系。凹地、沟渠、隘口、河堤、坡地和城墙都能对坦克和步兵战车形成障碍作用。水域的障碍作用通常最大。能徒涉、潜渡和浮渡的战斗车辆，往往没有工兵的支援也很难克服水障碍。比如，岸坡较陡、地面没有足够附着力和承载力，都将对战斗车辆驶出水域产生重大影响，这时就必须使用渡河桥梁器材以保障战斗车辆克服水障碍。因此战斗指挥员只有在充分准备的基础上，才能在整个防御区域内充分发挥己方战斗车辆的陆上和水上机动能力，并且使敌人在不可能得到工兵支援的情况下，对敌发动突然袭击，造成敌方混乱，组织不起有效反击。作战部队无论在进攻、防御还是退却作战中，都应该能从行进间快速克服水障碍，对此需要提前谋划、提前准备。如果是进攻作战，通常要构筑桥头堡，巩固渡场并用现代高效渡河桥梁器材和工程机械确保大部队迅速强渡江河。强渡江河应连续进行，即使是白天也不能停顿。为此，需要采用多种方法渡河，如除采用桥梁渡河外，可以采用空降、潜渡和漕渡的形式为战斗部队的突然袭击创造条件。同时，使用渡河桥梁器材也需要得到步兵支援、炮火支援和烟幕的掩护。

1969年华约集团曾进行过一次渡河演习，选择三点同时渡河：一处利用两栖装甲运兵车渡河，一处采用坦克潜渡，还有一处利用浮桥供轮式车辆渡河。其中演习时的架设速度比标准规定快了2倍（苏军的标准是7~8 m/min），一个东德摩步团只用几十分钟就完成渡河行动，还有捷克的一个摩步营则是采用直升机吊运的方式完成渡河行动。

苏军在渡河作战计划中，为了寻找和控制渡场，通常会使用空降部队或空中机动部队，这些部队可以用来巩固渡场两岸滩头阵地，保障己方渡河。有时，可能会用到直升机吊运架桥器材，空降部队还必须承担寻找坦克渡场、门桥渡场和两栖装甲输送车渡场以及浮桥渡场位置的任务。对于机械化机动部队而言，渡河后无须巩固桥头阵地，而是不停顿地向敌纵深推进，近距离消灭敌人。近距离交战可使敌远程或者垂直火力支援的作用降至最小。空中运输架桥器材要求研究新的轻质结构材料和可展式桥梁结构技术。

3.5 渡河桥梁器材的科学发展

渡河桥梁器材的科学发展需要有先进的产品设计文化作为支撑，需要有成熟的发展理念和思路，需要着眼整个军事装备体系的建设并且适应一体化联合作战的特点和规律。对此，专业人员需要在以下方面有所加强。

3.5.1 正确认识渡河桥梁产品设计中的变与不变

在渡河桥梁产品的研发中，我们可能经常听到人们对新产品的总体技术方案进行评价，其中"这个总体技术方案缺少创新，与已有装备看上去没有什么区别"这句话可能对技术人员的刺激最大，于是设计人员养成了只要是新产品研发就要求新求变的心态，似乎只有这样才能体现创新，才能反映水平，才能获得认可，这种心态也导致同类产品的研发只有形式上的差别而无作战效能的实质进步。其实，渡河桥梁器材的功能是非常明确的，因此其总体技术方案也是非常有限的，尤其是承载原理和架设原理都不可能有什么变化。桥梁器材只有平推式架设和剪刀式架设方案的区别，普通舟桥主要是桥脚分置式和带式结构方案的区别，自行舟桥主要是车轴线、桥轴线一致方案和车轴线、桥轴线垂直方案的区别，路面器材主要是平折路面、竖折路面和卷式路面方案的区别。技术人员通常也都纠结在这些方案的选择之中，孰优孰劣难有定论，由这些总体技术方案形成的产品也都广泛装备于各国军队之中。既然上述产品方案形式在各国渡河桥梁器材的开发中始终存在着，本身就说明这些总体技术方案能够满足用户方所下达的战术技术指标或作战使用要求。客观地讲，即使是满足用户要求的总体技术方案，也存在着尺有所短、寸有所长的现象，通常这个方案的长处就是那个方案的短处,关键就看设计者和使用者更注重哪个方面的设计要求和使用要求了。应该讲渡河桥梁器材存在不同的总体技术方案形式,正说明了不同技术方案形式都存在着各自的合理性,产品设计的魅力也正在于此。如果真是能够比出各种方案形式的先进和落后,渡河桥梁器材的发展就不可能像今天这样呈现出多样化的状态了。美、英、德三国"80年代桥梁族计划"也正是因为各国不能统一看法才导致计划最终被终止。如果不能在一个特定的战场环境下进行它们的效能比较,评价出来的方案优劣是没有说服力的,甚至可以说是想当然。即使在特定战场环境下进行的效能比较,也只能说明是在这个特定战场环境下的比较,这个结论也不能类推到其他战场环境之下。因此,一个满足作战使用要求的总体技术方案是设计出来的,没有对设计细节的详细把握,就不可能知晓总体技术方案是否满足作战使用要求。对于所有满足作战使用要求的总体技术方案,选择的依据必然是设计人员对这个技术方案的熟悉程度以及这个方案对国内工业技术基础水平和技术能力的依赖程度,同时考虑方案的经济性等问题,重要的是还必须考虑与军队现役同类装备的继承性和兼容性问题。没有对设计细节的全面了解,希望业内人士不要随便对总体设计方案妄下评价。

确定渡河桥梁器材的总体技术方案,我们不妨学学国外的做法。

以冲击桥为例,世界上第一个冲击桥诞生在英国,当时采用翻转式架设方法。"二战"后,英国人又发明了剪刀式架设方法的冲击桥。剪刀式架桥方法是在翻转式架桥方法基础上的改进,其目的是为了提高架桥跨度和架桥速度。无论是翻转式还是剪刀式架设方法,其架桥原理是相同的,都是通过桥跨的转动(摆动)将桥跨远端由近岸运动到远岸。正是这种架设原理和方法的一致性,造就了英国人关于冲击桥的设计文化,他们一直沿用这种作业方式不断改进冲击桥,其坦克架桥车可以架设13.4 m的单节桥跨(9号桥跨),可以架设24.4 m的双节桥跨(8号桥跨),可以架设BR90由多种模块化桥节组成的多种桥跨(10号桥跨26 m、11号桥跨16 m、12号桥跨13.5 m)。由于英国人拥有这种翻转(剪刀)式冲击桥设计文化,因此他们熟知这种产品总体技术方案的关键技术所在,他们有着生产这种冲击桥的成熟技术,更重要的是他们的军队正在使用并且熟练掌握这种器材的操作技术,因此他们可以扬长避短,充分继承和发扬这种产品的设计文化,实现新老产品兼容,缩短新产品研制周期,使部队战斗力得到持续进步,这就是英国人的冲击桥在总体技术方案选择上的不变和应变。

德国在20世纪70年代研发了海狸冲击桥,这是世界上第一个以平推架设方法架设桥梁的冲击桥,即桥跨以直线运动的方式被送上远岸。由于德国没有英国那样的冲击桥设计文化,并且一眼就看出了剪刀式架设方案的短板——架桥时的建筑高度较高，容易暴露自己的行踪，因此选择了平推式架设方案。平推式架设方案的桥节不像剪刀式那样可以铰接在一起，两个桥节在运输时是分离的、叠置的，架设时桥节通过机构和定轨运动实施相互连接，要求桥节刚度大、尺寸精度高，桥跨的平移靠齿轮齿条传动实现，要求驱动桥跨运动的齿轮支座具有一定的柔性，能够随时适应桥跨变形和地形变化的要求。上述技术至今还未被我们所完全掌握，但这些技术难点对于一向以严谨著称的德国人来说却并不成为问题。由于平推式桥梁的架设动作不如剪刀式桥梁连续，要想真正达到剪刀式桥梁的使用方便性，还需要采取许多技术措施，例如增加纵、横向调节措施以适应地形变化等。因此平推式桥梁对工业技术水平的要求以及造价都将高于剪刀式桥梁。德国人有了平推式桥梁设计技术的储备之后，他们也是沿用这种技术持续改进其冲击桥，所取得的效果也不亚于英国，其模块化冲击桥是目前世界上系统最复杂、技术难度最大的冲击桥产品。

两个国家的冲击桥发展途径告诉我们，对于一个国家来说，一种器材的总体技术方案，通常不需要来回变动，因为来回变动容易造成型号品种繁杂，不利于部队形成战斗力。例如我军重型机械化桥采用剪刀式架桥技术，山地轻型伴随桥采用平推式架桥技术，重型冲击桥采用平推式架桥技术，轮式冲击桥又采用剪刀式架桥技术，这些装备虽然都实现了桥梁架设功能，也都满足了作战使用要求，但我们还不能说达到了国外发达国家的实用水平。这里可能存在一个设计文化问题，先进的、成熟的产品设计理念是精雕细琢，而以功利为出发点的求新、求变只是为了取得某种程度上的自我"满足"。发达国家设计军用桥梁产品的不变和应变也可以从汽车的发展历程中得到启示，汽车发展一百多年来，技术在不断进步，但谁也没有改变汽车的驾驶方式，即使是自动挡技术的应用，也没有改变原有的驾驶方式，只要是司机，不需要特殊培训，就可以驾驶最新型的汽车，军用桥梁器材的架设和操作方式也是如此，来回变化不利于战斗力的形成。

3.5.2 新产品立项论证工作中的深入细致

根据目前的科研惯例，一个型号项目的立项研制被批准之后，其研制任务书的内容包括了该型号的作战使用性能（主要战术技术指标）、初步总体技术方案和系统组成甚至很多设备和部件都被确定下来。进入技术设计阶段工程师们只能按照已批准的产品开发框架从事相关各个分系统的设计工作。正是由于立项批复的任务书内容非常细致周全，要求严格，因此特别需要立项论证的前期工作非常全面细致周到，否则开发出来的产品可能存在先天性短板。而一直以来形成的工作惯性告诉我们，在项目立项申报之初，技术工作是比较粗糙的，从事初步总体技术方案论证尤其如此，因经费的缺乏，立项前景的不明，通常只有极少数几个人决定着型号项目的技术走向，而这些人多为型号项目的管理者，通常很少从事深入细致的具体技术工作，很难系统全面和科学地把握项目的技术走向，这种状况一直延续到型号项目立项得到批准。前期工作不能全面细致和周到，尤其是缺乏系统的、具体的技术数据支持的所谓"经验、常识"，极易导致初步总体技术方案和相关战术技术指标体系出现先天不足。

  与民用产品开发相比，从事渡河桥梁产品研发的群体实在太小、实践机会也确实太少，经验积累有限，一些专业达人一生的成名作也仅为一个，通常不会超过两个，科研惯性却是一代代地传了下来，一个人或者少数人的见解就决定了一个产品的走向，这种情况极大地影响了型号项目立项论证的质量。新产品立项的工作绝不应该是少数人凭借个人力量就可以完成的工作，从实际情况看，往往立项论证时间短、人员经费投入少甚至没有投入，技术人员在立项前途不明确的情况下投入精力更少，而一旦立项，技术设计工作推进非常迅速，研发人员和企业为尽快见效益也极力主张缩短研制周期，用户也希望尽快装备部队以形成战斗力。试想，在这样的心态驱使下，研发的产品效果会好到哪里？实事求是地讲，只有立项论证的时间周期延长了，用相关技术数据进行决策的要求严格了，人员力量加强了，经费投入充足了，虚拟设计做充分了，立项论证的技术工作才能深入、细致、全面、周到，技术上、战术上的相关问题才能被彻底搞清楚，与方案设计有关的各种分析数据的取得也才能使决策更为科学，建立在上述基础之上的产品立项任务书的批复内容才会全面、科学、协调，按照任务书要求开展的技术设计也会更加得心应手。国外发达国家研发渡河桥梁产品有时需要10年甚至更长时间才"磨得一剑"，其中试验工作就要持续许多年，试验—改进—再试验—再改进，直至用户满意。我们一个发展中国家，渡河桥梁产品开发从立项到设计定型多在5年左右，这是值得各方面深思的。

  提高型号项目立项论证申报质量的关键一环，还是需要成熟设计理念的引导。从顶层设计到具体实施，必须改变既有的观念和惯性做法，让一个平时极少思考某个领域中具体技术问题的专家在几个小时内决定一个具体技术问题的走向，其程序合法，但效果值得怀疑，多数评审会的形式明显大于内容。必须正确认识一个事物在发展过程中，反对派或者反对意见所能起到的巨大作用，反对派的担心和疑虑，反对派所指出的问题，反对派所建议的另辟蹊径，对于项目立项工作的深入起着积极的促进作用；而技术上的反对派出现，则有赖于反对机制的建立，只有当反对机制建立之后，评审专家应该是从事相同研究问题的专家，给一个项目挑刺或者思考一个项目的未来，才能成为专家们的真正职责，也才会出现真正的有责任感的反对派。在这个机制中，需要大批有着丰富经验的专家们根据军事需求专门对项目进行独立的研究论证，提出反对意见

第 3 章 渡河桥梁器材研发方法

或者建议替代方案,根据技术进展情况就初步总体技术方案提出质疑或者否定意见,经过立项论证人员逐一的研究和精心的计算和设计,可以将不可能变为可能,可以化腐朽为神奇。20 世纪 80 年代初,美国总统里根向全体工程师和科学家提出挑战,发起所谓星球大战计划,而在这一计划的实施过程中,始终凝聚着拥护者和反对者的心血和智慧,这是值得科研改革借鉴的。应该讲只有反对机制和反对意见的存在,才能标志着渡河桥梁专业的真正进步。

3.5.3 产品使用环节与设计细节相互关联

重视产品使用环节的研究是做好产品设计的重要环节。一个产品的初步总体技术方案是否合理,与产品的使用方法关系密切,这其中也有一个观念问题。通常人们追求技术难度,似乎技术难度越大,越能体现装备的技术水平;系统越复杂,越能体现设计能力。把原先简单的架桥方法复杂化,放弃简单转而追求复杂,其实是一种设计幼稚。说明设计者不光缺少产品设计实践经验,而且缺乏产品使用实践经验,同时还缺乏想象力和判断力,往往分不清主要矛盾和次要矛盾,分不清矛盾的主要方面和次要方面。在上帝为你关上一扇门同时为你开启一扇窗时,你不去利用开启的窗子,而是一味追求打开上帝关上的大门,最终的结果一定是事倍功半的。例如,我军浮桥动力固定技术研究,采用了卫星定位技术、自动控制技术等,实现水上动力随流速大小自动调整以保证浮桥桥轴线基本顺直,而外军只需简单地调整动力,保证浮桥初始轴线向上游微弯即可。因为外军紧紧抓住浮桥使用时间短这个重要的使用特点,也抓住了水流速度在短期内不会出现急剧变化这个大概率情况,从而用非常简单的方法就解决了浮桥使用时的水平固定问题。一种方法书生气十足,系统复杂,成本高昂;一种方法简单、易行、可靠、实用,无须增加产品的复杂性和成本。决策的目的在于扬长避短,如果缺乏设计经验或者使用经验,不能很好地判别得失,则采取"存在就是合理的"态度对于决策而言可能更为现实、直观和有效。在我们不了解国外同类产品的研制经历、不知道别人方案的决策过程的情况下,用求新求变的心态去寻求新的方案,或者对方案的某个局部作出微调,而这种所谓的变化或者"创新"很可能就是别人放弃的东西,因为渡河桥梁产品并未复杂到你想到、别人想不到的程度,许多总体设计布局以及局部的微小变化,你想到了别人未必想不到,或许别人正是在产品的设计研发实践中,逐渐认识到你所谓的"创新"是弊大于利而另辟的蹊径,而你选择的可能正是别人所放弃的。产品的设计技术通常与产品的使用环节有着一一对应的关系,否定他人的"存在"需要有周密的和充分的论证,有时甚至应该将这种论证交由第三方完成。论证工作千万不能带有先入为主的偏见,否则带着否定的目的去否定"存在",则尺短寸长的比较关系可能出现偏差,次要的"利"可以被说成主要

· 129 ·

的"利",主要的"弊"也可以成为次要的"弊",随之轻易否定"存在"的现象就会自然发生了。在介绍 M3 自行舟桥的使用时,我们会发现,有许多细节是我们研发自行舟桥所没有思考的,如自动变速器的应用,传动箱输出功率在前、后桥以及水上推进器之间的自动分配,制动器浸水潮湿后的预加热,门浮桥结合方式与架设速度的关系以及岸边系留替代处理技术等,这一切都表明,产品设计只有想不到,没有做不到,而国外的成熟产品,往往比我们的产品试验更充分,问题暴露更彻底,解决问题更实在。产品专利技术通常多于产品实际所使用的技术,一些产品专利技术之所以没有在产品设计中得到应用,很有可能表明一些相关的专利技术并不适合于产品设计。

渡河桥梁器材的设计,首先是渡河桥梁的结构设计,使设计的结构满足承载车辆通行的要求;然后是渡河桥梁器材的架设使用设计,确保渡河桥梁器材可以反复使用和快速架设、撤收。根据架设和使用原理,设计架设机构、架设装置和相关设备,并且设计和确定使用操作步骤,不仅要确保桥梁结构与架设系统之间的相互联系(互相之间不发生干涉),还要保证使用操作步骤在实际环境下的顺利实现。设计的细节在于对产品使用环节的全面了解,使用环节的每一个步骤都包含了产品所具备的相应功能,简化渡河桥梁的架设作业步骤,并不是取消这些步骤,而是将一些步骤在设计环节进行合并,即功能方面的合并和替代。这些简化工作与产品功能、产品使用紧密联系,割裂了产品的使用环节、使用方法,忽略了理论与使用之间的相互联系,产品设计就可能存在问题和缺陷,这是新产品设计实践中经常会出现的问题。例如,如果漕渡门桥靠岸不设置预留间隙或者控制水深,或者跳板岸端不能抬起脱离地面,则空载门桥靠岸上载后就可能不能轻松离岸(门桥搁浅或者跳板岸端紧压河岸);又例如,自动调平系统的调平步长设置的太小,可能导致调平系统一直处于反复调平状态而使后续作业动作无法开启等。如果产品需要空运和空吊,就需要在相应的位置设置悬挂吊索的支座,或者利用结构原有的构造实现起吊功能。细节问题需要预先想到,只要预先想到了,设计工作可以全面考虑,因此可以取得事半功倍的效果;而事后补救,往往事倍功半,通常会发生牵一发而动全身的现象。

由于笔者长期从事自行舟桥的研究工作,因此以自行舟桥为例,介绍一些设计细节与使用之间的关联问题。例如,M3 自行舟桥的桥车从陆上行驶到入水航行,既可以是折叠状态也可以是展开状态,采用何种状态取决于进出口宽度、河岸特征和河水深度。我们将自行舟桥以折叠状态驶入水中看作是一种优点,因为常见的渡口码头如图 3-10 所示。进出口的宽度可能会限制自行舟桥以陆上展开侧舟的方式泛水,因为 M3 自行舟桥的侧舟展开后,车辆行驶宽度达到了 6.57 m,而侧舟折叠时的宽度只有 3.35 m,也就是说进出口宽度只要 4 m 左右就可以满足自行舟桥泛水条件。

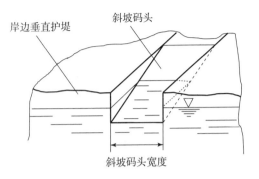

图 3-10 常见河流的斜坡码头

M3 自行舟桥的侧舟是对称折叠于车体上方的,无论是陆上展开(见图 3-11),还是水上展开(见图 3-12),左右两个侧舟的展开都可以同步进行,左右平衡,不产生倾覆力矩,即使同步效果不够精准,车体产生的倾斜也非常有限,这就是 M3 自行舟桥总体技术方案的一大特点。而像 PMM-2M 这样的自行舟桥,陆上展开侧舟的宽度达到 10 m(见图 3-13),这就对码头进出口提出了比较高的要求。

图 3-11 M3 自行舟桥陆上展开侧舟　　图 3-12 M3 自行舟桥水上展开侧舟

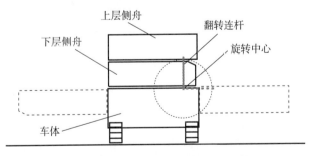

图 3-13 PMM-2M 自行舟桥陆上展开侧舟

如果侧舟以折叠状态泛水,并且在水中展开侧舟,最理想的情况应该是先将上层侧舟翻转至接近 90°位置,以保证下层侧舟翻转不受影响,当下层侧舟也翻转接近 90°位置时,两边重力比较平衡,车体基本处于正浮状态。此时应将两边的侧舟同时展开,使之成为图 3 – 14 所示门桥展开状态。但由于两边侧舟展开机构形式和尺寸存在差异,两边展舟油缸的行程差距大,实现两边侧舟同步展开的难度和成本太大。因此,像 PMM – 2M 这样的自行舟桥,如果要在水中展开侧舟时,当自行舟桥入水后,在浅水区(即自行舟桥不能自动浮起的水域)即可展开侧舟,这时只要水域面积允许,侧舟展开与陆上相差无几;而如果入水深度较大,自行舟桥就必须先展上层侧舟到某个位置(翻转至接近 90°以保证下层侧舟翻转不受影响,),然后展开下层侧舟到某个位置,通过车体的左、右多次小倾角摇摆,最终使侧舟展至水平状态(见图 3 – 15)。其中,第一步将上层侧舟翻转至接近 90°位置,会使车体产生最大的倾斜,此时的倾覆力矩和恢复力矩都达到最大值。从这个侧舟展开细节上看,侧舟在水中的展开比在陆地上要慢很多,并且存在安全隐患,一不小心,就可能横向倾覆。

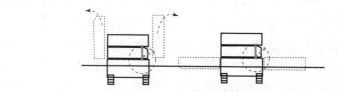

图 3 – 14　理想的水中展开侧舟

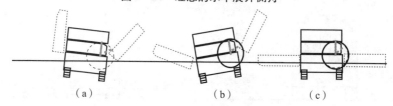

(a)　　　　　　　　　(b)　　　　　　　　　(c)

图 3 – 15　PMM – 2M 自行舟桥水中展开侧舟
(a) 展舟重心偏右;(b) 展舟重心偏左;(c) 侧舟完全展开

根据 PMM – 2M 自行舟桥使用说明书介绍,PMM – 2M 自行舟桥可以在水中以逆水流状态进行侧舟展开。对此我们可以对 PMM – 2M 自行舟桥水中展开情况进行稳定性估算,计算一下其在静水状态下展开的倾覆力矩和恢复力矩。PMM – 2M 自行舟桥以折叠状态入水后,其展开侧舟时吃水情况大约处于图 3 – 16 所示状态。

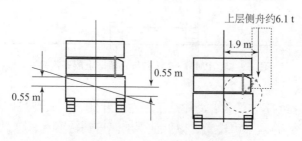

图 3 – 16　PMM – 2M 水上展开侧舟

第3章 渡河桥梁器材研发方法

从安全的角度考虑，其上层侧舟展开约90°时允许产生的车体最大倾斜，将使两侧的吃水差达到1.1 m，车体宽3.2 m，车体长度13 m，则不考虑重心高度因素，只对车体中轴线起矩计算车体恢复力矩，其极限恢复力矩大约为：

$$M_h = \frac{1}{2} \times 1.6 \times 0.55 \times 13 \times \frac{2}{3} \times 1.6 \times 2 = 12.21 \text{（tm）}$$

PMM-2M自行舟桥上层侧舟的重量大约为6.1 t，重心位置大约距车体中轴线1.9 m，而倾覆力矩大约为：

$$M_q = 6.1 \times 1.9 = 11.59 \text{（tm）}$$

从初步估算情况看，PMM-2M自行舟桥在水中展开侧舟的情况并不安全，车体的最大恢复力矩比展舟时的倾覆力矩大不了多少，如果有流速和波浪的话，情况很不乐观。因此，PMM-2M自行舟桥提出了逆流进行水中展开侧舟的要求，就是为了避免水流引起车体出现横倾失稳。如果我们将PMM-2M自行舟桥的跳板从设置在侧舟甲板表面改为设置在侧舟底板底面，则两者的横向重心坐标大约相距0.6 m，单侧跳板重量大约1.2 t，则将增加倾覆力矩0.72 t·m，这就导致展舟倾覆力矩大于车体的最大恢复力矩。这个初步分析也从一个重要的侧面告诉我们，跳板布置在侧舟底板面可能导致自行舟桥不能在水中展开侧舟，并且导致自行舟桥对出入水进出口宽度的要求更大。从这个使用环节和设计细节的对应关系可以看出，许多人都觉得PMM-2M自行舟桥的跳板设置在侧舟甲板面导致车行部表面不平整，并且引起车辆上、下门桥产生冲击等不足，都觉得将跳板设置在侧舟底板面可以解决上述不足，殊不知这种改动可能从根本上改变了自行舟桥的使用性能，极大影响自行舟桥的使用效率。

从理论上讲，对于小倾角问题，船体的横倾恢复力矩M_h等于排水重量W乘以稳心高度h再乘以横倾角度$\sin\theta$，即$M_h = W \times h \times \sin\theta$。横稳心高度$h$等于横稳心半径$r$加浮心高度坐标$Z_f$再减重心高度坐标$Z_c$，即$h = r + Z_f - Z_c$。也就是说，重心越高，稳心高度越低，且横倾恢复力矩也越低；排水重量越小，横倾恢复力矩也越小。因此，自行舟桥的重量和重心高度，对自行舟桥是否可以在水中展开侧舟扮演着重要角色。履带式自行舟桥可以在水中展开侧舟，轮式自行舟桥的重心偏高、排水重量偏小，是否可以在水中展开侧舟需要认真计算。我们不妨再做一个简单的估算，某轮式自行舟桥以折叠状态入水后，由于车行部位置的降低以及车体计算排水面积的缩小，其上层侧舟展开约90°时允许产生的车体最大倾斜，将使两侧的吃水差达到0.9 m（实际可能只有0.8 m），车体宽3.2 m，车体长度12 m（有效长度大约8.5 m），则不考虑重心高度因素，只对车体中轴线起矩计算车体恢复力矩，其极限恢复力矩大约为：

$$M_h = \frac{1}{2} \times 1.6 \times 0.45 \times 8.5 \times \frac{2}{3} \times 1.6 \times 2 = 6.528 \text{（tm）}$$

某轮式自行舟桥上层侧舟的重量大约为3.2 t，且跳板设置在侧舟甲板面，

· 133 ·

如果侧舟宽度同 PMM–2M 自行舟桥,则重心位置大约距车体中轴线 1.9 m,而倾覆力矩大约为:

$$M_q = 3.2 \times 1.9 = 6.08 \text{ (tm)}$$

从这个分析看,如果跳板设置在侧舟甲板表面,轮式自行舟桥在水中展开侧舟还是可以试一下的,但如果跳板设置在侧舟底板底面,且单侧跳板重量 1.2 t,即增加约 0.72 tm 的倾覆力矩,则展舟时倾覆力矩将大于恢复力矩。设计者需要绘制轮式自行舟桥稳心曲线,以判明是否可以在水中展开侧舟。从理论上讲,如果考虑稳心高度以及侧舟展开时重心的变化影响,其计算结果可能会比上述结果更加不乐观。

图 3–17 为跳板设置位置的重心情况对比图,由跳板设置在侧舟上表面改为设置在侧舟下表面,自行舟桥的运输重心将随跳板位置的上升而提高,这对自行舟桥折叠状态的稳性有着较大影响,从已有的设计实践看,跳板设置在侧舟底板表面的轮式自行舟桥以折叠状态入水后,稳定性缺少保证。当然,侧舟水中展开的实际步骤并不完全与图 3–16 相同,而是如图 3–18 所示,上侧舟预先展开一定的角度,以保证下侧舟展开不受影响,同时尽量降低侧舟展开时的倾覆力矩,但即使这样,侧舟展开时的整车重心仍然偏高,倾覆力矩偏大。

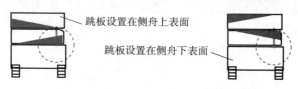

图 3–17　折叠运输状态的重心高度比较

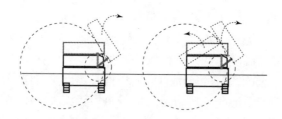

图 3–18　水中展开侧舟的实际步骤

其实,《美、英、德军用架桥器材设计与试验三方规范》中对浮游结构的稳定性就有相关规定,如要求浮游结构的定倾稳心高度应不小于 5 倍的设计载荷偏心距。根据对 PMM–2M 自行舟桥的反求分析,其计算水线面积的长度大约为 12.6 m,计算水线面积宽度大约为 3.2 m,以折叠状态泛水后的横倾稳心半径为:

$$r = \frac{J}{V} = \frac{L \times B^3}{12} \div 36 = \frac{12.6 \times 3.2^3}{12} \div 36 = 0.955 \text{ (m)}$$

PMM-2M 自行舟桥以折叠状态泛水后的吃水大约在 1.4 m；浮心高度大约在 1.0 m；PMM-2M 自行舟桥以折叠状态泛水后的重心高度大约在 1.25 m。则 PMM-2M 自行舟桥以折叠状态泛水后的横稳心高度约为：

$$h = 0.955 + 1 - 1.25 = 0.705 \text{ (m)}$$

如果按照《美、英、德军用架桥器材设计与试验三方规范》的规定，PMM-2M 自行舟桥以折叠状态泛水后，在水中展开侧舟所允许的重心变化（产生偏心距）为：

$$e \geqslant 0.705 \div 5 = 0.141 \text{ (m)}$$

PMM-2M 自行舟桥整装重量 36 t，上侧舟的重量超过 6 t，从图 3-18 可以看出，上侧舟展开时，所产生的偏心弯矩大约为：

$$M \geqslant 6 \times 1.2 = 7.2 \text{ (tm)}$$

如图 3-19 所示，假设 PMM-2M 自行舟桥折叠状态的中心坐标 $y=0$，则上侧舟展开时，PMM-2M 自行舟桥的重心偏移（偏心距）为：

$$e \geqslant 7.2 \div 36 = 0.2 \text{ (m)}$$

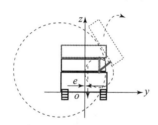

图 3-19　展舟引起的重心偏移

从这个分析可以看出，PMM-2M 自行舟桥以折叠状态泛水后，在水中展开侧舟的安全性是达不到《美、英、德军用架桥器材设计与试验三方规范》有关浮体的稳性要求的，随着侧舟展开时的重心升高，PMM-2M 自行舟桥的横稳心高度是有所下降的，此时允许的偏心距将小于 0.141 m。这就可以解释为什么德国 M3 自行舟桥不采取俄罗斯自行舟桥的侧舟布置，而是使用对称布置的理论依据所在。美国从中东战争中认识了苏联 PMP 带式舟桥的作用，并且很快仿制出类似的带式舟桥；德、英早在联合研制 M3 自行舟桥之前就从华约的演习中得知 PMM 系列自行舟桥，在 20 世纪 80 年代初，PMM 系列自行舟桥还处于保密状态，北约将 PMM 自行舟桥冠以 ABS，即 amphibious bridging system 的缩写，并且通过卫星图片进行过反求分析，大致了解其外形尺寸、使用方法和承载能力。但德、英两国没有接受 PMM 的设计思想，而是继续沿着 M2B 自行舟桥的设计思路，并且在 M2B 的基础上进行了较大的升级换代，这是值得专业人员思考的。同时也解释了 PMM-2M 自行舟桥为了保证在水中展开侧舟的安全，将整车重心高度视为决定总体布置成败的关键要素所在。将跳板布置位置从车行道上表面变化到侧舟下表面,所带来的变化就是引起自行舟桥折叠状态重心高度的升高。而将跳板布置在侧舟车行部上表面,所带来的变化则是降低自行舟桥折叠状态的重心高度。

我们可能经常纠结于怎样才能将自己的产品设计的与外军不同,并且可以克服外军同类产品存在的不足,但是我们很少探究外军产品为什么设计成这样并且还带来一眼就可以看出的缺陷,殊不知别人可能是不得已而为之。从某种意义上讲,产品存在着缺陷正是产品设计的魅力所在。以 PMM – 2M 自行舟桥为例,如果跳板设置在侧舟底板面上,侧舟折叠时的重心高度将比设置在上表面有较大提升,这个重心高度的增加对于 PMM – 2M 自行舟桥以侧舟折叠方式泛水和航行都是极不安全的,要知道渡河器材不是在静水中使用,而是需要在具有一定流速、风力和波浪的环境中航行、转向和调头。如果自行舟桥的重心偏高,横稳性高度偏低,在使用时就可能存在横倾的危险。关于这一点,从事自行舟桥产品研发的人可能会有更深切的体会。由此可以看出,产品总体技术方案的任何一个设计改变,都可能带来许多连锁反应,外军的产品、外军的设计实践是值得我们借鉴的,并不是可以随意否定的,最起码在不清楚缘由的情况下不宜否定。正像第 2 章中所介绍的那样,美、德否定苏联带式舟桥的原始设计,就是源于他们并不完全了解苏联带式舟桥的设计初衷和使用要求。

3.5.4 以高机动、高效率、多功能和通用化为发展目标

高机动、高效率、多功能、通用化是对未来工程保障装备的基本要求。发展高机动车辆,是提高工程装备机动能力的主要途径,但随着空中机动能力的不断提高,空中机动的战场作用也越来越大。早在 1949 年,美军就拟定的发展工程装备与空中运输条件的关系,四折带式舟桥的长度尺寸控制在 6.7 m 左右也与可空运有关,中东战争期间,苏联就是通过空运 PMP 带式舟桥以保障埃军克服苏伊士运河的能力。美军通常用 C – 130、C – 130E、C – 141 和 C – 5A 运输机空运武器装备,并可用数个降落伞进行空投,CH – 47C 直升机可以进行短距离空中吊运,以便实施快速机动和突击行动。

在高效率方面,西方发达国家进行了多种努力,随着冲击桥架设跨度的增加,西方已发展了模块化冲击桥以提高装备的利用效率,一辆架桥车根据障碍宽度不同,可以架设多座短桥或者一座长桥。他们还发现了目前自行舟桥在使用中的一些短板。如当河宽在 20 m 时,通常可以用一台冲击桥(架桥坦克)来克服,而使用自行舟桥则需要 2 台车;当河宽在 35 m 时,使用自行舟桥需要 3 台车;而如果发展一种两栖架桥车,则一辆架桥车就可以克服 20 ~ 35 m 河宽的障碍,这种使用效率对军事行动来说是非常重要的,法国的 EFA 自行舟桥就具备了这样一种能力。当然作为两栖架桥车,承载能力的确定直接影响着产品设

计，由于浮性和稳性的设计要求，设计载荷越大，车宽也越大，即使采用复杂的充气结构，EFA 自行舟桥的运输宽度也达到 3.6 m，这对公路行驶已造成很大困难，并且不能满足铁路机动要求，如果不使用充气结构，车宽将达到 4.0 m，这对军事产品设计而言都是不能允许的。解决这个矛盾的首要方法就是降低设计载荷，也就是说这种设计思想在轻型装备上的应用还是有可能的。例如，将设计载荷控制在 30 t，这样一辆车就可以架设一座 35 m 左右的浮桥，或者架设 30 m 左右的固定桥；如果两车并联，浮桥可以通行 50 t 左右的载荷或者作为 30 t 双行道浮桥使用；如果去掉桥车上的折叠桥跨，双车并联还可以构筑 40 t 左右的漕渡门桥。德国 EWK 公司按照上述思想设计了 ASB 两栖快速桥器材，这种架桥车全重接近 35 t，轮胎直径 1.74 m，外形尺寸 13.00 m×3.60 m×4.00 m，车轮可以收进车体内部并具备气压自动调整功能，发动机功率为 286 kW，水上系桩拖力 2.5 t，车辆水陆转换性能优越，具备核生化三防能力，该两栖架桥车还可以像冲击桥一样单独架设折叠桥跨。这种架桥车在野战条件下可以用作装甲运输车辆的卸载站台，大功率液压系统与跳板配合可以用作起重设备和架桥点障碍清除设备，不带折叠桥跨时的车辆机动能力比履带装甲车辆还要优越。之所以没有大量装备部队，还是与带式舟桥的出现关系很大，其在效费比方面的差距以及运输性方面存在不足可能是 ASB 两栖架桥车未被重视的重要原因。从今天对保障机动的高效率要求看，适当改进 ASB 两栖架桥车意义重大。M3 自行舟桥也是为提高效率而发展的快速舟桥，其显著特征就是减少保障所需车辆，降低后勤要求。

多种用途的每一种用途，相对专用军事装备而言，性能会有所下降，但从军事行动的角度看，往往在一个任务区域存在多种情况，使用一种装备以适应多种情况在大多数情况下都是合理的，体现了这种装备的战场贡献率。外军 20 世纪 90 年代架桥系统都不同程度地具备通用化和多种用途，通过基本型派生发展，可以架设固定桥、浮桥和门桥，可以构筑飞机起飞跑道，具备多种战场保障功能。

3.6 渡河桥梁器材的发展需要与时俱进

与时俱进就是要用发展的眼光看待今天的事物，改变我们用过去的眼光看待事物的旧有观念。例如，现代军用车辆，通常都具备良好的公路行驶和越野机动能力，并且可以拖带拖车。虽然牵引拖车会限制军用车辆的越野机动能力，但为解决后勤运输任务和运输战术需求，拖车则是一种较为廉价的解决办法。拖车技术简单，价格便宜，可靠性好，使用费用低，对于遂行工程保障任务，同样具有较大的吸引力。拖车还具有重量轻、使用机动灵活的特点，对空降部队也具有一定吸引力。上述优点导致德国军队装备有多款工兵专用拖车，架桥汽艇的专用拖车可以实现3型汽艇的自动泛水和装车作业；法军的一些桥梁器材也使用拖车运输，其中一些拖车还具备架桥车的功能；英军不光使用拖车运输某些桥梁器材，还将拖车技术用于可空运、空投桥梁器材，在成功空投后，可由空降部队或者地面部队的军用车辆牵引至任务区遂行战斗工程保障任务；为了减少运输车辆，美军的一些桥梁器材也在使用拖车进行运输，有的拖车还具备架桥功能。外军认为，在机动条件允许的情况下，使用拖车运输可以有效平衡财政支出与作战需求的关系，符合当前和未来体系作战的要求。

我军早期的架桥汽艇也曾经依靠军用车辆牵引，人们对这种汽艇运输方式存在的问题至今还记忆犹新，机动性差、汽艇泛水困难，以至于后来人都拒绝发展拖车式渡河桥梁器材。对于发达国家军队使用牵引式拖车渡河桥梁器材，我们通常会以国外的道路条件比我国好，因此具备发展牵引式拖车装备的条件作为借口，拒绝发展牵引式渡河桥梁装备。但是，别忘了我国道路建设在20多年也发生了翻天覆地的快速发展，而这些发展也为发展牵引式拖车装备创造了条件和契机。根据几年前中国公路信息网介绍，改革开放40年来，我国公路建设飞速发展，高速公路从无到有，1988通车公路总里程只有100万公里，1996年也只有115万公里，而到2006年公路总里程接近350万公里，公路等级也得到极大提高。截至2008年，我国已拥有5.39万公里高速公路网络，占公路总里程的2%，却承担了约20%的行驶量，高速公路总里程仅次于美国，位居世界第二。根据交通部公路建设规划，到2010年，我国高速公路网络总里程为8.5万公里，通车公路接近400万公里，公路运输约占我国整个物流运输的72%以上。截至2014年年底，我国高速公路总里程超过11万公里，成为世界第一。在20世纪80年末和90年代初期，我国通车公路总里程只有100多万公里，而且通车公路的条件相当恶劣，当时的国道条件可能还不及如今江南地区的乡村公路。而如今，通车公路比那时翻了两番，并且公路条件获得极大改善，如今的312国道无锡段比起欧洲一些国家的高速公路也是有过之而无不及。到2017年年末，全国公路总里程达到477.35万公里，其中高速公路13.65万公里，里程规模世界第一。近几年走出过国门的同志都有体会，中国的城市公路和高速公路基本达到世界一流，唯一不足的可能是驾驶人员的文明程度还有待提高，从我国经济发达的沿海地区道路情况看，其公路条件总体上不弱于西方发达国家。例如，加拿大高速公路总里程为1.65万公里，处于世界第三；德国高速公路总里程1.1万公里，处于世界第四；法国高速公路总里程1.0万公里，处于世界第五。德国和法国的国土面积分别为$35.7021 \times 10^4 \text{ km}^2$和$54.3965 \times 10^4 \text{ km}^2$（不含科西嘉岛），其高速公路密度为$0.031 \text{ km/km}^2$和$0.0184 \text{ km/km}^2$。

第3章 渡河桥梁器材研发方法

而2017年江苏高速公路总里程0.469 2万公里,安徽高速公路总里程0.467 3万公里,浙江高速公路总里程0.415 4万公里,这三个地区98%的行政村均与等级公路连通,而上述地区的面积总和约$35 \times 10^4 \text{ km}^2$,面积略小于德国的国土面积,但高速公路的密度却达到$0.038\ 6 \text{ km/km}^2$,高于德国和法国的高速公路水平。美、德等发达国家高速公路已经覆盖5万人口的城镇,而江苏目前也只能覆盖10万人口的城镇,因此我国高速公路仍存发展潜力,今后我国公路条件还将有所改善。

在20世纪80年代中后期,我国舟桥某团因其装备的79式带式舟桥车辆运输尺寸比较大,加之当时公路条件落后,而当时我国经济正由计划经济向市场经济转轨,公路条件不好,但占用道路进行市场经营的现象却非常严重,导致部队外出训练受到交通制约。74式改进型重型舟桥正是在这样的历史背景下研制成功并装备部队的。早在2005年,据曾去舟桥某团代职的技术人员介绍,那里的交通条件可以说是今非昔比,虽然盘山公路居多,但均为高等级公路,路况极大改善,市场经营占用公路的现象也不复存在,20多年前79式带式舟桥可以运到军营,今天79带式舟桥开出军营并在闽江上使用更不是问题。应该讲研制74式改进型重型舟桥是根据当前情况所作出的决策,而信息社会是需要前瞻型思维的,一个舟桥装备的服役年限需要三四十年,而74式改进型重型舟桥的使用效能与79式带式舟桥比是存在差距的,这就是缺乏超前眼光在那个年代所付出的学费。其实,超前眼光就是一种观念。它能够让人们在顶层设计时,放弃一些旧有的观念,并使装备效能得到长时间的进一步发挥。

公路条件的不断改善,已经为军队用拖车装备参与工程保障行动提供了可能。特别是随着高架道路的增多,战时高架道路遭受破坏的情况会时有发生,高架道路的交通维护任务也将非常繁重,而拖车渡河桥梁器材将是保障这些道路交通畅通最价廉物美的工程器材。在非战争军事行动中,拖车装备也是灵活高效的抢险装备之一。例如,当灾区道路受损,外来车辆不能进入灾区时,拖车装备可以摆脱牵引车的羁绊,直接空投或者垒吊到任务区,并出任务区内的车辆牵引,开展相关救援行动,大大提高了救援效率。所以,请不要再抱着拖车机动性差、不适合军事行动的旧有观念,从体系作战的要求和特点出发,重视拖车装备的发展问题,用最小的军费开支实现既定军事用途。

在渡河桥梁器材的研发方面,人们对器材运输性的要求还体现在对铁路运输的重视。一些外形尺寸稍大的总体技术方案由于受到铁路运输的条件限制而被业内一致否定,而这样的总体技术方案在发达军事强国却大行其道,这种现象也是值得我们思考的。是继续坚持旧有的观念还是适当放宽对铁路运输要求的限制?关键要看铁路运输在未来战争中所能起到的作用。

长期以来,渡河桥梁装备的远距离、大范围的机动都是依靠铁路运输来实现的。新型装备的研制，无一例外的要强调装备必须符合铁路运输条件。铁路运输，一次性运力大且经济实惠，是战场运输作战物资的主要手段，过去是战场在哪，铁道兵就将铁路修到哪。从我国铁路建设情况看，我国 2000 年铁路运营里程为 6.86 万公里，2017 年铁路运输运营里程接近 12.7 万公里，处于世界第二，接近于绕地球 3 圈，但运营里程还不到公路的 3%。由此可见，我国铁路运输网络虽已形成，但与公路网络相比，还是显得过于稀疏。而在现代战争条件下，侦察技术和精确制导技术使武器装备的打击距离、打击精度、打击能力都得到空前提高，使过去需要用"地毯式"轰炸去消灭的目标，通过一个小小的"外科手术"就可以实现。这就使铁路运输这种目标比较大、在机动途中难于离开铁路并且难于隐蔽的运输方式失去了旧有的意义。通过铁路运输作战物资，优点是运力大、经济实惠，一次性可以运输众多作战物资，但由于铁路网稀疏，发现一条铁路，就能很快发现列车，依照目前的打击能力，这样的目标是很难幸免于难的。对于电气化铁路，既可以破坏铁轨，也可以破坏电路，战时铁路运输的效率也将受到一定质疑。从现代作战的情况看，也只有非战争军事行动才能完全体现出铁路运输的效力，局部战争部分显示铁路运输效力，而全面战争铁路运输的效力值得商榷。从保障运输成功率上讲，通过公路运输作战物资，优点是灵活机动、成功率高，作战物资可以从不同的方向聚焦到某一点，遇攻击可以随时离开公路躲藏，这是铁路运输无法做到的。从外军渡河桥梁器材的发展状况看，如果用我国铁路运输条件去衡量国外发达国家的渡河桥梁器材的话，我们就会发现，外军的最新渡河桥梁骨干装备几乎都无法在我国进行铁路运输，可以推论，它们也无法在自己的国家实现铁路运输。从外军渡河桥梁装备的发展方向看，可以认为铁路运输已经不是战时装备投送必须使用的机动方式了。由此可见，渡河桥梁产品的总体技术方案没有必要追求"完美"，有时"面面俱到"反而得不偿失。弱化铁路运输性能，可能反而换取更高的作战效能。这一点还需要业内人员达成共识。

3.7　现代作战与渡河工程保障

第四次中东战争再一次证明，快速克服江河障碍在进攻阶段非常重要，而在僵持阶段（第二阶段）也证明，这个机动能力对于一支军队是非常重要的。以军正是利用埃军防御间隙，成功实施渡河作战，孤军深入埃军本土，奇袭埃及后方，给埃军造成恐慌，从而扭转了第一阶段的不利战场态势。外军认为，在现代陆军作战中，大范围的机动和快速变换位置，将会导致每天都发生渡江河作战的情况。未来作战，对工程兵的依赖程度会比过去更高。

第 3 章 渡河桥梁器材研发方法

江河障碍严重限制了军队的作战行动和后勤保障。以工程手段克服江河障碍，保障军队适时、迅速、安全地渡过江河的一系列行动被定义为渡河工程保障。以工程手段克服干沟或者干涸的河川障碍，也可以视为是渡河工程保障。现代作战是多军兵种一体化条件下的联合作战，现代战场的侦察能力、火力打击能力已经混淆了前方和后方。我军新时期、新阶段的新使命，也使渡河工程保障的范围变得宽广和深远，无论是边境防卫作战还是渡海登陆作战，抑或是国际维和行动，渡河工程保障的范围已远远超出前方作战地区，包括了整个交战地区和交战相关区域。

渡河工程保障的对象也不断扩大，从单纯保障陆军战斗部队机动，发展到保障多军种战斗部队和后勤运输部队的机动。渡河工程保障的内涵也发生重大变化，工程兵部队可以利用所装备的渡河器材构筑一些水上建筑物，为海空军的军事行动提供工程支援。例如，用渡河桥梁器材在遭受损坏的机场构筑起飞跑道，帮助飞机升空作战，或者在高速公路上为临时降落的飞机提供升空保障，在宽大水面上构筑水上临时机场，供升空作战的飞机临时起降；用渡河桥梁器材构建供舰船靠泊的临时栈桥码头或者为海军陆战队提供登陆保障等。渡河工程保障范围的扩大相应地要求渡河桥梁器材具有与部队机动能力相协调一致的机动能力，同时具有与使用环境、新型保障任务相协调的多种功能。

随着技术的不断进步，敌方侦察监视能力和火力反应能力都空前提高，给予渡河工程保障的准备时间非常短促，因此现代渡河工程保障主要依靠制式渡河器材，并且要求保障规模小，用车、用人少，信息畅通，最大限度地发挥渡河桥梁器材的效能。战争的突然性和战场情况的急剧变化会导致临时产生的渡河工程保障任务相应增多，其准备工作必然是短促的，完成任务的时限也必然是极其有限的，必须大力发展自行渡河器材，高速伴随作战部队机动并能够从行进间快速保障部队渡河。

渡口通常易破难修，既是道路的咽喉，也是运动部队的聚焦点，因此渡口将成为敌火力主要攻击的目标，破坏一点即瘫痪一线。因此在渡河工程保障行动中需要周密筹划，精心组织，做好备用渡口的选择和伪装，采取隐真示假多种手段，灵活机动变换渡口位置；桥梁渡河与门桥渡河交替运用，增强渡河桥梁器材的夜间作业能力，尽量趁夜色实施渡河工程保障行动，确保渡河工程保障效果。精确打击能力的提高，导致渡河桥梁器材的毁伤、消耗相应增多，为顺利实施渡河工程保障任务，必须增加渡口数量，并投入大量渡河桥梁器材，同时还需要大量的预备器材。这就要求渡河桥梁产品具有较高的品质和标准化水平，并且具有较高的经济性能。标准化水平主要体现在"三化"和"三性"方面，即体现在通用化、系列化和组合化以及可靠性、维修性和保障性上。

确保军队渡河，有时需要根据江河障碍情况，尽量采取各种渡河方法。例

渡河桥梁产品研发方法

如，在寒冷的冬季，寒区部队可以采用冰上渡河；对浅水河流，部队可以采用涉水渡河；对一些河床比较平缓的深水河流，部队可以采用潜渡过河；对于一些山地江河，由于接近路和道路稀少，河岸高陡，渡口作业面和纵深有限，部队可以考虑直升机渡河，即利用直升机将部队空降到江河对岸。多种渡河方法的综合应用，也是现代战争军队渡河的一大特点。

3.8 江河障碍与工程侦察

渡河作战成败的关键取决于诸多因素，其中侦察是最基本的因素，而工程侦察则是渡江河工程保障的基础。从渡河工程保障的角度讲，江河宽度是衡量江河障碍力的最基本因素。因此军队对江河的分类主要按照江河的宽度进行划分，小江河的河幅为 50 m 以下；中等江河为 50~300 m；大江河为 300~500 m；特大江河为 500 m 以上。

山地江河通常蜿蜒曲折，谷深岸陡，河幅狭窄，水流湍急，雨季水位变化突然，易暴发山洪。山区道路少，渡口选择困难，通常只能利用原有道路和渡口；山区渡口通常作业面小，不利于器材集结和展开，通常只能靠单个架桥车完成架桥作业；山区江河流速高，礁石、沙洲多，不利于门桥航行，因此通常采用滑缆渡以保证渡河效果。

平原江河水流平稳，两岸地势开阔，交通方便，可资利用的道路和渡口较多，有利于部队实施广正面多点渡河，但行动目标明显，不易伪装，有的地区存在松软泥泞岸浅滩，对渡河造成二次障碍。平原江河还容易受到刮风影响，产生波浪，影响门桥漕渡和浮桥架设。

实施渡河工程保障最基础的工作就是进行江河工程侦察。通常侦察的内容包括渡口地形、接近路情况、河幅宽度或者我岸码头与对岸码头之间的距离、水深、流速、岸坡情况、河床性质和河床断面情况以及水位变化等。江河工程侦察的数据，是拟制渡河工程保障计划和实施渡河的重要依据，快速实施江河工程侦察、快速制定渡河工程保障计划是快速实施渡河工程保障行动的前提，而采用信息技术和信息化装备，建立一体化指挥控制系统有助于实现上述目标。

河幅和码头间距离是计算渡河工程量大小、作业时间长短、兵力和渡河投入器材多少的重要依据。采用桥梁渡河时，河幅宽度数据必须准确，它直接关系到桥梁是否能够安全接岸，尤其是浮桥，它关系到闭塞门桥的形式和作业难度，闭塞门桥作业出现问题，将会导致架桥作业时间延长。

水深与所采用的渡河方法密切相关。架设单跨桥基本不受水深影响；架设浮桥时，水深关乎投锚线的确定和浮桥的水动力稳定性，同时也关乎汽艇和门桥的航行；架设带桥脚的桥梁或者架设多跨组合桥梁（由多个单跨桥通过相互搭接形成的桥梁）时，水深和河床断面的形状必须准确，否则会造成架桥困难或者失败。侦察数据不光要有最大水深还需要有最小水深，能够绘制渡场水域水深云图。

　　流速除对架设单跨桥没有影响外，其他渡河方式均要受到流速的影响。渡河桥梁器材都受到一定流速的限制，超过这个限制，器材将不能使用。即使低于这个限制，流速也关乎渡河工程保障的难易程度、渡河效率等。因此流速测量必须准确，尤其是对于流速超过 2.0 m/s 的江河，必须做到准确无误，因为江河的最大流速对渡河工程保障起主要控制作用。江河的最大流速位于主流线上，主流线难以辨认时，应采取多点测量，以便搜索到最大流速。对于泛水点和码头附近区域的流速也需要做到心中有数，这些数据对于器材泛水和结构门桥时是否需要采取专门措施具有重要参考作用。侦察数据包括河中流速和岸边流速。

　　两岸的坡度和土壤性质以及接近路情况，这些数据是确定是否需要土工作业以及土工作业工程量大小的基本依据。通常涉水渡河时，轮式车辆的出、入水角度为 6°～12°；履带车辆的入水角不超过 25°，出水角不超过 15°。如果河岸或者河滩土壤过于松软，就需要考虑铺设制式路面器材或者用碎石等建筑材料进行适当加强，确保车辆通行顺畅。河底土壤性质和河床形状直接关系到军队是否可以徒涉渡河，也是确定锚定方法和数量的重要依据。侦察数据应该包括两岸间距离、高差、水面以上坡度和水面以下坡度、河底承载能力、岸坡承载能力和河底障碍情况。

　　水位变化及其变化范围，对于徒涉渡河、门桥渡河和浮桥渡河具有一定影响，尤其是对于需要构筑码头（栈桥）的渡口，水位变化将导致原栈桥码头可能无法使用。通过水位变化范围和规律的准确把握，可以为确定码头、栈桥的位置和高度提供依据。从目前的带式舟桥和自行舟桥性能看，水位变化带来的只是河幅宽度和水深的变化，进而引起器材使用数量和渡河作业时间发生相应变化。

　　为了加快渡河工程保障的进程，江河工程侦察与拟制渡河工程保障计划一体化是信息化时代的必然要求。例如，在组织门桥渡河或者浮桥渡河时，可以利用现代侦察指挥车、艇完成上述工作。具体要求是：首先根据江河侦察的总体情况和保障需求，确定渡河器材的类型、数量和投入的兵力；然后根据江河横断面数据标出门桥的靠岸位置、浮桥的桥轴线、投锚线（动力锚定除外）、各桥节门桥相对位置等；标明岸高、岸坡、土壤性质和相关土工作业要求；河床断面图中的左、右岸需要进行统一规定，通常以面向下游，左手侧为左岸，右手侧为右岸；根据渡场地形图划分和布置相关区域和兵力，如器材集结区、指挥所、警戒区、防控区、预备队，等等，以形成完整的渡河工程保障计划。通常渡场的纵深是从我岸器材集结区到对岸警戒区，渡河器材集结区通常距渡口 3~5 km，要设置渡河检查站和巡查分队，防止敌人破坏。水上巡逻警戒的任务是处理漂流物和水雷以及敌方水下蛙人的破坏活动，上、下游均需设置巡逻队，上游巡逻队一般距渡口 1.5~3 km，下游巡逻队一般距渡口 0.5~1 km。整个渡场的地形要图应该按照上述纵深和宽度的要求进行绘制，并进行相关任务、兵力和器材等标注以及各种工程量计算和车辆渡送量计算。

3.9 门桥渡河和桥梁渡河的选择

　　门桥渡河和桥梁渡河是两种不同的渡河方式。通常人们认为桥梁渡河效率高，但目标集中，容易遭敌炮火攻击；门桥渡河目标分散，在广正面实施多点渡河的成功率高。但在渡河作战中到底应该采用哪种方式，专业人员也还是心中没底，一般倾向于只要器材数量足够，能桥梁渡河可尽量采用桥梁渡河，并且努力提高器材的门、浮桥转换速度，一旦遭敌火力威胁，可迅速转换成门桥渡河。外军认为，门桥渡河与桥梁渡河（含浮桥渡河）的不同之处，就在于其可以在宽大的正面实施多点渡河，而不会成为敌人火力打击的重点目标。对于采用传统渡河器材实施门桥渡河与浮桥渡河的效率情况，20 世纪 70 年代西德曾有过相应研究，这个研究不适用于气垫平台这样的器材。因为传统门桥需要停靠岸边码头，而气垫平台可以直接上岸。由于没有相关实践和技术资料介绍，此处不介绍气垫类门桥的渡河情况。另外，气垫类门桥的造价和使用成本偏高，使用局限性大，对工程兵而言也难成为骨干装备。

　　我们知道，任何研究工作都与其研究对象、研究内容、研究环境等各种边界条件紧密联系，因此研究结论只能反映某个特定时期的研究情况，与今天的情况可能不尽相同。而研究问题的方法可以借鉴，但研究方法也会受到当时的技术能力、知识能力和实践经验等多个方面的制约，因此研究方法也不能全盘接受。我们在思考问题、从事科学研究时，都必须保持清醒头脑，而先入为主则是我们面临的主要不足。一个技术人员如果先入为主，就会只看结果不看内容，只要研究结果与个人想象不一致，就会认为研究结果有问题，而不是辩证地看问题。真正认识到任何研究结果都是特定研究对象和边界条件下的产物，关键在于看研究方法是否正确，方法正确就可以举一反三，可以将自己的思考作为特定边界条件以便自己求证结果。在这方面犯经验主义的现象非常普遍，例如在我们的科研工作中，可能会进行一些器材的使用性能试验，我们就会将自己在试验中遇到的问题带入整个装备使用环节，且不说自己的试验方法是否正确（现在闭门造车现象非常严重），更不会去思考自己经历的试验环境能否推广到一般情况，但却能非常坚定地将自己的试验情况视为普遍的真理和规律，这就是一种先入为主。如果在一个完全不适合进行门桥漕渡的试验场所进行门桥漕渡试验，如为了技术保障方便而选择在产品制造工厂附近水域进行门桥漕渡试验，门桥的靠、离岸试验结果可能是极不真实的，例如码头位置特殊，并不适合作为正常的码头使用。如果将这个试验结果推广到真实的门桥靠、离岸环境，结论就会有失偏颇。再例如，由于自身产品的技术落后，门桥水上动力种类的选择和位置的布置不尽科学，外军可以从控制技术上协调多个动力，如果我们做不到，则单动力操控就会与多动力操控有所差别；动力位置设置合理，动力形式选择得当，技术先进，码头条件符合选择码头的一般原则，则大门桥（这里的所谓大门桥是相对小门桥而言的，从使用上讲其实并不大）与小门桥的靠岸难易程度相差是非常有限的，德国人就认为 M3 自行舟桥的四车门桥是漕渡效率最高的门桥。如果我们忽略了装备本身的技术因素、使用具体环境因素，而将在特定物质技术和自然环境条件下的试验情况强加到整个器材使用环节作为普遍真理的话，就是一种先入为主或者说是一种幼稚。之所以要进行上述铺垫，主要是为了介绍 20 世纪 70 年代西德军队对浮桥渡河和门桥渡河效率所进行的相关研究。

3.9.1 德军关于门桥渡河和浮桥渡河的时间比较

在这项研究中，德国人给出的漕渡门桥一个航次时间计算公式为：

$$t = \frac{2B}{v} + t_0$$

式中，B 为两码头间的距离，v 为门桥在水上的平均航行速度，t_0 为门桥一个航次的码头作业时间，包括我岸系留带缆、装载与固定、解缆掉头和对岸系留带缆、解除固定并卸载、解缆掉头时间。

德国人将漕渡门桥的码头作业时间统一确定为 5 min，研究中所考虑的漕渡门桥平均航速从 2 m/s 到 4.5 m/s，即考虑的航速从 7.2 km/h 到 16.2 km/h。根据上述公式所获得的河宽、门桥航速和门桥一个航次渡送时间的关系如图 3-20 所示。

从图 3-20 中可以看出，在河幅和航速都同时增大的情况下，渡河时间却增加有限，证明门桥渡河在河幅较宽的情况下是比较有利于提高渡河效率的。当然，在河幅宽度不大的情况下，航速增加并不能使渡河时间明显缩短，这主要是码头作业时间占据了门桥漕渡一个航次时间的比重较大。德国人计算多个门桥进行门桥渡河的总时间计算公式为：

$$T_m = t \times \frac{N}{M}$$

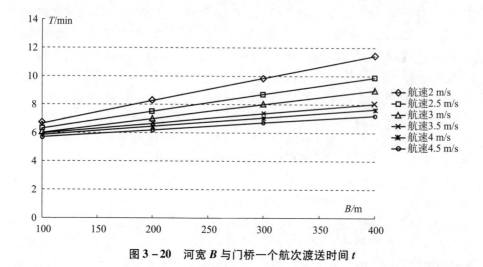

图 3-20 河宽 B 与门桥一个航次渡送时间 t

式中，N 为所需门桥数量，这个数量需根据渡河车辆的种类和数量进行综合考量，包括漕渡门桥的形式，如不同承载能力的门桥等；M 为所能提供的门桥数量，通常 $M \leqslant N$。在渡河车辆以 30 m 间距进行桥梁渡河时，渡河时间计算公式为：

$$T_q = \frac{A \times 0.0375 + B}{V} \quad (\text{h})$$

式中，A 为渡河车辆数；V 为渡河车辆在桥梁上的行驶速度。在不考虑桥梁架设和撤收所用时间的情况下，如果投入的器材数量相同，则桥梁渡河的能力将大大超过门桥渡河的能力。如果将架设时间和撤收时间与渡河效率进行比较的话，随着江河宽度的增加，从总的渡河时间上看，门桥渡河较为有利。德国人用橡皮舟桥、箱形结构舟桥（老旧的舟桥）和 M2 自行舟桥进行了门桥渡河和桥梁渡河的时间比较，图 3-21 给出了比较结果。

图 3-21 表明，M2 自行舟桥是当时德军效率最高的渡河桥梁器材。在使用相同数量渡河器材的情况下，河宽在 50 m 时，桥梁渡河（浮桥渡河）比门桥渡河要优越；在河宽为 100 m 时，两者效率相当；在河宽为 150 m 时，由于桥梁架设、撤收所用时间较多，因此浮桥渡河的效率比门桥渡河要低很多，架设、通载和撤收的总时间比门桥渡河增加 80%。在进行渡河时间比较时，德军对 M2 自行舟桥的作业时间计算采用了下述经验公式，浮桥架设时间为：

$$T_{js} = \frac{L}{100} + 0.25 \frac{L + 25}{100} \quad (\text{h})$$

式中，L 为浮桥长度，单位为 m。门桥的结构时间为：

$$T_m = \frac{M}{C} \cdot 0.33 \quad (\text{h})$$

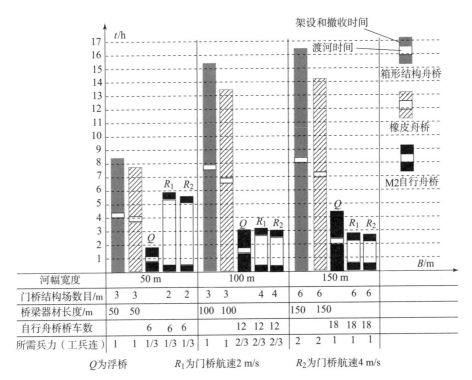

图 3-21　在河宽为 50~150m 时渡送 180 辆主战坦克的渡河时间比较

式中，C 为门桥结构场的数目；M 为所能提供的门桥数。M/C 为小时数，应向上进为整数，如 1.1 取 2。德军根据这项研究认为，德军需要大量装备两栖渡河器材以适应门桥渡河的要求。从架设和撤收时间上看，门桥渡河要比浮桥渡河优越，特别是在宽大江河上实施门桥渡河可不必耗费大量的兵力和渡河器材。在图 3-21 中所提出的门桥结构场数目，我们可以理解为可以为器材泛水、结构门桥以及实施门桥漕渡的码头的场所和数量，通常撤收时间等于架设时间。从图 3-21 可以看出，河宽为 50 m 时，结构了 2 个 3 车门桥，提供 2 个渡口进行门桥渡河作业；河宽 100 m 时，结构为 4 个 3 车门桥，提供 4 个渡口进行门桥渡河作业；河宽 150 m 时，结构为 6 个 3 车门桥，提供 6 个渡口进行门桥渡河作业。应该指出的是，图 3-21 所进行的门桥渡河和浮桥渡河的时间比较是基于特定渡河桥梁器材所开展的研究，其结论并不能成为认识事物的普遍规律，例如先进的自行舟桥，在门桥漕渡时，码头作业时间非常少，不需要打桩系留，也不需要带缆和解缆等岸边作业。先进的舟桥器材架设浮桥也与传统浮桥架设有所不同，我们只需要学习别人的研究方法，而并不需要照搬别人的研究结论。

3.9.2 对德军门桥渡河和浮桥渡河时间比较的分析与思考

以上是德军在 20 世纪 70 年代末根据当时德军现役渡河桥梁装备情况所进行的相关研究和所得出的相应结论。今天让我们再来看一下的话，这个结论并不能推广成为门桥渡河和浮桥渡河的一般规律。

第一，德军的研究忽略了构建渡口这项渡河工程保障中的准备工作。也就是说提供门桥结构场的工作并不是想要多少就可以提供多少，渡口和渡口进出路都可能需要遇到大量的土工作业，这些作业有可能需要花费大量的人力、物力和时间。

第二，门桥漕渡计算公式没有考虑流速对一个航次所花时间的影响，导致计算的一个航次时间偏少。

第三，一个航次计算中所提供的门桥平均航速偏高，门桥由静止加速到特定航速都需要具有一段加速距离，而在小河幅情况下，通常在不能达到规定的最高航速的情况下就需要减速靠岸了。直到目前为止，国际上比较先进的渡河桥梁器材，其满载门桥的最大航速也只有 10 km/h（2.8 m/s）左右。有经验的技术人员都知道，满载门桥的航速要达到 3 m/s 的话，加速距离可能在 100 m 以上，一般门桥的加速距离与门桥的功率有关，功率越大加速性能越好。因此以门桥平均航速为 2 m/s 比较符合实际情况。当然从图 3-21 中也可以看出，即使航速达到 4 m/s，一个航次的时间也没有出现实质性减少，这大概就是直到 21 世纪，自行门桥的满载最大航速大都控制在 10 km/h 左右的原因所在吧。

第四，参与渡河时间比较的渡河桥梁器材总的讲还是比较落后的，不属于现代舟桥器材。以 M2 自行舟桥为例，架设 150 m 浮桥的时间达到 1.94 h，撤收时间与架设时间相同，两者加在一起接近 4 h；而如果是带式舟桥，架设 150 m 浮桥的时间大约为 0.42 h，架设和撤收时间加在一起也不到 1 h，其桥梁渡河的效率非常高，且远远超过用 M2 自行舟桥进行门桥渡河。当然，如果采用 M3 自行舟桥进行门桥渡河，可能效率会高一些，可惜没有 M3 自行舟桥桥梁渡河和门桥渡河时间的相关资料和计算方法。

介绍德军关于门桥渡河和浮桥渡河的效率比较，只是为了介绍一种方法，而并不是要照搬外军的研究结果。笔者主要想通过对这个事例的介绍和所引发的思考，向读者传达这样的信息：由于实践经验的缺乏和思考问题的重点各不相同，在研究工作中我们会获得一些结论，但这些结论必然是特定对象和特定边界条件下的产物，而不是规律。即使实践经验较多，考虑问题比较全面，其研究成果依然是特定时期、特定对象和特定边界条件下的产物。任何后来者继承的应该是研究问题的立场、观点和方法，而不是继承某种结论，当然结论是可以参考的。从某种意义上讲，我军《渡河教范》一个航次时间计算、门桥渡送量计算以及一个码头可以容纳的门桥数量计算等理论要比德军的方法更为先进、实用,考虑问题也更全面。例如,在流速为 1.5 m/s 以下时,我军《渡河教范》给出的门桥一个航次时间计算公式为:

$$t = \frac{2(B+L)}{v} + t_0$$

而在流速大于 1.5 m/s 以时,则考虑了岸边流速的影响,门桥一个航次时间计算公式为:

$$t = \frac{2B}{v} + \frac{4L}{2v - v_0} + t_0$$

式中,L 为偏流距;v_0 为最大流速,岸边流速假设为最大流速的一半;其他符号同前。通常一对码头容纳的门桥数等于门桥一个航次时间除以码头作业时间的一半,但考虑到实际作业中可能出现的意外,我军《渡河教范》给出的一对码头容纳的门桥数计算公式为:

$$n = \frac{1.5\,t}{t_0}$$

而我军《渡河教范》给出的门桥渡场总的渡送时间为:

$$T_m = t \times \left(\frac{N}{nmC} + \frac{1}{2} \right) k$$

式中,N 为需渡送的车辆总数;m 为一个门桥所装车辆数;C 是渡口数(一对码头为一个渡口);k 为考虑出现故障等意外情况漕渡影响系数(k 取 1~1.5)。桥梁的通载时间计算公式为:

$$T_q = \frac{N(l+a) + B}{V} k$$

式中,l 为车辆长度;a 为车辆间距;B 为桥长;V 为车速;k 为考虑出现故障等意外情况渡河影响系数(按照 20 世纪 70 年代的车辆技术状况,k 取 1.2~2.5,通常 100 辆以上取 2,500 辆以上取 2.5;如果按照目前军用车辆的技术水平,影响系数 k 的取值应该适当减小,但不应小于 1.2)。用我军《渡河教范》提供的计算公式研究门桥渡河和浮桥渡河问题,一定比德军的研究更加真实可靠。

3.10 舟桥水上推进动力的设计与发展

架桥汽艇是舟桥器材的组成部分,是军队实施渡河工程保障所使用的主要水上动力。架桥汽艇除主要用于门桥漕渡和架设浮桥外,还可以遂行侦察、指挥、巡逻、运输和救护等一系列水上任务。架桥汽艇性能的好坏直接影响门桥渡河和浮桥渡河的效率。架桥汽艇的发展是随着舟桥器材的发展而发展的，更确切地讲，当今架桥汽艇主要是随着带式舟桥的发展而变化的。舷外机也是渡河器材水上动力的组成部分，它可与冲锋舟、侦察舟等配套使用，完成先遣分队强渡和偷渡江河障碍；舷外机也可以作为轻型门桥、甚至是重型门桥的配套水上动力，这种动力特别便于空中机动。

3.10.1 架桥汽艇的设计

架桥汽艇都具有陆上运输性能，以车载式为主，也有一些采用拖车式运输，因此汽艇外形尺寸要受到运输界限的限制，通常艇长不超过 8.6 m，艇宽不超过 3.2 m。架桥汽艇的重量一般不超过 6.5 t，多数汽艇的重量在 5 t 以内。架桥汽艇需要具有良好的浅水适应性，以便于舟桥器材在浅水中正常使用，能够迅速实施靠、离岸作业，一般架桥汽艇的吃水深度应控制在 0.40~1.0 m 的范围之内，采用螺旋桨（包括舵桨）推进的汽艇，其最大吃水通常都是螺旋桨底部到水面的距离；采用轴流喷水推进泵推进的汽艇，其最大吃水通常都是泵的吸水口底部或者叶轮底部到水面的距离；采用离心式喷水推进泵的汽艇，泵的吸水口底部与艇底平齐，艇的吃水在 30 cm 左右，例如德国 3 型汽艇如果不考虑用于架桥汽艇装卸的艇底滑道尺寸影响，艇的吃水不足 30 cm。因此，架桥汽艇的发展必须与带式舟桥的发展相匹配，并且采用相同的运输车辆和装卸方法。例如，德国 3 型汽艇重量为 5 t，外形尺寸为 7 m×3.26 m×1.4 m，发动机功率为 2×133 kW，系桩拉力 22 kN，自由航速在 30 km/h 以上，主要配套德国 FFB 带式舟桥和美国 RB 带式舟桥。

随着美、德带式舟桥的改进型（IRB、FFB2000）的出现，美军配套 IRB 带式舟桥的架桥汽艇也进行了升级，美新型架桥汽艇与德国 3 型架桥汽艇外形基本相同，但为了适应更高的流速，其系桩拉力也由 3 型架桥汽艇的 22 kN 提高到 29.8 kN，自由航速保持不变，发动机更轻，燃油效率更高。美军 RB 带式舟桥的适应流速为 2.5 m/s，这个性能与苏联 PMP 带式舟桥相同，RB 带式舟桥的配套水上动力为 27 英尺（8.23 m）的架桥汽艇，该艇的发动机功率为 2×66 kW，与 PMP 带式舟桥配套架桥汽艇（BMK – T）的发动机功率 132 kW 也相同。美军 27 英尺（8.23 m）架桥汽艇的空载自由航速较高（32 km/h），但系桩拉力偏小（15.6 kN），BMK – T 架桥汽艇的自由航速只有 17 km/h，系桩拉力达到 20 kN。27 英尺（8.23 m）架桥汽艇的多用途特性更为明显，渡送 10 名全副武装战斗人员的航速也接近 30 km/h。BMK – T 架桥汽艇专用性非常明确，用于架桥和门桥漕渡更为经济适用，平均油耗只有 20 L/h，续航时间达到 15 h 以上，而一般架桥汽艇的平均油耗多在 40~80 L/h 范围内，续航时间大约 4~6 h。IRB 带式舟桥的适应流速已经提高到 3.0 m/s 以上，浮桥适应流速可达

3.2 m/s，门桥可达 3.5 m/s，因此需要架桥汽艇的推力更大以适应其克服阻力的需要。如果带式舟桥的水动力稳定性不高，而架桥汽艇的推力和航速很高，则这种配套不能发挥出架桥汽艇的能力，也会造成一定的浪费。因此，架桥汽艇的设计，必须首先明确其配套舟桥器材的性能，然后根据配套舟桥器材的性能，确定其浮桥和门桥在规定流速条件下的单位长度水阻力，再根据一艘架桥汽艇所控制的门桥长度（门桥类型，如两舟门桥或者三舟门桥），确定出架桥汽艇的推力和成套器材应配套的汽艇数量，通过发动机选型、水上推进器设计，在保证推力的情况下，尽可能提高航速。如果考虑架桥汽艇承担多种任务，则可以通过水上推进器设计调整推力和航速之间的匹配关系。

目前，业内通常都比较看重架桥汽艇的最大航速，总觉得航速越高作战效能越高，其实架桥汽艇的效能体现在架桥汽艇使用的各个环节。实践表明，如果架桥汽艇的泛水装置设计不同，其泛水作业时间可以相差几十秒，而在一个 300 m 左右河幅的江河上实施门桥漕渡作业，高航速架桥汽艇所带来的效益只有区区几秒，并且带来较高的油耗。因此，工兵架桥汽艇的航速和推力的确定需要根据其作战使命进行科学论证，在兼具多用途的情况下，将航速提高到 30 km/h 以上甚至 40 km/h 都是适合的。但同时必须考虑运输重量、运输体积、燃油消耗和使用的经济性等多方面的因素，并非航速越高越好，也并非推力越大越好。另外，架桥汽艇需要提高其水上机动性能，以确保漕渡门桥的靠岸、离岸、转向、前进和后退都机动灵活。目前，舵桨、离心式喷水推进器可以实现任意方向的推力一致，而螺旋桨（含导管桨）、轴流喷水推进器的前进和后退牵引力却存在不同，根据对正车力与倒车力不同的 11 种外军架桥汽艇（含战斗支援艇）的统计看，倒车力通常是正车力的 0.375~0.723 倍，其均值在 0.5 以上。值得注意的是，倒车力是架桥汽艇使用时的重要指标，但目前还没有引起应有的重视，在现行水上动力设计中均未对倒车力提出具体技术要求，这在一些产品的设计中已经出现问题，汽艇倒车力的不足已经导致门桥靠、离岸的方便性和快速性受到影响，一些两栖装备的倒车力只有正车力的 0.2 倍左右，这是极不科学的。美军对 40 hp 舷外机倒车力的要求就高达 1.86 kN，这主要是为了门桥迅速离岸的需要。

提高架桥汽艇在浅水中的航行能力也是架桥汽艇设计的一个重要指标。架桥汽艇的推进器在浅水中使用，通常会出现供水不足、水草缠绕和进水口阻塞等现象，架桥汽艇吃水浅有助于门桥更接近岸边停靠，提高门桥的岸边适应性。架桥汽艇的浅水性能的改善主要取决于水上推进装置的创新，德国肖特尔公司的可 360°回转的离心泵式喷水推进器为改善架桥汽艇和自行舟桥的浅水适应性创造了技术条件，能够确保架桥汽艇在 0.4 m 左右水深的水域中自由航行。

架桥汽艇的艇体线形直接关系到架桥汽艇的使用性能。艇体线形取决于若干因素,包括浅吃水(以平底最佳)、稳性和机动性好(以 V 形并带龙骨最佳)、喷水推进装置工作可靠(进水口格栅在艇首翘起时不吸入空气,在浅水中航行不致吸进砾石)。这些要求显然存在矛盾之处,需要合理平衡上述要求。架桥汽艇的艇体线形设计一般采取的方法是:艇体头部呈明显 V 形,靠近中部 V 形变缓和,直到尾部都保持缓 V 形状,采用矮龙骨,在进水口格栅处适当加高。坚固龙骨可以承受装卸载集中载荷,从中部到尾部的形状相同,也简化了汽艇的装卸机构。为保证艇体在完全进水情况下不下沉,须在艇体内装填防火抗沉泡沫塑料,为了便于维修,这些塑料应能轻易地取出。采用可 360°回转的离心泵式喷水推进器作为架桥汽艇的推进动力时,可以考虑平底艇体,进一步降低汽艇吃水。同时要设置一定高度的艇底龙骨滑道,即可保证推进器进水顺畅,又可以保证汽艇的装卸。

3.10.2 架桥汽艇的发展

架桥汽艇的发展可能呈现两种不同的状态:一种是多用途工兵支援汽艇,而另一种是带水上动力的桥节舟。前一种情况是弱化汽艇的架桥功能,以运送人员、物资,进行江河工程侦察、水上巡逻、水上机动指挥、水上布雷和扫雷、水上救护等为主,兼顾架设浮桥和进行门桥漕渡作业功能。后者则需要利用技术的进步,如小型化、扁平化、轻量化的发动机、离心泵式喷水推进器、现代船艇操控技术的应用,甚至可以考虑混合动力、电传动和液力传动技术的应用,将过去的架桥汽艇变为融汽艇和舟桥功能二者为一体的动力舟模块,进一步紧凑舟桥器材,减少运输车辆和作业人员。目前,俄罗斯 PP - 91 带式舟桥已装备了融汽艇和舟桥功能二者为一体的动力舟,美军也在考虑给带式舟桥加装水上动力系统,俄罗斯最新型自行舟桥采用两套动力系统,可以将舟桥和底盘分开,底盘有一套陆上动力系统(实质是一种通用履带式机动平台),舟桥有一套水上动力系统。舟桥通过履带运输平台由陆路运送到渡口并泛水,舟桥泛水即为一个漕渡门桥或者桥节门桥,能迅速实施渡河工程保障作业,门桥空载吃水约 20 cm,承载能力达 60 t。这种自行舟桥在我军被称作冲击门桥或者机动门桥。采用两套动力系统的目的是为了实现一种平台多种负载和一种负载多种平台。将来的架桥汽艇,发动机将更先进,燃油效率更高,更加节能环保。动力舟的操纵将实现半自动化、自动化,水中运动更加机动灵活,传感器和控制技术的运用将使门桥的靠岸更加精确、方便,运输方式更加通用化(与配套舟桥器材的运输方式相同),在空中运输性能、隐身性能等方面都会有新的突破。为了减少人员作业危险,还将会发展多用途无人工兵汽艇。

3.10.3 舷外机的发展

舷外机首先是按照"通用化、系列化和组合化"的技术要求发展相应的产品。舷外机按照功率大小可以分成三大类：小马力舷外机（3～25 hp）、中马力舷外机（25～55 hp）和大马力舷外机（55 hp马力以上）。作为漕渡门桥动力的舷外机，应该选择55 hp马力以上的大马力舷外机，倒挡推力应不低于前进挡推力的50%。发展军用舷外机主要面临以下几个方面的任务：一是提高舷外机的安全性，发展新型动力舷外机；二是减轻舷外机重量，方便舷外机的使用；三是节能环保，提高舷外机的经济性能；四是提高舷外机的隐身性能和耐用性能，确保舷外机的使用效能；五是发展电动舷外机和喷水推进舷外机。喷水推进舷外机，可以利用螺旋桨舷外机的发动机，将离心式喷水推进泵工作叶轮直接安装在垂直传动轴上，泵的吸水口朝下，并设置格栅防护，防止水草和其他物体进入喷水泵内部。离心式喷水泵的效率不高，但结构简单，可以省去直角齿轮传动机构和分离式联轴节，推进泵不会像螺旋桨那么容易受到损坏。离心式喷水泵应用于舷外机，由于降低了摩擦损失，因此在某些流体力学性能方面要比轴流式喷水泵优越，这是因为离心式喷水泵的喷水管表面只有很小一部分受到水流的冲刷。

3.11 冬季渡河和冰上渡河

冬季渡河是渡河桥梁器材使用不可回避的问题，美、俄等军事强国对冬季渡河非常重视，并进行过相关实践探索，取得的经验如下：

在冬季架设带式舟桥，如果冰层厚度在30 cm以上，且冰面光滑，可以直接在冰面上连接桥节舟成桥，然后将桥的上下游位置的冰层炸开，使桥落入水中，形成浮桥。带式舟桥的桥节舟通常在水中才能自动展开，在岸边展开需要采取强制措施，如用汽车绞盘钢索将折叠桥节舟拉开。冰层较厚时，可用车辆在冰上牵引桥节舟并实施桥节舟连接，可在冰上为桥节舟舟底的连接接头凿出一些导槽以方便桥节舟连接。冰面爆破，应在冰层上钻装药孔，药孔间距10 m，距离桥的上下游各20 m，钻孔装药比表面直接放置炸药效果更好。

当冰层不足30 cm或者冰面高低不平时，需要破冰开辟一条宽10～12 m、长约20 m的水道，将桥节舟泛水后连接，桥轴线上的其余冰层可以用爆破方法开通。前期开辟的水道，可以用链锯锯开，锯成约4 m×6 m的冰块。水较深时，将冰块压推到冰层之下；若水较浅，可将冰块拖到冰层之上。浮桥的固定可以利用冰层作为约束。以上是苏联军队使用PMP带式舟桥在冬季渡河的方法。

美军第一次进行冬季渡河试验，使用了铝合金带式舟桥，采用炸药在冰层厚为25.4 cm、河宽122 m的情况下炸开一条长27.5 m的水道，爆破后水道内充满碎浮冰,导致折叠的桥节舟泛水时无法完全展开,撤收时也无法完全折叠。这次试验表明,冬季渡河,使用带式舟桥,须将水道内的碎浮冰清除之后方可进行桥节舟泛水、连接和撤收等渡河作业。

美军此后又进行了一次冬季渡河试验。这次试验汲取了上一次试验的经验和教训,先采用推土机沿河岸行驶,将冰推向下游约 90 m 处,推土机需要往返几次,在下游上岸,从陆路回到出发点,再向下游推冰,开出一片水面,以便将渡河水道中的冰块转移到里面去。清除渡河水道冰层的方法有两种:一种方法是爆破法,通过爆破将冰层炸开,然后用汽艇将冰块推送到岸边,再由推土机将冰块推送到预先开出的水面上。另一种方法是用链锯在渡河水道上锯冰,再由推土机将锯下的冰块推送到预先开出的水面上。然后在无冰的水道内进行桥节舟的展开、连接和渡河作业,整个作业时间约为 2.75 小时。

通过外军冬季渡河的方法介绍以及冬季渡河对渡河器材可能造成的影响,渡河桥梁产品的设计者可以在产品开发中有针对性地设计相应的结构连接形式和器材使用方法,使产品更加适应冬季渡河或者为部队提供有针对性的使用方法。

3.12 两栖舟桥(自行舟桥)的设计和发展

自行舟桥的设计包含了水陆两栖底盘及其上装舟桥结构两个部分的设计,首先是水陆车辆的设计,然后是舟桥结构设计并考虑舟桥使用时对车辆的影响,同时也要考虑车辆行驶时可能给舟桥结构带来的影响。自行舟桥首先是一种水陆两栖车辆,从水陆两栖车辆设计的角度讲可以分为陆上设计和水上设计。水陆两栖车辆也有履带底盘和轮式底盘之分,两种底盘孰优孰劣,目前国际上也没有统一的意见。例如,在模块化冲击桥装备的发展上,开始是法德两国联合研制,但最后分道扬镳。德国为了考虑其与国内冲击桥的兼容,选择了履带底盘,而法国则选择了轮式底盘甚至还使用了拖车。从目前两种底盘共存的情况看,履带车辆更强调越野和防护,而轮式车辆更强调灵活机动。在自行舟桥产品的研发上,PMM 系列自行舟桥最开始是使用轮式 8×8 越野底盘,但可能是由于缺乏设计经验或者是由于车辆工业技术方面的原因(如底盘承载能力小和车桥不能收起等因素),导致门桥承载能力不能满足军事装备的发展要求,PMM 轮式自行舟桥自身的出、入水和岸边适应性能也不太理想,最终通过使用履带底盘的 PMM-2M 才解决了 PMM 轮式自行舟桥所存在的技术问题。

自行舟桥是选用轮式车辆还是履带车辆作为其运载作业平台,这是自行舟桥设计师无法回避的一个问题。人们通常会认为,履带式车辆防护能力强、越野性能高,特别适合保障第一梯队强渡江河的要求。但随着技术的进步,轮式车辆的越野能力和防护能力已经获得空前提高,而武器精确打击能力及其战斗部威力的提高,已经使履带车辆的战场表现有所降低,在某种情况下可能还稍显笨拙。现代地面作战,对战斗力量的机动能力和保障性提出了很高的要求,因此也凸现了提高车辆机动性和经济性的重要性。与轮式车辆相比,履带车辆主要存在如下几个问题。首先,造价昂贵。履带车辆的造价通常是轮式车辆造价的 2~6 倍,例如,一辆重型机械化路面车的轮式底盘价格在 45 万元左右,经过改装,加作业机构的价格大约为 70 万元,而一辆两栖装甲路面车的履带底盘价格在 330 万元左右。

其次,寿命太短。根据有关文献介绍,德国最好的豹 2 坦克,其使用寿命只有 10 000 km 的行驶里程,加之履带车辆乘员舒适性较差,因此只能短距离行军,大范围长距离机动只能依靠坦克运输平板车行动。

履带易于脱落。重型履带车辆通常需要加大履带的接地长度,由于履带车辆与地面摩擦相当厉害,因而导致履带易在车辆转弯时发生脱落,降低了履带车辆的使用可靠性。最后,使用的经济性较差。现代战争比的就是一个国家的综合实力,其中经济实力不可忽视。重型履带装备为增大机动性能,其主机功率大都在 830~1 400 hp 范围以内,这就使车辆燃油的消耗成倍增加,例如,豹 1 坦克的油耗为 140 L/h,豹 2 坦克的油耗为 250 L/h,这无疑将增加后勤保障的负担和使用成本。而德国 EWK 公司研制的轮式越野车辆的油耗只有 56 L/h。而这样的轮式越野车辆的机动能力比起履带车辆是有过之而无不及,例如,法国 EFA 轮式自行舟桥在其宣传推广片中,就将坦克与 EFA 轮式自行舟桥放在一起越野机动,在坦克都行走吃力的越野路上,EFA 轮式自行舟桥能够轻松伴随坦克部队机动。又例如豹 1 坦克履带对地面的压力为 0.85 kg/cm^2,豹 2 坦克为 0.75 kg/cm^2;而 EWK 公司研制的轮式越野车辆通过轮胎气压自动调整,轮胎对地面的压力可以控制在 0.35~1.20 kg/cm^2 之间,其垂直爬高能力为 1.65 m,越沟宽度为 2.0 m,轮胎遭受破坏后仍能低速行走 4 km,配有两个可 360°全向水上推进装置,能够适应各种水域环境。基于上述原因,在进入 20 世纪 80 年代以后,发达国家的新型渡河桥梁产品,绝大多数都采用轮式车辆作为运载作业平台,但主要伴随主战坦克机动的冲击桥装备大多采用履带车辆底盘。因此,本节主要介绍轮式自行舟桥的有关设计考虑。

3.12.1 陆上设计

轮式两栖车辆的陆上设计的初步目标是确定车体的外形和轮廓尺寸。而外形尺寸与载重量和装载甲板尺寸关系密切,同时可以估算动力系统的尺寸、重量,再根据这些数据估算发动机机舱的尺寸。在考虑上述数据时,要考虑其在海滩上、公路上、乡村土路上以及利用火车或船舶运输时的机动性问题,宽度和高度的尺寸受公路运输界限限制。就陆上设计而言，车辆长度主要受到机动要求和铁路运输尺寸范围的限制。水上和动力系统设计也对外形尺寸确定产生影响。此外，离地间隙、接近角、离去角、入水角和悬挂装置也对外形产生影响。从使用经验来看，接近角、离去角应尽可能接近 30°，入水角确定为 15°，入水角过大容易导致车体纵倾和驾驶室进水，离地间隙为 0.6 m。车桥和车架必须具备足够的强度，不仅能满足承受静载，而且可以承受 4 g 的动载冲击。

3.12.2 水上设计

水上设计主要有舟体（车体）设计和推进器设计。在舟体设计中，水陆车与架桥汽艇的差别不大，其差别在于架桥汽艇要考虑车辆装卸，而水陆车不需要考虑；架桥汽艇线形比较顺畅，而水陆车的轮胎和轮穴破坏了舟体（车体）的光顺性，影响了水上推进效率。轮穴使空气能够进入螺旋桨的隧道并使螺旋桨产生空泡现象。人们为减少这种影响进行过很多努力，但都未得到预期效果。即使从外边完全盖住轮穴和使轮穴结构光顺也不起作用，改变隧道形状也不能消除空气的进入。美军在 20 世纪 60 年代初认为，这种情况在没有车轮收起措施的情况下很难消除。轮穴还导致舟体损失了 16% 的静水航速。轮式自行舟桥考虑到其出、入水性能和岸边适应性能，一般都要设置车桥（车轮）收起机构，并且具备轮胎自动充放气功能。轮式自行舟桥的水上推进装置也与一般水陆车辆有所不同，水上推进器种类的选择与自行舟桥的吃水有关，吃水较大时可以考虑导管桨或者舵桨，考虑保证足够的排水量时，可以考虑采用离心泵式喷水推进器。水陆车与架桥汽艇的不同在于它比架桥汽艇的通风冷却要求更高，难度更大，因为水陆车的机舱结构比架桥汽艇更复杂，空间更狭小，因此对机舱设备尺寸的要求更苛刻。

3.12.3 舟桥结构设计

从舟桥设计的角度讲，自行舟桥的外形尺寸必须在满足运输界限的情况下尽可能增加自行舟桥的排水体积。陆上运输时，产品尺寸符合运输界限要求，在水上作门桥使用时，展开面积要大，重心应尽可能低，以确保门桥的浮性和稳性，尤其是在动水情况下的水动力稳定性。舟桥主要承重结构通常与车辆承重结构（车架）相互独立，它们之间的连接关系以限制各自的线位移为主，不传递各自所承受的弯矩，还要考虑作舟桥使用时可能对车辆系统造成的影响，尤其是可能引起车桥、悬挂等部件超载。与此同时，也要考虑合理分配舟体（车体）与车架之间的固定支点，并且对固定支点部位的舟体给予适当局部加强。否则，车辆在越野机动过程中，由于车架变形和惯性作用，将会带动舟体运动，导致固定支点失效，进而引起舟体在支点部位出现开裂现象。

第 3 章 渡河桥梁器材研发方法

3.12.4 未来水陆车辆

这里所讲的水陆车辆,是直接用于运输人员、物资、设备登陆的水陆输送车辆。未来设想这样的水陆车应具备较高的水上和陆上行驶速度,要求越野通过性更好,可在雪地、泥泞地、热带和寒带地区机动。提高水上航速选择了两种舟型——滑行体型和水翼体型,这两种车体形式都要求收起车轮和封盖住轮穴并使用高速水上推进系统。滑行体和水翼体都能增加较大的水上航速,并且不受舟体方形系数的影响。滑行体的水阻力随流经舟体表面水的相对速度的增加而增加,而水翼体则随水翼接触面积的增加而增加,因此滑行舟体比排水型舟体的航速要高,因为舟体的形状阻力大大降低了,由于水翼与水的接触面积减小了,因而速度增加得更高。水面式水翼体较为经济但使用性能较差,全潜式水翼体在波浪中航行较为平稳但经济性较差,螺旋桨的转速必须高得足以利用水翼体低阻力的优点。使用普通螺旋桨,要求采用小螺距,以便使发动机的转速高到足以使车体处于滑行状态。如果螺旋桨的螺距较大,则需要采用高速发动机,以便达到所要求的航速。水翼艇的阻力小,在航速达到 65~74 km/h 时,阻力不会变得很大。当功率不变时,推力随阻力增加而下降,当推力等于阻力时,艇体达到临界速度。燃气轮机转速高,适合水翼艇使用。如果采用低速发动机,要达到相同的速度就需要采用变螺距螺旋桨。当然采用压缩空气使舟体离开水面也是降低阻力的一种方法,舟体在气垫上行驶,侧向力控制方向,也可以满足未来两栖车辆的机动要求。提高水上航速的目的主要是应对渡海登陆作战的要求,从渡江河登陆作战的角度讲,如果河幅狭窄,水陆车的航速是不可能得到充分发挥的。

3.12.5 未来自行舟桥

未来自行舟桥是随科学技术的进步而不断发展的。自行舟桥集车、船、桥三者的功能于一体,且相互不能分割,其机动性能和水陆转换性能与传统带式舟桥相比,无疑取得了很大的进步。但事物总是存在着两面性,既有好的一面,也必然会有不足的一面,完全忽略不好的一面也是不可取的。例如,自行舟桥将车、船、桥三者集于一身后,由于门桥受到底盘车的羁绊,自重大、吃水深,其水上性能和漕渡性能必然会出现不同程度的下降,如承载能力低、适应流速小等。特别是随着各国对军队空中机动能力要求的重视,渡河桥梁产品的可空运性也被提到重要位置,这就促使我们需要解决自行舟桥的底盘羁绊问题。2007 年俄罗斯军事技术装备展上首次公布的俄罗斯新型自行门桥就颠覆了自行门桥集舟桥、车辆和渡船一体化的设计构思。该新型自行舟桥可分为陆上机动平台和水上机动门桥,将车辆动力与船舶动力彻底分开,实现了一种平台多种负载的需要。陆上机动平台只负责水上机动门桥的陆上运输和泛水、装车，水上机动门桥可以用于结构漕渡门桥或者架设浮桥。由于水上机动门桥可以摆脱陆上运输底盘的羁绊，实现门桥和运输车辆分离，这就为直升机吊运和实现大型运输机空运创造了条件。我们可以设想一下，如果一个集舟桥、车辆、渡船三者功能于一身的自行舟桥的全重是 26 t，一个外形尺寸与之相当的新型自行舟桥的全重可能在 30 t 左右。当水上机动门桥与陆上机动平台分离后，水上机动门桥的重量可能只有 18 t 或者更低，这种水上机动门桥可以单独空中机动并且直接投放到需要实施渡河的水域，不但增加了自行舟桥的空中机动能力，在摆脱底盘羁绊后，其水上机动性能和承载能力也获得相应提高。例如，PMM‐2M 自行舟桥单车门桥的承载能力为 42.5 t，而俄新型自行舟桥的单车门桥的承载能力就可达到 60 t；PMM‐2M 单车门桥自重吃水 1.4 m，满载吃水 1.8 m，而俄新型自行舟桥的单车门桥的自重吃水在 0.2 m 左右，满载吃水大约为 0.7 m，其门桥靠岸时岸边适应性、门桥航速、门桥的水动力稳定性以及燃油消耗都将获得质的飞跃，浮桥的适应流速也将获得很大提高。

这种水上机动门桥，如果被设计成拖车式机动门桥，还可以进一步降低器材造价和使用成本，公路机动可由军用载重汽车牵引，越野机动可由履带战车牵引和泛水，还可以大范围远距离快速空中机动，战场使用机动灵活，可靠性高于一般车、船、桥一体的自行舟桥。在抗震救灾和抗洪抢险中，也可以迅速到达道路受阻的灾区水域从事救灾工作，因此这种拖车式自行舟桥也应该是自行舟桥的一个发展方向。这种自行舟桥最大的特点就是降低了自行舟桥的设计难度和制造成本，有效提高了自行舟桥的水上性能。缺点是降低了自行舟桥的水陆转换性能。从门桥漕渡效能的观点看，门桥靠离岸和上下载占门桥一个航次时间的比例较大，对操作手的技术要求较高，因此需要运用传感器技术、自动控制技术和计算机技术实现门桥靠离岸作业的半自动化或者自动化，最大限度地减少漕渡门桥岸边作业时间。

3.12.6 渡海登陆作战

美军专家得出结论，军队应使用两种自行登陆器材，一种是履带式装甲车辆，另一种是轮式非装甲车辆。前者是在登陆突击队（第一梯队）冒着敌火上陆时使用，后者是在登陆后继梯队和后勤部队上陆时使用，为第一梯队运送各种补给。美军的 LARC‐5 和 LARC‐15 水陆车为铝质车体，刚性悬挂，宽胎车轮减震，4×4 转向驱动车桥，首部设翻转跳板，便于货物装卸，尾部设驾驶舱和水上推进器，陆上行驶时尾部在前。

随着敌方防御能力和精确打击能力的提高，过去那种在距离陆地 4 km 左右的海面上使用两栖车辆登陆的方式，将使运载登陆车辆的母船和支援登陆的舰

第3章 渡河桥梁器材研发方法

船处于非常危险的境地。为了改变这种登陆方式，要求新型两栖登陆车辆选择在距离陆地 45 km 以外的海面上实施登陆行动，这就要求新型两栖车辆的水上航速是原两栖车辆的 3~4 倍，如果水上航速还保持在 14 km/h 左右，就会导致水上航行时间过长，增加了遭敌火力打击的危险。因此，作为渡海登陆作战的两栖车辆，其水上航速应该为 45~60 km/h，或者更高。这就要求新型两栖车辆在水中由排水型船体变为滑行型船体，即是一种在水面上以滑行方式前行的喷水滑行车辆。这种车辆利用气垫原理，通过高压空气将车体提升到水面之上；或者将车底制成特殊形式，当高速前行时就会产生一种升力，将车体托升到水面之上。这种车辆陆上功率大约需要 440 kW，但水上功率大约需要 1 750~2 200 kW，普通活塞式发动机根本无法胜任，必须使用燃气轮机或者转子发动机。转子发动机具有重量轻、结构紧凑、振动小的特点。新型两栖车辆可以使用两台 1 100 kW 左右的转子发动机作为动力。喷水滑行车和气垫车是两种可供比较的方案，需要研究的问题很多，如航行稳定性和舒适性问题，车体结构材料问题等。

发达国家随着工业化进程的逐步完善，从 20 世纪 70 年代中期就开始了高速水陆两用汽车的探索研究。发达国家的军事专家根据军事技术的发展趋势，得出未来登陆战役中登陆舰必须停泊在距离岸边较远的地方，他们认为这个距离可能达到 80 km，也就是说登陆器材必须克服很长一段的水上航渡距离，在这种情况下，唯有大力提高登陆车辆的水上航速，才有可能大大降低登陆器材被摧毁的可能性。美军当时打算研制水上航速可达 65 km/h 的 5 t 水陆两用汽车，并且考虑采用滑行车体和 1 500 hp 的燃气轮机，还进行过装有 1 000 hp 燃气轮机的水翼汽车试验，论证过载重 5 t 和 15 t 气垫登陆汽车的战术技术要求。美军研制的 LACV-30 气垫船，载重量 30 t，战斗全重约 52 t，长 23.4 m，宽 11.2 m，载货甲板面积 155 m²，装有两台 1 400 hp 发动机，最大功率可达 1 800 hp，船上设置了装卸设备和降噪设备。能够克服 0.9 m 高的垂直障碍、20% 的纵坡和 6% 的横坡，能跨越 3.6 m 宽、3 m 深的壕沟；时速为 93 km/h，最大航速为 111 km/h，高速航行时的转弯半径为 305~610 m；能适应 -40℃ 低温，能够在 15.5~26 m/s 的风速条件下机动，一台发动机也能保证气垫船工作，续航力为 5 h。

苏军的军用气垫船，战斗全重约 27 t，长 22.20 m，宽 7.85 m，用两台 780 hp 的燃气涡轮发动机为气垫船提供前进动力，用一台 780 hp 的燃气涡轮发动机为气垫船提供垫升动力，最大航速达到 106 km/h，承载能力为 50 名战斗人员。

水陆两用输送车可以用于载渡战斗人员、火炮、载重汽车和其他作战物资，在浮桥渡河和门桥渡河中遂行特殊任务，如消防、救护和警戒等。带拖车的水陆两用输送车载渡牵引火炮等兵器快速克服水障碍登陆。早期的苏联水陆输送车，履带底盘，陆上载重 5 t，水上载重 10 t，公路行驶速度 30 km/h 左右，越野行驶速度 20 km/h 左右；载重 5 t 时的燃油消耗为 130~140 L/100 km，水上载重 10 t

时的燃油消耗为 60 L/h。公路续航里程 470~500 km，水上续航时间 11 h。这种车辆的陆上机动速度和燃油消耗已经不符合现代战场的运动节奏和节能环保的要求。

强渡宽大水域、海峡和海湾时，海军陆战队需要使用水陆两用装甲人员输送车，并将水上行驶速度从常规的 14 km/h 左右提高到 60 km/h 以上，登陆气垫船的航速可以达到 100 km/h 以上。从发达国家的研究情况看，最有可能提高渡河效率的新理论是气垫原理。采用气垫运输平台可以大幅提高渡河器材的机动能力、行驶速度和载重量，气垫运输平台还大大降低了克服江河上爆炸性障碍物的难度，使军队易于从行进间快速强渡江河，并极大地减少了构筑和维修渡口及其进出路所需的人员。美军的战争实践表明，用气垫船遂行陆战任务，仅适用于宽大江河的河口或者海湾，由于重量和尺寸较大，在内陆广泛区域内的机动存在问题。为解决气垫船的陆上机动问题，美军在 20 世纪 70 年代研制了"船夫"气垫运输平台，该平台载重量 22.5 t，为可分解结构。即气垫运输平台可以分解成 11 个单元，每个单元重量在 2 t 以内，可用普通运输车辆载运，单元组合成气垫运输平台后，在任何平坦地面或者水面上的行驶速度可达 90 km/h。目前美国海军陆战队在两栖登陆作战中使用的大型气垫船基本属于"船夫"气垫运输平台的变形设计，主要用来取代美军早期的水陆两用输送车和气垫输送车。美军还研制了一种水陆两用气垫装甲人员输送车供登陆兵使用，这种新式输送车具有气垫和油气悬挂履带，水上航行时，履带行走系可以收入车体的专用舱穴内。陆上行驶速度 90 km/h，水上行驶速度 110 km/h。

我军在建设海洋强国的道路上，也必须大力注重气垫运输平台的研究开发和装备建设工作，还要研究气垫船登上沙质海滩时的沙层对气垫船行驶能见度和相关设备的影响，确保人员登陆安全和设备运转可靠。

3.13 架桥拖车（拖车式冲击桥）

冲击桥对于直接保障战场上突击部队的机动有着极其重要的意义。装甲突击部队在发起冲击时往往会遇到诸如防坦克壕沟一类的障碍，因此需要冲击桥伴随其冲击，并在遇到壕沟等障碍时快速前出架设桥梁，供主战坦克和装甲战车快速克服障碍连续向前推进。这种架桥车架桥速度快并且架设和撤收时人员可以获得可靠的装甲防护。带桥脚的固定桥一般用于敌直瞄火力范围之外的地带，也可用于替换行军路线上由架桥坦克所架设的桥梁。从目前的架桥坦克架设原理上看，一种是将桥节铰接连接，运输时两个桥节或者三个桥节折叠在一起，架设时桥节以剪刀式方式展开。而另一种是将桥节叠放在一起，桥节可以是一节、两节或者三节，桥节以平推方式向前方推出，并且进行前、后桥节之间的连接，最后将桥梁架设到对岸。两种桥梁结构和架设原理各有利弊，有专家认为剪刀式桥梁的主要缺点在于容易暴露目标，由于架设高度较大，会在架桥正面突然露出一段面积，随着架桥的继续，这个暴露面积会在 1~2 min 内自动消失。这种暴露主要针对可见光侦察，即在白天可能会被肉眼发现，夜间并不是问题。从冲击桥的角度讲，主要在近距离交战中使用并且受到敌直瞄火力威胁，暴不暴露目标其实意义不是很大，只是制造商推销产品的一个噱头而已。平推式桥梁由于架设高度较低，因此不存在剪刀式桥梁的问题，但很多设计人员也提出了平推式桥梁的一些局限性，如桥节相互连接比较困难，架桥动作的连贯性较差，架设时容易被空中雷达侦察，等等。相信不同观点的争论还将继续，但只要它们满足军方要求和战术技术指标要求，这些有关方案利弊的争论都是毫无意义的。桥梁架设在 3 min 左右，通车使用可能在 30 min 以上，两种方案应对空中侦察的暴露特征都是一样的。

笔者认为，这种争论意义不大，采取何种方式，需要通过具体设计工作，根据结构材料特性、桥梁架设受力分析、外购液压设备特性、装车重量、生产加工特性、设计者自我测试的成功把握等因素，才能判断采取何种方式更为成熟可靠。不进行具体设计或者说没有具体设计实践的人，对两种方式的评价都是没有说服力的。例如我军第一代山地轻型伴随桥方案论证就出现过这样的有趣现象：当时产品设计者所在单位多数人认为平推式方案比较优越，应该作为第一方案，并且对剪刀式方案可能存在的技术难点提出了质疑，因为方案设计者曾经有过剪刀式桥梁的设计实践和经验教训，当然也有部分设计者对剪刀式方案仍然情有独钟。因此这两个方案同时被提交到方案评审会，结果设计单位之外的评审专家则一致认为剪刀式方案要优于平推式方案，因为其中一些评审专家有过平推式方案的设计实践和经验教训，他们对平推式方案的难点和不足有着切身的体会，因此极力主张选择剪刀式方案。一些专家也对设计单位担忧的液压油缸和液压绞盘同步工作问题进行了理论反驳。在这种情况下为了进一步进行比较，最终将两个方案同时进行了样机研制，最终结果表明，两个方案都能满足战术技术指标要求，原理上都没有问题。剪刀式方案采用铝合金桥梁结构，平推式方案采用钢质桥梁结构。其中，剪刀式方案还进行过样机自动化架设桥梁的探索，在场地条件固定的情况下，剪刀式桥梁可实现一键架设，即通过控制系统和计算机，作业手在计算机上敲下开始键，桥梁架设即可自动完成。可惜当时这项工作没有继续深入，最后用户选择了平推式方案，因为钢质桥梁结构更适合部队使用维护，可以进行基层级维修。更为有趣的是剪刀式伴随桥研究成果获得军队科技进步一等奖，而事隔一年后平推式伴随桥只获得军队科技进步二等奖，随后又获得国家科技进步三等奖。根据随后的使用情况看，剪刀式桥梁如果设计考虑不周或者操作失误，由液压油缸和液压绞盘工作不协调所造成的事故依然会发生，因为液压卸荷阀对瞬间高压反应并不敏感，专家们的理论属于纸上谈兵。同样，平推式桥梁由于技术设计的不成熟，出现的故障也非常多，有桥节连接方面的问题，有结构刚度方面的问题，有机械零部件产品性能方面的问题，也有材料使用中未得到彻底解决的技术问题。因此，无论何种方案，积累经验、精细设计、精工制造、精益求精，就可以为部队提供好用、管用和实用的冲击桥装备。

对于一个能在全球快速部署的军队来说，特别是对于海军陆战队来说，究竟应该研制什么样的冲击桥是一个值得探讨的问题。美军海军陆战队认为，这种冲击桥首先应该能够满足《美英德军用架桥装备设计与试验三国规范》载重量MLC70的要求，这种冲击桥不应采用把坦克改装成无炮塔架桥车的形式，这种做法会减少数量本来就不多的主战坦克。但这种冲击桥可以用主战坦克或者载重汽车牵引，公路机动用载重汽车牵引，越野机动由主战坦克牵引，这是一种拖车式冲击桥，或者叫架桥拖车（见图3–22）。

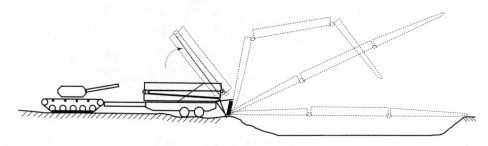

图3–22 用主战坦克架设拖车式冲击桥

采用双车桥拖车，拖车上装有柴油发动机（也可以考虑蓄电池和直流电机，或者为双动力系统）为架桥液压系统提供动力，液压系统和架设机构基本可以参照我军山地轻型伴随桥的二次剪刀式架桥方式，这种架桥方式在1995年曾经实现过一键自动化架设，实现遥控架设具有一定技术基础。桥梁为双铰三桥节结构，采用二次剪刀式架设方法，桥梁展开长度在24 m左右，载有桥梁的架桥拖车全重在18 t左右（参与架桥的坦克、装甲车或者重型卡车作为桥梁架设的平衡重，其重量应与架桥拖车相匹配），桥跨的自身重量在10 t左右。用运输机装运时，需要将桥宽从3.8 m左右缩减到2.9 m（采用机械化桥常用的加宽板结构），为了限制空运高度，车桥可以拆卸。架桥拖车能够架设和撤收自身携带的桥梁，如果可能，应考虑还能够架设、撤收陆军现役的冲击桥。据说美军海军陆战队大约需要60辆桥车（拖车）和90套桥梁。架桥拖车可以用任何坦克、装甲人员输送车（步兵战车）或者15 t以上的载重卡车牵引并在驾驶室内进行架桥作业，坦克、装甲车或者载重卡车为架桥作业提供必要的平衡力矩。架桥作业为5 min，撤收作业为10 min。架桥作业为程序控制，无线遥控。架桥拖车

第 3 章 渡河桥梁器材研发方法

也可以作为桥梁运输车,可装运更多的冲击桥桥跨,以配合架桥坦克(近距离支援桥或者叫冲击桥)在战斗地域架设或者撤收桥梁。

随着国家社会经济发展水平的不断提高,一些人在渡河桥梁装备的发展上也逐渐大手大脚起来,对拖车装备的开发不热衷不积极,认为其战斗效能不高。这部分同志并没有从体系作战和体系对抗的角度思考问题,拖车装备应该也必须是装备体系中的一个重要组成部分,对于军队形成战斗力作用巨大。相反一些各自为政的装备,单独看性能优越但造价昂贵,而从体系建设看,由于价格昂贵,财政无法支持,体系贡献率不高,因而无法形成整体战斗力。

|3.14 渡河桥梁器材的发展必须着眼体系作战的需要|

渡河桥梁器材的发展必须与诸军兵种一体化联合作战的特点和要求相适应。俄罗斯和英国在渡河桥梁产品的发展上,都考虑了体系作战的特点,利用渡河桥梁器材及其专业技术优势,开发了可以构筑陆基和水基(海基)飞机起降跑道、大面积水上工程平台等适合多军兵种联合作战的机动工程保障设施,为在特殊情况下的飞机起降、维护保养和后勤保障提供相应的工程兵支援。例如,英国皇家陆军利用 MGB 中型桁梁桥器材和技术,与皇家空军和海军协作,利用中型桁梁桥桥节的连接间隙以及快速拼装结构技术,在中型桁梁桥桥梁基本构件的基础上,开发了供鹞式飞机进行短道起飞的"滑跳式起飞跑道"(见图 3 - 23)。

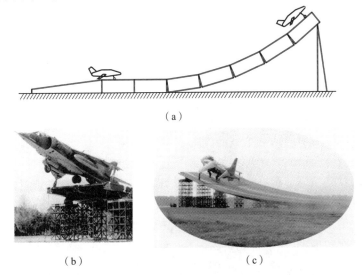

图 3 - 23 用 MGB 中型桁梁桥构筑的滑跳式起飞跑道
(a)起飞跑道示意图;(b)起飞跑道局部结构;(c)起飞跑道全部结构

渡河桥梁产品研发方法

这种跑道可以在前方野战机场构筑陆基起飞跑道，增加鹞式飞机的作战半径和作战时间，如果在一些大型的民用商船上事先隐藏几架作战飞机，这种快速拼装的飞机起飞跑道也可以运用于在海面上航行的大型商船上，在商船的甲板上构筑海基起飞跑道，保障事先隐藏的战机突然升空，对敌实施出其不意的攻击。在战时，一些正在飞行的战机可能会因为某些特殊原因无法返回机场降落而是降落在高等级公路的某个地段上，如果高等级公路路面遭受破坏就会影响作战飞机在这一路段的起飞，运用这种快速拼装的飞机起飞跑道就可以保障因意外而降落在高等级公路上的作战飞机重新起飞。俄罗斯在著名的 ПМП 带式舟桥器材技术的基础上，开发了可供中型运输机或直升机使用的水上起降平台，还开发了海上登陆平台以及作为"组合式气垫门桥"的上部结构（正在试验中）。这些渡河桥梁器材的发展路径都是值得我们借鉴的。目前我们也在强调联合作战工程保障，但如何将联合作战的思想完全地融入作战准备和装备研发，还需要不断学习、研究和创新，只为陆军机动保障的观念需要尽快改变。联合作战的目的就是发挥各军兵种的作战特长、加强优势互补，陆军可以支援其他军兵种，其他军兵种也可以支援陆军，有效盘活战区内的所有物质条件和作战力量，以最小的投入实现整体战斗力倍增。

3.15　渡越特大江河的考虑因素和处理方法

在特大江河上实施门桥漕渡作业，会遇到高流速、短时强波浪、短时阵风和能见度差、无参照物等不利条件，这些因素将造成门桥漕渡作业困难。因此，需要采取特定措施并在渡河器材的设计中加以适当的考虑。通常，带式舟桥具有较好抵御风、浪、流的能力，但带式舟桥如果使用架桥汽艇作为水上推进动力，则需要考虑舟桥与汽艇的结合安全和操纵协调。在大江河上实施门桥漕渡作业，最好选用大吨位漕渡门桥，对于现役 79 式带式舟桥，最好用 6 个河中桥节舟和 2 个岸边桥节舟结合承载能力约为 150 t 的漕渡门桥。对应用于车辆载荷停放位置处的桥节舟，其上部纵向拉紧装置应该被锁紧，没有载荷作用的桥节舟，其上部纵向拉紧装置应该松开，这样可以有效抵御波浪对漕渡门桥的不利作用。从苏联介绍的情况看，渡河桥梁器材一般都可以在 0.25～0.75 m 浪高的水域环境使用，特种舟桥器材适应的浪高甚至达到 1.5 m。

在特大江河上进行门桥漕渡作业，首先要考虑的就是车辆载荷在漕渡门桥上的固定，通常需要设计专用的具有紧固功能的拉链（固定锁链），将锁链套挂在车辆牵引钩上，而将两端钩挂在门桥甲板上，车轮或者履带前后的下面应放置止动垫木或三角垫木，具体情况见图 3-24。

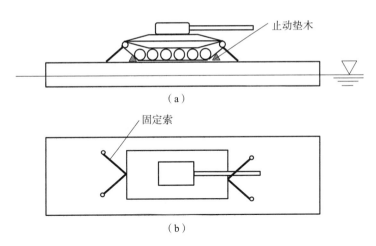

图 3-24　门桥上车辆载荷的固定
(a) 正视图；(b) 俯视图

从图 3-24 中可以看出，舟桥器材应该配备车辆固定装置（如垫木和固定锁链等），同时需要在甲板适当位置设置固定支座，这个固定支座可以和空中吊运所需吊环合并考虑（这种细节往往会被设计者所忽略）。在大江河上使用的带式舟桥桥节舟，应该设置防浪板，这一点应该参照德国 FFB2000 型带式舟桥，或者参考美国 IRB 改进型带式舟桥，这是我军发展新一代带式舟桥必须考虑的，俄罗斯新发展的 PP91 带式舟桥已经汲取了前者的经验。另外，汲取俄罗斯 PP91 带式舟桥的经验，研发动力桥节舟也可以确保新一代带式舟桥更加精干高效。动力桥节舟将架桥汽艇和桥节舟的功能合二为一，能够确保漕渡门桥的水上操控性能和安全性能，同时改善门桥的适应性能。如果没有动力桥节舟，在特大江河上进行门桥漕渡作业，像前面所提到的 150 t 左右漕渡门桥，至少需要 3 艘架桥汽艇，使用这种漕渡单元所需的车辆数将达到 11 辆，且汽艇与门桥的固定存在安全隐患。由于风浪的缘故，汽艇旁带顶推门桥时，门桥与汽艇的舷侧结合部需要设置防撞垫块，同时要将门桥与汽艇固定牢靠。但即使这样处理，顶推设备还是有被损坏的危险（这一点已经在部队的相关使用实践中得到验证）。为了避免这种危险发生，外军认为最好借助钢丝绳进行门桥牵引。

用架桥汽艇牵引漕渡门桥其实也是一件非常危险的工作，笔者在塔里木河就曾经历过翻艇事件。通常汽艇航行方向与钢索之间的角度应不大于 15°，角度太大会引起汽艇侧翻，另外多汽艇牵引也不太可行。如果使用动力桥节舟，一个 150 t 左右的漕渡门桥大约需要 2 个岸边桥节舟、4 个河中桥节舟和 4 个动力桥节舟，所需车辆比前者减少一辆，并且消除了架桥汽艇与漕渡门桥结合带来的种种不利因素，门桥的水上机动性能和操纵性能都获得明显改善。漕渡门桥的岸边桥节舟应翘起，并与河中桥节舟连接牢靠以减少航行时的水阻力。在大江河上进行门桥漕渡作业，需要配备救生器材、通信器材、夜视器材和定位导航器材，传统旗语和信号枪只有在条件合适的情况下才能使用。

在大江河上进行门桥漕渡作业，也可以使用自行舟桥，且应该使用多车组合的大型漕渡门桥。但当浪高超过 0.25 m 时，需要使用辅助设备，这是自行舟桥产品设计需要考虑的。这些设备包括水上操控台防水蓬（产品设计时需要考虑防水蓬的安装问题），进、排气口防浪板等。有拍岸浪和大风时，门桥的靠、离岸和上下载、航渡等，都需要遵从一定的规律，如逆浪靠岸、倒航离岸、缓慢转向和门桥系留定位后方可上下载等。

实施门桥渡河时，应考虑下列事项：

（1）每个漕渡门桥均应编号，漕渡门桥在渡口上的行动将根据编号展开；

（2）按照行军序列和标示的航线航行，各门桥间距应不小于 50 m；

（3）夜间航行要配备夜视器材和信号等，一个航线上可供多个门桥编队航行并根据航行时间确定航行间隔时间；

（4）每个漕渡门桥上应设置 2 名观察员，随时注意信号、水情和车辆载荷固定情况，将接收到的信号和水上发生的情况及时报告门桥长；

（5）门桥上的电台一般只接收信号而不发出信号，但允许在短时间内发出遇难等事故信号；

（6）不允许漕渡门桥任意改变规定的航线、间隔和距离以及破坏行军序列的行为；

（7）如果前面的门桥停航，后面的门桥应从上游方向绕行；

（8）漕渡门桥因故障无法航行时，应投锚固定等待拖艇救援，拖艇用钢索牵引门桥，两者相距大约 10 m；

（9）在流速和浪高超出使用要求时，渡口指挥长应通过无线电、信号枪等发出危险指令，所有漕渡门桥在收到指令后，迅速向最近的岸边移动。

3.16　构筑海滩路面的方法

在没有码头或者码头不适合登陆车辆上陆的情况下，能否输送装备和物资上陆，支援作战部队登陆，是工程保障和后勤保障必须面对的重大问题。过去那种寄希望于通过铺设机械化路面以构成登陆通道的想法对于克服 1 000 m 以上的宽大沙质海滩显然是不现实的。假设一辆两栖路面铺设车可以铺设 40 m 的路面，则一条通道至少需要 25 辆以上的专用两栖工程车辆；如果同时开辟 20 个这样的登陆通道，所需专用两栖工程车辆的数量将超过 500 辆，工程保障器材的投入量如此巨大，将使战争难以为继。从美军的做法看，在高潮线以上的

第 3 章 渡河桥梁器材研发方法

运输繁忙通道可以构筑填沙格栅道路,而在填沙格栅道路与登陆器材冲滩的地段铺设机械化路面,两者结合起来效果良好,可作为未来登陆作战的工程保障方法。

所谓填沙格栅是一种新概念路面器材,它将沙分隔在许多相互连接的蜂窝状单元内,形成一个承受载荷的路基铺砌层。格栅用高密度聚乙烯制作,加工成型后的截面厚度约 100 mm,构筑道路时的截面可展开长度约 6 m,展开的格栅路面宽度约 2.4 m,具有 561 个蜂窝状网格,每一格的表面积约 250 cm^2,深度(高度)约 20 cm。两辆卡车即可运输可以铺设 1 600 m 长的格栅路面。将格栅铺设在海滩上,填沙压实后,表面喷涂快速固化的液态沥青,沥青封闭格栅内的沙子,为车轮提供具有附着力的表面,即构成海滩填沙格栅通道。实验表明,1 600 m 长的通道在两个月内,每天通行各种载重车辆 20 小时,填沙格栅道路性能良好,满足登陆保障要求。

发达国家在登陆作战中将会使用两栖高速气垫船输送军用装备和物资,但在越过沙质海滩时,气流会引起沙粒悬浮并带来四个方面的问题:一是汽轮发动机吸入沙粒,导致发动机故障;二是悬浮沙粒使推进器叶轮产生变形和凹痕;三是降低驾驶人员的能见度;四是危及直接接近气垫船人员的安全。为了解决上述四个问题,美军提出了一种易于气垫船携带的系统,不需要提高沙质海滩的承载能力,但可以有效消除悬浮的泥沙,这种系统叫做气垫船道路。它采用尼龙织物,用于覆盖 15 m 宽的气垫船通道,在通道的两边设置一条 1.2 m 高的护道(挡墙)。通道分段制造,每段长 38 m,宽 23 m,重 570 kg。通道两边的外侧宽约 4 m,用于铺设两条护道(覆盖住 1.2 m 高的沙堤),中间 15 m 宽的覆盖面为气垫船通道。再用两块 1.5 m 宽、38 m 长的底板用于连接每段通道底部,并形成系留固定系统(将横跨通道两端的底板埋入 1.0 m 的地下),底板用尼龙扣与通道端部连接。实验表明,一个 110 m 的通道,在 2.5 小时内通行气垫船 40 次,铺面消除了气垫船引起的悬浮沙粒,覆盖面承受住了气垫船行驶过程中的摩擦作用和对护道的冲击作用,气垫船的气流未对通道造成不良影响。驾驶员对通道非常满意,悬浮沙粒消除了,能见度提高 75%,操纵性不受影响。构筑气垫船道路需要使用推土机、载重卡车、叉车和 18 名作业人员。

对于具有较大纵深的沙质海滩,试图用机械化路面构筑通道的想法是不切实际的。美军的研究方法值得我们借鉴,聚乙烯材料、可折叠格栅结构、快速固化沥青、两辆运输车辆和长 1 600 m 路面,这些数据是值得我们深思的。我们在运输车辆、材料价格和研究思路方面需要全面检讨,我们不光要解决两栖登陆的方法问题,更要解决实际运用中的可能性问题,有钱也不可以任性。

第 4 章
渡河桥梁器材的结构材料

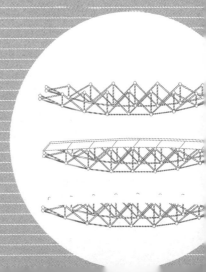

4.1 渡河桥梁结构材料的发展及其作用

我国早在春秋战国时期就有架设军用桥梁的历史,欧洲大规模构筑军用桥梁的军事行动发生在罗马帝国扩张时期。罗马人在整个欧洲建造了大量的道路网络,同时也构筑了许多双行道桥梁供两路车辆或军队来回通行,至今欧洲大陆还保存有不少这样的桥梁。由于受制于建筑材料的性能,当时的桥梁非常笨重,建造桥梁的建筑材料主要是木材、岩石和石块,岩石和石块通常只能承受压力而不能承受拉力,因此军用桥梁设计技术发展缓慢。直到19世纪中叶钢材的出现,军用桥梁设计技术才获得快速发展,随着钢材机械性能的不断提高,军用桥梁设计技术也在不断进步。军用渡河桥梁结构必须是坚固而易于维修的,必须适应战场环境并且易于运输,工程师需要将上述要求转化成一个完美的结构设计。其中结构效率的最大化即结构重量最小化是结构设计的重要内容。在航空工业中,减轻结构重量的技巧很多,花费也很高,但它们无法适应更为坚固的军用渡河桥梁器材的具体情况。航空器主要受到器内物体和器外空气压力场的作用,而军用桥梁要承受车辆的直接作用,载荷状况非常恶劣,例如坦克金属履带直接碾压桥面。渡河桥梁结构重量的大小直接关系到渡河桥梁器材的几何尺寸、系统组成、机动性能、架设方法、越障能力和使用性能,对结构的抗损性、互换性、隐蔽性和耐用性等也有着直接或者间接的影响。如在满足底盘机动性和车辆运输条件的情况下,桥梁自重越轻,桥梁运输单元的尺寸就有可能制作得越大,全套桥梁器材的运输车辆数量也就越少,桥梁架设时间也就越短。由此可见,减轻渡河桥梁结构自身重量、提高渡河桥梁器材使用效能,对于发展渡河桥梁器材产品具有决定性的影响。而减轻结构重量的方法途径主要有两个：一个是优化结构形式，通过结构设计和结构分析技术，充分发挥结构材料的作用；而另一个就是使用轻质高强结构材料，通过材料技术以减轻结构重量。

以重量最轻原则所进行的结构优化理论表明，在结构材料不变的情况下，将图 4-1 所示 5 杆桁架结构进行重量最轻方面的优化，最终优化成了一个具有无穷多个重量为无穷小的杆件构成的桁架，如果不考虑桁架杆件在承载能力方面的区别，设结构材料的密度为 γ，结构材料的保证强度为 σ，则其结构优化过程如下：

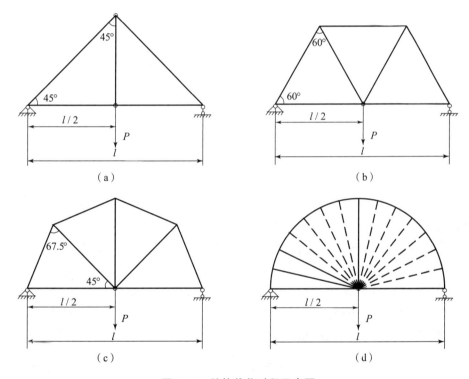

图 4-1　结构优化过程示意图

(a) 5 杆桁架；(b) 7 杆桁架；(c) 9 杆桁架；(d) n 杆桁架

5 杆桁架结构的重量为 $W = 2Pl\gamma/\sigma$，7 杆桁架结构的重量为 $W = 1.73Pl/\sigma$，9 杆桁架结构的重量为 $W = 1.66Pl\gamma/\sigma$，而无穷多个重量为无穷小的杆件桁架结构的重量为：

$$W = \lim_{n \to \infty} n\tan\left(\frac{\pi}{2}\right)Pl\gamma/\sigma = 1.57Pl\gamma/\sigma$$

经结构优化所减轻的结构重量大约是原结构重量的 21.5%。而如果考虑结构杆件承受拉力和压力的区别，其结构重量的减轻不会超过原桁架重量的

20%。从桁架结构自重计算结果可以看出，材料强度提高一倍，结构重量就可以减轻一半；如果材料密度降低一半，结构自重也可以减轻一半。由此人们意识到，结构设计更大的效率来自轻质高强度新型结构材料的应用。如今军用桥梁的持续进步，更是有赖于新型结构材料的不断涌现。高强度热处理低合金结构钢、高性能超高强度马氏体时效钢、高强可焊铝合金和先进复合材料在军用桥梁上的应用（既可以是单独应用，也可以是组合应用，从充分发挥可种材料各自的承载特点的角度讲，组合应用比单独应用更有应用前景），使军用桥梁的自身重量、载重量和跨度都达到了一个全新的水平。

人们发现，衡量结构效率最大化的标准，既不是结构所用材料的密度，也不是结构材料的强度，而是材料的强度与其密度之比，这个比值被称作比强度。对于军用渡河桥梁而言，根据目前的技术情况，通常军用渡河桥梁所用的钢材，其比强度在 100~230 之间，铝合金的比强度在 143~155 之间，木材一般在 50 左右，混凝土在 3 左右。通常比强度越高，结构重量越轻，这个结论是根据材料设计强度所获得的。从结构设计的角度看，结构设计不光有强度问题，还有结构刚度和疲劳等方面的设计要求，结构的设计强度可分为静强度、动强度、疲劳强度、稳定强度等，对应不同的载荷极限状态，结构的设计强度选取是不同的。确切地说只有材料的工作强度与其密度之比，才是衡量结构效率的真正依据。由于材料强度的提高，金属杆件也被设计得越来越纤细，在压、弯等载荷作用下，极易发生屈曲破坏。因此，选择结构材料和进行结构设计，必须兼顾结构刚度和稳定性要求。当一个结构材料具有较高的比强度的话，就表明即使其材料强度比较低，但由于重量很轻，它就有可能比强度虽高但重量更大的材料更有用。这就是铝、镁等轻金属尽管强度较弱，却比强而重的钢材在某些方面更有优势的原因所在。例如，材料的弹性模量或者刚性对保持受压构件的稳定性、防止构件屈曲意义重大。而渡河桥梁的结构件一般多为薄壁结构，因此板的刚度对构件的稳定性意义重大，由弹性稳定理论可知，板的刚度为：

$$D = \frac{Et^3}{12(1-\nu^2)} \quad (4-1)$$

式中，E 为材料弹性模量，t 为板件厚度，ν 为材料泊松比。通过式 4-1 可以推出，尽管铝合金的弹性模量只有钢材的 1/3，但板的"弯曲刚度"却与板厚的三次方成正比，与钢板同样重量和面积的铝合金板材，其厚度约为钢板的 3 倍，其板刚度约为钢板的 9 倍。进一步研究发现，只要铝板的厚度是钢板的 2 倍，则其板刚度就可以达到钢板的 2.6 倍多，这个结论表明，如果板结构的设计由板刚度控制的话，铝合金板结构约比钢质板结构轻 30%。对于舟桥结构这样的密闭薄壁箱体结构而言，由于舟体壳板占据舟体比重较大，采用铝合金结构比采用钢结构具有较大的减重优势，这也是工程技术人员特别重视铝合金等新型结构材料在渡河桥梁结构上应用的重要原因。从国内外渡河桥梁装备的设计实践看，对于薄壁舟桥结构，铝合金结构约比钢结构轻25%；而对于以板梁和桁梁为代表的固定桥结构，铝合金结构约比钢结构轻5%，甚至与钢结构重量持平。从结构刚度表达式可以看出，高弹性模量材料对于结构设计以降低结构重量也有着非常重要的作用。

4.2 渡河桥梁设计对结构材料的要求

4.2.1 高比强度

渡河桥梁器材机动性强，并且需要反复架设和撤收，通常由专用越野车辆运载和架设，渡河桥梁的重量要受到越野车辆承载能力的限制。尤其是架设冲击桥，桥梁多是安装在不经改型、并且取消了炮塔的坦克底盘上，这就限制了桥梁及其附属设备的重量不能超出原炮塔及其附属设备的重量。由于对桥梁架设跨度的要求越来越大，而架设桥梁的架桥车平衡重却有其自身物理极限，因此也要求不断减轻桥梁结构重量以适应不断增大的跨度要求。通过新型高比强度材料的应用，有助于人们实现上述目标，但是比强度与成本紧密相关，国外在20世纪80年代研究发现，不同材料桥梁重量与成本存在对应关系，如果用已知材料设计的特定结构其重量指标是1的话，则不同材料的成本增加大约为其重量降低的两倍，即如果重量降低30%，成本可能提高60%。当然，随着新型高比强度材料生产规模的扩大和生产成本的大幅降低，即使重量降低幅度较大，也不一定意味着会增加多少成本。普通材料的抗拉强度、比重、比强度如表4-1所示。

表4-1 普通材料的抗拉强度、比重、比强度

材料	抗拉强度/（N·mm^{-2}）	比重	比强度
碳素钢丝	2 472	7.8	317
特种合金钢	1854	8.0	232
铝合金	402～433	2.8	143～155
镁合金	247～371	1.85	133～200
合金钢	850～1 545	7.9	106～109
奥氏体不锈钢	1 313	7.9	166
商用级钛金属	433～773	4.5	96～172

续表

材料	抗拉强度/(N·mm^{-2})	比重	比强度
航空用云杉	68	0.435	156
蒙乃尔铜—镍合金	541~773	8.83	61~87
软钢	464~773	7.8	59~99
黄铜	309~695	8.5	36~82
铝	85~162	2.7	31~60
碳晶须	24 141	2.2	10 973
铝晶须	15 174	4.0	3 794
石棉纤维	1 490	2.4	621
亚麻纤维	690	1.5	450
尼龙纤维	497	1.07	464

4.2.2 高的弹性模量

材料的弹性模量决定了材料的刚性,而材料的刚性对于防止结构件屈曲非常重要,前面已经介绍过,与钢板相同重量的铝合金板,其板厚为钢板的3倍,其几何刚度为钢板的9倍。因此,选择结构材料时,不光要看材料的弹性模量,还要综合衡量结构件的几何刚度。

4.2.3 可焊性

渡河桥梁结构需要在工厂进行焊接加工,并且能够战场维修,因此,所选结构材料必须具备可焊性。金属材料的可焊性,不仅是指焊缝没有热裂纹等焊接缺陷,而且要求焊缝或者焊接热影响区材料的强度、疲劳性能、韧性和抗应力腐蚀性能不超过可以接受的水平。

4.2.4 疲劳

由于桥梁载荷对桥梁产生反复作用,材料的疲劳性能非常重要。为了控制渡河桥梁器材的重量,渡河桥梁器材均按有限寿命要求进行设计,国外冲击桥的疲劳寿命规定为最大设计载荷通行5 000次,伴随桥的疲劳寿命规定为最大设计载荷通行10 000次,选择材料时必须关注该材料在疲劳循环10 000次时的焊接疲劳应力幅度。由这个应力幅度除以材料密度,即可得到这种材料的保证比强度,用保证比强度选择渡河桥梁器材用材的意义大于用材料名义比强度。

4.2.5 韧性

渡河桥梁的使用环境温度一般为 -40~40℃,因此要求材料具有良好的韧性,尤其是低温韧性。对于高强度钢材来说,裂纹可能在低于屈服应力的情况下发生和发展,而这种情况主要取决于环境温度。在动载荷作用下,即使是塑性材料也可能表现出脆性性质。裂纹容限是反映材料韧性的重要指标,主要用于断裂力学计算,钢材具有较高的裂纹容限,7 系铝合金的裂纹容限也可以达到 6 mm。在渡河桥梁器材设计领域,目前还没有引入裂纹容限的要求,也没有相关的试验数据支撑。

4.2.6 应力腐蚀性能

材料的应力腐蚀开裂性能对于处在潮湿地区使用的渡河桥梁器材具有特别重要的意义,因为应力腐蚀通常伴随恶劣腐蚀环境而发生。一般来说,焊接铝锌镁合金在一定条件下对应力腐蚀开裂非常敏感。由于拉应力和腐蚀环境的共同作用,将导致出现应力腐蚀开裂,并使材料在线弹性范围以内发生断裂现象,这种现象发生的时间是不可预测的。铝锌镁合金在这方面的敏感性,可以通过热处理和控制锌、镁比例得到缓解,通常将镁、锌的比例控制在 2.7~2.9 之内。在渡河桥梁器材设计领域,材料的应力腐蚀问题还没有引起人们的足够重视,这主要与产品的验收程序和验收方法有关,一般产品的定型试验都会在半年内完成,最多也不会超过一年,在试验环境上一般也不会提出特殊要求。由于没有材料应力腐蚀方面的知识,一些结构设计师还会将一些重要的受力连接接头的承载焊缝布置在舟体外侧和水线之下,并且认为这是一种方便生产制造和维修保养的创新。今后的产品设计规范和产品验收规范应对应力腐蚀问题提出专门的规定。

4.2.7 冲击效应

由于弹片或者子弹可能造成材料强度降低和结构损伤,因此需要考虑到它们可能对渡河桥梁结构件所造成的影响,并采取适当的措施加以解决。通常,这个因素不被重视,或者被更重要的考虑所忽略,但是冲击效应对所用材料造成的影响需要材料使用者有所了解。

4.3 渡河桥梁结构用材

渡河桥梁器材所用材料主要有钢材、铝合金和复合材料,同时还有可能使用木材和混凝土材料。作为制式渡河桥梁器材，主要使用低合金钢、高强度钢、超高强度钢材和中、高强度铝合金，钛合金和先进纤维复合材料也是渡河桥梁器材进步需要关注的结构材料。

4.3.1 低碳结构钢和低合金结构钢

这些材料通常具有较高的强度和非常优越的材料塑性和冲击韧性，在弹片或者子弹的冲击下，虽然会造成强度损失，但不会因这种冲击而改变材料的性态，尤其是不会出现碎片倾向。与高强度钢和铝合金相比，其缺点在于比强度相对较低，导致结构重量偏大，不适合制作现代机械化桥梁器材。这种材料的优点是取材方便，价格较低，用这种材料制造的产品，通常都具有可靠的强度、延性、低温韧性，也不会出现腐蚀开裂和应力腐蚀开裂问题。这种钢材易于焊接，便于现场施工，因此在非战军事行动装备和现代就便器材桥梁中，可以发挥其应有的作用。

4.3.2 高强度钢材

高强度钢材是现代渡河桥梁器材中使用比较普遍的工程材料。比强度的增加有助于减轻结构重量，提高渡河桥梁器材的机动性能。高强度钢材一般可以分为5类，它们分别是常规马氏体钢、改性马氏体钢、二次硬化钢、受控转变钢和马氏体时效钢。

常规马氏体钢中的合金元素主要用来增加材料的淬硬性和强度，必须严格将碳的含量控制在0.4%以内，否则会影响材料的韧性和可焊性。这种材料在250℃下回火，对应力提高没有帮助，且会造成很高的内应力，在250~450℃回火，会造成回火脆化。

改性马氏体钢通过硅、钴和铝等能够延缓回火的元素，使钢材在更高的温度下回火而不引起过分软化和回火脆化，从而获得较高比强度和综合性能的结构钢材。

二次硬化钢可以在较高温度下回火，并且具有较高的强度。其化学元素既可以延缓回火又可以形成碳素体，如钒元素就可以使钢材在450~550℃时产生二次硬化。

受控转变钢是一种时效硬化马氏体钢。因其低镍、高锆并含钴，所以未将其归入马氏体时效钢。该种钢材的强度来自两个方面，初期空冷时的马氏体转变和后期时效时碳素体以及金属间化合物的沉淀。

马氏体时效钢是一种较为昂贵的钢材。因为一些钢材由于硬度太高难以加工并且焊接困难，以至于难以在生产中加以应用。马氏体时效钢虽然成本大大增加，但却可以解决上述问题，并使制造加工成本降低。这类钢材中最具代表性的是 18 Ni 马氏体时效钢。它具有 1 390 N/mm² 的屈服应力，延伸率大于 16%，综合性能良好，因此在英国冲击桥产品中得到应用。该材料在 815℃ 下进行 1 小时的固溶退火处理，然后空冷到室温时就产生马氏体，冷却速率非常重要，由于含镍量高，因此一般不会出现碳淬硬问题。接着进行马氏体时效硬化，通常在 480℃ 条件下进行 3~6 小时的时效。这种材料在退火和充分热处理条件下，不需预热即可进行焊接加工，抗应力腐蚀性能和韧性优良，比强度很高。不同的合金元素对钢起的作用不同，铁素体和镍熔合在冷却时保证形成马氏体，可以增加钢材的基体强度。由于降低了晶格间错位运动的阻力，故也促进了应力松弛，进而降低了钢材的脆断敏感性。当进行时效时，马氏体结构为均匀成核和金属间相位分布创造了有利条件，保证了材料具有良好的延展性。

在马氏体时效钢中金属间化合物形成所涉及的主要元素是钛、钼和钴。钛具有细化金属颗粒的作用，但其成分必须低于 1.2% 以确保钢材的延伸率和断裂韧性。钼具有提高时效钢的延伸率和塑性的作用。钴具有降低 α 铁素体中钼的可溶性，从而起到间接强化基体的作用，这就起到增加金属成核的数量和减少晶格之间距离的效果，使材料强度得到提高。一般说来，马氏体时效钢的强度，50% 来自钼，30% 来自钴。这种材料的一个优点是可以在退火条件下加工，然后再进行时效。之所以可以这样处理，完全是因为加工好的结构在时效过程中具有良好的尺寸稳定性。对于大型焊接结构，这个特性非常有用，只需要有一个可以罩住构件热处理空间即可完成时效处理。该材料在退火状态下焊接时，具有良好的可焊性，但要求焊后进行时效处理，以恢复热影响区材料的性能并使焊接材料形成良好的机械性能。这一点对平时可以接受，但对战时的现场修复不太现实。当然如果修复部位是非主要受力部位，修复还是可以接受的。

4.3.3 铝合金材料

5 系、6 系和 7 系铝合金在渡河桥梁结构中均有应用，其中 7 系铝合金为铝锌镁合金，它在渡河桥梁结构中的应用对降低结构重量最为明显。在可焊铝锌镁合金中，锌和镁的含量一般占到 5%~7%，其中锌的含量为 3%~5%，镁的含量为 1.2%~1.8%。该材料一般不含铜元素，含微量锰、铬、锆和钛中的一种或者几种。沉淀硬化和改变性能的热处理相结合是其主要强化机理。锌和镁元素提供合金强度，但会降低应力腐蚀性能。锌和镁的比例在 2:1~4:1 之间合金材料具有的强度最大。锌和镁含量越高，材料强度越高，但抗应力腐蚀性能越差。镁的含量越低越容易加工。这种合金具有较低的淬火敏感性，通过慢冷却可以改善其抗应力腐蚀性能。但镁含量太低会增加焊接热裂纹的出现，采用高镁焊丝有助于降低焊接热裂纹的出现。为了满足抗应力腐蚀性能，必须将锌和镁的含量控制在 7% 以内。

锰、铬和锆同为再结晶抑制剂，可以改善材料的抗应力腐蚀性能，并且避免焊接热影响区材料脆化。合金中锰的含量一般为 0.2%～0.3%，铬的含量为 0.1%～0.2%，锆的含量大约为 0.15%。锆在焊接材料中起到细化金属颗粒的作用，从而减少焊接裂纹倾向。铬具有增加淬火敏感性的缺点，因此它不适合通过慢冷却以获得高机械性能材料的加工工艺，特别是为了获得良好的抗应力腐蚀性能而采取慢冷却或者随炉冷却的时效工艺。钛的作用类似于锆，添加 0.01%～0.04% 的钛可以细化金属颗粒，减少焊接热裂纹。添加 0.1%～0.2% 的铜可以提高材料的抗应力腐蚀性能，但会降低可焊性，作为非焊接铝合金，添加铜可大大提高抗应力腐蚀性能。

铝锌镁合金淬火接着时效时，有一个临界温度 T_c，低于此温度成核可导致有条理的沉淀物均匀分布，在 T_c 温度之上淬火，会产生 $MgZn_2$ 颗粒的粗糙分布，导致合金强度降低。但是如果合金在 T_c 温度之下淬火，然后在 T_c 温度之上时效，就完全可以产生 $MgZn_2$ 颗粒的均匀分布。时效有自然过程和人工过程，自然时效是指在环境温度下进行缓慢的时效，固溶处理后，强度会连续增长一年以上。人工时效时间很短，典型的人工时效处理是在 120～135℃ 条件下时效 12～24 小时，或者在 90～100℃ 条件下时效 4～8 小时，接着在 150～180℃ 条件下时效 8～16 小时。焊接结构可以采取三种不同的时效组合：即基材人工时效加焊后自然时效、基材自然时效加焊后人工时效、基材和焊后均为自然时效，焊后自然时效通常强度恢复要低于人工时效，抗应力腐蚀性能也不及人工时效。其实第四种时效组合是基材和焊后均为人工时效，这种组合的成本可能较高，但抗应力腐蚀性能可以得到保证。

如果锌和镁的含量超过 7%，则热影响区就可能发生脆断现象，起细化颗粒作用的锆可以降低这种硬化现象。过量的铜是有害的，易于造成焊接组织颗粒偏析。另外必须严格控制母体金属中氢的含量，将其限制在 0.3 mL/100 g 以下。

应力腐蚀开裂可能是铝锌镁合金材料存在的一个重要不足。在腐蚀环境下，应力以某种程度持久作用于敏感的边界，如焊缝或者热影响区边界，裂纹可能就会发生。在海洋环境和工业大气中，这种现象会很快发生，从军事用途上看，适应海洋环境可能更为重要，应力腐蚀破坏可能由焊接残余应力引起。对充分热处理时效材料进行冷作加工或者对热处理锻件进行过量金加工都会出现残余应力并产生应力腐蚀开裂问题。实际加工制造中，材料表面残余应力水平被发现可以达到 120 N/mm^2，成型作业必须在材料充分时效之前进行，即在固溶处理后几个小时之内进行。淬火速度对增大母材的抗应力腐蚀特别重要，在 460～700℃ 范围内，以 1～2℃/s 的冷却速度可以提供最佳抗力。双级时效处理可以得到令人满意的强度和较好的抗应力腐蚀性能。经过时效处理的母材，在焊接后最敏感的区域是焊缝和母体金属的交界面。焊后时效处理对特定合金的抗应力腐蚀性能均有明显影响，对一些合金有益，而对另一些合金则可能有害。较高镁含量的合金通过双级时效可以获得最佳效果，而使用银填料也可能改善抗应力腐蚀性能。美国研究发现，掺钪可以提高铝锌镁合金的疲劳寿命，含钪的铝镁焊条可以防止铝锌镁合金焊接开裂和增加焊缝强度。

剥落腐蚀可能是铝锌镁合金存在的另一个不足，这种情况可能发生在自然时效的母体合金上，以及处于极端潮湿和温度超过 25℃ 的盐雾环境中，主要是在焊缝和热影响区出现层状剥落腐蚀现象。避免这种现象发生的措施就是焊后人工双级时效。

4.3.4 先进复合材料

由于先进复合材料的快速发展，原材料费用也在不断降低，发达国家正在研究将其引入军用架桥产品。发达国家主要采用廉价的芳纶纤维增强复合材料和碳纤维增强复合材料用于渡河桥梁产品研发。总地看，报道的演示验证消息比较多，真正的全复合材料桥梁产品目前还未在发达国家军队中使用。在树脂基复合材料中，国外使用较多的是碳纤维和芳纶纤维，2000 年前后，聚乙烯纤维的应用也显示出一片光明的前景。碳纤维的强度为 1 200 ~ 1 500 MPa，弹性模量为 1.25×10^5 MPa，比重为 1.55 t/m³，比强度超过 700。外军在渡河桥梁设计方面选用的高性能纤维复合材料性能见表 4 – 2。

表 4 – 2　高性能纤维复合材料的机械性能

基体材料	纤维	纤维体积百分率/%	抗压强度/MPa	压缩模量/MPa	抗拉强度/MPa	抗弯强度/MPa	拉伸模量/MPa	比重/(t·m⁻³)
聚酯	碳	56				1 250	180 000	1.6
环氧树脂	碳	61			1 750	1 820	140 000	1.6
环氧树脂	碳	60	680	310 000	1 500		300 000	1.6
环氧树脂	碳	58	900	140 000	950		200 000	1.6
环氧树脂	硼	50	3 260	243 000	1 750	1 700	230 000	2.1
环氧树脂	凯夫拉	60	310		1 500		77 000	1.4
铝合金	硼纤维和特高强钢丝	7			1 530			2.8
铝合金	氧化铝	50			1 170		176 000	2.8

增强材料的编织或者铺设方式，不仅影响复合材料的承载能力和几何构型

稳定性，而且影响复合材料的损伤容限等其他方面的性能和制造成本。因此，增强材料的编织技术越来越受到重视。目前研究的重点是立体多向编织结构，特别是三维编织结构，这种编织方式可直接形成各种网状结构的异型体，易于实现自动化铺丝，大幅降低生产成本。

混合纤维复合材料可以有目的地控制材料特性。例如将弹性较小的石墨纤维增强塑料混入凯夫拉纤维，就可以使弹性得到较大提高，因此混合纤维复合材料显示出了良好的应用前景。

复合材料在渡河桥梁结构上的应用可先从次要承重构件探索起步，逐步向大型的、复杂的主要承重构件方向发展，但从国外的应用情况看，目前树脂基复合材料还难以承受军用履带车辆的直接作用，即使是金属材料也只能勉强承受这种作用，纯复合材料桥梁目前还不好预见，但在金属基复合材料结构以及不同材料组合结构中，复合材料的优势是可以得到充分发挥的。

4.4 国外结构材料在渡河桥梁产品中的应用情况

国外发达工业国家很早就成立了钢结构协会，对金属结构设计理论、设计规范和结构试验等研究方面都具有悠久的研究历史，随着铝合金材料和复合材料在结构工程中的应用也成立了相应的结构设计委员会，负责组织、规划相关研究工作，制定相应设计规范。欧洲还成立了洲际的钢结构设计协会（铝合金结构和复合材料结构分会都从属于这个机构），统一协调各国在结构设计领域的权力和义务，达到分工明确、资源共享、统一设计规范并最大限度地节约研究经费的目的。欧洲对各种结构材料的连接问题、疲劳问题、稳定问题都有较为系统的理论研究和试验研究，设计应用和设计实践经验丰富，设计规范也相应比较科学和健全。发达工业国家从 20 世纪 50、60 年代起就将铝合金材料用于渡河桥梁结构设计，在架桥汽艇、自行舟桥和拼装式桥梁产品中广泛使用铝锰合金、铝锌硅合金和铝锌镁合金等轻质高强结构材料。

德国人将不同材料混合结构应用于渡河桥梁产品设计，发挥了各种轻质高强材料在各自性能和价格方面的优势，使自己的产品在其相应的年代始终处于世界先进水平。例如，在1970年，德国研制的 MAN 快速桥，桥的下弦和连接件使用屈服强度为 650 MPa 可焊接高强度调质结构钢，上弦（与桥面一体）采用屈服强度为 280 MPa 的中强可焊铝锌镁合金，并通过淬火提高桥面硬度；竖杆由铝锌镁合金挤轧型材制作，斜杆使用了屈服强度为 1 600 MPa 的超高强度调质结构钢制作。设计的桥梁根据载重量和跨度的不同，重量可以控制在 0.52~0.65 t/m。在发展"80 年代桥梁族计划"时，德国人又研发了铝合

第4章 渡河桥梁器材的结构材料

金、复合材料和钢材组合结构,进一步减轻了结构重量,提高了结构的整体抗弯刚度,在设计载荷 MLC60、跨度为 41 m、通载寿命 10 000 次的情况下,这种组合结构的单位重量为 0.462 t/m,截面惯性矩为 $3.4 \times 10^6 \text{ cm}^4$。而由铝合金制造的结构在同样设计要求下的单位重量为 0.517 t/m,截面惯性矩为 $2.2 \times 10^6 \text{ cm}^4$。采用复合材料的组合结构比铝合金结构重量平均轻 11%,刚度提高近 50%。

传统的观念一般不会将钢材归入轻质高强材料,但英国人从比强度分析入手,发展特种钢材用于渡河桥梁产品开发,并取得非常好的效果,在开发高强度可焊接铝锌镁合金技术方面也在欧洲处于领先地位。英国奇伏坦冲击桥的8号桥跨,就使用了屈服强度达到 1 400 MPa 的 18 Ni 马氏体时效钢,并且摸索了一整套完整的加工工艺,确保了产品质量。18 Ni 马氏体时效钢的合金成分和机械性能见表 4-3。

表 4-3 18Ni 马氏体时效钢的合金成分和机械性能

合金成分/%	C	Co	Ni	Mo	Ti
	0.03	8.5	18	3	0.2
机械性能					
屈服应力 $\sigma_{0.2}$	1 390 N/mm²				
延伸率	16%				
V 形缺口韧性	20℃ 74 J				
冲击指数	20%(12.7 mm 子弹的弹孔造成的强度损失)				
抗应力腐蚀性能	良好				
抗腐蚀性能	正常				
断裂韧性	110 MN/m^{1.5}				
时效后焊接强度	1 390 N/mm²				
无时效焊接强度	800 N/mm²				
焊接疲劳强度	10 000 次寿命的应力幅:470 N/mm²				
低温韧性	很好				
材料形式	可用材料形式为板材和锻件				
裂纹容限	20 mm				

英军在 MGB 中型桁梁桥的研制中,采用了当时强度最高的普通商用焊接铝锌镁合金材料,但实验表明,焊接结构出现了一些或大或小的焊接裂纹,后来经专门研究,严格控制了焊接铝锌镁合金材料的化学成分,采取了慢冷的热处理时效工艺,终于消除了开裂现象。这种合金的牌号为 DGFVE-232,其合金

成分和机械性能见表 4-4。

表 4-4 DGFVE-232 的合金成分和机械性能

合金成分/%	Zn	Mg	Mn	Zr
	4.0	2.0	0.35	0.15
机械性能				
屈服应力 $\sigma_{0.2}$	340 N/mm² 所在列合并			
延伸率	10%~15%			
冲击指数	30%（12.7 mm 子弹的弹孔造成的强度损失）			
抗应力腐蚀性能	采取适当工艺措施后，良好			
抗腐蚀性能	良好			
V 形缺口韧性	室温，20 J			
裂纹容限	7 mm			
焊接疲劳强度	10 000 次寿命的应力幅：190 N/mm²			
断裂韧性	40 MN/m^{1.5}			
低温韧性	很好			
材料形式	可采用的材料形式为板材、型材、铸件和锻件等			

通常铝锌镁合金不能直接使用铝锌镁焊接材料，而是使用铝镁或者铝硅焊接材料，而 DGFVE-232 合金却是使用一种专门研制的铝锌焊接材料，焊接时铝、锌分子向内渗透，冷却过程中铝、锌分子往外扩散。DGFVE-232 合金被轧制成板材后，在 450℃ 状态下固溶，淬火后强制空冷，接着室温下放置 3 天，然后进行人工时效，首先是 90℃ 时效 8 小时，接着 150℃ 时效 16 小时，然后随炉冷却。MGB 中型桁梁桥涉及大量焊缝，通过充分自然时效可以获得较好的抗应力腐蚀性能，在 70℃ 的环境下人工时效能够获得更高的强度。母材在固溶处理条件下进行焊接，然后进行人工时效，可以降低焊接热影响区残余应力和获得更高的焊接强度，同时降低应力腐蚀危险。

美国在 1973 年 2 月研制了一种高强度铝钛合金材料，可以焊接，能够实现战场维修，研制出的冲击桥的桥跨重量比当时的铆接铝合金桥跨轻 50% 以上。美军 20 世纪 80 年代开始进行复合材料在军用桥梁上的应用探索，将新型 32 m 重型冲击桥的下弦杆（准确讲应该是下翼缘）采用复合材料，这样可使桥梁结构减重约 900 kg。管状复合材料上下弦杆构件的试验表明，将促进新的支援桥方案的形成，该方案有望降低运输车辆的吨位和作业强度，提高架设作业速度。应该讲美、英、德等西方发达国家从 20 世纪 80 年代就开始致力于先进纤维复合材料在军用渡河桥梁器材上的应用，但全复合材料军用桥梁目前尚未见到有装备部队的报道，目前的军用渡河桥梁产品主要以钢结构和铝合金结构为主体，复合材料作为增强材料粘贴在金属构件表面以增加结构强度和刚度，尤其是增加结构刚度(包括总体刚度和局部刚度)的研究需要引起业内人员高度重视。

国外对新材料的应用是严谨的,其中对制造工艺的研究非常重视,这是确保产品设计质量的重要方面。对新材料结构的设计研究也非常重视,其材料的许用应力选取都结合了材料的加工特点和受力性质,从 AlZnMg1 材料用于渡河桥梁产品设计的许用应力要求上看,该材料的屈服应力 $\sigma_{0.2}$ = 280 N/mm², 焊接强度 $\sigma_{0.2}$ = 220 N/mm², 其作为非焊接材料, 拉、压许用应力 $[\sigma]$ = 188 N/mm², 剪切许用应力 $[\tau]$ = 113 N/mm², 挤压许用应力 $[\sigma_c]$ = 260 ~ 300 N/mm², 折算应力 $[\sigma_z]$ = 235 N/mm²; 作为对接焊缝, 拉、压许用应力 $[\sigma]$ = 146 N/mm², 剪切许用应力 $[\tau]$ = 88 N/mm², 折算应力 $[\sigma_z]$ = 183 N/mm²; 作为角焊缝, $[\sigma]$ = $[\tau]$ = 78 ~ 88 N/mm², 折算应力 $[\sigma_z]$ = 98 N/mm²。AlZnMg1 这个材料的强度与我国 7A05 合金相同,如果业内人士对照我国开发的产品对应容许应力水平,就会发现我国的产品容许应力水平偏高,产品的安全性与国外相比存在较大差距,这也说明我国在特种铝合金的应用上还缺乏相应的技术研究工作,以至于产品设计没有标准,全由设计者自己把握。由于特种铝合金在民用焊接结构中鲜有使用,因此其焊接工艺研究也相对比较薄弱。超高强度钢材、高强度铝合金和先进复合材料,对西方发达国家开发渡河桥梁产品而言,在 20 世纪 70 年代尚属新材料,至今已不新鲜,但对我国而言,至今都属新材料,而且可供选择的品种有限。从严格意义上讲,我国在新材料应用方面的科研水平已经严重滞后于我国在军用渡河桥梁产品中使用新材料的进展情况。

4.5 结构材料对渡河桥梁结构减重的影响

并非材料强度越高,对渡河桥梁结构的减重效果就越好。任何材料在结构中的应用都存在其自身的使用极限。结构强度设计也要受到结构刚度和结构稳定性要求的制约,结构不可能为了发挥材料强度而制作得越来越纤细。以军用桥梁常使用的简支梁(见图 4-2)为例,梁的跨中弯矩为 M, 梁的跨度为 L, 梁的高度为 h, 梁的跨中截面惯性矩为 J, 梁的跨中弯曲应力 σ 为:

$$\sigma = \frac{Mh}{2J} \tag{4-2}$$

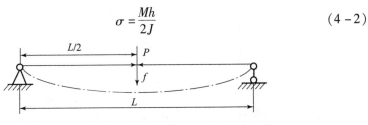

图 4-2 集中载荷

设梁的跨中挠度为 f,则由结构力学公式可知跨中挠度为:

$$f = \frac{PL^3}{48EJ} \quad (4-3)$$

式中：E 为材料的弹性模量。梁的刚度限制条件 α 为：

$$\alpha = \frac{f}{L} = \frac{\sigma L}{6Eh} \geq [\alpha] \quad (4-4)$$

式（4-4）是以实腹式梁为对象推导的，因为只有实腹式梁才可以忽略由剪力引起的挠曲变形。同时，导致军用桥梁出现较大挠度的荷载通常不是图 3-1 所示的集中荷载 P，而是履带车辆引起的分布荷载（见图 4-3）。因此，在应用式（4-4）时，应该根据实际情况加以修正，即用式（4-5）进行梁的刚度校核。

$$\alpha = \frac{f}{L} = k_1 k_2 k_3 \frac{\sigma L}{6Eh} \geq [\alpha] \quad (4-5)$$

式中，k_1 为跨中弯矩修正系数，对应于不同的跨度和荷载分布长度，其值一般为 0.8~0.9；k_2 为挠度修正系数，对应于不同的跨度和荷载分布长度，其值一般为 0.90~0.99；k_3 为梁型修正系数，对实腹式桁梁，其值为 1.0，对空腹式桁梁或变截面梁，其值在 1.1 左右。

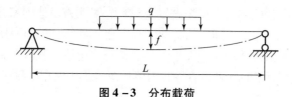

图 4-3 分布载荷

表 4-5 为铝合金桥梁对应于不同的刚度限制值 α、梁的工作应力 σ 以及梁的跨度 L 与梁高 h 的相互关系。表 4-6 为高强度钢梁的梁高 h 与跨度 L、工作应力 σ 及刚度 α 的对应关系。

表 4-5 铝合金简支梁梁高 h 与跨度 L、应力 σ 及刚度 α 的对应关系

L/m	20	25	30	35	40	45	50	
h/m	0.50	0.65	0.81	1.0	1.1	1.3	1.6	$\alpha = 1/90$
	0.55	0.72	0.89	1.1	1.21	1.43	1.76	$\sigma = 160$ MPa
	0.49	0.63	0.79	0.98	1.07	1.26	1.56	$\alpha = 1/100$
	0.54	0.70	0.87	1.08	1.18	1.39	1.72	$\sigma = 140$ MPa
	0.54	0.70	0.87	1.07	1.20	1.40	1.70	$\alpha = 1/110$
	0.60	0.77	0.96	1.18	1.32	1.54	1.87	$\sigma = 140$ MPa
	0.58	0.76	0.95	1.17	1.28	1.52	1.87	$\alpha = 1/120$
	0.64	0.84	1.05	1.29	1.40	1.67	2.10	$\sigma = 140$ MPa
	0.60	0.80	1.00	1.20	1.34	1.59	1.96	$\alpha = 1/125$
	0.66	0.88	1.10	1.32	1.48	1.75	2.16	$\sigma = 140$ MPa

注：第一行为实腹梁梁高，第二行为空腹梁梁高。

第 4 章　渡河桥梁器材的结构材料

表 4-6　高强钢简支梁梁高 h 与跨度 L、应力 σ 及刚度 α 的对应关系

L/m	20	25	30	35	40	45	50	
h/m	0.47 0.52	0.61 0.68	0.75 0.83	0.91 1.00	1.06 1.20	1.24 1.37	1.43 1.58	α = 1/90 σ = 450 MPa
	0.46 0.51	0.60 0.66	0.74 0.82	0.90 0.99	1.05 1.16	1.23 1.36	1.41 1.55	α = 1/100 σ = 400 MPa
	0.51 0.56	0.66 0.73	0.82 0.90	1.00 1.10	1.16 1.28	1.36 1.50	1.55 1.70	α = 1/110 σ = 400 MPa
	0.56 0.62	0.72 0.80	0.90 0.99	1.10 1.21	1.27 1.40	1.48 1.63	1.70 1.87	α = 1/120 σ = 400 MPa
	0.58 0.64	0.75 0.84	0.94 1.04	1.15 1.27	1.32 1.46	1.54 1.70	1.77 1.95	α = 1/125 σ = 400 MPa

注：第一行为实腹梁梁高，第二行为空腹梁梁高。

我国军用桥梁设计规范规定，桥梁的跨中挠度被限制在 $L/120$ 范围内，即 $\alpha = 1/120$，这个限制值对铝合金和高强度钢桥梁结构而言显得有些过严，但倘若不遵守桥梁的刚度限制条件，结构的变形过大就有可能会影响到结构的承载性态，同时也可能因为变形过大而致使结构功能受到影响进而引起结构失效。适当放宽刚度条件限制，有助于轻质高强材料强度的发挥，减轻结构重量，因为军用桥梁受运输高度的限制，一般不能随意增加桥梁的建筑高度，尤其是那些需要机械化架设的桥梁，高度很难有所增加。

从表 4-5 和 4-6 可以看出，按照设计规范的要求，一座跨度为 25 m 的冲击桥，如果使用高强度铝合金材料，其主梁高度将在 76 cm 左右，且主梁外缘的主工作应力（次应力在挠度计算中不予考虑）只能达到许用应力的 60% 多；如果使用超高强度钢材，主梁的高度在 72 cm 左右，主梁外缘的主工作应力也只能达到许用应力的 60% 多。这说明，材料强度的提高并不与结构重量的降低呈线性关系，当材料强度达到一定水平时，再提高材料的强度就未必能够降低多少结构的重量，但却能够增加结构的安全富裕度。在军用桥梁中，结构的建筑高度通常都要受到运输条件的限制，为了满足运输要求，实际结构高度可能低于表 4-5 和 4-6 所列数值，在这种情况下，为了满足刚度要求，其结构重量还会有所增加。

从产品设计的角度看，如果产品的运输高度受到限制，产品的高度也随之受到限制，而对于一个高度确定的板梁而言，如果要求铝合金结构板梁和钢结构板梁具有同等的刚度和承载能力，则按照现在的金属材料技术水平情况，铝合金结构板梁的重量与钢结构板梁几乎不会有太大的差别，从已有的军用桥梁产品情况看两者的重量基本相当。外军对军用桥梁的刚度基本不作要求，但对工作应力水平有所限制，因此铝合金桥梁的重量最多可比钢结构桥梁轻约

渡河桥梁产品研发方法

10%。但舟桥结构的情况有所不同,舟桥结构为大量的加劲板结构,而铝合金板的重量只要达到钢板的 2/3,其板刚度就比钢结构高 2.6 倍,因此铝合金板结构的重量比钢结构有较大的降低,从已有的军用舟桥产品情况看,铝合金舟桥约比钢结构舟桥轻 25%。军用桥梁使用高性能纤维增强复合材料,其重量将比钢材降低约 40%。

4.6 结构材料对渡河桥梁产品总体技术方案的影响

结构材料的选取,有时直接关乎一个总体技术方案的成败。例如,钢结构桥面比铝合金结构桥面更适合非挂胶履带车辆的直接作用,高强度铝合金和超高强度钢材比普通高强度结构钢更能减轻结构重量,钢质连接接头比铝合金连接接头更能承受大拉力集中载荷的直接作用等特性,直接决定着一个总体技术方案是否可以实现。当结构高度严重受到限制,即当一个板梁结构的高度非常矮时,如果要求它承受较大的弯矩,钢结构就可能比铝合金结构更有优势。前面曾经介绍了美、德带式舟桥与苏联带式舟桥的对比,德国人曾经认为自己使用铝镁硅合金,比苏联带式舟桥先进,并且谈到了自己带式舟桥的改进之处,但他们忽略了苏联带式舟桥可以架设 20 t 浮桥这个功能,当我国技术人员提出需要这个功能时,德国人经过深入研究,不得不选择苏联的钢结构方案。再例如,俄罗斯 PMM 轮式自行舟桥采用的是铝合金结构,但 PMM 轮式自行舟桥的轮式越野两栖底盘存在出入水方面的问题,最终被 PMM - 2M 履带式自行舟桥所替代。PMM - 2M 履带式自行舟桥的两栖履带底盘的越野性能优越,出入水性能良好,舟桥结构全部采用高强度结构钢材。根据相关技术分析,PMM - 2M 自行舟桥总体技术方案的技术瓶颈在于连岸结构设计,由于连岸跳板高度只有 13~30 cm,承载能力却要达到 50 t,从相关反求分析数据看,跳板单个接头拉力超过 120 t,主梁弯曲应力达到 600 MPa 以上,采用铝合金结构的重量将大于钢结构,并且接头很难承受 120 t 的超大集中拉力,这就是 PMM 自行舟桥的改进型 PMM - 2M 自行舟桥使用钢结构而放弃铝合金结构的原因所在。

从以上产品的相关发展历程可以看出,采用铝合金材料比采用高强度钢材虽然有技术进步的成分,但却不是衡量产品先进性的必要条件。也就是说,结构材料的选择与产品的先进性关系不大,而与产品的具体技术方案却关系密切,不同的总体技术方案将对应不同的关键技术。结构材料的选择应该视国情、军情和具体结构方案和使用环境而定。将结构材料作为一个先进性因素引入产品设计可能会给具体产品设计方案带来许多不必要的问题,有时可能会弄巧成拙,这是设计人员必须记取的。没有人会认为 PMM - 2M 自行舟桥的钢结构就不如

第 4 章 渡河桥梁器材的结构材料

PMM 自行舟桥的铝合金结构，也不会有人认为瑞典的钢结构 48 m 快速桥不如英国或者德国的铝合金结构折叠桥先进，相反钢结构的战场维修性、桥面防滑耐磨性能却好于铝合金结构。

新结构材料的采用需要有充分的应用研究作保证，新结构材料的应用对结构细部设计也会根据载荷情况、内力分布情况而与传统结构设计有所区别。早在 20 世纪 80 年代初，美国和以色列就合作研制过重型冲击桥的桥梁结构，样桥由可焊高强度铝合金（7005 和 7075 合金）、碳纤维环氧树脂材料和高强度钢材制造，桥长 32 m，重量为 11.8 t，载重能力达到 MLC70（63 t）。作为冲击桥的单位重量不到 0.37 t/m，技术可谓相当先进。但是实验表明，一些关键受力部位和一些关键构件都出现了不同程度的强度不足和开裂，也导致了美国重型冲击桥最终选择采用德国鬣蜥冲击桥的桥梁结构和架设方法，该桥梁长 26 m，重 10 t，单位重量为 0.385 t/m。由此也可以看出，新结构材料的应用也不是一蹴而就的，没有必要的科研技术储备和设计实践，就不会有新结构材料的成功应用，以色列 62 m 快速展开桥（RDB62）本想取代英国 MGB 中桁桥，但样机试验表明，并不是所有设计问题和先进复合材料在使用中的问题都可以得到彻底解决。发达国家从 20 世纪 70 年就开始探索先进纤维复合材料在军用桥梁器材上的应用问题，截至 21 世纪初，发达国家的军用桥梁器材所使用的主要结构材料仍然是铝合金，高强度钢材和先进纤维复合材料的应用只是对铝合金结构设计的某种补充，即通过发挥各自的材料特性，以获得最佳的实用军用桥梁结构。

05

第 5 章
渡河桥梁的载荷

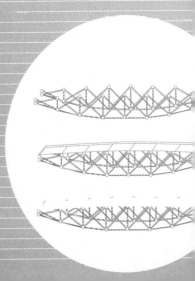

5.1 载 荷

载荷、抗力和安全是结构设计的三大要素。设计载荷的确定与产品方案、产品寿命和产品功能等关系密切,讨论设计载荷对于渡河桥梁产品开发意义非常重大。作用于桥梁的载荷通常有两种:一种叫静载荷,另一种叫活载荷(动载荷)。我国公路桥涵设计通用规范将载荷分成永久载荷、可变载荷和偶然载荷。对渡河桥梁器材设计者来说可能更注重从载荷的重要性方面进行分类。渡河桥梁的载荷主要是车辆载荷、风载和水流,人员、结构自重、雪载和泥土等属于次要载荷。车辆载荷按一定的等级进行分类,履带车辆分为 9 级,即 LD-5、LD-10、LD-15、LD-20、LD-25、LD-30、LD-40、LD-50 和 LD-60;轮式车辆分为 6 级,即 LT-5、LT-10、LT-15、LD-20、LT-25 和 LT-30。最不利载荷包括由履带车辆、轮式车辆、轴荷和单轮载荷引起的冲击作用和载荷的偏心作用。我国履带载荷作用于桥面按照单位面积的载荷压力计,即履带车辆全重除以履带接地长度为分布载荷集度,分布载荷集度除以履带宽度为载荷压力。而国外通常按照负重轮下一定面积范围内的单位面积压力计。从理论上讲,国外的处理方法更科学,我国的处理方法更简单。我国轮式载荷作用于桥面按照车桥的轴荷计,然后将轴荷分配给车轮,车轮的接地面积为一规定的固定面积,车轮作用于桥面的压力等于车轮载荷除以车轮接地面积。而国外规定,车轮产生的接触压力(作用于桥面的压力)等于 1.25 倍的轮胎工作压力,只要知道轮胎宽度和轮胎的工作压力,就可以换算出载荷的接地面积和接触压力。应该说国外的处理方法对于规范桥梁设计和制定桥梁通行规则更具

第 5 章 渡河桥梁的载荷

实际意义,能够更好地处理载荷、抗力和安全三者的关系,因此也更科学。国外规定,当车辆起伏或倾角发生变化时,应该考虑单个轮胎或单个履带负重轮的压力变化。而关于这一点,我国没有加以规定。泥土对桥梁通载没有什么影响,但如果不能在撤收桥梁前清除泥土的话,这些泥土载荷必须包含在架设撤收计算之中。计入的泥土重量与桥型有关,通常泥土的重量在 10% ~ 25% 的桥重之间,而且应该考虑冲击影响。关于这一点我国同样没有作出规定。诸如架设稳定力矩与架设倾覆力矩之比、风载荷放大系数等我国军用桥梁设计准则也没有规定,全凭设计者的经验自行考虑。由此可以看出,设计者的能力直接关系到产品的设计质量和使用安全。关于载荷的具体情况可以参见《军用桥梁设计荷载》(GJB435 – 1988)。本章主要讨论设计载荷与产品开发的关系问题,以便使产品研发者更好地确定战术技术指标和总体技术方案。

5.2 载荷与产品重量以及与产品功能的关系

重量最轻是渡河桥梁的设计目标之一,但结构重量必须以产品的经济性、耐用性和抗损性为约束条件,或者说要权衡装备在各种性能方面的利弊。对于模块化的架桥器材来说,设计人员必须具有预见能力,能够预见到产品在服役期间可能会出现更大的车辆载荷或可能的结构损伤,并尝试着去拓展产品的使用功能。换句话说,任何以降低产品使用功能以换取结构重量减轻的行为都是应该受到制止的。渡河桥梁结构必须通过工作载荷试验和超载试验以验证其结构强度和强度富裕度,以便制定桥梁通行规则。国外的通行规则包括正常通行、谨慎通行和冒险通行。

正常通行是指重量低于设计载荷的所有车辆可以按照设计规定进行通行,不必限制车速和偏心,正常通行所产生的载荷响应与工作载荷试验时的载荷响应相对应。

谨慎通行是指超过设计载荷的车辆在桥上通行时必须作出一些限制,车辆必须在最小偏心和最小制动以及无冲击的条件下减速行驶,谨慎通行对结构产生的载荷响应与正常通行时的载荷响应相同。

冒险通行是指超出设计载荷的车辆仅在紧急情况下使用。冒险通行的载荷比谨慎通行时还大(如果载荷不变则可能是跨度增大),车辆速度更低,严格控制偏心和制动,使车辆无冲击作用。单跨固定桥为一桥一载,冒险通行所产生的载荷响应与产品超载试验时的载荷响应相对应,冒险通行可以引起结构件局部屈服但不足以使结构失效,在冒险通行后,桥梁结构可能出现永久变形。

通常国外渡河桥梁结构的工作应力与材料的屈服强度的关系为 $\sigma_s \text{or} \sigma_{0.2}/$

$\sigma \geqslant 1.33$，而国内渡河桥梁结构为 $\sigma_s \text{or} \sigma_{0.2}/\sigma \geqslant 1.25$。不同的取值也预示着国外渡河桥梁的结构刚度、结构安全富裕度和结构耐用性等比我国产品更高。

讨论载荷和重量的关系实质是要打消一些业内人员对于新老装备关系上的一些担心，也是为人们选择产品方案、确定结构材料等提供技术支持。例如，在轮式自行舟桥的研发中，大多数人都认为自行舟桥的车桥轴荷必须控制在 13 t 以内，如果采用 4×4 底盘，则产品全重不能超过 26 t。这些人的理由来自两个方面：第一我军渡河桥梁装备的轮式轴压力设计指标为 13 t；第二，我军轻型桥梁的承载能力为 LD-25，如果自行舟桥自重超过 26 t，自行舟桥将不能在我军现役渡河桥梁上通行。提出上述观点的人通常都缺乏对产品开发的具体实践，其实渡河桥梁的设计载荷有履带式载荷和轮式载荷之分，往往履带式载荷产生的效应对结构设计起到控制作用，轮式载荷主要用于对结构进行强度校核，而很少对结构设计起控制作用。产品设计者通常都会预见到理论设计载荷和实际战斗车辆之间可能存在的某种变异以及战斗车辆可能的发展，绝不会因为车辆重量稍微超过设计载荷而导致渡河桥梁器材无法使用。车辆载荷对桥梁结构所产生的效应与车辆在桥梁上的通行规则直接关联，载荷的微小变化也完全可以通过使用环节进行消化。我们不能简单地认为设计载荷 30 t 的桥梁就不可以通行 31 t 或者载荷 30 t 以上的车辆，这种结论是武断的。

就自行舟桥产品开发而言，假设轮式自行舟桥的自重超过 26 t 并且达到 30 t，即单个车桥轴荷等于 15 t，则这个轮式自行舟桥总体方案成立吗？是否成立首先必须回答两个方面的问题，第一，轮式自行舟桥伴随轻型机械化部队运动时，自身能否在设计载荷为 LD-25 的轻型桥梁上安全通行的问题。第二，轮式轴压力为 15 t，自身能否在设计载荷为 LD-50 或 LD-60 以及轮式轴压力为 13 t 的现役渡河桥梁上安全通行的问题，更确切地讲就是桥面结构能否安全承受 15 t 的轴压力的问题。

载荷作用下的桥梁最大弯矩计算如图 5-1 所示。

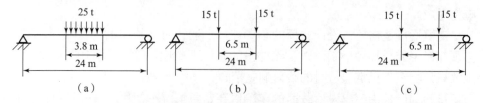

图 5-1 载荷作用下的桥梁最大弯矩计算示意图
（a）25 t 履带载荷作用于跨中；（b）30 t 轮式自行舟桥作用于跨中；
（c）30 t 轮式自行舟桥一个车桥作用于跨中

对于第一个问题而言，军用桥梁的总承载能力主要由履带载荷控制，轻型桥梁的设计载荷通常为履带式载荷 25 t，单跨固定桥的桥长通常在 26 m 以内，按跨度 24 m 的简支梁考虑，则在 25 t 履带载荷作用下，如图 5-1（a）所示，桥梁承受的最大静力弯矩为：

$$M_{\max} = \frac{25}{8} \times (2 \times 24 - 3.8) = 138.125(\text{tm})$$

而在 30 t 轮式自行舟桥（轮式轴压力 15 t、轴距 6.5 m）作用下，如图 5-1（b）和图 5-1（c）所示，桥梁所承受的最大静力弯矩为：

$$M_{\max} = 15 \times \frac{(24 - 6.5)}{2} = 131.25(\text{tm})$$

或

$$M_{\max} = 0.25 \times 24 \times 15 + \frac{0.25 \times 5.5}{12} \times 24 \times 15 = 131.25(\text{tm})$$

上述理论计算表明，由 25 t 履带载荷作用对桥梁结构产生的最大弯矩要大于由 30 t 轮式自行舟桥作用对桥梁结构产生的最大弯矩，也就是说，我们都不需要在车辆通行时对车辆采取任何通行限制（包括限制车速、偏心等），就可以确保重量为 30 t 的轮式自行舟桥在设计载荷为 LD-25 的轻型桥梁上（桥长限制在 26 m 以内，跨度 24 m）安全通行。

对于第二个问题，必须先了解渡河桥梁结构的设计方法。渡河桥梁器材的桥面承重结构通常用履带载荷进行结构设计，并且用轮式载荷进行结构强度等的校核。目前的渡河桥梁器材，其桥面承重结构的名义设计载荷虽然为轮式轴压力 13 t，但重型桥梁或舟桥的桥面系其设计履带载荷大都为 50 t~60 t，桥面系面板的厚度为 3 mm，肋骨的几何尺寸和间距无规律统计。笔者虽然不能提供每一种器材的具体设计细节，但还是收集了一些典型器材的设计计算数据和相关试验情况。表 5-1 给出了几种典型现役桥梁器材桥面系在轮式轴压载荷作用下的计算应力、试验应力或试验情况。

表 5-1 轮式轴压力与桥面系结构应力的关系

载荷 桥梁类别	轮式轴压力 13 t 桥面系理论 计算最大应力	轮式轴压力 15 t 桥面系结构 试验实测最大 应力	轮式轴压力 20 t 桥面系实载 通行状况介绍	桥面系结 构材料的容 许应力	轮式轴压力 15 t 桥面系结 构可能出现 的最大应力
重型机械化桥	376 MPa	367 MPa		500 MPa	390 MPa
重型冲击桥	337 MPa	100 MPa		816 MPa	105 MPa
重型支援桥			桥面系结构 完好无损		

注：轮式轴压 15 t 所推算出的桥面系结构最大应力为桥面系结构试验最大应力乘以 1.05 的载荷冲击系数；重型支援桥曾经利用轮式轴压力 20 t、总重 60 t 的轮式车辆进行实载通行，桥面系结构无任何永久性变形，表明桥面系结构工作应力在弹性范围以内。

从表 5-1 的应力测试和实载试验情况看，虽然桥梁的设计载荷为轮式轴压力 13 t，但实际结构的承载能力都远大于 15 t，也就是说一些人所担心的自行舟桥轮式轴压力超过 13 t 会带来现役渡河桥梁器材不能使用的问题根本就不存在。从渡河桥梁产品设计实践上看，渡河桥梁结构通常都具有 25% 以上的强度安全储备（这是设计规范的要求），而实际结构具备的强度安全储备可能更大，而轮式轴压力 15 t 比轮式轴压力 13 t 只超出约 15%，小于 25% 的规定结构安全储备。按照美、英、德《渡河桥梁器材设计和试验三方协议》中有关桥梁通行规则的描述，整备重量 30 t（轮式轴压力为 15 t）的自行舟桥在设计轮式轴压力为 13 t 的桥梁上通行，应当属于美、英、德《渡河桥梁器材设计和试验三方协议》中所规定的冒险通行，由于超载只对局部结构（桥面系结构）的疲劳寿命产生影响且通载次数极少，故而是完全可以接受的。从 79 式带式舟桥的设计计算书上看，带式舟桥的桥面系设计控制载荷是履带车辆而非轮式车辆。另外，西方发达国家对待轮式车辆载荷的处理也比我国《军用桥梁设计荷载》（GJB 435-1988）要科学，我国以轮式车辆载荷的轮胎固定接地面积来计算载荷集度（接触压力），而外军是以载荷集度（接触压力）来推算车轮接地面积，只要知道车轮宽度，根据载荷集度和轮胎气压，就可以推算出轮胎接地长度。

载荷集度（接触压力）又与轮胎压力有关，而轮胎产生的接触压力等于 1.25 倍的轮胎工作压力。自行舟桥的轮胎一般都具备中央充放气功能，完全可以通过调整轮胎工作压力的大小来控制轮胎的接地面积，进而起到降低轮式载荷对现役渡河桥梁器材桥面系局部结构的作用。再者，从外军渡河桥梁相关产品的发展情况看，季洛瓦自行舟桥全重 28~30 t，PAA 自行伴随桥全重 34.5 t，MAF-II 水陆快速桥全重 34 t；早期 EFA 自行舟桥的重量为 39 t，目前为 43 t，其轮式轴压力由 14 t 发展到超过 20 t。国外并没有因为早期的渡河桥梁器材承载能力不足而限制新器材的发展进步，也没有见到新的渡河桥梁产品不能在早期的渡河桥梁上通行的相关介绍；英国 MGB 中桁桥设计载荷 MLC60，当 MLC70 的车辆载荷在其桥上通行时，所造成的影响也就是使疲劳寿命从 10 000 次降为 7 000 次。这些事例都间接向我们表明了不必过于专注渡河桥梁器材的轮式轴压力对现役结构承载造成的影响问题。采用 4×4 的轮式越野底盘开展自行舟桥研制，产品总重量控制在 30 t 以内是完全可以接受的。

在轮式自行舟桥设计实践中，我们还会遇到这样的现象，即按照车辆运输要求所确定的自行舟桥外形尺寸，完全可以保证轮式自行舟桥具有较大的排水量和承载能力，但有人却为了控制结构重量，刻意提出通过降低设计载荷的方法来减轻结构重量，这种方法是否科学也值得业内人员深思。前面已经说过，任何通过降低产品功能来获取减重的企图都是值得商榷的。如果减重效果不佳，或者得不偿失，这种决策必须避免。由材料力学可知，当一个结构在设计中受到结构尺寸限制时,结构优化的效果就会受到严重影响。例如桥梁承重结构的高度受到运输要求的限制,而当一个宽度为 b、高度为 h 的矩形梁的高度受到限制后,如果材料强度不变,则截面承载能力的提高,只能依靠增加矩形截面的宽度,当其弹性抗弯承载能力提高 $x\%$ 时,其截面重量相应也会增加 $x\%$,如果限制宽度而增加截面高度,则当其弹性抗弯承载能力提高 $x\%$ 时,其截面重量相应也会增加 $\sqrt{1+x\%}-1$。而当一个工字形截面的高度受到限制后,如果材料强度不变,则截面承载能力的提高,只能依靠增加工字形截面的翼缘面积。翼缘面积可以通过增加翼缘板的宽度或者厚度的方法获得,增加板宽需要考虑板件的宽厚比,而增加板厚比增加板宽所引起的重量增加更多。设原工字形截面如图 5-2 所示,翼缘宽度为 b,厚度为 t,腹板的高度为 h,厚度为 δ。其抗弯截面矩为:

$$W = \frac{b(h+2t)^3 - (b-\delta)h^3}{6(h+2t)}$$

图 5-2 工字形截面

截面面积为 $A = 2bt + ht$。若将该工字形截面的抗弯能力提高 $x\%$,梁高不变,只增加翼缘宽度,由

$$(1+x)W = (1+x)\frac{b(h+2t)^3 - (b-\delta)h^3}{6(h+2t)} >$$

$$\frac{(1+x)b(h+2t) - [(1+x)b-\delta]h^3}{6(h+2t)}$$

可知翼缘需要增加的宽度在 $x\%$ 以上。通常一个最优化的工字梁截面腹板的重量大约为整个工字形截面重量的 1/3,因此翼缘宽度加宽后,整个截面重量的增加可能超过 $0.667x\%$;如果梁高不变,翼缘厚度向梁的中和轴方向适当增加,则整个截面重量的增加比翼缘加宽更多。

从以上分析可以看出,如果结构高度尺寸不变,增加或者降低设计载荷 20%,总纵承重结构的重量大约增加或者减少 13%。但必须指出的是,渡河桥梁产品的承载能力主要由总纵承重结构确定,而总纵承重结构在整个渡河桥梁产品中所占比例是相当有限的。以轮式自行舟桥为例,两栖底盘的重量大约为产品总重量的 1/2,舟桥结构的重量大约为产品总重量的 1/2,舟桥结构包括舟体壳板和骨架,总纵承重结构只占舟桥结构重量的 20% 左右,而只占整个产品重量的 10%。如果舟体外形尺寸不变,则载荷的增加或者降低并不导致整个舟桥结构都增加或者降低重量,而只是引起特定构件结构(主要承重结构)重量的增加或者减少,特定构件占整个舟桥结构的比重越大,舟桥结构增加或者减少的重量就越多。因此,如果轮式自行舟桥降低设计载荷 20%,即由 60 t 降至 45 t 左右,则对整个产品的减重效果大概为 1.3%,不会超过 2%。因此,以 20% 的使用功能下降去换取 1.3% 的产品重量减少,这种做法是很不明智的。

5.3 渡河桥梁设计载荷的发展

渡河桥梁的设计载荷与其被保障对象和适应的使用环境关系密切。我们知道,桥梁载荷随着兵器重量的增加而增加,但是否需要随着兵器重量的降低而降低呢？答案应该是否定的。目前陆军武器装备的发展以及在陆军中的编配比例已经从重型为主,转而变为重、中、轻比例基本相当的编配比例,但未来战场绝不会是轻型、中型或是重型中的一种类型兵器包打天下,未来的陆上机动一定包含着轻型、中型和重型兵器混合机动的情况,渡河桥梁还是应该坚持以发展重型器材为主,以重代轻,并以发展轻型器材为补充,使之适合特种作战和远程机动作战。目前的渡河桥梁的设计载荷为：固定桥为一桥一载；浮桥按照车辆间距不小于 30 m 布置载荷。为了加快渡河速度,对于重型桥梁通行轻型车辆,可以考虑一桥多载,并且需要适当增加车行道宽度,提高车辆行驶速度,因此未来渡河桥梁的设计载荷应该更加多样化,应该围绕渡河桥梁器材的使用环境研究和确定设计载荷,不光要研究单一最大载荷的结构响应问题,也要研究多载荷组合时结构的响应问题；还要研究器材空投或者伞投时的载荷冲击,研究波浪载荷、风载荷甚至还需要研究飞机载荷对结构的响应问题；还应该根据不同大小的载荷在不同的作用位置下所引起的不同跨度的桥梁的响应情况,制定出详细的使用手册以方便部队根据具体情况完成工程保障任务。

第 6 章
自行舟桥设计

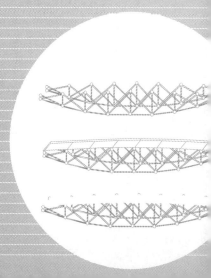

前面说过，自行舟桥是一种具有舟桥结构的专用水陆车辆。它将舟桥、渡船和车辆的功能集于一身，是现代工业技术水平高度发达所产生出的一种现代化渡河器材。自行舟桥的设计实践表明，自行舟桥是所有舟桥产品中各个分系统相互关联度最高、技术最为复杂、未知因素最多、对工业基础水平要求最高、研制难度最大的舟桥产品，所有未知因素和战术使用要求，只有通过产品设计和产品使用的具体实践才能被一一认识，一一解决。如果说我国渡河桥梁产品设计还存在着一些照猫画虎、误打误撞、头疼医头、脚疼医脚的浮躁成分的话，那么对自行舟桥的设计研究和科学总结，则代表着我国渡河桥梁产品设计研发的水平，同时也代表着渡河桥梁产品设计思想、设计理念和设计方法的基本形成和逐步成熟。自行舟桥设计技术，可以引领整个渡河桥梁产品设计领域的发展进步。自行舟桥对整装轻量化的要求很高，可以带动和促进轻质新材料结构设计技术在整个领域的广泛应用，也可以带动车辆驱动装置的高功率、小型化和轻量化技术的进步。特殊的两栖车辆设计要求，可以带动越野车桥技术、轮胎技术发展和相关产品的多样化；也可以带动水上推进器技术和产品相关技术的进步；同时也带动渡河桥梁器材操控技术和相关产品技术的发展。因此，介绍自行舟桥产品设计是一项极为有意义的事情，综合应用前述有关渡河桥梁产品的开发理念、工作思路和工作方法，并将之运用于自行舟桥具体产品的研发之中，可以为从业人员起到一定的启发和示范作用。当然，由于专业技术的限制，对自行舟桥设计技术的介绍也不可能面面俱到，设计人员应根据自己的专业特点多思考本专业如何促进自行舟桥设计进步的相关问题。

第6章 自行舟桥设计

6.1 自行舟桥的作战使命和特点

自行舟桥是一种伴随机动渡河器材。它主要用于伴随战斗部队/突击部队陆上机动，在遇到河流障碍时，立即前出，保障战斗部队/突击队在行进间快速克服江河障碍，实施渡河作战行动。自行舟桥是一种高效、精干的渡河工程保障器材，通常一辆舟桥车就可以形成一个保障系统，特别适合遂行伴随作战部队机动并随时遂行渡河工程保障任务。

渡河工程保障效能的高低与渡河器材、器材泛水点以及渡口的数量密切相关，如果通向渡场泛水点和渡口的接近路众多，大量渡河器材可以不间断进入渡场泛水点并进行渡河作业，则普通带式舟桥的渡河效率与传统自行舟桥相差不大。问题在于接近路和渡口以及泛水点的构筑并不是一件一蹴而就的事情，其土工作业往往费时费力，有时甚至比渡河作业本身还要困难，因此只有在预有准备的情况之下，军队才会实施广正面的大规模渡河行动。而自行舟桥最大的特点就是水陆转换迅速，这就导致器材对渡场中泛水点的数量要求极低，一个泛水点就可以快速地、连续不断地进行多车泛水。值得一提的是，自行舟桥的泛水点一定可以作为自行舟桥的渡口使用，而自行舟桥的渡口却未必一定是自行舟桥的泛水点，自行舟桥的渡口只要岸边条件满足自行舟桥门桥的连岸和上、下载要求即可。通常一个泛水点就是一个斜坡码头，而一个垂直的驳岸，只要岸高适合自行舟桥跳板接岸，就可以成为自行舟桥的渡口码头。这种器材优势特别适合作战部队在行进间快速通过江河障碍，在美军中这种渡河行动叫仓促渡河，在军队机动路线上如果没有现成桥梁可资利用的话，自行舟桥就是军队仓促渡河时首选的渡河器材。

自行舟桥产品对一个国家的工业基础水平要求是比较高的，通常在工业产品市场上能够寻觅到符合或者匹配自行舟桥产品技术要求的工业产品的情况是非常有限的。从自行舟桥产品的设计实践看，由于我们的产品设计文化相对比较落后，预先研究和应用研究技术积淀少，对自行舟桥所用工业产品的技术要求也缺乏全面认识，虽然借助国外已有产品技术，我国也成功研制了自行舟桥产品，但回过头来看，自行舟桥所使用的工业产品从动力系统、传动系统到行走系统都存在一些问题，例如，工业产品尺寸过大，导致机舱通风冷却出现问题；工业产品重量过大，导致吨马力下降或者燃油消耗过大；工业产品尺寸和重量超出设计技术要求还造成自行舟桥外形高度和整车重心的升高并且影响产品的综合效能。

自行舟桥对整车的重量和运输体积都有特定要求，在规定的重量和排水量下，为了确保自行舟桥的载重量，自然要求底盘车重量越轻越好，同时也要求舟桥结构越轻越好（这个要求与自行舟桥所具备较高的承载能力往往是矛盾的）；为了确保自行舟桥的岸边适应性能和水陆快速转换性能，要求底盘车桥（含车轮）能够收进主舟体内部；为了确保足够的门桥排水面积，要求车桥越少越好（车桥收起会损失门桥的排水面积和排水量）；为了提高自行舟桥的机动能力，需要大直径轮胎和轮胎自动充放气系统；为了自行舟桥所有设备便于在车体中布置，也要求车桥越少越好（车桥收起会大量占用车体空间），同时也希望所有设备的体积和重量越小越好（而这个要求与目前国家工业基础水平往往是不相适应的，无论是发动机还是传动装置等设备，国产设备的体积都要超过国外的先进装备，这是不争的事实）。由于车、船、桥三者一体化，使用时互相关联，设计时互相牵扯，舟桥设计师不了解车辆设计的情况，车辆设计师不知道舟桥设计和具体使用要求，因此给科学设计自行舟桥带来了许多不确定因素和设计难度。

6.2 对国内外自行舟桥的分析

我国渡河桥梁器材的科研工作是从仿制开始的，最早是测绘，以后是参照设计，目前虽已进入自主设计阶段，但研究、了解国外渡河桥梁产品的发展情况我们一刻也没有停止过。从国外的情况看，各国70%以上的产品技术都来自其他国家，所以说掌握国外产品设计技术是十分必要的。但想掌握国外同类产品的设计技术并非易事，我们所了解的国外产品信息大都来源于英国《简氏防务年鉴》有关《军用车辆与后勤分册》，这些信息说白了就是一个产品的宣传广告，以往大家只是了解产品的外形尺寸、单车重量、系统组成、承载能力、动力大小和机动性能等，并且从中窥测到一些外军同类产品的发展动态和发展趋势。其实，光了解这些表象是远远不够的，专业人员必须透过这些表象，深入到产品的内在，才能真正获得和掌握有关产品的设计技术问题，而深入了解产品设计技术的最佳方法就是反求工程，也叫逆向工程。因为在反求的基础上进行再设计，对许多技术问题可以看得更清楚，设计的起点会更高，更容易获得创新的产品。反求工程包括设计反求、工艺反求、材料反求和管理反求等各个方面。反求以先进产品的实物、软件（图样、程序、技术文件甚至广告等）作为研究对象，应用现代设计的理论方法、生产工程学、材料科学和相关专业知识，进行系统的分析研究，进而开发出同类的新产品。

6.2.1 对国外典型自行舟桥的初步分析

目前国外自行舟桥总体技术方案主要分为桥轴线与车轴线垂直方案和桥轴

线与车轴线一致方案，它们当中的典型产品主要有 PMM 自行舟桥、PMM – 2M 自行舟桥、M3 自行舟桥、EFA 自行舟桥和俄罗斯新型自行舟桥（一种舟体和底盘可以分离的自行舟桥）。其中，PMM 系列自行舟桥和 M3 自行舟桥采用车轴线与桥轴线垂直的总体技术布局，EFA 自行舟桥采用车轴线和桥轴线一致的总体技术布局。自行舟桥承重结构形式上有带式和桥脚分置式之分，目前带式舟桥承重结构是自行舟桥的主流结构形式。PMM 系列自行舟桥和 EFA 自行舟桥采用带式舟桥结构形式，而 M3 自行舟桥采用既可带式又可桥脚分置式的两种舟桥结构形式。关于上述自行舟桥的方案形式、基本工作原理已经在 1.4 节和 2.5 节的相关内容中进行了介绍，在 2.5 节中还专门利用相关信息和反求工程分析方法建立了自行舟桥外形尺寸、总体布局和设计参数与产品性能之间的内在联系。本节将主要介绍以下三种典型自行舟桥的技术参数和产品具有的主要功能。

6.2.1.1　M3 自行舟桥

M3 自行舟桥是在 M2b 自行舟桥的技术基础之上发展起来的，主要结构形式与 M2b 基本类似，似乎像一个放大了的 M2b 自行舟桥，但所用技术却与 M2b 相去甚远，应该讲 M3 自行舟桥完全可以算得上是 M2b 自行舟桥的升级换代产品。M3 自行舟桥采用 4×4 轮式越野底盘，乘员 3 名，自行舟桥整车外形尺寸为 13.03 m×3.35 m×3.97 m（长×宽×高），整车重量约 25 300 kg；前桥轴荷 12 300 kg，后桥轴荷 13 000 kg，侧浮舟展开时的宽度为 6.57 m；车轮处于正常位置时的离地间隙为 0.7 m，前后车桥轴距为 6.5 m，折叠状态可两栖行走；最大公路行驶速度为 80 km/h，最大越野行驶速度为 35 km/h；陆上续驶里程为 725 km，水上续航时间为 6.25 h，最大爬坡度为 60%。发动机有两种，最早使用道依茨（KHD）BF8L513LC 柴油发动机，在转速为 2 100 rpm 时的功率为 252 kW，后来采用卡特皮勒 C9 系列 9.3 升柴油机；整车功率重量比为 9.96 kW/t，变速器采用 6 挡全自动变速器，全轮转向时的转弯直径为 24 m，轮胎型号为 605/30 R25。

M3 自行舟桥单车门桥空载吃水 0.54 m，干舷高 0.81 m；双车门桥满载 MLC70 时的吃水为 1.02 m，干舷高 0.33 m。浮桥在 MLC70 载荷作用下的平均吃水为 0.84 m，有效车行道宽度 4.76 m，带外伸板时车行道宽度为 5.6 m。单车空载门桥水上航速约 14 km/h，满载 12 t 货物时的航速约 13 km/h，双车门桥满载 MLC70 时的航速约 10 km/h。车辆陆上平均油耗为 55 L/100 km；水上平均油耗 64 L/h。M3 自行舟桥一般不能单车成桥，主要组成多车门桥使用，可以结构双车门桥、三车门桥和四车门桥等。双车门桥可以渡送一辆 MLC70 履带车辆，三车门桥可以渡送两辆 MLC70 履带车辆或者一辆 MLC100 轮式车辆，门桥可以在流速 3.5 m/s 以下的水域进行漕渡作业。浮桥承载能力达到履带车辆

MLC85 或者轮式车辆 MLC132 的要求，浮桥长度计算公式：$L = N \times 11.5 + 8.35 - E \times 5.04$。从 M3 自行舟桥有关图片反求情况看，M3 自行舟桥的接近角约为 28°，离去角约为 27°，车轮直径约 1.7 m，跳板（桥板）的高度大约为 0.4 m，跳板长度 8.35 m，其悬臂伸出 6.5 m 以上，具有良好的岸边适应性。

除具备上述技术参数和性能外，M3 自行舟桥单车门的驾驶室还配备有核生化三防设备、空调系统和装甲防护，配套防热服装、火灾探测和自动报警系统、锚定系统和第四块跳板等。为了减小车桥收起带来的浮力损失，M3 自行舟桥在轮穴位置还设置有局部气囊。

根据上述已知参数，可以进行有关计算参数的推导。例如，由空载吃水 0.54 m，满载 MLC70 时的吃水 1.02 m，侧展开宽度 6.57 m 等数据，可以获得双车门桥（标准漕渡门桥）的计算水线面面积 A、双车门桥长度 L、计算水线面宽度 B 和双车门桥的水线面的面积惯性矩 J，即：

双车门桥计算水线面面积为：

$$A = Q/\gamma\Delta T = 63.5/(1.02 - 0.54) \approx 132.3 (\text{m}^2)$$

双车门桥长度为：

$$L = 6.57 \times 2 = 13.14 \text{（m）（不含跳板悬伸长度）}$$

双车门桥平均计算水线面宽度为：

$$B = A/L = 132.3/13.14 \approx 10.07 \text{（m）}$$

双车门桥的水线面的面积惯性矩分别为：

$$J_1 = \frac{BL^3}{12} = \frac{10.07 \times 13.14^3}{12} = 1\,903.86 \text{（m}^4\text{）；}$$

$$J_2 = \frac{BL^3}{12} = \frac{10.07^3 \times 13.14}{12} = 1\,118.16 \text{（m}^4\text{）}$$

其实车长方向的水线面积惯性矩计算时不能使用平均计算水线面宽度，而是应该使用实际车辆长度，因此实际的 J_2 为：

$$J_2 = \frac{BL^3}{12} = \frac{13^3 \times 13.14}{12} = 2\,405.7 \text{（m}^4\text{）}$$

也就是说虽然轮穴损失一部分水线面积惯性矩，但由于轮穴靠中和轴比较近，因此实际的水线面积惯性矩 J_2 可能也大于 2 000 m^4。

从门桥吃水和门桥航速可以初步估算门桥的阻力为 1 300 ~ 2 455 kg，有效推进功率为 50 ~ 81 kW，由发动机功率 252 kW 可得，M3 自行舟桥的推进效率为 0.2 ~ 0.32，这个效率系数是非常高的。

根据对 M3 自行舟桥有关图片所进行的反求工程分析，M3 自行舟桥驾驶室顶面距离地面的高度在 2.8 m 以内，属于低驾驶室车型。侧舟高度应该控制在 1.3 m 以内。侧舟由折叠状态展开后，其舟底与车底基本平齐，因此自重吃水比 PMM－2M 履带式自行舟桥要小很多。M3 自行舟桥结构非常合理，首先，最大限度地利用了车辆陆上运输限高，使舟桥结构具有足够的型深。第二，侧舟底板与车体底板平齐，有效降低了自行舟桥的自重吃水；标准漕渡门桥为双舟（车）带式门桥，水线面面积和水线面惯性矩大（是 PMM – 2M 标准单车门桥水线面惯性矩的 2 倍多），使用安全性比 PMM – 2M 标准单车门桥要好很多，门桥能够适应 3.5 m/s 的水流速度。

由已知桥脚分置式浮桥的跨度 11.5 m、浮桥平均吃水 0.84 m 和单个桥脚舟计算水线面面积 132.3/2 m²，由于浮桥平均吃水不是浮桥最大吃水，因此还无法利用浮桥吃水计算公式推算 M3 自行舟桥的弹性地基梁弯曲特征系数 β。但是，根据 M3 自行舟桥三车桥脚分置式门桥可以漕渡两辆 MLC70 的履带式车辆这个已知条件，可以计算出三车漕渡门桥的满载平均吃水为 0.64 m（自重吃水加满载吃水达到 1.18 m），干舷只有 0.17 m，这就表明在 MLC70 载荷作用下浮桥的最大吃水有可能达到三车门桥的水平，因为三车门桥的长度已经达到 30 m。假设浮桥的最大吃水与三车门桥平均吃水相当，考虑去除 10% 的间隙吃水影响，浮桥的最大弹性吃水为 0.576 m，则根据浮桥的最大弹性吃水计算公式可得：

$$y = \frac{\varepsilon P}{8EJ\beta^3} = \frac{\varepsilon P \beta l}{2\gamma A_0} = \frac{0.9 \times 63.5 \times 11.5}{2 \times 132.3 \div 2}\beta = 4.96\beta = 0.576 \text{（m）}$$

则浮桥的弹性弯曲特征系数为：

$$\beta = 0.576/4.96 = 0.116 \text{（m}^{-1}\text{）}$$

式中 ε 为计算浮桥吃水时的综合修正系数，根据舷跨比等因素，ε 取 0.9，则 M3 自行舟桥的弹性特征系数 β 可能在 0.11 左右。根据假设弹性地基梁弯曲特征系数 β，再根据 M3 自行舟桥的结构材料，以及根据 M3 自行舟桥图片对其结构尺寸所进行的反求结果，可以推算出 M3 自行舟桥的弹性特征系数 β 在 0.11 ~ 0.12 之间比较合理。如果按照 $\beta = 0.12$ m^{-1} 考虑，则浮桥承受的最大弯矩为：

$$M_{\max} = 0.9 \frac{P}{4\beta}\left(1.09 - \frac{\beta s}{2}\right) = \frac{0.9 \times 63.5}{4 \times 0.12}\left(1.09 - \frac{0.12 \times 5}{2}\right) = 94.34 \text{（tm）}$$

专业人员根据上述基本参数可以进行产品初步的反求工程设计。

6.2.1.2　PMM – 2M 履带式自行舟桥

PMM – 2M 履带式自行舟桥是在 PMM 轮式自行舟桥的基础上发展起来的，PMM 轮式自行舟桥采用 8 × 8 轮式越野底盘，舟桥结构为铝合金材料。从其单车门桥承载能力 40 t 的能力和车辆运输界限判断，PMM 轮式自行舟桥的运输外形尺寸应该与 PMM – 2M 基本相同。从 PMM 轮式自行舟桥存在的水陆转换能力比较差的情况可以判断该两栖车辆的车桥不能收起，四个车桥如果能够收起的话，门桥的排水量和车体设备舱空间将严重不足。从 PMM – 2M 履带式自行舟桥的有关图片资料的反求情况看，PMM 自行舟桥的车轮直径大约为 1.3 m，车体高度约为 1.3 m,两个侧舟的高度约为 1.1 m,单车门桥具有较大的排水量。从外军资料介绍看,单车门桥自重 26 t,载重量达到 40 t,单位吨功率为 3.34 kW/t,载重与自重比接近 1.54。陆上最大行驶速度 59 km/h,水上满载航行速度 10 km/h(佛罗德数 0.44,相当于水深 4.0 m 的条件),空载航速 11.5 km/h(佛罗德数 0.592,相当于水深 3.0 m 的条件),主机功率只有 220.8 kW,导管螺旋桨直径 600 mm,表明螺旋桨推进具有很高的效率。车体为封闭式全焊铝合金结构,驾驶室采用玻璃钢制作,车行道上设置有玻璃钢道面板,可对铝合金甲板车行部实施保护。螺旋桨系桩拉力为 17.66 KN。螺旋桨盘面上的单位系桩拉力为 31.25 KN/m^2,而螺旋桨总盘面上的单位功率则为 390.65 kW/m^2。用三个总泵水能力为 1 840 L/min 的离心泵排出进入门桥内的积水。由三人组成的车辆乘员在 3 分钟内将车辆由运输状态转为作业状态。

  由于 PMM 轮式自行舟桥出、入水时的通行能力较差,即水陆转换能力不强,并且在野战条件下,由铝合金制成的车体不便于维修。加之俄军通过相关计算与试验认为,PMM 轮式自行舟桥单车门桥的承载能力不能适应坦克及其他军事装备重量增长的趋势,而在其铁路运输及基础车承载能力有限的条件下,进一步提高单车门桥的承载能力是不可能的。采用双门桥漕渡一辆坦克在战术经济指标上效率不高,因为双车门桥渡送一辆坦克造成承载能力的浪费,且使车辆增加一倍。为了克服 PMM 轮式自行舟桥存在的不足,俄军开展了 PMM – 2 履带式自行舟桥的研制工作。根据外军资料介绍,PMM – 2 履带式自行舟桥的车体和侧舟舟体采用钢结构,履带式行走机构,柴油机功率为 522.5 kW,门桥的出、入水通行能力和门桥的岸边适应能力在很大程度上得到了改善。尽管 PMM – 2 履带式自行门桥的排水量和吃水深度增加很大,但它在水中的航行速度仍保持在以前的水平上,这是由于使用了直径为 650 mm 的导管螺旋桨。单车门桥重量达到 36 t,而载重量为 40 t。由于坦克重量的不断增加,PMM – 2M 自行舟桥(见图 6 – 1)又对 PMM – 2 自行舟桥进行了改善,其单车门桥载重量达到了 42.5 t。

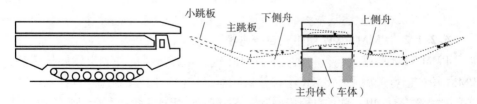

图 6 – 1   PMM – 2M 自行舟桥

  由于我国引进过 PMM – 2M 自行舟桥,因此对 PMM – 2M 自行舟桥的技术参数了解比较全面,能够进行反求工程分析的内容也最多。从《PMM – 2M 自行舟桥使用操作手册》的内容看,其主要作战使用性能如下:

整装全重36 t，行军状态外形尺寸13.35 m×3.36 m×3.85 m，履带中心矩2.75 m，车底离地间隙0.4 m，公路行驶速度55 km/h，爬坡度25°，越壕宽度3 m；陆上行驶最大倾斜角20°，接近角21°，离去角18°，单舟（车）门桥载重量42.5 t，多舟（车）门桥载重量n×42.5 t，单个履带载荷重量50 t；车行道宽度4.2 m，空载门桥干舷0.635 m；空载门桥吃水（未考虑履带下垂）1.4 m，单舟（车）满载42.5 t门桥吃水（未考虑履带下垂）1.8 m，单舟（车）满载42.5 t时门桥干舷0.24 m，单舟（车）满载42.5 t时门桥最大航速10 km/h；结构门桥时间单舟（车）门桥6 min，双舟（车）门桥8 min，三舟（车）门桥10 min；跳板岸端处的最大允许岸高（水面到岸上的距离）0.5 m，跳板长度4 m；使用环境温度 -40℃~40℃，克服江河障碍时的最大出、入水角15°，满载42.5 t时门桥适应水深（克服水深）1.3 m，回转直径26 m，适应江河波浪2级；在山地河川使用时的适应流速为2.0 m/s，在平原江河使用时的适应流速为2.5 m/s，发动机在2 000 rpm时的最大功率710 hp（522.6kW），侧舟高度0.85 m。

从以上数据可以看出，我们掌握的外军自行舟桥资料中，PMM-2M自行舟桥无疑是最为全面的，进行反求工程分析的条件也是最为成熟的。根据空载吃水、满载吃水和门桥载重量数据，可以计算PMM-2M自行舟桥单车门桥的平均计算水线面面积，即$A_0 = 42.5 \div (1.8 - 1.4) = 106 （m^2）$。根据门桥展开后的长度（大约为9.6 m），可以计算门桥的平均计算水线面平均宽度（该值约为11m）；由计算水线面面积的长度和宽度，可以计算门桥水线面面积惯性矩（该值约为900 m^4，对单车门桥来说这个数值偏小，这可能是PMM-2M自行舟桥总体技术方案的一个硬伤，由于水线面积惯性矩只有M3双车门桥的一半，漕渡安全相对较低，为了确保安全，通常要求对漕渡车辆进行专门的固定，以防止载荷移动引起门桥倾斜）。由于浮桥设计载荷为50 t，因此浮桥吃水相对较小，根据我国履带式自行舟桥研制经验，浮桥的吃水一般只有门桥满载吃水的0.8倍左右，考虑到15%左右的间隙影响，实际浮桥在50 t活载作用下的最大吃水（无间隙影响时的计算数据）只有门桥的60%~70%（门桥为0.4 m），则浮桥吃水为：

$$y = 1.09 \frac{P}{8EJ\beta^3} = 1.09 \frac{P\beta}{2\gamma B} = 1.09 \frac{50}{2 \times 11}\beta = 2.478\beta = 0.24(m) \sim 0.28(m)$$

则PMM-2M自行舟桥浮桥的弹性弯曲特征系数β应该在0.0969~0.113之间。我国履带式自行舟桥主要参照PMM-2M自行舟桥形式设计，由于要求的浮桥载重量是PMM-2M自行舟桥的1.2倍，其结构刚度稍大于PMM-2M自行舟桥，因此弹性弯曲特征系数β在0.09~0.10之间。

PMM-2M自行舟桥的底盘车属于低驾驶室车辆，这样就使其中一个侧舟的长度达到13 m,而另一个侧舟的长度也有11 m,并且确保门桥具有大于100 m²的排水面积和单车门桥能够承载42.5 t的履带式载荷。PMM-2M自行舟桥为带式舟桥结构,车轴线与桥轴线垂直,结构紧凑合理,系统相对简单,作业方便快捷。其排水量曲线如图6-2所示。由于侧舟底部与车体底部之间存在较大的高差,导致排水量曲线具有两个斜率,且初始排水量曲线的斜率较小,这表明PMM-2M自行舟桥的自重吃水偏大,但由于其在满载状态下能够在水深1.3 m的水域航行,因此虽然门桥满载吃水1.8 m,但其适应水深以及适应岸边条件的要求并不像人们想象中的那么差。

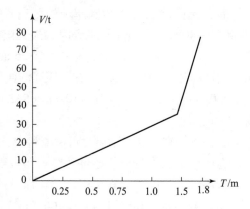

图6-2 PMM-2M排水量曲线示意图

由于满载吃水较大(达到1.8 m),这就必然影响到PMM-2M自行舟桥的浮桥性能。根据水动力稳定性计算分析,用PMM-2M自行舟桥架设的浮桥,通常只有在水深大于10 m的区域中使用才能不受浅水阻力效应的影响,否则浮桥只能在1.0 m/s~1.5 m/s流速的条件下使用。

利用上述反求分析数据,还可以预估PMM-2M自行舟桥浮桥在50 t履带载荷作用下的最大弯矩。考虑连接接头的连接间隙对弯矩减小的影响(弯矩折减系数取0.85~0.9),若浮桥的弹性地基梁弯曲特征系数β按照0.096 9考虑,则PMM-2M自行舟桥在设计载荷作用下的静力弯矩为:

$$M = \frac{Q}{4\beta}\left(1.10 - \frac{\beta s}{2}\right)(0.85 \sim 0.9) = 97(\text{tm}) \sim 102(\text{tm})$$

根据门桥稳性分析,PMM-2M自行舟桥单车门桥的最小水线面惯性矩只有930 m⁴,表明单车门桥的稳定性不高,车辆载荷必须采取措施与门桥表面固定以防车辆载荷移动带来漕渡门桥的安全问题。同时也表明PMM-2M自行舟桥单车成桥在带来优点的同时也存在不足。

从引进样机的作业动作和外形看,PMM-2M自行舟桥的侧舟展开方式比较独特,导致舟体下部纵向连接接头不能像普通舟桥那样设置在舟体的底板龙骨之上,即 PMM-2M 自行舟桥的舟体下部纵向连接接头与舟体底板是脱离的,具体情况如图 6-3 所示。

图 6-3 舟体下部总纵受力结构示意图
(a) PMM-2M 侧舟下部总纵受力结构;(b) 普通舟桥舟体下部总纵受力结构

从图 6-3 可以看出,PMM-2M 自行舟桥的舟体上下接头中心距小于普通带式舟桥,因此在受相同弯矩情况下,PMM-2M 自行舟桥的接头受力要大于普通带式舟桥。纵向受力构件与舟体底板脱离的根本原因在于 PMM-2M 自行舟桥的侧舟折叠、展开方式(见图 6-4)。

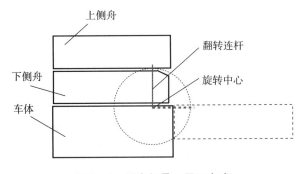

图 6-4 侧舟折叠、展开方式

从图 6-4 中可以看出,由于侧舟折叠、展开的旋转中心并不处于侧舟侧板的外侧,而是处于侧舟侧板内部一定位置,该位置与侧舟高度有关,侧舟越高,旋转中心越靠近侧舟内侧。而为了保证上侧舟的折叠、展开,同时也是为了控制整车高度,只有在下侧舟底板端部设计出一个折角,才可以保证上侧舟翻转(展开)时不出现转动死角。如果要想不出现翻转死角,同时不对下侧舟底板进行技术处理,则必须将旋转中心设置在侧舟的外侧(俄罗斯最新自行舟桥就采取了这种处理方式)或者抬高上、下侧舟折叠后两者之间的间隙。由于舟体折叠、展开方式的独特,也导致了折叠、展开机构的设置位置与浮/门桥总纵承重结构位置重叠,这两部分的功能最终通过设置在舟体车行部两侧的箱形连接梁来实现,即可节约设备布置空间,又可以解决两部分功能单独处理带来的结构重量增加。

根据《PMM-2M 自行舟桥使用维护手册》介绍,自行舟桥单车门桥载重量42.5 t，双车门桥载重量85 t，三车门桥载重量127.5 t，但是单个履带载荷的重量不能超过50 t。从舟桥结构设计计算的一般规律看，之所以单个载荷不能超过50 t，问题可能出现在浮/门桥结构总纵受弯承载能力、浮/门桥车行部结构设计强度或者跳板的承载能力不足上。关于舟桥结构的总纵受弯和车行部结构强度问题，通过对PMM-2M自行舟桥结构材料（包括接头材料）的理化分析，可以得出其结构材料屈服强度在835 MPa以上，理论计算和结构试验均可以证明。按照《军用桥梁设计准则》（GJB 1161-1991）的相关规定，PMM-2M自行舟桥的主承重结构在50 t载荷作用下，强度明显富余，在70 t静载作用下，结构应力也低于容许应力。因此，单个载荷重量不超过50 t的关键所在必然就是跳板结构强度问题。PMM-2M自行舟桥的跳板为两节折叠式结构，采用两节折叠式结构的目的是为了尽可能大地获取跳板长度。因为PMM-2M自行舟桥的跳板在运输状态下被折叠在侧舟车行部上，而侧舟自身的宽度仅3 m多，可供跳板放置的位置也只有2.7 m左右，为了获得较为恰当的岸边适应性，需要的跳板长度应该在4 m以上。跳板在侧舟上的折叠、展开如图6-5所示。可以看出，跳板折叠后其外形不得超出侧舟的外形轮廓，所以跳板不光长度受到侧舟外形的限制，跳板高度也要受到侧舟外形的限制，尤其是端跳板的高度更是受到限制。因此，在严格控制跳板重量的情况下，跳板的承载能力必将受到很大限制。如果选择PMM-2M自行舟桥这种结构总体布局形式开发类似的自行舟桥产品，需要重点研究门/浮桥岸边上、下载时跳板的受力以及门/浮桥岸边部分（即浮桥末段）的受力情况，同时还需要考虑底盘车悬挂的弹簧刚度对门/浮桥岸边结构受力的影响等问题，本节将会专门讨论这些问题。

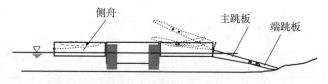

图6-5 跳板折叠展开原理图

6.2.1.3 EFA轮式自行舟桥

EFA轮式自行舟桥通常被翻译成前方支援桥，根据《简氏年鉴军用车辆》对EFA自行舟桥的介绍，已知EFA轮式自行舟桥单车战术技术参数如下：

乘员4人，车辆总重39 t（《2007—2008简氏年鉴》介绍为43 t）；运输状态长度12.6 m，桥节门桥长度23.68 m，漕渡门桥长度34.55 m，运输状态宽度3.6 m，使用状态宽度（含气囊）6.8 m，运输状态高度4.096 m；车轮间距（中心距）2.17 m，车桥轴距6.6 m；陆上公路行驶速度70 km/h，满载MLC70时的水上航速3.1 m/s（11 km/h），空载时的水上航速3.8 m/s（13.68 km/h），陆上续驶里程约700 km；水上工作时间12 h，涉水深度（无准备情况下）

第6章 自行舟桥设计

1.2 m；爬坡能力50%，斜坡行驶30%；发动机功率730 hp（在转速为2 700 rpm时），悬架液气自动调平，轮胎26.5×25×L，电池24 V；单车门桥适应流速3.1 m/s（载重MLC70），双车门桥适应流速2.5 m/s（载重150 t），门桥承载面积96 m²。

根据已知数据和图片情况看，EFA自行舟桥车体两端的跳板分为两节，长度达12 m，跳板内部和两侧设置气囊以提供浮力，运输时跳板折叠在车体的前后两端，四辆桥车可以在10分钟内架设100 m浮桥，载重量为MLC70。由于EFA自行舟桥采用刚柔混合的结构体系，加之已知资料所能获得的技术信息非常有限，更由于我军缺少像EFA自行舟桥这样的刚柔混合结构体系舟桥产品的设计实践，对其中一些总体设计、计算规律还缺少必要的把握，因此进行反求工程分析具有相当的难度。在此只能进行初步分析，并且提出一些问题，以便于业内人士进行深入研究。

对EFA轮式自行舟桥已知图片的反求分析，EFA轮式自行舟桥的底盘车也是低驾驶室型车辆，驾驶室顶面距离地面的高度在2.5 m以内（车体自身的高度约1.8 m），车体侧气囊直径大约1.8 m，跳板舟结构承重高度约1.6 m，跳板侧气囊直径大约1.4 m。根据有关资料介绍，EFA轮式自行舟桥的门桥载重量（载荷均匀分布）为90 t，如果考虑0.3 m的安全干舷，则门桥满载最大吃水约为1.5 m（考虑车轮能够全部收起情况）；如果考虑0.4 m的安全干舷，则门桥满载最大吃水约为1.4 m（考虑车轮能够全部收起情况）；如果考虑0.5 m的安全干舷，则门桥满载最大吃水约为1.3 m（考虑车轮能够全部收起情况）；综合跳板舟气囊吃水与车体高度的关系以及涉水深度等因素分析，满载90 t门桥吃水在1.3 m左右的可能性比较大（采用充气浮囊作为浮体，一旦吃水超过浮体直径，浮体排水面积会迅速变小，因此必须严格控制浮体的吃水），空载门桥吃水大约在0.4 m（主要根据水线面积在100 m² ~ 130 m²的情况下，并考虑车轮能够全部收起情况）。利用铝锌镁合金材料的强度、跳板承重结构的大约高度等参数，根据舟桥设计理论和结构设计理论可进行浮桥弹性特征系数的反求。由于EFA轮式自行浮桥为带式连续体系结构，水线面宽度比一般带式浮桥窄，如果结构抗弯刚度EJ与水线面宽度是匹配的话，则结构抗弯刚度EJ也比一般带式舟桥要小。但实际上EFA轮式自行舟桥的总纵承重结构的抗弯刚度不可能很小，因为车体的高度和跳板的高度都不小，结构刚度自然也不会小，其浮桥的弹性特征系数β自然不可能太大。从理论分析情况看，根据浮桥承载的强度要求看，EFA轮式自行舟桥的弹性特征系数β似乎在0.08 ~ 0.085比较合适；根据浮桥承载的吃水要求看，EFA轮式自行舟桥的弹性特征系数β似乎在0.11 ~ 0.13比较合适。一辆桥车就可以结构一个24 m的浮桥段，如果一辆桥车就是一个临界长浮桥段的话，β取0.08 ~ 0.085，并且在桥节门桥内部和桥节门桥之间设置较大的连接间隙，浮桥可以获得受力和吃水都比较合理的计算结果。由于接岸跳板长度达到12 m，因此EFA轮式自行舟桥的连岸性能非常优越。根据舟桥设计理论，EFA轮式自行舟桥作为浮桥使用时，由于桥宽相对较窄，因此浮桥的横向稳定性（水动力稳定性）相对M3自行舟桥要差很多，即EFA轮式自行舟桥作为浮桥使用时，其适应流速不如M3自行舟桥结构的浮桥。

从对EFA轮式自行舟桥所进行的反求工程分析可以看出，EFA轮式自行舟桥属于低驾驶室底盘形式，这样既保证了整车运输高度小于4 m的设计要求，又确保了门桥具有较大的长度，承载面积长度达到23 m多，可供两辆坦克同时漕渡。为了提供较大的门桥浮力和门桥宽度，在门桥的两个侧翼专门设置了充气浮囊。充气浮囊底部与车体底板平齐，有效降低了门桥吃水，跳板侧翼浮囊直径大于跳板（浮桥上部结构）高度，确保门桥具有90 t的承载能力，但充气浮囊增加了EFA轮式自行舟桥战术使用时的准备时间，同时也增加了装备系统的复杂程度。从产品录像资料上看，EFA浮桥为带式浮桥，桥节门桥长大约24 m，并且桥节门桥之间的连接比较复杂。单车门桥的保障能力在所有自行舟桥中是最大的，但浮桥水动力稳定性相对较弱，其发动机功率是M3自行舟桥的2倍多。据技术人员出国考察的相关情况介绍看，用EFA轮式自行舟桥架设浮桥，其河中桥节门桥需要拆除两端的首跳板（这个工作非常烦琐），这个现象在EFA轮式自行舟桥相关广告宣传片中均未涉及。但从EFA轮式自行舟桥跳板舟的折叠、展开方式和跳板舟的结构和功能看，靠近车体的跳板段内部应该设有充气浮囊，否则桥节门桥浮力有限，而该浮囊只有在首跳板展开之后才有可能进行充气，而河中桥节门桥并不需要展开首跳板，这说明考察人员介绍的情况应该是属实的。因此，用EFA轮式自行舟桥架设浮桥可能存在不足，除非跳板内部不设浮囊。从对EFA轮式自行舟桥的反求分析情况看，EFA轮式自行舟桥的系统相对比较复杂，结构设计在细节上应该也存在许多关键技术，需要考虑更多的构造因素。

6.2.1.4 俄罗斯新型自行舟桥

在2007年俄罗斯军事技术装备展上首次公布的俄罗斯新型自行舟桥（见图6-6、图6-7），完全颠覆了PMM-2M自行门桥集舟桥、车辆和渡船一体化的设计构思。在陆上，新型自行门桥与PMM-2M自行舟桥没有实质性差别；但在水上，新型自行舟桥摆脱了与底盘车一体化带来的性能约束，成为一个性能先进的自推进门桥，我国业内人士曾经将这种门桥冠以"冲击门桥"的名称。由于目前还不能获得俄罗斯新型自行舟桥的详细资料，对这种新型自行门桥的特点进行反求工程分析更需要一定的产品开发经历，特别是对PMP带式舟桥或我国79式带式舟桥设计细节的了解。同时，没有已知技术数据而进行的反求分析也一定会出现一些分析误差。

第6章 自行舟桥设计

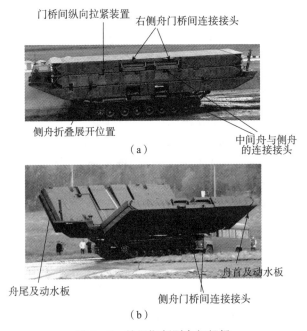

图6-6 俄罗斯新型自行门桥

(a) 陆上机动状态；(b) 侧舟展开准备泛水状态

(a)

(b)

图6-7 履带底盘和漕渡门桥

(a) 空载舟桥轧履带底盘；(b) 漕渡门桥（无车辆底盘）

由于门桥与底盘车分离，门桥的有效载重量将大幅提高。根据对俄新型自行舟桥图片，且以 PMM-2M 自行舟桥的外形作为俄新型自行舟桥的外形，并对图片进行数据反求可得，俄新型自行舟桥的左、右侧舟的长度大约为 12 m，中间舟的长度大约 13.5 m，舟体的宽度大约为 3.2 m~3.3 m，车行部宽度 4.2 m~4.4 m，舟体的高度大约为 0.85 m。根据研发履带式自行舟桥的经验，结合以上图片分析数据，可以获得俄新型自行门桥的下列技术参数：单车门桥排水面积大约为 115 m^2~120 m^2，左、右侧舟重量之和大约为 12 t，中间舟的结构重量大约为 7 t，水上动力和推进系统重量约 2 t，单车自行舟桥（不含履带底盘）的重量大约在 21 t，门桥自重吃水约为 0.2 m，活载荷 60 t 时的吃水大约为 0.50 m，则中心承载时的门桥干舷高度为 0.15 m。该门桥首尾都设置有水动力板，不必担心门桥航行时舟首上浪问题，水上操纵较为灵活。这些参数与俄新型自行门桥的载重量为 60 t 基本吻合，同时可以看出，这种自行舟桥的机舱高度很低，空载吃水很小，因此对发动机的高度尺寸和水上推进器的浅水适应性都提出了很高的要求。

门桥的空载吃水 0.2 m，满载吃水 0.70 m，这就与 PMM-2M 自行舟桥空载吃水 1.4 m、满载吃水 1.8 m 形成很大反差。PMM-2M 自行门桥的岸边最小水深为 1.1 m，车体处水深 1.3 m，而俄新型自行舟桥 60 t 门桥要求的岸边水深约为 0.70 m，浮桥的岸边适应性基本与四折带式舟桥相当。由于对岸边水深要求的降低，还大幅缩短了连岸跳板的长度，进而也促进了舟桥结构自重的降低。

PMM-2M 自行舟桥由于吃水较大，其水阻力也比较大，尤其是在水深比较小的情况下水阻力更大。按照舟桥水阻力公式初步估算，在水深同样为 3 m 的情况下，PMM-2M 自行舟桥的门桥水阻力要比俄新型自行舟桥大 60%~70%，浮桥水阻力前者约比后者大 100%~300%。俄新型自行舟桥的水动力稳定性也因门桥与底盘分离所增加的有效排水量而比 PMM-2M 自行舟桥有所提高。由于水阻力的减少，推进门桥所需要的有效功率得到大幅下降，燃油消耗也会大幅降低，门桥的水上航行速度也将有所提高。

俄罗斯新型自行舟桥的单车门桥采用了与四折带式舟桥舟间连接接头相同的配置方式（即门桥两端公、母接头交叉对称布置方式），实现了门桥连接面的任意互换连接。双车门桥既可实现 PMM-2M 自行舟桥的首、首方式并联，也可实现 PMM-2M 自行舟桥不具备的首、尾方式并联，尤其是俄新型自行舟桥的首、尾线型相同并都设置动水板，导致门桥连接和水上操纵更加灵活方便，航速更高，水动力稳定性更好。

PMM-2M 自行门桥车舟合一，车体舟桥结构与车体结构通过焊接连成一体，舟体为薄板焊接结构，结构刚性较车体结构要弱很多，在陆上机动时，尤其在颠簸的起伏路上行驶，由于车辆振动，容易导致舟体与车体之间的连接焊缝出现裂纹,裂纹将引起舟体漏水而带来安全问题。而俄新型自行舟桥,薄板舟体结构与刚性车体结构只存在接触关系,舟体与底盘之间采用车舟紧定具连接,而车舟紧定具在工作时能够产生一定的弹性变形,能够有效隔离车体振动给舟体结构带来的不利影响,因而极大地提高了舟桥结构的使用可靠性,同时还可以取消 PMM-2M 自行舟桥车舟的排水系统。

PMM-2M 自行舟桥侧舟折叠展开机构安装在箱形连接梁内。连接梁是舟桥的主要承重结构和舟间连接结构,侧舟折叠展开机构同时也是车体和侧舟的上部连接接头,车体与侧舟的下部连接接头正好设置在连接梁的下部。这种设计处理导致侧舟折叠展开机构设计难度大、安装不方便,连接梁与舟底板分离,结构设计不尽合理,维修保养不太方便,车行部宽度也受到限制。应该说,对 PMM-2M 自行舟桥来说,这是一种无奈的设计选择,因为别处根本没有空间设置侧舟折叠展开机构。而俄罗斯新型自行舟桥,由于底盘与舟桥可以完全分离,这就为采用全新的侧舟折叠展开机构提供了可能,各舟之间的上、下连接接头可以不设置在同一位置,各个舟体的舟桥承重结构形式完全可以按照 PMP 舟桥纵列(四折带式舟桥)的形式处理。根据对俄罗斯新型自行门桥图片进行的反求分析,俄新型自行舟桥下部两个纵向连接接头的间距大约为 2 m,两个上部纵向拉紧装置的间距约为 6.65 m,且下部接头到上部接头的中心距为 0.72 m 左右。这些图片反求数据均与四折带式舟桥的连接面尺寸数据基本吻合,因此可以推断,俄新型自行舟桥的上、下部连接接头的位置和结构形式也与 PMP 舟桥纵列完全相同,与 PMP、PP-91、PP-2005 舟桥纵列完全兼容。俄新型自行舟桥之所以没有考虑与 PMM-2M 自行门桥兼容,从一个侧面反映 PMM-2M 自行门桥将不再是俄罗斯舟桥部队的主流装备,而 PMP、PP-91、PP-2005 舟桥纵列在相当长的时期内仍然是俄军舟桥部队的骨干装备。

俄罗斯新型自行舟桥舟、车分离,底盘车必须是超低驾驶室车辆,采用履带车辆,增强了其沿河岸边的越野机动能力,弥补了舟车分离可能导致的舟桥泛水方面的不足,舟、车分离需要使用两套动力系统,使俄罗斯新型自行舟桥的使用更加灵活、机动,对于远程快速机动,或者无道路条件的快速到达,有着比舟、车合一的自行舟桥更大的优势。由于受直升机吊运能力的限制,舟、车合一的自行舟桥重量大,往往不能满足空中吊运要求,而舟、车分离的自行舟桥,由于缺少了车辆的羁绊,重量往往能够满足空中吊运要求,可以增加战场的保障模式,保障效能也比舟、车合一的自行舟桥优越许多,完全可以起到出奇制胜的战场保障效果。如果考虑空中吊运因素的话,俄罗斯新型自行舟桥的门桥重量可能在 20 t 以内。

6.2.1.5 从国外自行舟桥产品分析中得到的启示

对国外自行舟桥产品技术的初步综合分析,可以得出这样的结论,自行舟桥总体技术方案与一个国家的工业基础水平和产品设计能力关系紧密。各个国家的工业基础水平和设计思想存在差距或者是各有不同的，每个国家对自行舟桥产品的设计要求和使用性能指标也是各有侧重的，所获得的自行舟桥总体技术方案在使用性能上也一定是各有千秋的，但产品在全寿命周期内的经济性指标一定是可以分出高下的。通过国外自行舟桥产品的技术分析，可以得到下列启示：

（1）从自行舟桥的机动性能上看，所有舟、车合一的自行舟桥的运输体积大都控制在 13.0 m×3.4 m×4.0 m（长×宽×高）。而舟、车可分离的自行舟桥更具机动灵活性，例如可以利用空中吊运自推进舟桥（无运输底盘）的形式直接将舟桥运至渡口进行门桥漕渡作业。

（2）从自行舟桥到达渡口准备进行渡河工程保障的作业动作看，俄罗斯 PMM－2M 自行舟桥的门桥展开方式最为简单快速，但侧舟展开放式不对称。如果水中展开侧舟的话，则展舟的稳定性和安全性都不高，作业速度会受到影响；如果在岸上展开侧舟的话，则对舟桥泛水码头的宽度要求就高（斜坡码头的宽度必须在 10 m 以上），门桥靠岸需要进行系留固定等作业，这也会对漕渡作业效能产生影响。PMM－2M 自行舟桥要想提高漕渡作业效能，还需要在侧舟展开自动化和门桥自动靠岸技术方面有所体现。M3 自行舟桥因为要双车成桥，所以结构门桥的动作比 PMM－2M 自行舟桥要多一些，但由于侧舟展开放式对称，因此无论陆上展舟还是水中展舟都非常快速和安全可靠；加之跳板（桥板）作业动作自动化程度高，特别是门桥靠岸不需要专门的系留固定措施，缩短了门桥漕渡岸边作业时间，提高了门桥漕渡作业效能。EFA 自行舟桥跳板展开方式类似剪刀式展桥原理，由于采用刚柔混合舟桥结构体系，因此需要对多个浮体（浮囊）进行充气作业，其门桥展开作业的速度相对较慢。但由于所有门桥展开作业具有对称性（无论是跳板还是加宽翼板），只要动力设备功率足够大，所有作业可以同步进行，因此作业速度并不一定输于前两个产品。

（3）从门桥装载漕渡作业的情况看，北约军队的自行舟桥在设计载荷和功能兼容上，基本采用重型为主、以重代轻的方针，大、小车辆均可开上重型门桥。这里的重型门桥，不是指舟桥装备的重量大，而是指舟桥装备的承载能力大（例如 M3 自行舟桥的整车重量只有 26 t，但可以保障世界上最重的坦克通行），特别是可以渡送坦克运输车等平板拖车值得引起重视。目前我军并未将这种车辆作为设计载荷；而俄罗斯 PMM－2M 自行舟桥有点"专款专用"的味道，从车行道宽度和两车辙道之间的空隙看，小级别车辆在其上通行存在困难（辆车辙道之间的空隙太大，而车辆两车轮之间的宽度稍窄），尤其是车辙式车行道可能会影响大型重载平板拖车的通行。俄罗斯 PMM－2M 自行舟桥实现单车成桥，其单车门桥能够承载 42.5 t 的主战装备，其作战效能将比单车不成桥的装

第6章 自行舟桥设计

备具有一定优势,但由于门桥面积小,水线面积惯性矩不到 M3 自行舟桥双车门桥的一半,在使用安全性方面有所不足。为了确保门桥漕渡时的安全,需要用四个专用索具对门桥上的车辆载荷进行定位固定,这就使门桥的漕渡效率有所下降。反观德国 M3 自行舟桥双车成桥,其标准漕渡门桥载重量大,可以漕渡一个 MLC70 的军用车辆,这个载荷对于 PMM – 2M 自行舟桥来说也需要双车门桥才能办到。虽然 M3 自行舟桥在结合双车漕渡门桥的作业时间可能略超 PMM – 2M 的单车门桥,但在门桥漕渡安全性上要优于 PMM – 2M 的单车门桥,由于不需要对其门桥上的车辆进行特殊的固定,加之门桥靠岸方便且不需要系留固定,因此其门桥漕渡效能也获得较大提高。由于 M3 自行舟桥水阻力小,航速高,2 个航次下来,M3 自行舟桥标准门桥的漕渡效率肯定超过 PMM – 2M 单车门桥,航次越多,效果越明显。再者 M3 自行舟桥的岸边适应性要远优于 PMM 系列自行舟桥。PMM – 2M 三车门桥的漕渡能力略小于 M3 三车门桥,后者可以渡送两辆 MLC70 坦克,而前者只能渡送两辆 50 t 坦克。

从操纵性能上看,M3 自行舟桥采用 360° 全向回转喷水推进器,且推进器在车体纵向前、后布置,门桥转向、前进、后退和横向移动都非常灵活,进一步提升了门桥漕渡的效能。而 EFA 自行舟桥虽然门桥准备时间可能稍长,但单车门桥承载能力大,一次可以漕渡 2 辆重型坦克,水上推进器与 M3 自行舟桥相同,门桥操纵方便,由于门桥靠岸、上载等作业占用门桥漕渡一个航次所需时间较多,因此在渡口比较少的情况下(渡口少正是使用自行舟桥的一大优势),EFA 自行舟桥具有较高的漕渡效能。另外,EFA 自行舟桥的岸边适应性也优于 PMM 系列自行舟桥。

有舟桥操作使用经验的人都知道,漕渡门桥的航速高并不能明显缩短漕渡门桥一个航次所花费的时间,因为漕渡门桥的码头作业时间(包括我岸靠岸系留带缆、装载、解缆和掉头离岸、对岸靠岸系留带缆、卸载、解缆和掉头离岸)才是门桥一个航次所花时间的主要组成部分,一般漕渡门桥的码头作业时间都在 10 min 左右。M3 自行舟桥号称陆军快速浮桥,在产品开发时,特别注重通过技术去缩短码头作业时间,例如水上推进动力在门桥上对称布置,推力方向可任意方向变化,门桥靠岸通常不需要系留带缆,离岸不存在解缆和掉头,使门桥一个航次作业时间显著减少。从相关资料信息看,M3 自行舟桥漕渡门桥在 200 m 宽的河流上进行漕渡作业,一个航次所花时间不足一半的码头作业时间。这种现象充分说明产品设计技术与产品使用操作之间的对应关系,也说明通过技术可以使产品使用效能获得极大提高,关键在于找到技术应用的切入点。如果我们把技术切入点用于提高门桥航速,则漕渡效能不仅不会明显提高,还会带来发动机功率、油耗和产品重量等的显著增加。

从 M3 和 EFA 自行舟桥的随车乘员人数上看,随车乘员即是漕渡门桥的作

· 215 ·

业手，门桥漕渡时不需要其他作业手辅助作业以提高漕渡作业速度，而像 PMM -2M 这样的自行舟桥，门桥推进动力设置在门桥尾部，门桥靠离岸作业相对有一定的难度，通常还需要设置系留桩等作业，如果没有码头班辅助，作业速度要比有码头班辅助的慢很多，这一点也应该引起产品开发者重视，即如何通过技术，确保漕渡作业在无岸边人员支援的情况下，作业效率不降低。

（4）外军所有自行舟桥均采用低驾驶室底盘车辆，目的是尽量增加侧浮舟的型深和型长（即增加门桥排水面积和排水量），例如，M3 和 EFA 自行舟桥的侧翼浮体的下缘均与车体下缘基本平齐，减少了空载门桥吃水。

（5）北约军队的自行舟桥的跳板较长，岸边适应性较好；俄罗斯 PMM -2M 自行舟桥虽然吃水较深，但其履带式行走系统可在 1.3 m 的浅水区域负载航行，因此连岸性能不同于普通舟桥，其岸边适应性也相当不错。在浅水区域，轮式自行舟桥是否也能在搁浅的情况下，利用车轮和水上推进器进行门桥负载行走？这个问题目前还不得而知，需要通过相关科学试验予以验证。

（6）EFA 自行舟桥是在 MAF Ⅱ 水陆快速桥的基础上发展起来的。MAF Ⅱ 水陆快速桥是法国季洛瓦 PAA 自行伴随桥和德国 M2B 自行舟桥的结合体，在干沟上可以架设固定桥，在水中可以结构门桥或浮桥。这种设计思想是先进的，对于减少装备品种、实现一机多能是非常有益的。但实践证明，要实现这样的目的就需要牺牲装备的某些重要性能，即架桥性能弱于 PAA 自行伴随桥，门桥性能不如 M2B 自行舟桥。进入 20 世纪 80 年代中期后，法军最终选择具有单一功能的 EFA 自行舟桥（如果车体搁浅或搁地，EFA 自行舟桥也是可以架设固定桥梁的，此时车体类似固定桥的桥脚），这个设计思想回归再一次证明多功能舟桥装备只能作为骨干舟桥装备的补充，而不能够完全成为骨干舟桥装备。

（7）轮式自行舟桥均应具备车轮（车桥）收起和轮胎自动充放气功能。轮胎收起功能和轮胎自动充放气功能，主要解决轮式自行舟桥的出、入水问题，如果车轮不能收起，门桥的车轮在浅水区域因浮力存在而不能获得足够的附着力完成负载行走；轮胎放气可以提高车辆越野能力，防止车轮打滑。

（8）自行舟桥的浮体均应该充分利用底盘车的运输空间，实现门桥排水量最大化。轮式自行舟桥通常只能使用 4×4 越野底盘，其目的也是为了尽量避免舟体的浮力损失。M3 自行舟桥为减少浮力损失，还在车体轮穴位置设置有充气浮囊。尽管没有资料介绍 PMM 轮式自行舟桥的车桥是否收起，但从 PMM 自行舟桥 8×8 越野底盘的基本情况看，如果车桥收起将会导致门桥排水面积减少 16 m² ~ 20 m²，如果门桥吃水 1m 的话，门桥将损失 16t ~ 20 t 的排水量。另外，如果 PMM 自行舟桥 8×8 越野底盘能够做到车桥收起，则底盘的异型大梁也将导致车体设备布置空间的巨大损失。PMM 轮式自行舟桥车桥不能收起的一个关键依据就是 PMM 轮式自行舟桥的出、入水性能比较差。

第 6 章 自行舟桥设计

（9）轮式自行舟桥的公路行驶速度一般在 70 km/h 以上，履带式自行舟桥的公路行驶速度大约为 55 km/h；轮式自行舟桥满载门桥的水上航速大都在 10~11 km/h，履带式自行舟桥满载门桥的航速通常在 10 km/h 左右；M3 自行舟桥双车门桥（载重量 70 t）的主机功率总和为 676 hp，EFA 自行舟桥单车门桥（载重量 90 t）的主机功率为 730 hp，PMM-2M 自行舟桥单车门桥（载重量 42.5 t）的主机功率为 710 hp。以上三组数据足以证明轮式自行舟桥的性能和主机功率利用率远远大于履带式自行舟桥（门桥负载量的吨马力越小，门桥漕渡的经济性就越佳）。

（10）自行舟桥与国家工业基础水平联系紧密，自行舟桥所使用的设备（如发动机、变速箱、分动箱、车桥、水上推进器等）对重量、体积和动力输出方式等都有特殊要求，在工业部门不能提供适合设备和配套产品的情况下，只有在结构外形上不断创新，才有可能获得优良的轮式自行舟桥总体技术方案。

6.2.2 我国自行舟桥技术现状

我国自行舟桥产品研制工作始于 20 世纪 50 年代末，由于当时工业基础水平落后，研制出的产品不具备作战使用能力。随着科学技术的进步，特别是随着 20 世纪 90 年代初 PMM-2M 自行舟桥样机的引进，为我国重新开展自行舟桥产品提供了重要条件，到 21 世纪初我国自行研制的履带式自行舟桥取得圆满成功。该履带式自行舟桥产品，其基本结构形式与 PMM-2M 自行舟桥大同小异，由于工业基础水平方面的差距，履带式自行舟桥虽然在承载能力方面比 PMM-2M 自行舟桥有所提高，但总体作战使用综合性能难以超越 PMM-2M 自行舟桥。主要不足体现在我国还缺乏专门研制自行舟桥所适配的工业产品。如与两栖车辆底盘适配的发动机、变速箱、传动系统和行走系统等，无论是重量、体积还是动力输出方式都难以满足先进自行舟桥的设计要求，由此所带来的问题就是产品重量偏大，重量重心难以布置合理，机舱设备布置拥挤，通风不畅导致冷却困难，等等。应该讲，PMM-2M 自行舟桥有的缺点我国履带式自行舟桥都不同程度地存在着，PMM-2M 自行舟桥没有的问题我国履带式自行舟桥也不同程度地存在一些，例如产品重量、水阻力、燃油消耗和舟桥结构整体刚度、可靠性、耐用性和安全性等都不同程度地低于 PMM-2M 自行舟桥。至于我国自行舟桥在某些局部技术上的某些先进性并未对产品的作战使用效能提高发挥出应有作用，更不能改变其综合总体性能方面的不足。实事求是地讲，我国自行舟桥装备的技术进步任重而道远。

从 2009 年开始，我国开始着手对轮式自行舟桥关键技术进行技术攻关，其中主要是解决薄板铝合金结构加工制造技术、车桥收起（提升）技术、轮胎中央充放气技术和水上推进动力匹配技术。对照国外轮式自行舟桥的技术特点看，首先是对轮式自行舟桥产品开发的适配设备缺乏必要的技术研究，例如只注重车桥收起功能的实现，但并不清楚自行舟桥所适配的车轮直径、车桥油气悬挂的刚度等技术参数；研究轮胎中央充放气技术也是如此，只注重功能的实现，却并不研究产品应该具备的充放气速度；只知道自行舟桥的系统组成，根本没有研究各个系统应该具备的能力，尤其是对各系统适配工业产品的技术要求缺乏深入研究。反映在轮式自行舟桥产品总体技术方案和结构布局上，就出现了车体和侧舟总体尺寸匹配上不合理，侧舟型长偏短，型深偏小，没有发挥出自行舟桥的运输空间以提高门桥的有效排水量，车体型深偏大，导致侧舟底部与车体底部存在较大的吃水差，增加了门桥的空载吃水；侧舟型深偏小还导致桥节舟上下接头间距过小，进而导致铝合金接头承受不了特定的门、浮桥弯矩等。

应该讲，通过对自行舟桥产品设计实践的不断探索，以及对自行舟桥产品使用实践经验的不断积累，自行舟桥总体技术方案及其相关关键技术已逐渐为工程技术人员所了解，自行舟桥总体技术方案与结构尺寸、结构材料、结构重量、底盘性能、底盘设备等之间的相互关系已初步建立，本章将就构建科学合理的自行舟桥总体方案、技术指标体系等进行进一步介绍。

6.3　自行舟桥的底盘选择

6.3.1　履带底盘

从目前国外的自行舟桥产品看，除 PMM – 2M 自行舟桥采用履带车辆底盘外，其他产品均采用轮式车辆底盘。第 3 章中已经从技术上分析了履带底盘与轮式底盘之间的差别，这里不再赘述。从军事行动的角度上看，自行舟桥采用轮式底盘可能更符合现代作战快速反应的要求。无论是美国、英国、德国还是法国和日本等先进国家，在自行舟桥的研发上均使用轮式车辆底盘，即使是苏联在最初开发自行舟桥时也是选择轮式车辆底盘，这一切都充分说明自行舟桥采用轮式车辆两栖底盘更符合军事行动工程保障要求。至于为什么俄罗斯由轮式 PMM 自行舟桥发展为履带式 PMM – 2M 自行舟桥？笔者认为主要原因还是汽车工业基础不能满足发展轮式自行舟桥的要求，如大吨位转向车桥、高性能大尺寸轮胎、高功率密度发动机和自动变速箱、车桥收起技术、油气悬架技术等都对轮式自行舟桥的性能产生决定性影响。由轮式 PMM 自行舟桥的铝合金舟桥结构发展为履带式 PMM – 2M 自行舟桥的钢质舟桥结构，也与自行舟桥的承载能力和总体技术方案密切相关，只有参与具体设计的人才能体会到其中的奥秘。通常履带车辆更加强调越野和防护，而轮式车辆更加强调灵活机动。从机动保障上讲，自行舟桥更加注重机动灵活，即使是履带自行舟桥，舟体壳板厚度1~3 mm，这种钢板板厚通常也不具备多少防护能力。从最新的发展看，轮式车辆也在注重防护性能。在自行舟桥装备的发展上，苏联 PMM 自行舟桥开始使用轮式 8×8 越野底盘，但由于车辆工业技术方面的原因，如底盘承载能力小和车桥不能收起，导致门桥承载能力不能满足军事装备的发展要求，同时自身的出、入水和岸边适应性能也不太理想，最终通过使用履带底盘才解决了 PMM 自行舟桥所存在的技术问题。而西方发达工业国家发展的自行舟桥，全部使用轮式车辆底盘。从国外发达工业国家发展自行舟桥的底盘情况看，如果工业基础条件适合轮式自行舟桥设计，则自行舟桥应该首选 4×4 轮式两栖底盘。履带底盘通常自重太大，作浮桥使用时，产生的水流阻力较大，尤其是浅水效应较大，其适应流速偏低，浮桥固定也存在一定技术难度，陆上远距离机动也没有轮式自行舟桥方便快捷。

6.3.2 轮式底盘

轮式底盘造价通常比履带底盘便宜，其价格一般只有履带底盘的 0.2~0.5 倍，其寿命和可靠性也比履带底盘高，使用的经济性也比履带底盘好。随着大尺寸、高性能轮胎的出现和轮胎自动充放气技术的应用，轮式车辆的越野能力和防护能力与履带车辆几乎没有什么差距。例如先进的重型越野两栖汽车，车轮直径约为 1.7 m，通过轮胎气压自动调整，对地面的压力可以控制在 $0.35\ kg/cm^2 \sim 1.20\ kg/cm^2$ 之间；其垂直爬高能力为 1.65 m，越沟宽度为 2.0 m，轮胎遭受破坏后仍能低速行走 4 km；配有两个可 360°全向水上推进装置，能够适应各种水域环境；通过驾驶室披挂防弹外衣，使车辆具备了一定的防护能力且不明显增加车辆重量。轮式自行舟桥的整车重量一般应该控制在 30 t 以内，而履带式自行舟桥的重量通常都在 36 t 以上，也就是说如果轮式自行舟桥的门桥外形尺寸与履带式自行舟桥相当时，则轮式自行舟桥门桥的有效载重量将比履带式自行舟桥的门桥最起码大 6 t 以上。通常轮式自行舟桥空载门桥的吃水为 0.6~0.8 m，满载门桥的吃水为 1.0~1.2 m，而履带式自行舟桥的空载门桥吃水在 1.4 m 左右，满载吃水 1.8 m 左右，因此，轮式自行舟桥比履带式自行舟桥的岸边适应性更好。架设在河流上的浮桥要受到流水的动力作用，运动着的门桥同样也要受到水流的动力作用，这些水动力作用主要带来两个方面的问题，一个是水的阻力作用，而另一个是动水对浮游结构稳性的影响。浮桥水阻力的大小是浮桥水平固定设计的重要依据，运动门桥的水阻力是门桥水上动力设计的重要依据。浮桥的水动力稳定性是确定浮桥适应流速的依据，门桥的水动力稳定性是确定门桥最大航速的依据。由于轮式自行舟桥的轮胎在水上可以收到车体内部，加之本身自重较小，因此吃水也比履带式自行舟桥门桥小。吃水小自然水阻力也小，水阻力小，门桥操控自然也方便灵活；水阻力小，在同等动力条件下的门桥航速也自然会高；吃水小，在同等水深情况下的浅水阻力效应也小，因而江河的适应性也更加广泛。由于门桥自重小，如果门桥具有同等的排水量，则在相同载荷情况下，轮式自行舟桥门桥具有的浮力储备比履带式自行舟桥门桥更大，因此也具有更出色的水动力稳定性。

自行舟桥的各个系统相互关联，对两栖车辆底盘的技术状态有着许多特殊要求，并不是随便选择一个车辆底盘，经过适当改装，就可以获得一个高性能自行舟桥产品。设计轮式自行舟桥的关键物质技术条件是必须有与自行舟桥适配的轮式车辆底盘及其相关技术，勉强研制轮式自行舟桥将会使产品的使用效能大打折扣。俄罗斯之所以发展履带式自行舟桥，就是考虑了本国的轮式车辆技术发展水平。

6.3.3　与自行舟桥适配的轮式车辆底盘

自行舟桥到底选用何种轮式底盘，对自行舟桥的承载能力和水陆转换能力影响重大。根据自行舟桥总体技术方案和客观设计条件，轮式自行舟桥可以选择 8×8、6×6 和 4×4 轮式越野底盘。目前 8×8 轮式越野底盘主要在俄罗斯 PMM 自行舟桥上应用。该装备能够单车成桥，四个车桥根据舟桥结构和底盘设备布置情况进行合理设置，整车自重 26 t，单车门桥载重量 40 t。根据相关图片资料进行的反求工程分析，PMM 自行舟桥的侧舟高度约为 1.1 m，轮胎直径约为 1.3 m。根据相关资料介绍，该器材的主要缺点是门桥出、入水性能较差。之所以出入、水性能不够理想，主要与该自行舟桥的轮式底盘关系重大。该车采用 8×8 越野底盘，出、入水时，浮力会逐渐抵消车辆重力，导致车轮失去附着力，进而失去涉水行走的能力，而在这个时候水上动力可能还不能发挥作用或者作用有限，使车辆在水陆转换过程中处于尴尬境地。因此，它的改进型 PMM－2M 自行舟桥最终选择了履带底盘以解决 PMM 自行舟桥存在的出、入水性能不佳的问题。而如果车桥具备收起功能，则在自行舟桥入水时，当车轮失去附着力后，可以收起车桥，使自行舟桥处于浮游状态，此时水上动力即可发挥水上行走的功能。在自行舟桥出水时，收起车桥的漕渡门桥或者桥车浮行到岸边，此时放出车桥将门桥或者桥车顶出水面，自行舟桥的浮力消失，车轮获得行走所需附着力，通过轮胎气压调整，还可以克服轮胎打滑现象，确保自行舟桥上岸。由此可以看出轮式自行舟桥，解决桥车水陆转换问题的关键在于实现车桥收起和轮胎自动充放气功能。而 8×8 轮式越野底盘通常不能实现车桥收起功能，或者收起高度受到限制，不足以解决桥车的水陆转换问题。即使车桥收起高度问题解决，自行舟桥的承载能力也将大打折扣，且车体内设备布置空间不足。从车体（主舟体）外形和排水量上看，如果车桥收起，则根据已经掌握的收起方法分析,底盘大梁为异型大梁,首先是车体设备会缺少放置空间,其次是比车桥不能收起的情况大约损失 15 t 的排水量。从图 6-8 可以看出,排水面积的损失与车轮直径有关,假设四个车桥导致车体平均水线面长度损失 6.0 m,宽度损失 3.3 m,则在吃水 1.0 m 的情况下,总排水量大约就要损失近 20 t。如果考虑车桥和轮胎能够提供一部分排水量,则浮力损失大约为 15 t。

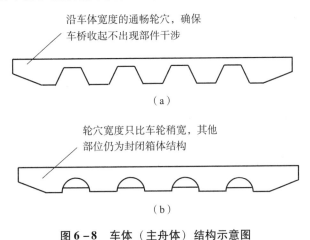

图 6-8 车体(主舟体)结构示意图
(a)车桥收起时的车体结构;(b)车桥不能收起时的车体结构

用 6×6 轮式越野底盘设计的自行舟桥产品出现在土耳其,该舟桥总体上参照德国 M3 自行舟桥的布局,其承载能力、外形尺寸和水陆转换性能从照片上看与 M3 自行舟桥存在差距,这个差距实际上就是土耳其的总体汽车工业技术水平与德国的差距。采用 6×6 轮式越野车辆作为自行舟桥底盘的情况,目前还可以查到一个美国专利,该底盘与常规 6×6 轮式越野底盘相似,总体方案布置与 PMM 自行舟桥相似,但跳板设置在侧舟下表面。这种布置对于水中展开侧舟存在稳定性问题,使用时也存在许多限制,前桥与中、后桥相距较大,中、后桥相距较近。这种车桥布置与自行舟桥设备重量均衡性的总体布置要求是相互矛盾的,从专利示意图上看,车桥似乎不能收起;从专利示意图的设备布置情况看,车桥轴荷分配也不均匀;从专利示意图的舟桥结构看,主承重结构为三根主梁,车行道为整体桥面。这种"专利设想"与现实的产品开发还存在较大的差距,技术可行性不大。而当代最为流行的、受到北约和其他国家认可的仍然是 M3 自行舟桥(德国和英国联合研发并由德国制造)和法国的 EFA 自行舟桥。因此,轮式自行舟桥应该首选低驾驶室的 4×4 轮式越野底盘。由于两栖车辆机舱空间有限,因此要求车辆的动力设备、传动设备等都具有较轻的重量和较小的尺寸,确保自行舟桥整车重量不超过 30 t,同时确保机舱空气流动以满足冷却要求。为了保证低驾驶室,一般发动机应该后置或者中置。

6.4 轮式自行舟桥总体技术方案和相关设计要求

6.4.1 轮式自行舟桥外形设计

自然界的事物，只要是具有美学特征的、协调的外形的通常都有其存在的内在合理性，符合这个事物存在的必要条件。而产品设计也是如此，车辆的外形具有仿生特点，线条流畅，外观协调漂亮。渡河桥梁产品也不例外。凡是具有饱满的、对称的外形的舟桥通常都具备较大的承载能力和较优越的操作安全稳定性。凡是外形不规整、无规律的和非对称的外形，通常都存在着内在的不合理性，往往是一个性能的提高带来诸多性能的下降，从已有的设计实践情况看，教训是深刻的。无论是法国的 EFA 自行舟桥，还是德国的 M3 自行舟桥，其前后左右的对称性都非常好，最大限度地利用了运输空间的尺寸限制，使桥车具有最大限度的排水量、水线面积和水线面积惯性矩。桥车入水后，在水中的姿态和展开侧舟的动作都非常平稳和迅速。而俄罗斯的 PMM 轮式自行舟桥也是最大限度地使整个桥车尽量做到前后左右基本对称，因此桥车入水后，在水中的姿态平稳，但由于总体布置方面的原因，侧舟在水中展开的动作并不对称，这就导致桥车在水中展开侧舟的动作极不稳定，并且展开速度也相对较慢，克服这个不足的最有效方法是使用自动控制技术和传感器技术，彻底消除人为操作带来的安全隐患。

自行舟桥的尺寸和布置是确保自行舟桥总体功能的一项十分重要的技术工作。车体长度关乎舟桥的浮力和水动力稳定性，跳板尺寸关乎舟桥承载能力和岸边适应性能，水阻力关乎浅水适应性能和动力匹配。水上推进器关乎门桥操纵性和浅水性能，发动机功率、重量、体积等都直接影响燃油消耗、门桥航速、整车重量和续航能力等设计约束条件。

在自行舟桥外形设计中，一个重要的设计参数就是外形尺寸。外形尺寸与自行舟桥运输机动性和自行舟桥承载能力关系密切，同时也与自行舟桥桥车的设备尺寸和布置情况等因素相互关联。从国外的最新自行舟桥产品情况看，法国 EFA 自行舟桥的运输外形尺寸为 12.6 m×3.6 m×4.096 m；德国 M3 自行舟桥的运输外形尺寸为 13.03 m×3.35 m×3.97 m；俄罗斯 PMM-2M 自行舟桥的运输外形尺寸为 13.35 m×3.36 m×3.85 m。从我国公路、铁路运输界限的情况看，法国 EFA 自行舟桥通常只能公路运输，铁路运输即使分装，3.6 m 的宽度对铁路桥涵来说可能超限较大；如果分装时的拆解较大，如将充气浮囊和充气浮囊上面的侧翼面板与车体、跳板分离，则铁路运输应

第6章 自行舟桥设计

该没有问题,但这将大大影响这种舟桥器材的战术使用。4.096 m 的运输高度也显得偏高,但对可以车桥收起的 EFA 自行舟桥来说并不是什么大问题,当公路限高 4 m 时,可以通过调整车桥高度来降低车辆高度,通常可以将整车运输高度降低 0.3~0.4 m,并可在短时间慢速行驶。德国 M3 自行舟桥既可以公路运输也可以铁路运输,车辆运输高度通过车桥位置调整也可以降低 0.3~0.4 m,并在短时间慢速行驶。俄罗斯 PMM-2M 自行舟桥主要由平板车进行公路运输,铁路运输需要分装,PMM-2M 自行舟桥具备侧舟自装卸功能,无须借助吊车即可完成分装工作。

值得一提的是,我国铁路运输采用通用铁路平车,车底架长 13 m,因此有技术人员认为自行舟桥的长度不能超过 13 m。其实,适当超过 13 m 并不影响铁路运输,因为按照《铁路货运装载加固规则》第 18 条,货物突出平车车端装载,突出端的半宽大于车辆半宽时,允许突出平车端梁 0.2 m,也就是说自行舟桥的长度即使达到 13.4 m 也不影响铁路运输,如果考虑三个平车运载两辆自行舟桥车的话,自行舟桥的长度还可以加大。从铁路机动的重要性以及外军装备的尺寸上看,自行舟桥铁路运输的尺寸和运输方法可以适当灵活处理,但公路机动时的运输尺寸必须符合有关公路运输标准。

综合上述分析,自行舟桥的外形尺寸控制在 13 m×3.3 m×4 m 左右可以满足承载能力和运输相关要求,通常有效载重排水量可以达到 40 t 以上,陆上机动不超界。如果为了载重量和门桥稳定性要求,适当增加外形尺寸,则必须通过调整车桥高度位置、车与舟分装或者其他满足相关运输条件的方法解决运输性问题。

在外形尺寸确定之后,需要研究自行舟桥运输时的具体形状和门桥展开后的具体形状。反映自行舟桥越野机动性能的重要指标就是自行舟桥整车的接近角和离去角。PMM-2M 自行舟桥的接近角为 21°,离去角为 18°,从对 EFA 和 M3 自行舟桥的反求工程分析情况看,EFA 自行舟桥的接近角和离去角都不小于 21°,而 M3 自行舟桥的接近角和离去角都不小于 25°。如果轮式自行舟桥采用 4×4 轮式越野底盘的话,前、后车桥的间距和车底距离地面的间隙对自行舟桥的通过性影响也很大。M3 自行舟桥的前、后桥的轴距为 6.5 m,车底离地间隙 0.7 m。从反求分析情况看,M3 自行舟桥的车轮直径很可能与 EWK 公司 20 世纪 70 年代设计的 ASB 两栖快速桥的轮胎直径相同,直径达到 1.74 m。EFA 自行舟桥的前、后桥的轴距为 6.6 m,车底离地间隙 0.67 m。从图片反求分析情况看,EFA 自行舟桥的轮胎直径大于 1.7 m,很可能与 M3 自行舟桥相同。综合各方面的技术信息,轮式自行舟桥在运输状态下的具体轮廓如图 6-9 所示。

图示外轮廓是一个初步设计方案,将轮式自行舟桥的长宽高控制在 13 m× 3.3 m×4 m 范围内,图示宽度为 3.2 m,具体设计时,根据展舟作业机构的设

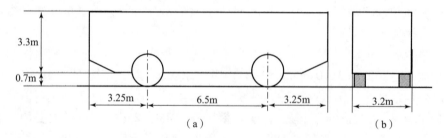

图 6-9 轮式自行舟桥运输时的外部轮廓
(a) 外部轮廓正视图；(b) 外部轮廓侧视图

置情况，局部突出物可以控制在 3.3 m 以内。接近角和离去角相等，均为 25°，具体设计时可根据设备布置要求适当调整，但总的要求是不小于 21°。车桥轴距为 6.5 m，从便于自行舟桥车体设备的布置、重量重心的控制、单车门桥的初始浮态等多个因素考虑，由车首到前桥轴线的距离应该与车尾到后桥轴线的距离相等。如果车首到前桥轴线的距离太长，而车尾到后桥轴线的距离太短，就会导致车首部位的设备布置空间大，设备布置较多，整车重心偏前，前桥负载偏大，单车门桥初始浮态出现埋首（舟首向下倾斜）现象，这一点对设计人员非常重要。从国外的相关轮式自行舟桥产品情况看，接近角和离去角基本相等，保持对称都是基本要求，也是一种设计规律，违背这个规律，自行舟桥必将存在先天不足。轮式自行舟桥整车高度控制在 4 m，车底离地间隙 0.7 m，车桥采用油气悬挂。车桥设有三个位置：陆上行驶位置、水中航行位置和陆上短时低速行驶位置，车桥位置通过液压油缸进行调整。陆上行驶位置是将车桥顶出的位置，此时车底离地间隙为 0.7 m；水上航行位置是将车桥提升至车内，一般车桥最大提升高度不小于 0.6 m，车桥收起有助于降低门桥水上航行阻力，提高门桥浅水适应性和岸边适应性；陆上短时低速行驶位置是将车桥提升一半的行程，如提升 0.3 m 左右，以确保桥车遇到限高时，通过车桥位置变化，将车辆高度由 4 m 降至 3.7 m 左右，并通过短时慢速行驶通过限高位置。通常车桥收起的操控系统只设置三个挡位：陆上、水上和限高，不需要设置随机状态，以防驾驶人员操作失误。

在图 6-9 的自行舟桥外部轮廓之下，门桥展开后的具体形状直接关系到自行舟桥的总体技术方案。自行舟桥总体技术方案可分为车轴线与桥轴线一致的方案和车轴线与桥轴线垂直的方案。前者以法国 EFA 自行舟桥最具代表性，后者以 M3 和 PMM 自行舟桥最具代表性。法国工程技术人员颇具创造性和设计浪漫色彩，他们也非常尊重知识产权，例如在四舟折叠式舟桥（四折带式舟桥）大行其道的年代，他们没有像美国那样采取拿来主义（参考苏联的 PMP 带式舟桥），而是创造了自己的五舟折叠式舟桥（五折带式舟桥）。尽管五折带式舟桥

第 6 章 自行舟桥设计

在战术使用上不如四折带式舟桥，但这种设计独创性还是值得人们尊重的。自行舟桥设计也是如此，法国早期研发了季洛瓦自行舟桥，这是一种车轴线与桥轴线垂直的自行舟桥总体技术方案，也是世界上第一个现代化自行舟桥。这种自行舟桥总体技术方案属于桥脚分置式浮桥结构体系，浮游桥脚由自行舟桥车体和侧翼浮体组成，侧翼浮体为充气浮囊，以提高浮游桥脚的排水量。季洛瓦自行舟桥作业速度较慢、作业准备时间较长，是法国 20 世纪 50 年代初的产品。随后在季洛瓦自行舟桥的基础之上，法国又研发了 BAC 自行门桥，这种自行门桥属于桥轴线与车轴线一致的总体技术方案。该自行门桥继承了季洛瓦自行舟桥车体加侧翼充气浮体的技术方案，取消了季洛瓦自行舟桥的上部结构，车体的上表面即为车行道；车体尾部设置跳板，战斗车辆以正上倒下或者倒上正下的方式上下门桥，门桥纵向不能接长，但可以通过双车并联提高门桥承载能力。

在现代陆战中，渡送坦克上陆是夺取和巩固登陆场的重要保证，但也是登陆作战存在的重要问题。由于自行舟桥单车门桥承载能力有限，用 3~4 辆桥车结合漕渡门桥要占用大量时间，故用季洛瓦舟桥和 BAC 门桥显然无法解决渡送重型坦克上陆以夺取和巩固登陆场的问题，因此法国又开始了新型自行舟桥的探索，当时取名为 MAF-II 自行舟桥，是专门为解决自行舟桥单车门桥承载能力不足而进行的研发工作。其战斗全重 54 t，架设一座 100 m 浮桥需要 4 辆桥车，12 名作业手，架设用时约 10 min（不包括桥节门桥准备和结构时间）。经过不断改进，法国的 MAF-II 自行舟桥逐渐发展成 EFA 自行舟桥，整车重量从 54 t 降至 40 t 左右（根据不同的设计要求，整车重量最轻为 39 t，最重为 44 t）。EFA 自行舟桥虽然解决了自行舟桥单车门桥承载能力不足的问题，但它继承季洛瓦舟桥采用充气浮囊这种方式并不被美、德、英等军事强国看好。因为过去的季洛瓦自行舟桥，两个充气浮囊的空气容量约 30 m^3，浮囊充气之后需要人工固定在车体专用板上，门桥准备时间长达 30 min，且浮囊易于损坏。虽然今天的充气速度提高很多，但 EFA 充气浮囊的空气总容量大约在 70 m^3 以上，即使浮囊不需要专门动作进行固定，门桥的作业准备时间估计也不会太少，最起码比 M3 和 PMM 自行舟桥的作业准备时间要长很多。从这个意义上看，俄罗斯 PMM-2M 自行舟桥和 M3 自行舟桥对于渡送坦克夺取和巩固登陆场具有重要意义。其实，如果不是从战术使用的角度进行评价，EFA 自行舟桥还是很受一部分专业人员欣赏的。它单车门桥载重量相当于 PMM-2M 自行舟桥双车门桥，系统组成虽然复杂，但技术含量较高，布局巧妙，尤其是岸边适应性比较优越，连岸跳板较长，上述特点对技术人员的吸引力特别大。但 EFA 自行舟桥的浮桥架设对跳板前段的处理将影响战术使用时间；充气结构的充气时间也对战术使用产生影响；浮桥的横向宽度较窄影响浮桥的水动力稳定性；充气结构易于损坏也是影响该自行舟桥得到完全认可的软肋。从这个意义上讲，自行舟桥还是车轴线与桥轴线垂直的总体技术方案比较靠谱，早期的自行舟桥大多数也是这种总体技术方案。

从门桥展开具体形状看，图 6-9 的形状主要对应于德国 M3 自行舟桥总体技术方案和俄罗斯的 PMM 自行舟桥总体技术方案。从我国的设计实践情况看，我国发展轮式自行舟桥选择类似于 PMM 自行舟桥总体技术方案比较可行，但在推进动力以及各舟体尺寸（中间舟和侧舟的尺寸匹配）等方面需要进行创新设计，充分融合 M3 和 PMM 自行舟桥的优点，使之成为具有一定技术水准和代表性的经典轮式自行舟桥。这种自行舟桥需要合理地分配车体（中间舟或者叫主舟体）与侧舟体（或者叫侧舟）的型深，并且确定单车门桥中主舟体与侧舟体的相对位置，确保门桥自重吃水能够控制在比较小的范围内。通常主舟体型深都比较大，而侧舟体型深都比较小，这种情况就会导致门桥空载吃水较大。如果适当降低主舟体的型深，将降低的尺寸用于增加侧舟体的型深，则有助于减小空载门桥的吃水。当然，主舟体的型深并不能随意减小，需要考虑自行舟桥水中展开侧舟时的稳定性问题，如果主舟体型深太小，则可能引起水中展舟时的恢复力矩有限，因此，必须全面平衡。当然如果不考虑自行舟桥在水中展开侧舟，则主舟体的型深可根据舟体内设备尺寸进行合理考虑。假设轮式自行舟桥的总重量为 26 t，根据图 6-9 的外形情况，自行舟桥以折叠状态泛水时的吃水大约为 1 m，根据侧舟重量以及在水中展舟时可能的倾覆力矩，则自行舟桥主舟体的型深不得低于 1.5 m，可以按照 1.5 m 进行相关系统分析。按照主舟体型深 1.5 m，则左右侧舟体的折叠高度大约为 1.8 m，每个侧舟的型深约为 0.85 m。因此，根据中间舟和侧舟的具体匹配情况，轮式自行舟桥的运输状态如图 6-10 所示，轮式自行舟桥以侧舟折叠状态泛水后车桥收起的状态如图 6-11 所示，侧舟展开后的门桥具体形式如图 6-12 所示。以上述外形设计为基础，进行自行舟桥系统设计和设备布置，并且可以进行外形尺寸的局部微调，最终确保长度不超过 13.4 m，宽度不超过 3.3 m，高度不超过 4.0 m 即可。

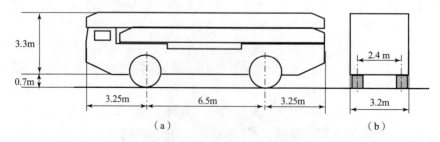

图 6-10 轮式自行舟桥运输时的外部轮廓
(a) 外部轮廓正视图；(b) 外部轮廓侧视图

第6章 自行舟桥设计

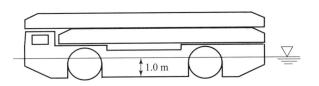

图 6-11 轮式自行舟桥入水后的浮游状态

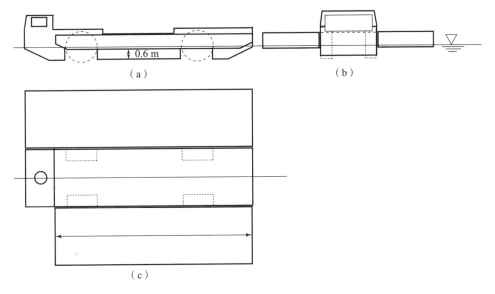

图 6-12 轮式自行舟桥单车门桥示意图

(a) 单车门桥正视示意图；(b) 单车门桥侧视示意图；(c) 单车门桥俯视示意图

从图 6-12 门桥的具体形式看，驾驶室顶部有逃生出口，中间舟的车行道表面低于舟的上表面约 0.25 m，侧舟展开后上表面与中间舟车行道表面平齐。左侧舟（折叠时为下侧舟）不小于 11 m，让出驾驶室位置，右侧舟（折叠时为上侧舟）与中间舟长度相等，不小于 13 m。

从图 6-12 的门桥水线面积形状看，即使前后桥轴荷相同，车辆重心居中，门桥的重心坐标和门桥的水线面积形心也不会完全重合，空载门桥的初始浮态必然存在微小倾斜。从 PMM-2M 自行舟桥的使用实践看，这种微小的初始倾斜不会影响门桥的使用，通过门桥上载荷位置调整，满载门桥的浮态完全满足使用要求。

在自行舟桥设计实践中，空载门桥重心和漂心不一致的现象是可能存在的，在多数情况下导致门桥出现轻微首倾现象。在确定门桥总体尺寸时，是应该刻意调整门桥水线面积形状（通常以减小门桥排水面积的方式）去迎合其漂心与重心的一致性，还是在确保运输要求不变的情况下尽量保证门桥的排水面积？

· 227 ·

这是设计者需要弄清的一个技术问题。门桥的外形尺寸决定了门桥的漂心。由于舟桥器材的舟体线型简单，因此门桥的排水面积随门桥吃水的变化非常小，故可以认为门桥漂心的平面坐标基本不变。当门桥漂心的平面坐标与门桥重心的平面坐标出现偏差时，门桥就会出现纵倾/横倾。在舟桥设计中，车行道中心线应该设置在门桥的漂心上，即无论门桥的水线面面积如何，活载荷重心位置在理论上应该与门桥漂心一致。门桥的漂心和重心如图6-13所示。

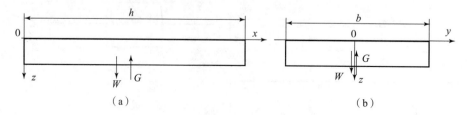

图6-13 门桥漂心和门桥重心示意图
(a) 门桥漂心和门桥重心正面示意图；(b) 门桥漂心和门桥重心侧面示意图

假设门桥左右对称，水线面宽度 b 为常量，即重心横坐标与漂心一致，门桥的水线面长度 h 为变量，通过长度调整，可以使空载门桥的漂心和空载门桥的重心实现重合，且漂心坐标为 $x_1 = h/2$，此时的门桥为门桥1；如果在满足陆上运输条件的情况下将门桥水线面长度尽量拉长，则漂心坐标为 $x_2 = (h + \Delta h)/2 = 0.5(1+k)h$，此时的门桥为门桥2。假设门桥载荷为 Q，门桥自重为 W，门桥1的水线面面积为 A_1，水线面面积惯性矩为 J_1，门桥2的水线面面积为 A_2，水线面积惯性矩为 J_2。有了上述假设数据，就可以从理论上研究门桥排水面积与门桥漂心和门桥重心的关系问题，并将结论用于指导具体设计实践。

根据绝对刚性门桥计算理论，在门桥空载情况下，门桥1的空载状态为正浮状态，其在自重作用下的吃水为：

$$T_1 = W/\gamma A_1 = \frac{W}{\gamma bh}$$

式中 γ 为水的比重。

门桥2在空载情况下将出现一定的纵倾，其纵倾角为：

$$\theta_2 = \frac{W \times (x_2 - x_1)}{\gamma J_2} = \frac{6Wkh}{\gamma b [h(1+k)]^3}$$

在自重作用下的最大吃水为：

$$T_2 = \frac{W}{\gamma bh(1+k)} + \frac{6Wkh}{\gamma b[h(1+k)]^3} \times 0.5(1+k)h = \frac{W(1+4k)}{\gamma bh(1+k)^2}$$

门桥2的吃水与门桥1的吃水之比为：

$$y(k) = \frac{T_2}{T_1} = \frac{(1+4k)}{(1+k)^2} \qquad (6-1)$$

则由 $y'(k) = 0$，得 $y_{max} = 1.333$；而由 $y''(k) < 0$，则表明在 $k > 0.5$ 后，随着门桥 2 的水线面长度的增加，空载门桥吃水比将开始下降，当 $k \geq 2$ 时，门桥 2 的吃水将小于门桥 1 的吃水。其实，随着水线面长度的增加，门桥的重心也会适当后移，影响门桥初始浮态的倾覆力矩并没有上述计算那么严重。

在门桥满载情况下，门桥 1 在载荷 Q 作用下，由于载荷的偏心作用，门桥将出现一定的倾斜，假设载荷偏心距为 e，则门桥 1 的纵倾角为：

$$\theta_1 = \frac{Q \times e}{\gamma J_1} = \frac{12Qe}{\gamma b h^3}$$

门桥 1 的吃水为：

$$T_1 = \frac{W+Q}{\gamma bh} + \frac{6Qe}{\gamma bh^2}$$

设 $Q = \alpha W$，$e = \zeta h$，则：

$$T_1 = \frac{W(1+\alpha)}{\gamma bh} + \frac{W 6\alpha\zeta}{\gamma bh} = \frac{W(1+\alpha+6\alpha\zeta)}{\gamma bh}$$

门桥 2 的纵倾角为：

$$\theta_2 = \frac{6Wkh}{\gamma b [h(1+k)]^3} + \frac{12Qe}{\gamma b [h(1+k)]^3}$$

门桥 2 的吃水为：

$$T_2 = \frac{W+Q}{\gamma bh(1+k)} + \frac{6Wkh + 12Qe}{\gamma b[h(1+k)]^3} \times 0.5(1+k)h$$

$$= \frac{W(1+\alpha+6\alpha\zeta)[1+(\alpha k+4k)/(1+\alpha+6\alpha\zeta)]}{\gamma bh(1+k)^2}$$

门桥 2 的吃水与门桥 1 的吃水之比为：

$$\frac{T_2}{T_1} = \frac{1 + \dfrac{\alpha k + 4k}{1+\alpha+6\alpha\zeta}}{(1+k)^2} \tag{6-2}$$

有了式（6-1）和式（6-2）门桥 2 和门桥 1 的吃水比计算公式，就可以将自行舟桥设计的具体数据代入公式，以分析门桥长度与门桥重心之间的关系和设计合理性。根据一般自行舟桥的情况，门桥水线面长度在 10 m 以上，通常舟桥车行道允许的载荷偏心距 $e = 0.2$ m，即 $\zeta = 2\%$，自行门桥设计载荷为门桥自重的 1.2~2 倍，我们可以通过将不同的偏心距、门桥设计载荷和门桥水线面长度增加系数代入式（6-2）进行门桥 2 与门桥 1 的吃水比计算。如果吃水比小于 1，就证明通过缩小水线面长度来获得门桥自重重心与门桥漂心重合的做法是欠科学的，反之就是合理的。

图 6-14 为无载荷偏心情况下，随着门桥载荷的增加，门桥吃水比的变化趋势；图 6-15 为载荷偏心系数 $\zeta = 2\%$ 时，随着门桥载荷的增加，门桥吃水比的变化情况。

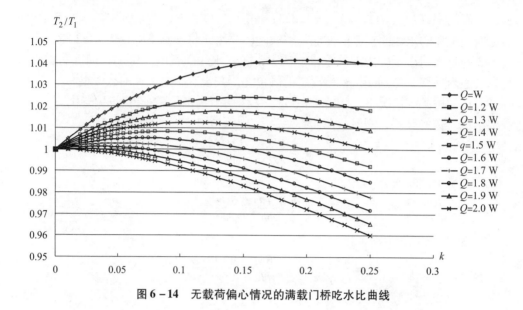

图 6-14 无载荷偏心情况的满载门桥吃水比曲线

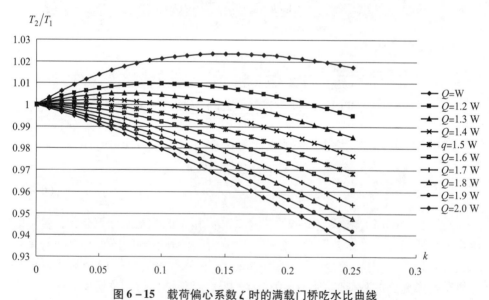

图 6-15 载荷偏心系数 ζ 时的满载门桥吃水比曲线

根据数据分析,在无载荷偏心情况下,当门桥载荷达到门桥自重的 1.5 倍时,随着门桥水线面长度的增大,门桥 2 与门桥 1 的吃水之比将单调下降;从门桥 2 与门桥 1 的吃水比曲线的趋势看,随着水线面长度的增加,即使没有载荷偏心,门桥 2 的吃水将会逐渐小于门桥 1,如果门桥存在载荷偏心,门桥 1 的吃水会随载荷的增加而迅速超过门桥 2。因此,通过缩小门桥水线面长度以期使门桥重心与漂心重合的设计思路对空载门桥的浮态是有益的,但对满载门桥、

第 6 章 自行舟桥设计

尤其是对存在载荷偏心的满载门桥是不利的，因为水线面长度的减小，不但降低了门桥排水量，而且降低了门桥的水线面积惯性矩，导致存在载荷偏心的满载门桥出现更大的倾斜角；而在门桥重心实在无法满足与漂心重合的情况下，不刻意追求空载门桥的浮态，最大限度地利用单车门桥的水线面长度，不但可以增加门桥的排水量，而且能够大大提高门桥的水线面积惯性矩，使门桥满载浮态和安全性得到提高，同时也能够提高门桥的承载能力、临界航速和水动力稳定性。此处虽然只对两种门桥的吃水进行了比较，其实即使吃水相同，由于门桥 1 水线面惯性矩小，因此所产生的门桥倾角要比门桥 2 大得多。

以上分析只为具体产品设计提供理论指导。其实，轮式自行舟桥的具体设计情况非常复杂，例如车行道位置一般不能随意改变，通常都设置在前后桥的中间，调整范围非常有限；门桥的长度也不可随意加长，毕竟受到运输尺寸限制；如果门桥重心与门桥漂心偏差太大，初始浮态太差并已经威胁到空载门桥使用时，牺牲门桥排水面积就在所难免。这种情况的出现，其实也标志着自行舟桥两栖底盘的相关设备和布置位置等还不能满足设计轮式自行舟桥的需要，在设计物质条件还不成熟的情况下，仓促研制轮式自行舟桥，其结果必然是降低自行舟桥产品的使用效能。

在自行舟桥的总体尺寸设计中，如果底盘车由于设备总体布置的原因而使重心出现一定的前后位置偏差，且舟体必须通过减少长度的方式才能获得门桥重心与漂心重合时，必须根据门桥设计载荷、使用环境条件要求、门桥长度缩短的程度和自行舟桥设计条件限制等因素进行综合的数据分析。从理论分析情况看，充分发挥和利用整装运输尺寸，忽视门桥初始微小偏心影响，所取得的自行舟桥方案是科学和合理的。自行舟桥的外形尺寸对舟桥的使用性能影响很大，缩小排水面积会对承载能力和通载环境造成很大影响，这个影响将会在后面的章节中进行介绍。另外，重心与漂心偏差引起的浮态改变，如果条件允许，还可以通过舟体局部型深的变化进行调整，例如，当门桥首倾时，可以适当增加舟体首部的排水量，以保证门桥处于正浮状态。

6.4.2 轮式自行舟桥的主要组成部分

车轴线与桥轴线垂直的轮式自行舟桥通常由一个中间舟（主浮舟）和位于中间舟两侧的两个侧舟（侧浮舟）提供浮力，并且构成浮桥或者门桥的桥节。它们是水密的焊接箱形舟体，从轮式自行舟桥以侧舟折叠方式泛水展开的要求看，舟桥结构越轻，展舟时的倾覆力矩越小，对整个总体技术方案产生的影响也越小。从这个意义上讲，舟体结构应该考虑采用铝合金结构，钢结构舟体一般在重量上会大于铝合金结构，在水中展开时将会产生较大的倾覆力矩，甚至可能影响轮式自行舟桥以侧舟折叠方式泛水并在水中展开侧舟功能的实现，这一点对总体设计的可行性影响重大。当然，如果不考虑轮式自行舟桥以侧舟折叠方式泛水展开，而只考虑侧舟在陆上展开后进行轮式自行舟桥泛水，则使用钢结构比较符合目前我国的具体情况；其连岸跳板的承载能力也可以保障重型履带车辆的通行，只是对码头进出口的宽度要求较高一些。从北约观察华约渡河演习使用 PMM-2M 自行舟桥的情况看，PMM-2M 自行舟桥主要采取岸边陆上展开侧舟，然后再驶入水中。因此，轮式自行舟桥不考虑水中展开侧舟这个功能也是可以接受的。

这里所讨论的轮式自行舟桥，一辆桥车就可以构成一个漕渡门桥，两个以上桥车互相连接，可以构成承载能力成倍增长的漕渡门桥或者长度成倍增长的桥节门桥，单车门桥长度（不含跳板）接近 10 m，跳板长度约为 4 m。轮式自行舟桥的车行道宽度应该不小于 4.2 m，连岸进出口车行道局部宽度也应该不小于 3.8 m，以确保车辆通行安全。

中间舟又叫主浮舟或者叫车体，它是轮式自行舟桥桥车的"心脏"，在舟首设有驾驶室，舟体内部设有大量水、陆作业所需的器具和设备。轮式自行舟桥设备安装空间非常有限，因此只设置一台发动机，发动机可横向安放在中间舟尾部，这种布置可以确保轮式自行舟桥具有较低矮的驾驶室，既为上层侧舟留出运输空间，也可大大提高轮式自行舟桥陆上行驶时的视野；而高驾驶室会导致驾驶员存在较大的视觉盲区和死角，更重要的是可以解决空载门桥的首部向下倾斜问题。发动机横向安放在车尾也不存在任何技术问题，目前的许多大客车都采用这种布置。如果水上推进装置采用尾部舵桨的话，可以像 M2 自行舟桥那样采用 2 台尺寸和功率较小的发动机，但由于尾部舵桨不能改善自行舟桥的水上机动特性，因此不建议轮式自行舟桥使用双机双桨，而是采用前后布置的离心泵式喷水推进器。舟体结构不但能够承受水压力作用，其车行道还要承受车辆载荷的直接作用。中间舟在陆上行驶时起车架作用，在水上作业时是门、浮桥的主要承重结构。水上推进装置布置在中间舟纵轴线上，或者与纵轴线成反对称布置，在车首斜面和车尾斜面各设置一台离心泵式喷水推进器，间隔距离为 9 m，消除了两个喷水泵的相互影响，推进器不突出车体，不易受到河底突出物损坏。离心泵式喷水推进装置安装在一个与车底密接的井筒内，由上向下安装，泵的叶轮从下面吸水，通过螺旋蜗壳泵向喷口，再将水流从喷口呈水平喷出，蜗壳及喷口喷出的水流可作 360°旋转，因此可以起到方向舵的作用。在桥车泛水后，通过一个向上的井筒排气管确保泵体内快速灌水。

两个侧舟或叠置在中间舟的上方，或分置在中间舟两侧。侧舟的折叠、展开通过相关作业机构和液压油缸的伸缩来实现。侧舟车行道与中间舟车行道在一条轴线上，如图 6-16 所示。

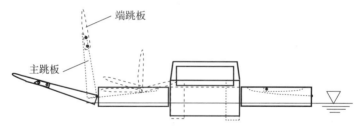

图 6-16 置于侧舟车行道表面的跳板折叠与展开

侧舟车行道也是自行舟桥连岸跳板的放置位置，跳板的折叠、展开通过相关作业机构和液压油缸来实现。跳板处于折叠状态时，就构成门桥/浮桥的车行道，跳板展开后构成连岸通道。由于跳板设置在侧舟的车行道上，因此跳板的长度会受到侧舟宽度的限制，跳板的高度也要受到侧舟的高度尺寸限制，为了尽可能增加连岸跳板的长度，需要将跳板分成两节，即主跳板和端跳板。端跳板在运输时，被折叠在主跳板空间以内。由此也可以看出，受到尺寸限制的跳板，其承载能力将是非常有限的。因此该轮式自行舟桥的总体技术方案，连岸结构系统的承载能力是确定方案是否可行的关键所在。俄罗斯 PMM-2M 自行舟桥的单车门桥承载能力为 42.5 t，双车门桥承载能力为 85 t，三车门桥承载能力为 127.5 t，但受跳板承载能力限制，PMM-2M 自行舟桥只能通行载荷 50 t 以内的履带车辆。与 M3 和 EFA 自行舟桥相比，这是 PMM-2M 自行舟桥总体技术方案的一个短板，无论采取何种技术措施，连岸性能都会存在不足。跳板的展开步骤是首先翻转展开端跳板，使之与主跳板连成一体，然后通过液压翻转机构将跳板展开并连接岸边。从图 6-16 还可以发现，当侧舟跳板翻出时，侧舟车行道将出现斜坡状，这就给车辆开上门桥以及车辆在门桥上定位带来一定难度，但 PMM-2M 自行舟桥的使用实践表明，这个斜坡对舟桥使用性能的影响不是很大。当然也有人考虑将侧舟连岸跳板设置在侧舟底部（见图 6-17），并从底部翻出跳板，这样侧舟车行道就不会出现斜坡状，车辆开上门桥也容易很多。

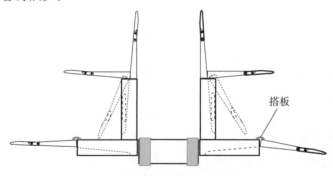

图 6-17 跳板从侧舟底部翻转展开

既然消除车行道斜坡的方法那么简单,那为什么 PMM－2M 自行舟桥为何没有采用跳板设置在侧舟底部的布置形式呢？第 3 章初步介绍了跳板设置在侧舟上表面是为了水中展舟的需要,因为跳板设置在侧舟下表面将失去水中展舟功能。实际上,跳板设置在侧舟下表面在使用上是否占有优势还需要进一步分析。

首先从重量上看,假设两种跳板翻转方式的液压作业机构具有相同的重量,则由于图 6－17 跳板展开方案存在搭板和设置预留间隙的顶紧传压螺杆,则图 6－17 所示跳板展开方式的系统重量有可能超过图 6－16 所示跳板展开方式。如果采用图 6－17 的跳板展开方式并增加跳板的长度,则系统重量可能进一步增加,并且带来侧舟体强度和浮力损失；如果为了补偿侧舟浮力损失而设置浮囊系统,则整装重量还将进一步增加。

其次,从漕渡门桥岸边适应性上看,假设采用两种跳板展开方式的自行舟桥具有相同的自重吃水和满载吃水,通常自行舟桥侧舟的空载吃水 0.2 m 左右（如 PMM－2M 自行舟桥）,门桥靠岸时规定的侧舟岸侧水深为 1.1 m。

由于自行舟桥吃水较深,且侧舟强度弱不适合直接搁浅,因此当门桥靠岸时,如果水沿至河底的坡度较陡,则非常有利于门桥靠岸上载；如果水沿至河底的坡度较缓,则门桥靠岸后,载荷车辆只能涉水开上门桥,坡度越缓,车辆涉水距离越长。因此需要规定最小岸边至水中的河底坡度,通常这个坡度为 10%,则空载门桥靠岸上载如图 6－18 所示。

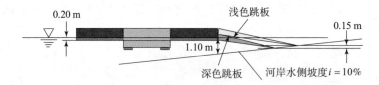

图 6－18　空载门桥靠岸上载示意图

浅色跳板为以图 6－17 方式展开的跳板,深色跳板为图 6－16 方式展开的跳板。

可以看出,如果两种展开方式的跳板长度相同,则明显是图 6－16 跳板展开方式的门桥岸边适应性能要优于图 6－17 跳板展开方式。如果浅色跳板长度为 5.5 m,深色跳板长度为 4.0 m,则两个跳板方案在 10% 水侧坡度情况下的涉水深度差为：

$$\Delta h < (5.5 - 4.0) \times 10\% = 0.15 \text{ (m)}$$

浅色跳板的最大涉水深约为 0.5 m,深色跳板的最大涉水深约为 0.65 m,这个涉水深度对于军用越野车辆来说都是完全可以接受的。

图 6－19 为自行舟桥满载门桥靠岸下载示意图。

第6章 自行舟桥设计

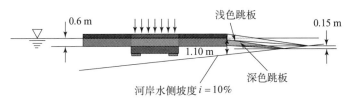

图 6-19 满载门桥靠岸下载示意图

图 6-19 中下载时跳板初始坡度小于上载，车辆载荷涉水情况与空载门桥相同。如果跳板长度相同，则仍然是图 6-16 跳板展开方式的门桥岸边适应性要优于图 6-17；如果浅色跳板长度为 5.5 m，深色跳板长度为 4.0 m，两者涉水距离相差不到 1.5 m，涉水深度相差不到 0.15 m。从使用的角度看，两种跳板方案不存在本质上的区别，随着水侧坡度变陡，两个方案的涉水深度都会逐渐变小直至不涉水；但随着水侧坡度变缓，涉水深度都会逐渐增加，但涉水差值始终小于 0.15 m。

当水侧坡度变缓时，门桥靠岸的岸边适应性将发生变化，门桥靠岸时，不再是控制侧舟岸侧的水深，而是控制中间舟处的水深，因为门桥上载后，要保证中间舟不处于搁浅状态。例如，当河岸水侧坡度为 7%，其门桥靠岸情况如图 6-20 所示。仍然以浅色跳板长度为 5.5 m，深色跳板长度为 4.0 m 进行分析，门桥中间舟处控制水深为 1.30 m，车辆载荷上下门桥时的涉水深度浅色跳板方案在 0.75 m 左右，深色跳板在 0.85 m 左右，两者的涉水差约 10 cm；从使用上讲，两者没有本质差别，但如果跳板长度相同的话，图 6-16 跳板展开方式的门桥岸边适应性更好（主要是跳板初始坡度缓，便于门桥上载）。

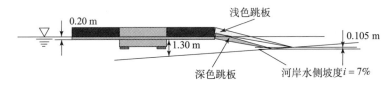

图 6-20 缓坡空载门桥靠岸上载示意图

上面研究了自行舟桥适应斜坡码头的靠岸情况，现在研究门桥对陡岸码头的适应性问题。门桥靠岸情况如图 6-21 所示。

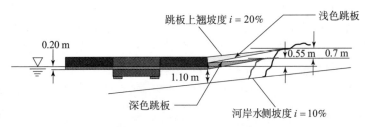

图 6-21 空载门桥连接陡岸

但从图 6-21 上看，如果两个方案的跳板相同，在陡岸情况下，无疑图 6-17 跳板展开放式的门桥连岸优越性要优于图 6-16 的展开方式。但图 6-17 跳板的翻转角度是由跳板翻转机构和相应的结构设计所决定的，从已有的设计实践上看，图 6-17 跳板的翻转角度通常无法实现 20% 的上翻角度，而设计的上翻角度太小还会影响到门桥上载后的离岸作业。因为必须留出必要的预留间隙角，才能确保跳板在门桥上载后活动自如。如果门桥上载后跳板岸端不能与岸脱离，则门桥就不能顺利离岸，而图 6-16 跳板展开方式不会出现门桥离岸困难，即跳板不会因为门桥上载而无法翻动。因此从实用角度讲，图 6-17 跳板展开放式的门桥连岸特性并不像图 6-21 所示的那么理想，跳板与门桥结合部设计直接关系到跳板连岸性能和作业复杂性。从载荷通行要求的角度看，跳板的使用角度必须受到限制，《军用桥梁设计准则》（GJB1162-1991）规定浮桥渡口跳板的坡度为 15%，固定桥的跳板坡度为 18%，在产品设计实践中，参照国外相关产品情况，常将这个坡度限制控制在 20%。跳板向下翻 20%，负载时跳板斜度小于 20%；跳板向上翘 20%，负载时跳板斜度将大于 20%。因此以跳板倾斜控制在 20% 进行比较具有合理性，仍然以浅色跳板长度为 5.5 m，深色跳板长度为 4.0 m 进行分析。设跳板安装位置高差为 0.4 m，则两个跳板方案适应岸边高度的差距为 $\Delta h = (5.5-4) \times 20\% + 0.4 = 0.7$（m）。其中 0.4 m 的高差由跳板安装位置引起，仅 0.3 m 源于跳板长度的贡献。从图 6-21 可以看出，当水面距岸高在 0.55 m 以内时，深色跳板无须土工作业，超过 0.55 m 时需要土工作业，而浅色跳板在水面距岸高超过 1.25 m 时也需要土工作业。因此浅色跳板方案应该说比深色跳板方案在适应岸高方面有一定优势，但这种优势是否发挥得出来，与跳板与门桥结合部设计有关，若想发挥这一优势，就会进一步损失门桥在斜坡码头上靠岸的性能。其实门桥的这种适应高岸的优势在实际使用中并不常见，因为经常遇到的渡口码头都是斜坡码头，且斜坡码头的土工作业非常方便快捷，因此自行舟桥的门桥跳板在多数使用情况下都处于向下翻转的状态。也就是说，图 6-17 跳板展开方式存在的连接陡岸的优势在实际使用中往往得不到有效发挥，所以图 6-16 的跳板展开方式比图 6-17 在岸边适应性方面更具实用性，且优势也更明显。

再从设置预留间隙的角度看，由于两个跳板展开方案都必须严格控制跳板重量，而控制跳板重量的最佳方法就是在跳板与门桥连接面设置预留间隙，将跳板负载转嫁给门桥。在两个方案的门桥岸侧端部吃水相同的情况下，如果跳板长度相同，则设置的预留间隙也相同，但考虑到满载门桥顺利离岸的需要，图 6-17 跳板展开方式的门桥连岸预留间隙设置必须与离岸要求相协调，这无形中就增加了设计变数；如果图 6-17 跳板长度增大，跳板的刚度变小，则预留间隙也会比图 6-16 有所减小，预留间隙与离岸要求相协调的设计难度更大，甚至进一步降低门桥的岸边适应性能。

从跳板使用的方便性和使用条件上看，图 6 – 16 的跳板展开方式的跳板设置相比图 6 – 17 要少设置搭板这个作业动作，且跳板展开和折叠的时机比较随意，设置预留间隙的机械化程度高；而图 6 – 17 所示跳板展开方式必须在特定的时机和条件下才能展开，且单车门桥与双车门桥转换困难，门桥与浮桥的转换也极不方便，其主要原因是漕渡门桥不能随意在水上收回跳板（只有在水深较大和流速非常小的情况下才能确保门桥在水中完成跳板折叠和展开作业）。例如，PMM – 2M 自行舟桥在门桥展开后，全宽在 10 m 以内，泛水时对岸边码头宽度的要求比较小，这一点对斜坡码头尤其重要。而对于图 6 – 17 所示自行舟桥而言，门桥展开后，宽度达到 20 m，如果在码头周围一定宽度内存在树木、建筑物等障碍，门桥就无法在岸边展开，如果想要门桥在深水中展开的话，其安全性无法保证。当然，门桥也可以在折叠状态下泛入水中，并在搁浅状态进行门桥展开，但是如果岸边水深较大而无法搁浅的话，门桥依然无法展开，也就是说门桥使用受到很大限制。所以说图 6 – 17 所示自行舟桥的使用是会受到地形、流速和水深等诸多限制的。

从自行舟桥的门桥泛水性能上看，图 6 – 16 所示的自行舟桥泛水性能更优越。从门桥上载后的离岸环节看，图 6 – 16 所示自行舟桥的连岸跳板不必担心存在岸端支作反力影响门桥离岸的问题，而图 6 – 17 所示自行舟桥一旦间隙设置不当，门桥离岸就会出现困难。从漕渡门桥的装载情况看，两个门桥方案的承载面积基本相同，其中图 6 – 17 所示自行舟桥的承载面平整，便于车辆停放；而图 6 – 16 所示自行舟桥门桥车行道两端存在斜面，对车辆定位要求较高，门桥岸边上载时，其车行道坡度也比图 6 – 17 陡。从门桥航行中的车辆载荷定位情况看，由于单车门桥水线面积惯性矩较小，为确保门桥漕渡的安全性，通常需要采取专门的定位措施对车辆载荷加以限制，而图 6 – 16 所示自行舟桥的跳板能够起到制约门桥载荷移动的作用（见图 6 – 22），而图 6 – 17 却没有。

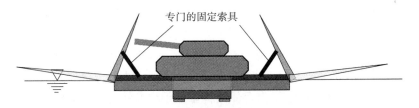

图 6 – 22　满载门桥在水中航行

由于图 6 – 17 跳板上翘能力有限（20% 左右），在门桥漕渡时可能出现阻水现象，在多个门桥穿梭漕渡时，不光航速低，而且安全性差。跳板上翘的能力虽然是设计出来的，但对自行舟桥这种结构来说，会带来一系列设计问题，并可能导致总体技术方案失效。从门桥靠岸的预留间隙设置看，图6-17所示自行舟桥针对不同跳板角度需要设定不同的顶紧传压螺杆长度，通常无法实现机械化作业，影响作业速度。

从作业机构的复杂程度看，图6-16所示自行舟桥的跳板作业机构相对比较简单，端跳板由人工翻出，主跳板通过一个杠杆和一个油缸翻出。而图6-17跳板的作业机构就稍显复杂，端跳板和主跳板都分别需要一个杠杆和一个油缸翻出，液压元件和液压管路都较图6-16要复杂。如果跳板长度增加，侧舟排水量损失较大，还需要考虑增设浮囊系统来补偿排水量损失，作业系统将进一步复杂化，操作更加烦琐。如果考虑排水系统设计的话，由于侧舟底板的高度变化将侧舟分成三个隔水舱，还需要考虑增加抽水泵，系统复杂程度又会增加。如果考虑侧舟的完整性遭到破坏给舟体结构承载带来安全隐患的话，图6-17自行舟桥方案更是雪上加霜。另外，门浮桥快速转换也是图6-17自行舟桥方案的硬伤。从PMM系列自行舟桥始终坚持跳板由侧舟上表面翻出这个事实看，选择PMM-2M自行舟桥的跳板展开方式，无论从产品设计的角度还是从产品使用的角度上讲，都是利远大于弊的明智选择。

从产品研发的角度讲，如果说吊车是具备起吊功能的工程车辆，那么现代舟桥也可以叫舟桥车，即载有桥节舟或者节套舟的工程车辆。而自行舟桥则是一个具备舟桥所有功能的两栖车辆。因此其主要组成部分与普通舟桥的区别就在于一个是两栖车辆，而另一个不是两栖车辆。从这个意义上讲，自行舟桥的系统组成可以分为舟桥结构、作业装置（含作业机构、液压系统和作业控制系统）和两栖车辆。轮式自行舟桥的舟桥结构包括侧舟舟体结构、中间舟舟体结构和连岸跳板结构，舟体用来提供浮力和承受载荷作用，各舟之间相互连接可以构成门桥和浮桥；作业装置包括作业机构、与作业机构相关的液压系统和作业控制系统，主要用来实现侧舟的折叠与展开、跳板的折叠与展开等功能；两栖车辆包括车架、动力系统、传动系统、陆上行走系统、水上推进系统、安全系统、车辆操控系统和驾驶室。轮式自行舟桥设计的关键在于两栖车辆相关技术的实现，其他设计与常规舟桥大同小异，但连岸结构与普通舟桥有一定区别，自行舟桥没有栈桥码头结构，也没有可直接接岸的岸边跳板舟；由于重量控制的因素，舟体结构偏弱，舟底不能直接搁浅，只有结构比较单薄的连岸跳板直接接岸。岸边水深较大时，所有舟体结构都处于浮游状态，此时跳板受力较大，且岸端吃水也比较大。如果岸边水深较小，可以让岸边桥节门桥的车桥直接搁浅，此时需要协调好舟桥结构与车辆底盘的相互关系和相互影响。

6.4.3 轮式自行舟桥的设计要求和相关技术途径

从战术要求上看，轮式自行舟桥主要作为"战场桥"使用，即主要伴随作

第 6 章 自行舟桥设计

战部队机动并可随时前出实施渡河工程保障作业。因此它应该具备如下特征：

首先，它能为战役攻击方向的作战部队克服中等和宽大江河（河幅为 50～500 m）适时提供渡河工程保障。在 50～200 m 宽的江河上能够快速架设浮桥，在宽大江河上能够迅速实施门桥渡河。

第二，可以在毫无准备的情况下，立即投入使用，即可以从行进间迅速入水架设浮桥或者实施门桥漕渡作业。

第三，具有高度的灵活机动性能，架设、撤收和转移渡口非常迅速，即具有快速的水陆转换能力，且门桥渡河和浮桥渡河的转换非常方便快捷，架设和撤收时间快于敌人反应时间。关于反应时间，目前业内还缺少具体研究，而据德军在 20 世纪 80、90 年代的相关数据看，炮兵在发现目标后可以立即攻击目标，武装直升机和无人机可以在几十分钟内完成攻击，空军的行动通常需要 1 个多小时；21 世纪的攻击反应速度会更快，尤其是无人机可以做到侦打一体化。

第四是夜间使用非常方便，即整个渡河作业具有高度的机械化、自动化水平。随着精确打击能力的提高，固定目标被发现就意味着被摧毁。而现代侦察手段主要有卫星侦察、无人机侦察和雷达、红外侦察和敌方的近距离渗透侦察。尽管侦察手段的技术水平很高，但可以肯定，白天的侦察效果依然好于夜间。外军认为，如果说一座军用桥梁白天在 1 小时内即可被发现的话，在夜间可能需要 3 个小时。距敌越近，越容易被发现，且发现时间越短。因此夜间渡河能够增加完成任务的概率。

第五，具有较高的战场奉献率，即可用性强。完成渡河工程保障任务所需车辆越少，战场奉献率就越高；适应性越强，使用范围就越广，使用机会就越多，战场奉献率就越高；信息化水平越高，通信、指挥和控制能力就越强，完成任务就越精准及时，战场奉献率自然就越高；浮桥结构越坚固，所须维修越简单，维修费用越低，维修时间越短，其可用性就越好；浮桥满足各种车辆（履带车辆和轮式车辆）的通行要求且有较高的渡河效率也是提高战场奉献率的重要方面。例如，外军渡河桥梁要求以重代轻，承载能力在 MLC30 以上的桥梁，其车行道必须能够兼顾通行 MLC30 以下的车辆。而我军重型桥梁的承载能力虽然较大，看似可以通行轻型车辆，但由于没有考虑到兼顾轻型车辆的通行要求，设计的车辙式车行道的中间开档较大，导致小车通行不便，这是需要设计者注意的。另外，满足平板车辆的通行要求也应该受到重视。以往为了降低结构重量，单个车辙的宽度都设计得比较窄，忽略了重型桥梁通行轻型轮式车辆的要求，也忽略了平板拖车的通行要求。

上述战术要求需要依靠技术途径加以实现。总之，需要通过技术手段，使轮式自行舟桥的战术性能大大超过目前的带式舟桥。轮式自行舟桥应该说是一种水陆两用、全轮驱动的 4×4 越野车辆。它可以快速架设浮桥或者结构门桥，浮桥和门桥可供 60 t 以下履带和轮式车辆渡越江河障碍。用 M3 自行舟桥架设的浮桥可以通行全重为 120 t 的平板拖车，目前我军的舟桥器材还没有做过这样的承载能力校核和实车通载试验。

  应该讲，前面提到的轮式自行舟桥技术方案总体上基本能够满足上述战术要求。因为它充分汲取了德国 M3 自行舟桥和俄罗斯 PMM 自行舟桥的特点和经验，并将它们的优点进行了移植重组。当然缺少对设计细节与使用环节相互关系的全面把握，上述战术要求的实现也是不可能的。从上述轮式自行舟桥的外形设计中可以看出，在满足运输条件的情况下，只有尽量将其尺寸最大化，才能获得较大的单车门桥水线面面积和水线面面积惯性矩，进而获得较大的承载能力，并且确保了一辆桥车就可构成一个渡河工程保障系统，减少了作业人员和车辆数；而 M3 自行舟桥需要双车成桥以构成标准漕渡门桥，M3 单车门桥可以漕渡物资但很难漕渡车辆，原因在于单车门桥的水线面面积惯性矩较小，漕渡车辆的安全性有所欠缺。单车门桥的侧舟位置设置，也要考虑尽可能减少门桥的吃水，以期获得较好的水力性能和岸边适应性能，进而提高自行舟桥的可用性。自行舟桥的各个系统都有一定的设计要求、设计规律和设计考量，并不是只要知道自行舟桥的系统组成，就可以随便在市场上选择相应的系统，经过简单堆砌组合就可以完成既定功能和设计要求的。对各个分系统的功能要求需要从自行舟桥的使用操作环节入手进行相关设计和规划，以期获得高质量的产品。

  自行舟桥的车桥选择和相关设计措施对轮式自行舟桥设计成败非常重要，车桥的承载能力也直接关系到轮式自行舟桥的技术设计可行性。从外军自行舟桥的相关数据和我军研究自行舟桥的相关设计实践情况看，车桥承载能力为 13 t 时，整车重量必须控制在 26 t 以内。如果轮式自行舟桥采用钢材制造舟桥结构，则重量不可能控制在 26 t 以内，只有使用铝合金舟桥结构。由于上述轮式自行舟桥方案的连岸跳板结构尺寸较小，铝合金跳板结构将导致自行舟桥承载能力受到限制，不能满足重型履带车辆的通行要求。车桥承载能力为 15 t 时，整车重量应该控制在 30 t 以内，此时采用钢质舟桥结构成为可能。因此，车桥的承载能力非常重要，它直接关系到自行舟桥整装重量的控制、结构材料的选择和应用以及自行舟桥的承载能力。我们不需要纠结车桥的轮式轴压力超过 13t 会对现有道路、桥梁以及现役渡河桥梁器材造成不利影响，载荷对结构的作用既要看载荷的大小，更要看载荷与结构之间的相互作用压力，宽大的车轮和轮胎气压的调整可以有效调节这个压力以确保上述结构可以承受 13t 以上的轴荷作用；再者轮式自行舟桥的数量是非常有限的，基本不会对上述结构的疲劳寿命产生实质性影响。因此认为轮式自行舟桥重量超过 26 t 会给渡河桥梁装备体系带来冲击的担心是毫无必要的，这一点已在前述章节中进行了论述。

  由于轮式自行舟桥的轴距较长，前后车桥相距 6.5 m 以上，因此为了提高越野机动性能,需要采用大直径轮胎,以便提高车辆离地间隙和跨沟越障能力。从国外同类产品情况看,车轮直径达到 1.7 m 左右,车轮宽度 0.6 m 左右。以前没有大承载力轮胎,我们都有自行舟桥为什么不能使用双轮胎而只能使用单轮胎的疑惑(见图 6-23),还有人从水阻力等方面去找原因,现在知道那是因为我们并不知道轮式自行舟桥的车轮尺寸。试想一个直径达到 1.7 m 的轮胎,怎么可能只有区区 0.3 m 左右的宽度?而一旦宽度达到 0.6 m 又怎么可能使用双轮胎的车桥布置?从这一点上看,任何疑惑、担心和思考,一旦与实际情况相脱节,不能深入问题内部都是毫无意义的。

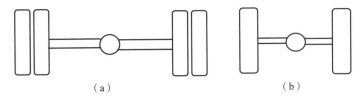

图 6-23 车桥使用双轮胎与单轮胎
(a) 双轮胎;(b) 单轮胎

自行舟桥车体较长,轮胎直径较大,因此车辆转弯直径也很大,为了降低车辆转弯直径,自行舟桥必须具备全轮转向功能。即车桥应采用转向桥,通过双回路转向系统,可以选择采用前桥转向或者全轮转向。当采用前桥转向时,后轮被机械方向锁牢牢锁定在直线位置;全轮转向时,后轮转向解锁,限制车速在 20 km/h 以内。为提高自行舟桥水陆转换能力和转换速度,车桥高度位置应能实现调整,即业内所说的车桥收起功能。车桥由 4 个油气弹簧支撑,油气弹簧起车辆减震缓冲作用。通过一套安装在车架上的车桥收起机构,可以对车桥高度位置进行调整,车桥收起机构如图 6-24 所示。

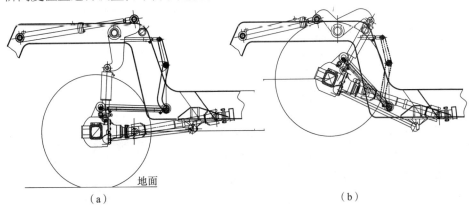

图 6-24 车桥收起机构示意图
(a) 车轿完全顶出;(b) 车轿完全收起

渡河桥梁产品研发方法

我军轮式自行舟桥关键技术研究已经解决了车桥收起技术问题。油气弹簧的刚度需要加以研究，按照车辆设计要求选择的弹簧刚度可能不能完全满足自行舟桥的使用要求：

陆上展开侧舟时，油气弹簧太软，变形太大；作为浮桥岸边支撑时，恐怕起不到支撑作用。从外军的情况看，油气弹簧具有压力补偿功能，通过油压的变化，调整弹簧刚度。在陆上正常行驶时，车桥应该置于车桥支撑装置的端支座上；在遇到高度受到限制的桥涵时，可以通过提升液压油缸将车桥短时间置于中位以降低整车高度，并且慢速行驶通过限高位置，随后应该恢复陆上正常行驶状态。自行舟桥入水航行时，车桥通过提升油缸将其收起，使车桥（包含车轮）全部收入中间舟体（车体）之内。自行舟桥水陆转换时，操纵系统可根据轴荷大小自动切换工作模式，水上推进器和车轮既可以单独工作，又可以同时工作。为了行驶安全，脚制动器采用双回路系统，制动装置采用无石棉制动摩擦衬片的楔缝式制动器。还需要考虑制动系统在车辆出水后的烘干问题，加装烘干装置，确保自行舟桥由水上陆后的行驶安全。为了控制整车重量，轮胎应采用铝合金轮辋。为进一步改善越野机动性能，应安装双回路轮胎压力调整设备，实现轮胎自动充放气功能。由此可见，自行舟桥的行走机构对自行舟桥的设计至关重要。而大载重、轻质量转向车桥在我国还没有成熟的商业产品，建议采用高强结构钢焊接车桥以降低车桥重量。大载重的大直径越野轮胎我国同样没有相关商用产品可供选择，这个问题不是使用双轮胎并联可以解决的。因此，轮式自行舟桥研发首先必须解决车桥和轮胎问题。

发动机的选择也是自行舟桥设计的一个重要问题。目前国产柴油发动机的尺寸（体积）、重量和燃油消耗都与自行舟桥的设计要求存在差距。自行舟桥的车体内部设备尺寸过大，布置和安装空间过小将导致冷却系统工作异常，空气流动受阻，散热效果不佳。M3 自行舟桥由一台横向安装在车尾的风冷废气涡轮增压和增压空气冷却发动机驱动，发动机的额定功率在 2 300 r/min 时为 265 kW，当桥车连续运转时的功率约降低5%，这就是通常在《简氏年鉴》上介绍的 M3 自行舟桥发动机功率为 252 kW 的由来。这种发动机为商业通用产品，并在德国国防军中有着各种变型机型。动力通过伞齿轮、万向节轴输送到传动装置，再通过万向节轴传递到车桥和水上推进装置。发动机之所以设置在车尾，就是为了降低驾驶室高度、改善驾驶员视野，同时便于自行舟桥总体布置和重量重心配置。外军的上述设计经验值得我们借鉴。

传动系统的设计对自行舟桥设计也非常重要，如何既满足使用又能减少重量，这是一件非常困难的工作。M3 自行舟桥的传动装置主要由直齿轮传动装置、自动变速装置和分动箱（分动差速器）组成。传动轴将发动机的动力传递到直齿轮传动装置，直齿轮传动装置再连接到自动传动装置上，自动传动装置将动力分成陆上驱动和水上驱动，两个水上推进器通过两个独立的辅助传动装置与自动传动装置连接。自动传动装置主要由液力变矩器、液压操纵的调制连接装置和 6 挡行星齿轮传动组成，这是对通用商业传动装置产品的一种创新发展，调制连接装置在自行舟桥上岸、泛水时使用，液压操控器可将功率无级分配到水上和陆上驱动上。带行星齿轮传动装置的分动箱作为分动差速器，直接与自动传动装置连接，驱动力矩分配在前、后桥的比例为 1：1.83。差速器仅通过一个牙嵌离合器进行控制。外军的这些设计值得设计人员在进行两栖车辆设计时关注，以确保两栖车辆的性能。

  水上推进器的选择和设计直接关系到自行舟桥的水上性能。为了提高自行舟桥的水上航行机动性能，自行舟桥应该使用 2 台可 360°喷水的泵式喷水推进器。水上推进装置布置在桥车纵轴线上，在车首斜面和车尾斜面各设置一台喷水推进器，间隔距离为 9 m，推进器不突出车体，不易受到河底突出物损坏。前、后推进器间隔距离为 9 m，可以消除两个推进器之间水流的互相影响。这种泵式喷水推进器安装在一个底面与车底连接的井筒内，为了便于修理和维护，推进器从上向下安装。泵的叶轮从下方吸水，水通过螺旋涡壳被泵向喷口，并从喷口水平喷出。螺旋涡壳和从其喷口喷出的射流可作 360°旋转，因此可以起到方向舵的作用。在桥车泛水后，通过一个向上的井筒排气管确保泵体内快速灌水。水上推进装置仅需距离河底 100 mm 即可全功率工作，浅水性能优越。2 个推进装置通过电液伺服控制系统进行操纵，每台推进装置在连续工作状态约可提供 100 kW 的功率，避免了在浅水中出现发动机功率过大的现象，同时还能确保自行舟桥在江河上的机动性。推进装置操控灵活，3 s 之内即可完成 180°的转向，可实现自行舟桥原地回转、急停和纵、横向移动。泵式喷水推进装置的静推力大约为 80～100 N/kW，这种推进器对船体不形成明显的附加阻力，特别适合需要浅吃水的船舶或者舟桥使用。泵式喷水推进装置的底板中部进水口设置有格栅以防止吸入固体颗粒损坏水泵叶轮，底板的侧面设有一个出水喷口。这种推进装置比同功率螺旋桨的噪声低 20 dB～30 dB。这种泵式喷水推进器叫作可 360°回转的离心泵式喷水推进器。根据国外的经验，在操控设计中应该考虑应急操纵或者叫备用操纵装置。这种推进装置的应用，对于确保自行舟桥的作战使用性能起到非常重要的作用。为了确保操控简单方便，水上操纵和指示仪表应具备下列数据和显示：方向操纵和指示；喷水推进器离合器开关和指示；驾驶室的转接开关和指示；舱底污水泵开关和指示；各种作业油缸及其作业指示；启动开关；转速表；报警器等。

  为了确保自行舟桥操作方便性，自行舟桥的作业动作应尽可能实现机械化和自动化或者半自动化。侧舟展开和折叠机构的动作通过作业油缸和展开机构来实现，应该考虑半自动化的作业方式，这一点应在作业控制系统中加以考虑。

陆上展舟为一键式操作，水上展舟作业动作应根据稳心曲线进行规划，实现一键式程序控制以消除人工作业带来的不确定性。舟间连接接头应考虑自动定位设计，从结构上保证舟间连接快速可靠，从而避免采用复杂的液压控制技术来实现侧舟定位。这种定位连接技术可以参照我军重型桁架桥的连接形式。

为了降低液压元器件的重量，作业液压系统的工作压力不宜过低，建议工作压力为 28 MPa，可以考虑采用两个液压伺服油泵，单个油泵输油量为 43 L/min。液压油箱容积应在 130 L 左右。油泵通过与主传动箱相连的附加传动装置，由发动机驱动，通过阀件和管路连接作业装置各个执行油缸。考虑作业系统冗余设计，通过电动机驱动定量齿轮泵，在工作压力 25 MPa（最大压力 31 MPa）时的供油量为 7.7 L/min，主要用于应急提供液压油源。应急液压系统是在工作液压系统出现问题时发挥作用。应急液压系统还可以用于调节油气弹簧减震器的刚度，在不使用全轮转向时，闭锁后轮转向装置。除个别液压油缸和油管暴露在外外，所有液压组件都装在车体之内。作业液压系统的功能主要有：侧舟展开和折叠；跳板的展开与折叠；跳板翻转角度调整以适应岸高或者岸坡；油缸闭锁；水动力板打开和车桥位置调整等。

转向液压系统由 2 个转向辅助液压泵完成，其工作压力为 15 MPa 左右，供油量 24 L/min，辅助泵安装在附加传动装置上，由发动机驱动。转向辅助泵可作用在陆上和水上两个回路中的任何一个操纵系统上。从安全角度考虑，还应该设置一个应急转向泵、一个带进气调节装置的定量泵，它们装在分动箱旁，当转向辅助泵发生故障时能自动接通。

中央充放气系统是确保车辆机动性能的重要一环。自行舟桥要求使用大型低压轮胎，并可在驾驶室内调整轮胎的压力，使车辆接地压力达到 0.07 N/mm^2，确保了车辆在松软地面和沼泽地上的通行能力。胎压从 0.12 N/mm^2 降到 0.07 N/mm^2 应控制在 1.5 min 左右，从 0.07 N/mm^2 升到 0.23 N/mm^2 应控制在 4 min 左右，轮胎压力可在车辆行驶中进行调整。轮胎受损后，轮胎压力调节装置可不间断为轮胎充气，以保证轮胎被击坏后车辆还可以行驶较长距离，直至脱离危险区，这种轮胎不会脱落和打滑。轮胎中央充放气系统应该根据轮胎压力变化时间进行设计，轮胎充放气时间太长将影响器材的战术使用，这一点应引起相关人员重视。

为了确保自行舟桥漕渡作业安全，轮式自行舟桥的侧舟需要加装防火抗沉泡沫塑料，还应该设置舟体排水泵，确保一般渗漏水可以及时排除而不影响漕渡作业。轮式自行舟桥还需要考虑车辆整体起吊的吊环设置位置、车辆自救互救牵引钩设置、门桥装载车辆载荷的固定方式以及进排气口帆布护罩等。为了满足夜间作业需要，轮式自行舟桥应该配备红外夜视设备和定位导航设备，确保在夜间灯火管制条件下的使用。为了满足信息化条件下的作战工程保障要求，轮式自行舟桥应该考虑和加装信息化装备并编制相应渡河工程保障计算软件和相关数据库，以方便用户使用。

轮式自行舟桥漕渡门桥的岸边特性与门桥渡河的效能关系密切，这些特性直接关系到门桥水陆转换的速度和门桥的使用条件。为了保证轮式自行舟桥能够正常入水，需要控制自行舟桥入水时的岸侧坡度和水侧坡度。如果岸侧坡度陡而水侧坡度缓，则要考虑自行舟桥的接近角或者离去角是否满足岸边条件；如果岸侧坡度缓而水侧坡度陡（正常情况），则只需要考虑自行舟桥的入水角度问题。通常都是以自行舟桥运输状态（侧舟未展开时的叠置状态）为极限入水状态来选择自行舟桥的入水角，以自行舟桥驾驶室和车体不进水为入水条件，对于图 6-25 所示入水状态，履带底盘以岸侧最后一个负重轮为支点，轮式底盘以最后一个车轮为支点，以该点取矩，当浮力矩大于重力矩时自行舟桥即入水浮起，入水条件为：

$$F \times L_1 \geqslant M \times L_2 \tag{6-3}$$

入水角 θ 越小，自行舟桥驾驶室和车体就越不会进水，角度越大，越容易进水。因此自行舟桥需要规定一个入水角，小于这个角度，自行舟桥能够顺利入水。由于侧舟展开后，自行舟桥入水时的浮力更大，因此满足运输状态泛水条件的入水角一定满足侧舟展开时的泛水要求。很明显，大直径车轮和车桥收起功能有助于避免驾驶室进水的发生。

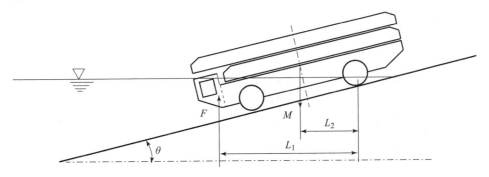

图 6-25　自行舟桥入水及入水角

自行舟桥出水时，也要控制出水角度。控制出水角度的目的，是确保车轮可以有效触地。当然，自行舟桥满足出水角条件，并不代表其一定能够出水上岸，如果岸边水侧坡度太陡，也会引起自行舟桥爬坡能力不足，需要进行相关车辆爬坡能力计算（在附着力比较小的情况下，并且有水上推进动力辅助）。

轮式自行舟桥由于具备车桥收起功能，其出入水能力要比车桥不收起时好很多，例如，入水时车桥收起可以获得更大的浮力；出水时，车桥收起门桥可以更接近岸边浅水区域，然后再将车桥伸出以获得更大附着力。

值得一提的是，自行舟桥的出、入水点并非一定就是自行舟桥漕渡门桥的渡口码头。自行舟桥的渡口码头只要能够保证门桥的上下载安全和正常的靠岸和离岸即可。按照渡河教范的规定，码头的坡度通常都比较小，一般纵坡不超过10%，否则车辆载荷上门桥时，由于进出口坡度太陡，车辆就会对门桥结构产生较大的载荷冲击；车辆下门桥时如果进出路为上坡且坡度太陡，就可能造成车辆爬坡困难。另外，漕渡门桥靠岸对岸边水深也有一定要求，要根据门桥上、下载荷时岸侧桥端的吃水情况确定岸边最小水深要求（要考虑载荷冲击和岸边河底的不平整因素）。要研究满载门桥在浅水区域的行走问题，例如，PMM-2M 自行舟桥的漕渡门桥可以在 1.3 m 的水深中负载航行（此时自行舟桥的履带处于搁浅状态），轮式自行舟桥是否具有这个能力？如果有，则要研究具体的水深和载荷要求。门桥靠岸、上载的稳定性也将非常优越，如果没有，则需要避免满载门桥搁浅。如果轮式自行舟桥的漕渡门桥在靠岸上、下载时车桥可以搁浅，则单个车桥弹性悬挂的弹簧系数应该控制在 2 270 kN/m 左右，这样可以保障岸边舟桥结构不会因为搁浅而产生超过设计强度的附加作用。

从对国外自行舟桥的技术性能分析看，M3 自行舟桥的满载吃水大约为 1.02 m，也就是说为了保证满载门桥顺利靠、离岸，门桥岸侧（舟体舷侧）的水深必须达到 1.02 m，而 M3 自行舟桥的连岸跳板长度（从门桥岸侧舟体边缘至岸上跳板支点的距离）约 6.5 m，跳板连岸长度与水深之比为 6.37；EFA 自行舟桥的跳板连岸长度与水深之比大约为 9；PMM-2M 自行舟桥的跳板连岸长度与水深之比约为 3.6。轮式自行舟桥跳板连岸长度与水深之比最起码应该大于 4（如果吃水深度控制在 0.8 m 以内，跳板长度控制在 4 m，则该比值为 5 以上；如果门桥岸端水深控制在 1 m，则该比值为 4），否则轮式自行舟桥的岸边适应性能有所欠缺。关于自行舟桥的岸边适应性，还有一个靠岸可操作性问题。对于静水、无风条件，门桥靠岸通过熟能生巧的训练可以实现；对于有风、有岸边流速甚至在岸边流场比较复杂的条件下（例如有漩涡等，这种现象通常在民用渡船码头出现，临时码头一般不选岸边流场复杂的位置作渡口码头），门桥需要通过其上的锚定设备、系留设备、钩篙、推进动力、车桥升降和跳板结构形式等协调行动才能完成门桥的靠、离岸作业，因此自行舟桥必须配备必要的附属设备和工具，且跳板结构形式合理，才能确保门桥在操作原理上能够顺利完成靠、离岸作业。当然自行舟桥的靠、离岸作业原理必须与作业人数相匹配。普通门桥靠、离岸作业，只要训练有素，即使门桥由汽艇牵引，也能顺利靠、离岸，但门桥靠、离岸作业时，通常比自行舟桥具有更多的作业手，这就是自行舟桥与普通舟桥的最大区别，尤其是单车门桥作业手更少。自行舟桥通过跳板连岸，通常需要进行岸边系留作业。轮式自行舟桥如果采用离心泵式喷水推进装置并且采用前后布置形式，这就表明了轮式自行舟桥的门桥具有一定的岸边定位能力。轮式自行舟桥也可以借鉴 M3 自行舟桥的做法，通过液压系统控制跳板岸端与岸边土壤之间的接触压力,或者在跳板上设置可折叠定位倒刺机构,以取代传统的岸边系留作业(打系留桩、系缆等作业),因为传统的岸边系留作业不光花费时间,而且还需要增加岸边作业人员,这种情况对于快速保障渡河的自行舟桥来说是不允许的。如果岸边为水泥斜坡码头时,可以考虑在跳板上设置吸盘以取代传统的岸边系留作业。上述技术设想还需要专业人员进行相关探索。如果轮式自行舟桥这种高度机械化和自动化的装备还使用传统的岸边系留作业,则自行舟桥的作用效能将大打折扣。

从维修性和保障性的角度考虑,轮式自行舟桥所用的零部件和外购件,均可进行更换,军事用途的部件使用寿命需达到 20 年,10 年后可以进行修理,作战可用性达到 85%,符合相关技术保障和后勤保障相关规定。

6.5 舟桥总体结构的设计与计算

6.5.1 总体结构设计与计算

根据舟桥设计理论,由舟桥器材结构的门桥或者浮桥都可以被看作是弹性地基梁。因此门桥和浮桥也是按照弹性地基梁的计算理论进行相关结构分析。对于总体结构设计和计算而言,确定弹性地基梁的弯曲特征系数是首要工作,因为它直接关系到舟桥总纵承重结构的重量、承载能力和结构变形。通过自行舟桥外形尺寸和弹性特征系数,可以获得一系列有关自行舟桥载荷、抗力和安全方面的关系,为结构细部设计提供必需的设计输入。弹性地基梁的弯曲特征系数 β 表达式为:

$$\beta = \sqrt[4]{\frac{\gamma B}{4EJ}}$$

其中,γ 为水的密度;B 为弹性地基梁宽度;E 为结构材料的弹性模量,钢材取 $2.06 \times 10^5 \text{ N/mm}^2$,铝合金取 $0.72 \times 10^5 \text{ N/mm}^2$;$J$ 为弹性地基梁截面的面积惯性矩。根据前述轮式自行舟桥初步设计所确定的外形尺寸和整车重量,可以获得下列计算参数:

(1) 侧舟形深 0.85 m,以侧舟底面为基准,浮、门桥自重吃水 0.2 m;

(2) 弹性地基梁平均宽度 B 不小于 12 m;

(3) 弹性地基梁弯曲特征系数 β 可在 $0.08 \sim 0.13 \text{ m}^{-1}$ 之间选取(这个范围是根据已有舟桥器材的相关数据确定的)。

浮桥吃水的简易计算公式为:

$$y = k_1 k_2 k_3 \frac{Q}{8EJ\beta^3} + \Delta$$

其中，k_1 为载荷冲击系数，取 1.05；k_2 为临界长浮桥影响系数，取 1.076；k_3 为连接间隙对吃水的影响系数，取 1.1；Q 为设计载荷，取履带载荷 60 t；Δ 为自重吃水，取 0.2 m。

浮桥弯矩的简易计算公式为：

$$M = k_1 k_4 k_5 \frac{Q}{4\beta}\left(1.10 - \frac{\beta s}{2}\right)$$

其中，k_4 为连接间隙对弯矩的影响系数，取 0.9；k_5 为载荷不均匀分配系数，取 1.2；s 为履带接地长度，取 5 m。

如果总纵承重结构采取 PMM－2M 自行舟桥主梁的结构形式，主梁高度 H 大约为 0.75 m，主梁上、下连接接头间距 h 大约为 0.65。根据以上数据，我们可以获得弹性弯曲特征系数 β 与舟桥总纵承重结构的抗弯刚度 EJ、截面惯性矩 J、截面抗弯模量 W、截面弯矩 M、截面最大应力 σ、侧舟体吃水 y 和连接接头拉力 N（拥有左右两个下部连接接头）的关系数据。这些数据将是我们选择弹性弯曲特征系数 β 和确定相关设计输入的依据。钢结构舟桥和铝合金舟桥的相关计算结果分别见表 6－1 和表 6－2。

表 6－1　钢结构舟桥总体结构分析结果

β	M/kNm	y/m	σ/MPa	N/kN	4EJ	J/m^4	W/cm^3
0.08	1 875.353	0.448 556	197.797 2	1 442.579	292 968.8	0.003 555	9 481.189
0.085	1 740.523	0.464 091	233.955 2	1 338.864	229 882.3	0.002 79	7 439.557
0.09	1 620.675	0.479 626	273.806 2	1 246.673	182 898.9	0.002 22	5 919.06
0.095	1 513.442	0.495 16	317.422 4	1 164.186	147 328.5	0.001 788	4 767.913
0.1	1 416.933	0.510 695	364.860 2	1 089.948	120 000	0.001 456	3 883.495
0.105	1 329.615	0.526 23	416.16	102 2.781	987 24.3	0.001 198	3 194.961
0.11	1 250.235	0.541 765	471.345 8	961.719 2	819 61.61	0.000 995	2 652.479
0.115	1 177.758	0.557 299	530.425 6	905.967 4	686 10.39	0.000 833	2 220.401
0.12	1 111.32	0.572 834	593.391 5	854.861 5	578 70.37	0.000 702	1 872.828
0.125	1 050.197	0.588 369	660.219 3	807.844 2	491 52	0.000 597	1 590.68
0.13	993.776 5	0.603 904	730.868 7	764.443 5	420 15.34	0.000 51	1 359.72

表 6-2　铝合金结构舟桥总体结构分析结果

β	M/kNm	y/m	σ/MPa	N/kN	$4EJ/\text{tm}^2$	J/m^4	W/cm^3
0.08	1 875.353	0.448 556	67.212 63	1 442.579	292 968.8	0.010 463	279 01.79
0.085	174 0.523	0.464 091	79.499 35	133 8.864	229 882.3	0.008 21	218 93.55
0.09	162 0.675	0.479 626	93.040 93	1 246.673	182 898.9	0.006 532	174 18.95
0.095	151 3.442	0.495 16	107.862	1 164.186	147 328.5	0.005 262	14 031.29
0.1	1 416.933	0.510 695	123.981 6	1 089.948	120 000	0.004 286	11 428.57
0.105	1 329.615	0.526 23	141.413 6	1 022.781	98 724.3	0.003 526	9 402.314
0.11	*1 250.235*	*0.541 765*	*160.166*	*961.719 2*	*81 961.61*	*0.002 927*	*7 805.868*
0.115	*1 177.758*	*0.557 299*	*180.241 7*	*905.967 4*	*68 610.39*	*0.002 45*	*6 534.323*
0.12	*1 111.32*	*0.572 834*	*201.637 9*	*854.861 5*	*57 870.37*	*0.002 067*	*5 511.464*
0.125	1 050.197	0.588 369	224.346 4	807.844 2	49 152	0.001 755	4 681.143
0.13	993.776 5	0.603 904	248.353 5	764.443 5	420 15.34	0.001 501	4 001.461

从计算结果情况看，斜体数据被认为是进行结构细部设计可以接受的设计输入，其中钢结构舟桥的弹性弯曲特征系数可以选择在 0.115 附近，承重结构的材料强度（屈服强度）应该大于 700 MPa；铝合金舟桥的弹性弯曲特征系数可以选择在 0.12 附近，承重结构的材料强度（屈服强度）应该大于 280 MPa。也就是说轮式自行舟桥如果采用钢结构，则必须选择低合金高强度焊接结构钢材，如果采用铝合金结构，则必须选择铝锌镁系（7 系）高强度焊接铝合金。通过上述设计输入参数设计舟桥承重结构，然后可以按照非线性初参数方程进行精确结构分析并进行强度校核。为了进一步降低结构重量，可以将初参数分析所获得的连接节点受力作为外载荷，连同实际车辆载荷一起作用于舟体结构，再对单个舟体结构进行有限元结构分析，使结构受力进一步优化。

6.5.2　临界门桥计算理论

在制式舟桥器材的浮桥总体计算时，通常都使用临界长浮桥进行弯曲和变形（吃水）计算。其实制式带式舟桥的桥节舟长度是固定的，浮桥的长度只能是桥节舟长度的倍数，浮桥可能出现的最大受力不可能在临界长浮桥中出现，除非浮桥的临界长正好等于桥节舟的某个倍数。自行舟桥的桥节门桥长度大约为 10 m，浮桥长度多一节或者少一节对浮桥受力和变形的影响是比较明显的。对于自行舟桥这种对结构重量控制特别严格的产品来说，结构分析精度直接关系结构设计重量，因此分析自行舟桥这样的产品采用临界门桥方法，有助于提高结构分析和设计精度，实现结构设计减重目标。

临界门桥方法是一种初参数法，并且具有明显的非线性特征。一般浮桥计算理论，如果要考虑组成浮桥的桥节舟之间的间隙影响，求解临界长度的工作相当复杂，很难得到精确解。而临界门桥方法是一种搜索法，根据自行舟桥的桥节门桥以及弹性弯曲特征系数 β，通常计算两个门桥的内力和变形即可获得自行舟桥的最大内力和变形。像上述桥轴线与车轴线垂直的带式自行舟桥，首先计算双车短门桥在设计载荷作用下的内力和变形，如果初吃水大于 0，则表明门桥长度没有达到浮桥的临界长度；然后计算三车门桥，直到计算的门桥初吃水由上一个门桥的正值变为此门桥初吃水的负值，即表明此门桥长度超过浮桥的临界长度。比较上一个门桥和此门桥的内力和变形，内力和变形大者就是临界门桥，可用临界门桥的计算结果作为浮桥河中部分结构设计计算的依据。临界门桥计算模型如图 6-26 所示。

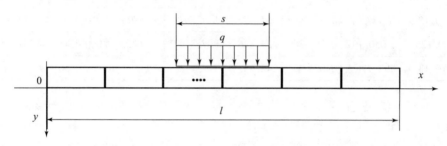

图 6-26　有限长门桥中央承载示意图

设浮桥的弹性弯曲特征系数为 β，桥节舟之间的连接间隙角为 α，桥节舟的节距为 d，浮桥的抗弯刚度为 EJ，浮桥承受的载荷为 q，载荷作用距离为 s，则门桥的桥节舟节数为：

$$N = \frac{\pi}{\beta \cdot d} \qquad (6-4)$$

N 取整数，通常忽略小数部分，因为间隙的影响只能使临界长度变短。此时门桥的计算长度为：

$$l = N \cdot d \qquad (6-5)$$

当 N 为偶数时，则边界条件为 $M_0 = 0$，$Q_0 = 0$，在跨中 $Q(l/2) = 0$，$\theta(l/2) = 0.5\alpha$，门桥的挠曲线方程为：

$$y(x) = y_0 A(\beta x) + \frac{\theta_0}{\beta} B(\beta x) - \frac{\alpha}{\beta} \sum B[\beta(x - id)] - \frac{q}{EI\beta^3} \int_a^b D(x - \xi) d\xi \qquad (6-6)$$

浮桥在跨中的吃水、转角、弯矩和剪力方程分别为：

$$y\left(\frac{l}{2}\right) = y_0 A\left(\frac{\beta l}{2}\right) + \frac{\theta_0}{\beta} B\left(\frac{\beta l}{2}\right) - \frac{\alpha}{\beta}[B(\beta d) + B(2\beta d) + \cdots + B(n\beta d)]\theta\left(\frac{l}{2}\right)$$

$$= -4\beta y_0 D\left(\frac{\beta l}{2}\right) + \theta_0 A\left(\frac{\beta l}{2}\right) - \alpha[A(\beta d) + A(2\beta d) + \cdots +$$

$$A(n\beta d)] + \frac{qs^3}{48EJ} = \frac{\alpha}{2} \quad (6-7)$$

$$M\left(\frac{l}{2}\right) = 4EJ\beta^2 y_0 C\left(\frac{\beta l}{2}\right) + 4EJ\beta\theta_0 D\left(\frac{\beta l}{2}\right) - 4EJ\beta\alpha[D(\beta d) +$$

$$D(2\beta d) + \cdots + D(n\beta d)] - \frac{qs^2}{8}$$

$$Q\left(\frac{l}{2}\right) = 4EJ\beta^3 y_0 B\left(\frac{\beta l}{2}\right) + 4EJ\beta^2 \theta_0 C\left(\frac{\beta l}{2}\right) - 4EJ\beta^2 \alpha[C(\beta d) +$$

$$C(2\beta d) + \cdots + C(n\beta d)] - \frac{qs}{2} = 0$$

式中，$n = 0.5N - 1$。

当 N 为奇数时，则边界条件为 $M_0 = 0$，$Q_0 = 0$，在跨中 $Q(l/2) = 0$，$\theta(l/2) = 0$，门桥在跨中的吃水、转角、弯矩和剪力方程分别为：

$$y\left(\frac{l}{2}\right) = y_0 A\left(\frac{\beta l}{2}\right) + \frac{\theta_0}{\beta} B\left(\frac{\beta l}{2}\right) - \frac{\alpha}{\beta}[B(0.5\beta d) +$$

$$B(1.5\beta d) + \cdots + B(n\beta d)]$$

$$\theta\left(\frac{l}{2}\right) = -4\beta y_0 D\left(\frac{\beta l}{2}\right) + \theta_0 A\left(\frac{\beta l}{2}\right) - \alpha[A(0.5\beta d) +$$

$$A(1.5\beta d) + \cdots + A(n\beta d)] + \frac{qs^3}{48EJ} = 0$$

$$M\left(\frac{l}{2}\right) = 4EJ\beta^2 y_0 C\left(\frac{\beta l}{2}\right) + 4EJ\beta\theta_0 D\left(\frac{\beta l}{2}\right) - 4EJ\beta\alpha[D(0.5\beta d) + \quad (6-8)$$

$$D(1.5\beta d) + \cdots + D(n\beta d)] - \frac{qs^2}{8}$$

$$Q\left(\frac{l}{2}\right) = 4EJ\beta^3 y_0 B\left(\frac{\beta l}{2}\right) + 4EJ\beta^2 \theta_0 C\left(\frac{\beta l}{2}\right) - 4EJ\beta^2 \alpha[C(0.5\beta d) +$$

$$C(1.5\beta d) + \cdots + C(n\beta d)] - \frac{qs}{2} = 0$$

式中，$n = 0.5N - 1$。式（6-7）和式（6-8）只适合门桥长度不超过浮桥临界长度或稍稍大于浮桥实际临界长度（如临界长度为桥节舟的非整数倍，而门桥长度为桥节舟的整数倍）的情况。如果门桥长度超过浮桥实际临界长度太多，则公式中的间隙角开合将与实际情况不符。当门桥长度为 Nd 时，如果门桥两端的吃水 y_0 的计算结果小于 0；而当浮桥长度为 $(N-1)d$ 时，y_0 的计算结果大于 0，则浮桥的临界长度在 $Nd \sim (N-1)d$ 之间，浮桥实际所承受的最大弯矩为上述两种门桥长度所计算弯矩的大者,而按照该计算弯矩进行结构设计,就能够确保浮桥使用时的安全。需要指出的是,像上述桥轴线与车轴线垂直的带式自行舟桥,一个单车桥节门桥就有3个舟节,双车门桥就有6个舟节,三车门桥就有9个舟节,从设计实践情况看,通常只需要计算双车门桥和三车门桥就可以判断出谁是临界门桥。另外,桥节门桥内部的连接接头间隙(即侧舟与中间舟之间的连接接头间隙)与桥节门桥之间的连接接头间隙(侧舟与侧舟之间的连接接头间隙)是可以设计成不一样的,利用上述初参数方程时,间隙角 α 应该变为对应间隙角位置的 α_i,舟节长度 d 也可以不同,应该用与间隙角相对应的 d_i 代入式 (6-7) 或式 (6-8),这样就可以研究分析不同间隙角 α_i 情况对自行舟桥内力和变形的影响了,结构设计也更有的放矢。当自行舟桥的弹性弯曲特征系数 β 为 $0.1\ m^{-1}$,桥节门桥之间连接面间隙角为 0.008。桥节门桥内部各舟节连接面间隙角为 0.008 时,舟节的节距 d 为 3.23 m,表 6-3 和表 6-4 给出了双车门桥和三车门桥在不同载荷作用下的内力和变形计算结果。从上述两个计算结果表的数据比较情况看,三车门桥即为自行舟桥的临界门桥,因为双车门桥在载荷作用下的初始吃水为正值,而三车门桥的初始吃水变为负值,且三车门桥在载荷作用下的内力和变形都大于双车门桥。计算时没有考虑载荷偏心作用和载荷冲击影响,实际结构的最大内力应该在上述计算结果的基础上乘以载荷冲击系数和载荷不均匀系数。

表 6-3　两车门桥在履带载荷作用下的内力和变形计算结果

载荷/t	履带接地长度/m	载荷集度/(t·m^{-1})	初转角	初挠度/m	跨中弯矩/tm	跨中挠度/m
43	4.2	10.238	0.018 812	0.110 698	69.099 43	0.242 452
45	4.2	10.714	0.019 267	0.117 538	72.573 04	0.252 565
50	4.2	11.9	0.020 404	0.134 638	81.257 07	0.277 849
55	5.0	11	0.021 290	0.152 975	84.671 78	0.301 834
60	5.0	12	0.022 404	0.170 187	92.876 77	0.326 999

表 6-4　三车门桥在履带载荷作用下的内力和变形计算结果

载荷/t	履带接地长度/m	载荷集度/(t·m^{-1})	初转角	初挠度/m	跨中弯矩/tm	跨中挠度/m
43	4.2	10.238	0.027 125	-0.041 29	75.219 85	0.315 166
45	4.2	10.714	0.027 844	-0.040 22	79.643 36	0.324 353
50	4.2	11.9	0.029 642	-0.037 54	90.702 12	0.347 32
55	5.0	11	0.031 286	-0.033 62	96.820 24	0.368 723
60	5.0	12	0.033 069	-0.030 82	107.429 9	0.391 548

6.5.3 总纵承重结构的设计

从已有的自行舟桥结构形式看,自行舟桥的总纵承重结构为两根板梁,板梁为如图 6-27 所示的双腹板工字形梁,双腹板之间的空间用于设置侧舟折叠、展开机构的液压油缸等部件,具体形式需要与侧舟折叠、展开机构相协调。主梁高度大约为 0.75 m,为了考虑油缸安放空间,主梁宽度大约为 0.3 m。按照钢结构进行截面设计,为了降低结构重量,腹板厚度可以按照 2.5 mm 考虑,两块腹板的厚度为 5 mm,腹板的截面惯性矩为:

$$J_f \approx \frac{tH^3}{12} = \frac{5 \times 750^3}{12} \div 10^{12} = 0.000\ 175\ (\text{m}^4)$$

由表 6-1 可得一根主梁的截面惯性矩为:

$$J/2 = 0.000\ 833/2 = 0.000\ 416\ 5\ (\text{m}^4)$$

设主梁上下翼缘的截面积 A 相等,则主梁翼缘的截面惯性矩为:

$$J_y \approx 2A \times (H/2)^2 = 0.5AH^2$$

图 6-27 总纵承重主梁截面

则根据方程 $J_f + J_f = J/2$ 可得主梁翼缘面积 A 为 8.6 cm²。如果材料的许用应力 $[\sigma]$ 为 500 MPa,则这个截面积明显不能抵抗 900kN 左右的轴向拉力 N,因此需要将翼缘面积 A 增加一倍,大约为 18 cm²。这样下翼缘的板厚为 6 mm,宽度为 30 cm。下翼缘也可以设计成一个小工字形截面,以便于设置舟节之间的连接接头,工字形截面面积可以抵抗 900kN 的轴荷作用。上翼缘为两块板,每块板的宽度大约为 6 cm,厚度为 10 mm,并且对腹板与翼缘连接的部位进行局部加强,以满足上翼缘的承压要求。自行舟桥采取的这种主梁承重结构,与俄罗斯 PMM-2M 自行舟桥非常相似,完全可以参照 PMM-2M 自行舟桥的连接梁结构进行设计,同时结合轮式自行舟桥液压系统的系统压力以及所选择的液压油缸的尺寸等进行主梁设计,确保承重结构抗弯刚度和抗拉强度保证满足表 6-1 的设计输入要求。

如果采用铝合金舟桥承重结构,则应该按照表 6-2 的相关设计输入进行结构设计。设计承重结构时,必须兼顾铝合金结构设计特点和加工制造工艺特点,不能简单照搬钢结构的设计,采取类似钢结构的加工制造工艺。首先铝合金结构设计时必须尽量采用挤压型材,必须对工业挤压铝合金型材的能力有所把握和了解,有时需要将大截面型材进行分步挤压,再通过组合焊接形成最终截面形式。我国 7 系铝合金的焊接主要采用铝镁系列(5 系)合金的 5 183 和 5 356 作为焊接材料。从已有的焊接加工实践看,7 系合金与上述焊接材料的焊接融合性并不理想,如果焊接位置不佳或者焊接条件受到限制,焊接性能通常得不到保证。因此,在进行组合截面设计时,应该尽量将连接焊缝设计在受力较小的位置，或者尽量采取不受力的构造焊缝以确保组合截面的承载特性。对于一些集中受力比较大的局部位置，如连接接头或者油缸支座等构件，焊接连接可能不能保证受力要求，可以考虑采用钢质构件并与相关结构进行高强度螺栓连接。采用铝合金构件需要充分考虑工艺要求和工艺顺序，确保施工质量。采用铝合金结构制造自行舟桥，最好能够进行专门的技术研究工作，如研究铝合金冶金技术，确保7系铝合金材料的纯度；开发7系铝合金材料的专门焊接材料，确保铝合金焊接具有较高的融合性能并且不会出现开裂现象；探索7系铝合金材料加工制造工艺，确保7系铝合金焊接结构的焊缝强度和抗应力腐蚀性能等。

6.5.4 舟体结构的设计

本自行舟桥为车轴线与桥轴线垂直的带式舟桥结构，其总体技术方案的舟体主要由主舟体和侧舟体组成。整个布置形式与俄罗斯PMM－2M自行舟桥类似。侧舟长度一般大于11 m，宽度为3.2～3.3 m，型深0.85 m。侧舟体沿长度方向分为前、中、后三段，前段和后段主要提供浮力，结构强度以满足承受水压力为主，中段为浮桥总纵承重结构位置和桥面系结构（车行道）位置。因此，为了减轻结构重量，合理优化结构，舟体为变刚度结构，前、后段结构刚度偏弱、重量较轻，中段直接承受车辆载荷，因此结构刚度较强，重量也较大。舟体由甲板、底板和侧板（端板）组成，甲板和底板为正交异性板架结构，四边设有舷缘角钢。侧板（端板）为加劲薄板，侧板（端板）加劲肋间距与甲板（底板）上的纵横骨架相对应。舟体纵横骨架间距通常为30～40 cm，舷缘角钢起便于甲板、底板与侧板（端板）的焊接连接作用，并且承受由水压力引起的舟体弯曲。对于钢结构舟体，其侧舟前后段可以使用1mm厚的薄钢板作为舟壳板，并通过薄板压筋以增强结构刚度，加劲肋和纵横肋骨可以采用Z形折边梁，梁高50 mm，板厚2 m m，以便于与薄舟壳板焊接，形成加劲板结构；对于铝合金舟体，其侧舟前后段可以使用2 mm厚的铝合金薄板作为舟壳板，加劲肋和纵横肋骨可用3 mm厚的挤轧工字型材，梁高同样为50 mm。

前后段箱体可以是空心梁结构，也可以在舟体框架位置的甲板和底板骨架之间设置支撑杆系，使之形成桁架承重结构。为了便于人员通行，也可只设置竖向撑杆而不设置斜撑杆。舟体人孔盖（舱口盖）一般使用铝合金材料以进一步减轻结构重量，舟首通常设置水动力板以改善舟桥水动力性能，水动力板也采用铝合金结构。侧舟中段舟体结构与一般带式舟桥结构类似，对于钢结构舟体，所用钢板厚度一般在3 mm以上，甲板纵横梁的高度为120～140 mm，板厚3～6 mm，车行部甲板板架的板格尺寸为300 mm×540 mm。底板加劲根据作业机构构造设置，纵、横梁高一般在50 mm左右，底板板架的板格尺寸为400 mm×1100 mm左右，作业机构位置需进行局部加强。侧板的加劲肋与前后段基本相同或者略有增强；对于铝合金舟体，舟体壳板厚度大都在 4 mm 以上，车行部甲板厚度 7 mm，最好采用挤轧加劲铝合金型材拼焊结构，甲板纵横梁高为 140~160 mm，板厚 4~8 mm。底板和侧板可参照钢结构设计。

主舟体在陆上运输时起车架的作用，在水中航行时起渡船的作用。主舟体的设计与一般舟桥结构设计相类似，唯一不同的是主舟体中包含了一个强结构——车架大梁，它纵贯整个主舟体，可以作为舟体的主纵向承重结构，车架大梁通常都采用高强度焊接钢结构。因此车架与舟体之间的相互连接非常关键，在陆上机动时，车架扭转变形较大，强车架和弱舟体的结合可能引起它们在结合部位出现开裂现象。主舟体的甲板、底板、侧板和端板均为正交异性板架结构，甲板和底板边缘设置有舷缘角。对于钢结构舟体，壳板厚度为 2~3 mm，其结构设计可以参照 PMM - 2M 自行舟桥的主舟体结构。主舟体车行道甲板位于主舟体甲板中部，是舟体承载的核心部位，也是主舟体结构最强的部位，其他部位的骨架和板刚度通常都弱于这个部位，具体设计也可以参考侧舟的构件尺寸选择。对于铝合金舟体，最好车架大梁也采用铝合金结构，这样可以保证车架与主舟体结构之间的焊接与水密。如果车架仍然采用钢结构，则需要考虑钢结构和铝合金之间的过渡连接和舟体水密问题。主舟体还需要考虑进排气口、照明、起吊支座和牵引支座等与车辆设计相关的系统设计问题。车架与舟体之间尽量采用哈夫连接或者 U 形螺杆连接，以确保强车架与弱舟体之间的连接可靠，其中主舟体的舟桥承重结构连接梁（舟桥总纵承重结构主梁）应与车架有效连接，能与车架一起位移，但连接节点不承受纵横弯曲，即车架和连接梁正交但受弯互不影响。

6.6 自行舟桥连岸结构系统设计计算

6.6.1 自行舟桥门桥与跳板的连接方式

一般舟桥器材的门桥靠岸装载时的工作状态如图 6 - 28 所示。如果连岸跳板铰接在门桥的岸侧，为了确保漕渡门桥的靠、离岸和上、下载的顺利实施，要求岸边水深在满载门桥状态下，岸侧处的水深等于门桥的满载吃水。设门桥的载重量为 Q，门桥的水线面面积为 A，门桥空载吃水为 T，满载吃水为 Δ，则门桥岸侧处的水深为：

$$h = T + \Delta = T + Q/A$$

即在门桥空载靠岸时，在门桥岸侧预留 Δ 的吃水间隙，上载时，门桥的岸侧底部会搁浅（要求门桥桥端底部具有足够的刚度和强度，如果设置岸边支座，

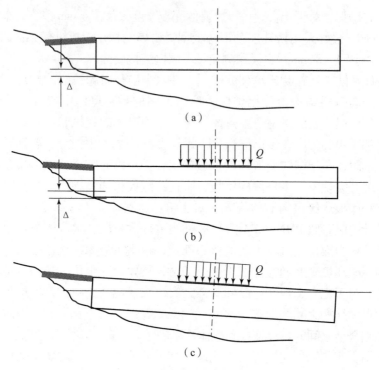

图 6-28　门桥上载过程示意图
(a) 空载门桥；(b) 预留间隙足够时的满载门桥；(c) 预留间隙不足时的满载门桥

则会降低作业的机械化程度并且增加门桥漕渡作业动作和作业时间等）；当载荷行至门桥中央位置时，门桥处于正浮状态，此时门桥岸侧底部与河底处于非接触状态，门桥可以顺利离岸；当满载门桥到达对岸靠岸时，门桥岸侧底部正好搁浅，载荷离开门桥后，门桥会自动浮起，并出现预留 Δ 的吃水间隙。如果预留间隙太大，门桥上载时的倾斜就会很大（如果漕渡门桥的水线面惯性矩比较小，就有可能影响到车辆载荷开上门桥）；如果预留间隙太小，则门桥上载至规定位置后，会因为岸侧舟体搁浅而无法离岸，如果门桥长度较短且预留间隙太小，门桥还会产生向水侧的倾斜，直接影响门桥上载安全，如图 6-28（c）所示。如果连岸跳板刚性连接在门桥的岸侧，该连接面不但能够承受剪力，而且能够承受弯矩。跳板的翻转可以通过液力和机械实现。为了确保漕渡门桥的靠、离岸和上、下载的顺利实施，在门桥岸侧也需要预留 Δ 的吃水间隙。门桥上载时，由于门桥围绕跳板岸侧支座旋转，如果门桥长度较短，门桥也会产生向水侧的倾斜，影响门桥上载安全。如果连岸跳板与门桥岸侧的连接介于铰接和刚性连接之间，即在连接面上设置一个预留间隙角，门桥上载时，门桥的预留间隙角逐步闭合，最终由铰接变成刚性连接，这种连接模式叫限制铰接。预留间隙角不宜过小，否则，当门桥上载后也会出现向水侧的倾斜，预留间隙角还可以调整连岸跳板的受力状态，通常预留间隙角以门桥上载后处于水平状态为确定依据，预留间隙角的大小还需要兼顾多车门桥或浮桥岸边结构承受负力矩的能力。

对自行舟桥而言，如果连岸跳板与门桥铰接，则跳板是一个一端支撑在岸边一端支撑在门桥上的简支梁（见图6-29）。

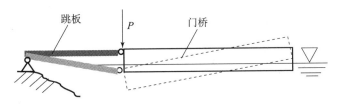

图6-29　门桥与跳板铰接

由于自行舟桥没有岸边舟，且为了控制整装重量，自行舟桥的舟体结构局部刚性不足，舟体通常在门桥靠岸时不能搁浅，因此当门桥靠岸上载时，虽然跳板结构受力较小，但门桥的岸侧吃水却比较大，跳板表面与门桥表面会产生比较大的折角。

如果门桥较短，门桥水线面积惯性矩较小，完全有可能导致门桥上载出现问题，尤其对单车门桥更是如此。如果连岸跳板与门桥刚性连接，则跳板一端支撑在岸边，另一端刚性支撑在门桥上（见图6-30）。

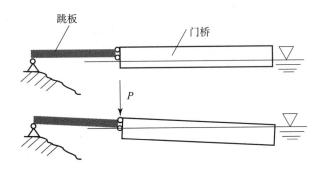

图6-30　门桥与跳板刚性连接

由于门桥是以水为弹性地基的弹性地基梁，门桥上载时，跳板岸端支座将会承担较大的载荷，故跳板水侧端刚性接头将会承受较大的弯矩。如果门桥较短，门桥水线面积惯性矩较小的话，载荷移动至门桥中央后，整个门桥会产生向水侧的倾斜，导致门桥上载安全受到影响，这种现象对单车门桥尤其不利。如果门桥跳板长度和门桥载荷都比较大的话，自行舟桥门桥与跳板的刚性连接将无法实现设计意图。还有就是当门桥上载后，如果连岸跳板不能解除与门桥的刚性连接（如门桥与跳板的上部连接为顶紧传压，跳板的上翻受到结构性限制），门桥上载后跳板岸端与岸边接触部位的压力就无法消除，门桥也就无法实现离岸作业。如果连岸跳板与门桥为限制铰连接，则跳板一端支撑在岸边，而另一端与门桥半刚性连接，即跳板载荷分为两个阶段，第一阶段跳板与门桥处于铰接状态，在载荷作用下，门桥和跳板连接面会发生相对转动，一旦转动到设计角度，跳板即与门桥刚性连接（见图6-31）。

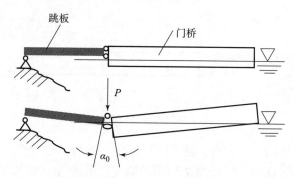

图6-31　门桥与跳板限制铰接

转动角度（预留间隙角）的下限应该确保满载门桥处于水平状态，如果要降低同样载荷条件下的跳板受力，可适当增加预留间隙角，预留间隙角的上限应以上载时门桥岸侧舟体上表面不上水为原则。值得提醒的是，对于自行舟桥跳板设置在侧舟下方的布局方案来说，跳板与门桥连接面的上部连接接头是靠顶紧传压实现的，即跳板上翻存在结构性限制，如果预留间隙角低于上述下限，门桥上载后，跳板岸端的支座反力就无法消除，满载门桥的离岸作业就难以实现。这也是像俄罗斯PMM-2M这样的自行舟桥没有选择跳板设置在侧舟下方的重要原因之一。

根据浮桥计算理论，跳板与浮桥铰接，则浮桥末段为自由端浮桥末段，此时如果载荷作用于浮桥末端，则在距浮桥末端一定距离的位置将出现负弯矩极值（半无限长浮桥末段在距离自由末端$0.25\pi/\beta$位置负弯矩约比浮桥最大正弯矩大18%左右）。因此，自行舟桥的跳板如果与门桥或者浮桥铰接（包括限制铰接），必须考虑自行舟桥的桥节门桥之间的连接接头结构承载能力和接头连接形式。普通带式舟桥的桥节门桥连接接头都是舟体纵向下部受拉接头设计得比较强，舟体纵向上部以顶紧传压为主，负弯矩由纵向上部锁紧装置承受拉力，而纵向锁紧装置所能承受的拉力是非常有限的。为了确保上述自行舟桥的跳板和门桥/浮桥结构受力，必须从接头结构上降低负弯矩，否则自行舟桥的桥节门桥接头设计和使用都很不方便，而降低负弯矩的方法就是适当放宽桥节门桥间上部纵向锁紧装置的锁紧程度；如果说跳板与门桥的连接是一个允许下部接头适当伸长的限制铰接，则自行舟桥的桥节门桥之间的连接就是一个允许上部接头适当伸长的限制铰接。跳板通过限制铰接，增加了门桥的吃水，降低了跳板的承载；浮桥和长门桥通过限制铰接，增加的仍然是浮桥和门桥吃水，降低的确是浮桥的弯矩或负弯矩。由此可见，自行舟桥的连岸结构承载是一个系统，为了使这个结构系统最优，即结构重量较轻，结构承载可靠，结构设计合理，确保各个部分结构功能的实现，需要经历一个复杂结构设计和优化的过程。即在跳板与门桥岸侧端部连接面设置预留间隙角 α_0，在单车桥节门桥与单车桥节门桥的连接面上设置预留间隙角 α_2，α_1 为桥节门桥内各舟体之间的连接面间隙角，通常根据侧舟展开方式设计确定连接面上下接头的销、孔间隙，因为间隙角 α_1 与 α_0 和 α_2 相比是非常微小的，故在跳板和门桥负弯矩计算时可以忽略不计（见图 6-32）。α_0 可以以限制角的下限为初始角度进行试算，确保跳板结构受力；α_2 以负弯矩满足锁紧装置受拉为最终目的，负弯矩最好控制在最大正弯矩的 10%~15%，不超过 20%。

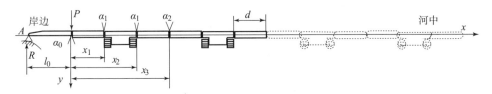

图 6-32　门桥上载时的受力分析

PMM-2M 自行舟桥门桥或者浮桥连岸时，其车体履带可以搁浅也可以不搁浅，其中以履带不搁浅时的连岸跳板受力最大。因此应以履带不搁浅工况作为连岸结构设计计算的依据。前述轮式自行舟桥的总体结构布局与 PMM-2M 自行舟桥的总体结构布局基本相同，因此研究图 6-32 所示双车门桥岸边结构上载时整个连岸结构系统的承载和变形关系，可以更好地认识自行舟桥的连岸系统承载特性。根据力的平衡条件和结构系统变形协调条件，自行舟桥门桥结构的初参数方程如下：

$$y(\beta l) = y_0 A(\beta l) + \frac{\theta_0}{\beta} B(\beta l) + \frac{1}{\beta} \sum \alpha_i B[\beta(l - x_i)] - \frac{Rl_0}{EJ\beta^2} C(\beta l) + \frac{P - R}{EJ\beta^3} D(\beta l)$$

$$\theta(\beta l) = -4\beta y_0 D(\beta l) + \theta_0 A(\beta l) + \sum \alpha_i A[\beta(l - x_i)] - \frac{Rl_0}{EJ\beta} B(\beta l) + \frac{P - R}{EJ\beta^2} C(\beta l) \tag{6-9}$$

$$M(\beta l) = 4\beta^2 EJ y_0 C(\beta l) + 4\beta EJ \theta_0 D(\beta l) + 4\beta EJ \sum \alpha_i D[\beta(l - x_i)] + Rl_0 A(\beta l) - \frac{P - R}{\beta} B(\beta l) = 0$$

$$Q(\beta l) = 4\beta^3 EJ y_0 B(\beta l) + 4\beta^2 EJ \theta_0 C(\beta l) + 4\beta^2 EJ \sum \alpha_i C[\beta(l - x_i)] -$$

$$4\beta Rl_0 D(\beta l) - (P - R)A(\beta l) = 0$$
$$\alpha_0 l_0 + kR = y_0 - \theta_0 l_0$$

式（6-9）中前四个方程分别为弹性地基梁挠度、转角、弯矩和剪力方程，A、B、C、D 为克雷诺夫函数；第五个方程是约束条件，k 为跳板的弹簧系数，相当于跳板水侧端固定、岸端自由并作用一单位载荷时的位移。

图 6-32 将自行舟桥履带式设计载荷简化成集中载荷主要是为了方便计算，其计算结果比履带载荷稍显恶劣，但在计算弯矩时仍然可以考虑分布载荷的影响。

6.6.2 PMM-2M 自行舟桥双车门桥上载时的内力和变形分析

对于 PMM-2M 双车门桥上载时的内力和变形分析，可以根据门桥水侧端弯矩和剪力为 0 条件求解初参数方程。弯矩方程为：

$$\begin{aligned}
M(\beta l) &= 4\beta^2 EJy_0 C(6\beta d) + 4\beta EJ\theta_0 D(6\beta d) + 4\beta EJ[\alpha_1 D(5\beta d) + \\
&\quad \alpha_1 D(4\beta d) + \alpha_2 D(3\beta d)] + \left(\frac{1}{k}y_0 - \frac{\alpha_0}{k}l_0 - \frac{l_0}{k}\theta_0\right)l_0 A(6\beta d) - \\
&\quad \left[\frac{P}{\beta} - \frac{y_0}{k\beta} + \frac{\alpha_0 l_0}{k\beta} + \frac{l_0}{k\beta}\theta_0\right]B(\beta l) \\
&= \left[4\beta^2 EJC(6\beta d) + \frac{l_0}{k}A(6\beta d) + \frac{1}{k\beta}B(6\beta d)\right]y_0 + \\
&\quad \left[4\beta EJD(6\beta d) - \frac{l_0^2}{k}A(6\beta d) - \frac{l_0}{k\beta}B(6\beta d)\right]\theta_0 + \\
&\quad 4\beta EJ[\alpha_1 D(5\beta d) + \alpha_1 D(4\beta d) + \alpha_2(3\beta d)] - \\
&\quad \frac{\alpha_0 l_0^2}{k}A(6\beta d) - \frac{P}{\beta}B(6\beta d) - \frac{\alpha_0 l_0}{k\beta}B(6\beta d) \\
&= 0
\end{aligned}$$

将弯矩方程中的系数和常数项分别用 a_1、b_1、c_1 代替，则有：

$$a_1 = 4\beta^2 EJC(6\beta d) + \frac{l_0}{k}A(6\beta d) + \frac{1}{k\beta}B(6\beta d)$$

$$b_1 = 4\beta EJD(6\beta d) - \frac{l_0^2}{k}A(6\beta d) - \frac{l_0}{k\beta}B(6\beta d)$$

$$\begin{aligned}
c_1 &= \frac{P}{\beta}B(6\beta d) + \frac{\alpha_0 l_0}{k\beta}B(6\beta d) + \frac{\alpha_0 l_0^2}{k}A(6\beta d) - \\
&\quad 4\beta EJ[\alpha_1 D(5\beta d) + \alpha_1 D(4\beta d) + \alpha_2 D(3\beta d)]
\end{aligned}$$

剪力方程为：

$$\begin{aligned}
Q(\beta l) &= 4\beta^3 EJy_0 B(6\beta d) + 4\beta^2 EJ\theta_0 C(6\beta d) + 4\beta^2 EJ[\alpha_1 C(5\beta d) + \\
&\quad \alpha_1 C(4\beta d) + \alpha_2 C(3\beta d)] - 4\beta\left(\frac{y_0}{k} - \frac{\alpha_0 l_0}{k} - \frac{l_0}{k}\theta_0\right)l_0 D(6\beta d) -
\end{aligned}$$

$$\left(P - \frac{y_0}{k} + \frac{\alpha_0 l_0}{k} + \frac{l_0}{k}\theta_0\right)A(6\beta d)$$

$$= \left[4\beta^3 EJB(6\beta d) - \frac{4\beta l_0}{k}D(6\beta d) + \frac{1}{k}A(6\beta d)\right]y_0 +$$

$$\left[4\beta^2 EJC(6\beta d) + \frac{4\beta l_0^2}{k}D(6\beta d) - \frac{l_0}{k}A(6\beta d)\right]\theta_0 +$$

$$4\beta^2 EJ[\alpha_1 C(5\beta d) + \alpha_1 C(4\beta d) + \alpha_2 C(3\beta d)] +$$

$$\frac{4\beta\alpha_0 l_0^2}{k}D(6\beta d) - PA(6\beta d) - \frac{\alpha_0 l_0}{k}A(6\beta d)$$

$$= 0$$

将剪力方程中的系数和常数项分别用 a_2、b_2、c_2 代替，则有：

$$a_2 = 4\beta^3 EJB(6\beta d) - \frac{4\beta l_0}{k}D(6\beta d) + \frac{1}{k}A(6\beta d)$$

$$b_2 = 4\beta^2 EJC(6\beta d) + \frac{4\beta l_0^2}{k}D(6\beta d) - \frac{l_0}{k}A(6\beta d)$$

$$c_2 = PA(6\beta d) + \frac{\alpha_0 l_0}{k}A(6\beta d) - \frac{4\beta\alpha_0 l_0^2}{k}D(6\beta d) -$$

$$4\beta^2 EJ[\alpha_1 C(5\beta d) + \alpha_1 C(4\beta d) + \alpha_2 C(3\beta d)]$$

求解二元一次方程得：

$$\theta_0 = \frac{a_1 c_2 - a_2 c_1}{a_1 b_2 - a_2 b_1}, \quad y_0 = \frac{-b_1 c_2 + b_2 c_1}{a_1 b_2 - a_2 b_1}$$

初转角即为桥面坡度，这个坡度必须与桥面的初始坡度叠加，初挠度是桥端的载荷吃水，与门桥自重吃水叠加就是门桥端部的最大吃水，这个吃水决定着门桥岸侧的水深。桥端上载时第一个桥节门桥与第二个桥节门桥连接处的弯矩为：

$$M(3\beta d) = 4\beta^2 EJy_0 C(3\beta d) + 4\beta EJ\theta_0 D(3\beta d) + 4\beta EJ[\alpha_1 D(2\beta d) +$$

$$\alpha_1 D(\beta d)] + Rl_0 A(3\beta d) - \frac{P-R}{\beta}B(3\beta d)$$

设跳板长度为 l_0，考虑履带均布载荷的影响之后，桥端上载时跳板与门桥连接处的弯矩为：

$$M_0 \approx Rl_0 - \frac{Ps}{8}$$

设端跳板的计算长度为 l_d，则端跳板与主跳板交接面最大弯矩为：

$$M_d \approx Rl_d$$

双车门桥的末挠度为：

$$y(\beta l) = y_0 A(6\beta d) + \frac{\theta_0}{\beta}B(6\beta d) + \frac{1}{\beta}[\alpha_1 B(5\beta d) + \alpha_1 B(4\beta d) +$$

$$\alpha_3 B(3\beta d)] - \frac{Rl_0}{EJ\beta^2} C(6\beta d) + \frac{P-R}{EJ\beta^3} D(6\beta d)$$

双车门桥的末转角为：

$$\theta(\beta l) = -4\beta y_0 D(6\beta d) + \theta_0 A(6\beta d) + [\alpha_1 A(5\beta d) + \alpha_1 A(4\beta d) +$$

$$\alpha_3 A(3\beta d)] - \frac{Rl_0}{EJ\beta} B(6\beta d) + \frac{P-R}{EJ\beta^2} C(6\beta d)$$

双车门桥水侧端的挠度即末挠度和转角即末转角计算本身没有太大意义，但可以作为三车门桥上载时连岸结构系统内力和变形分析时，确定计算边界条件的参考。设自行舟桥载荷分别为 60 t、55 t、50 t、45 t 和 43 t，代入 PMM-2M 自行舟桥的相关结构分析计算参数，即跳板弹簧系数 $k=0.0077$，跳板总长 $l_0=4$ m；端跳板长度，$l_d=1.45$ m，$d=3.23$ m；门桥弯曲特征系数（弹性地基梁的弯曲特征系数）$\beta=0.1$ m^{-1}，门桥或浮桥的计算水线面宽度 $B=11.7$ m，门桥或浮桥作为相当梁时的抗弯刚度 $4EJ=1\cdot B/\beta^4$。如果在跳板与门桥连接位置不设置预留间隙角 α_0，也不考虑舟节连接间隙，则双车门桥岸边上载时连岸结构的内力和变形分析结果见表 6-5。

表 6-5　双车门桥岸边上载时连岸结构的内力和变形（$\alpha_0=0$ 时）

载荷/t	初转角	初挠度/m	支座反力/t	桥节门桥连接面力矩/tm	端跳板最大弯矩/tm	跳板与门桥连接面弯矩/tm	末挠度/m	末转角
60	-0.001 74	0.252 612	33.710 52	2.127 852	48.880 26	97.342 1	-0.053 51	-0.017 68
55	-0.001 59	0.231 561	30.901 31	1.950 531	44.806 9	89.230 25	-0.049 06	-0.016 21
50	-0.001 45	0.210 51	28.092 1	1.773 21	40.733 55	86.118 41	-0.044 6	-0.014 73
45	-0.001 3	0.189 459	25.282 89	1.595 889	36.660 19	77.506 57	-0.040 14	-0.013 26
43t	-0.001 25	0.181 038	24.159 21	1.524 96	35.030 85	74.061 84	-0.038 35	-0.012 67

表 6-5 计算结果表明，跳板所承受的弯矩太大，完全超出了 PMM-2M 自行舟桥跳板结构所可能具备的承载能力。应该讲，设置预留间隙角 α_0 是 PMM-2M 自行舟桥设计人员作出的结构创新，否则 PMM-2M 自行舟桥方案将走进死胡同。根据对 PMM-2M 自行舟桥实物样机的反求分析，其跳板与门桥连接处设置的预留间隙角 $\alpha_0=0.161\,3$，如果不在桥节门桥之间连接面设置反向预留间隙角 α_2，在不考虑舟节连接间隙的情况下，则双车门桥岸边上载时连岸结构的内力和变形分析结果见表 6-6。

第6章 自行舟桥设计

表6-6 双车门桥岸边上载时连岸结构的内力和变形（$\alpha_2 = 0$）

载荷/t	α_0	初转角	初挠度/m	支座反力/t	桥节门桥连接面力矩/tm	端跳板最大弯矩/tm	跳板与门桥连接面弯矩/tm	末挠度/m	末转角
60	0.161 3	-0.047 27	0.615 112	20.650 78	-48.565 5	29.943 63	45.103 11	-0.201 09	-0.034 42
55	0.161 3	-0.047 13	0.594 061	17.841 57	-48.742 8	25.870 27	36.991 27	-0.196 63	-0.032 95
50	0.161 3	-0.046 98	0.573 01	15.032 36	-48.920 1	21.796 92	33.879 43	-0.192 17	-0.031 47
45	0.161 3	-0.046 84	0.551 959	12.223 15	-49.097 4	17.723 56	25.267 59	-0.187 71	-0.03
43	0.161 3	-0.046 78	0.543 539	11.099 46	-49.168 4	16.094 22	21.822 85	-0.185 93	-0.029 41

表6-6计算结果表明，在跳板与门桥连接位置设置预留间隙角α_0，可以有效降低跳板的负载，但桥节门桥连接处出现负力矩，且负力矩数值较大。从理论上讲，双车门桥出现的负力矩还不是最大的，最大的情况应该出现在双车以上门桥。三车门桥的上载计算可以帮助我们更好地认识桥节门桥之间连接面的负力矩大小。三车门桥的计算分析原理同双车门桥，如果在跳板与门桥连接位置设置预留间隙角α_0，但不在桥节门桥之间连接面设置反向预留间隙角α_2，在不考虑舟节连接间隙的情况下，三车门桥岸边上载时连岸结构的内力和变形分析结果见表6-7。

表6-7 三车门桥岸边上载时连岸结构的内力和变形（$\alpha_2 = 0$）

载荷/t	α_0	初转角	初挠度/m	支座反力/t	桥节门桥连接面力矩/tm	端跳板最大弯矩/tm	跳板与门桥连接面弯矩/tm	末挠度/m	末转角
60	0.161 3	-0.046 73	0.597 972	18.143 56	-89.071 8	26.308 16	35.074 24	-0.088 35	-0.005 66
55	0.161 3	-0.046 6	0.577 499	15.413 46	-87.934 7	22.349 52	27.278 85	-0.084 17	-0.005 16
50	0.161 3	-0.046 46	0.557 025	12.683 36	-86.797 7	18.390 88	24.483 46	-0.079 98	-0.004 66
45	0.161 3	-0.046 32	0.536 552	9.953 268	-85.660 6	14.432 24	16.188 07	-0.075 8	-0.004 16
43t	0.161 3	-0.046 27	0.528 363	8.861 229	-85.205 8	12.848 78	12.869 91	-0.074 13	-0.003 96

表6-7计算结果表明，三车门桥在跳板与门桥连接位置设置预留间隙角α_0，但不在桥节门桥之间连接面设置反向预留间隙角α_2，跳板的负载可以进一步下降，但桥节门桥连接面的负弯矩增加非常明显，而桥节门桥连接面的纵向拉紧装置根本没法承受这样大的弯矩。因此，必须考虑在桥节门桥之间的连接面上设置反向间隙角α_2，但设置反向间隙角α_2后，河中桥节门桥对岸边桥节门桥的约束下降，也会导致跳板的负载有所增加。因此，自行舟桥连岸结构的承载力学模型是一个需要逐步优化的过程，尤其是预留间隙角的数值确定，可以利用PMM-2M自行舟桥已经取得的技术成果。

虽然 PMM-2M 自行舟桥的理论预留间隙角 $\alpha_0 = 0.1613$，但由于加工制造和使用操作都可能存在误差，跳板与门桥连接处设置的预留间隙角实际上有可能只能达到 $\alpha_0 = 0.129$。PMM-2M 自行舟桥的桥节门桥内部舟间间隙角 $\alpha_1 = 0.003$，桥节门桥间反向间隙角（上弦张开）$\alpha_2 = 0.05$，考虑上述连接面间隙，则双车门桥岸边上载时，连岸结构系统的内力和变形计算结构见表 6-8。

表 6-8 双车门桥上载时内力和变形计算结果

载荷/t	α_0	初转角	初挠度/m	支座反力/t	桥节门桥连接面力矩/tm	端跳板最大弯矩/tm	跳板与门桥连接面弯矩/tm	末挠度/m	末转角
60	0.1613	-0.05768	0.608952	25.25522	-9.49933	36.62007	63.52089	-0.03697	-0.00601
	0.129	-0.04856	0.536362	27.87041	0.65	40.41209	73.98164	-0.00742	-0.00265
55	0.1613	-0.05753	0.587901	22.44601	-9.67666	32.54672	55.40905	-0.03251	-0.00453
	0.129	-0.04842	0.515211	25.0612	0.47	36.33874	65.8698	-0.00296	-0.00118
50	0.1613	-0.05739	0.56685	19.6368	-9.85398	28.47336	52.2972	-0.02805	-0.00306
	0.129	-0.04827	0.49426	22.25199	0.3	32.26538	62.75796	0.0015	0.000294
45	0.1613	-0.05724	0.545799	16.82759	-10.0313	24.40001	43.68536	-0.02359	-0.00159
	0.129	-0.04813	0.473209	19.44278	0.12	28.19203	54.14611	0.005959	0.001767
43	0.1613	-0.05719	0.537379	15.70391	-10.1022	22.77066	40.24063	-0.02181	-0.001
	0.129	-0.04807	0.464789	18.31909	0.05	26.56269	50.70138	0.007743	0.002356

表 6-8 中的计算结果表明，在桥节门桥连接面设置反向预留间隙角可以有效降低桥节门桥连接面的负力矩，其中如果预留间隙角 $\alpha_0 = 0.129$，连接面还出现了微小正弯矩，这是由于在桥节门桥连接面设置的反向预留间隙角太大的缘故，只需要将 $\alpha_2 = 0.05$ 变为 $\alpha_2 = 0.049$，桥节门桥连接面弯矩即出现负值。其实预留间隙角 α_2 也会有因为制造误差而达不到理论值的情况，α_2 的微小改变对其他计算结果影响甚小，当然也说明预留间隙角 α_0 和 α_2 之间存在着一定匹配关系，超出这个关系，计算结果就会出现奇异。另外，从表 6-8 计算结果还可以看出，传统计算取 1.2 的载荷不均匀分配系数还是有道理的，以跳板与门桥连接面弯矩计算结果看，加工制造和使用操作误差带来的影响将是造成载荷不均匀分配的重要原因，而斜体数字与正体数字之比均接近 1.2。

PMM-2M 自行舟桥结构材料类似 30CrMnSiA，端跳板一根主梁的抗弯截面矩 $W = 0.154037 \times 10^6 \text{ mm}^3$，梁高只有 132 mm，跳板共有 4 根主梁。考虑载荷不均匀分配系数为 1.2，载荷冲击系数为 1.2，则在 50 t 载荷作用下，端跳板截面的最大弯曲应力为 666 MPa 左右，基本用到 30CrMnSiA 材料屈服强度的 85%，这个工作应力水平对于 30CrMnSiA 材料来说是相当合适的。至此我们可以得出一个结论，PMM-2M 自行舟桥单车门桥载重量 42.5 t，多车门桥载重量翻倍,但单个履带载荷的重量不得超过 50 t 要求的关键所在,就是受到跳板承载能力的限制。这种自行舟桥总体技术方案,无法通过增加跳板承重主梁的高度来提高跳板的承载能力,以至于提高跳板承载能力需要增加较多的跳板重量,使整装重量超过设计要求。跳板与门桥连接面上、下连接接头的间距只有 310 mm,从跳板与门桥连接面的弯矩情况看,即使载荷冲击系数取 1.15,载荷不均匀分配系数取 1.2,主跳板可能出现的最大接头拉力也要达到 120 t,这个拉力让侧舟和跳板的结构强度和结构重量足够大,120 t 的主跳板接头拉力对侧舟和跳板结构设计来说也是相当可观的。

对于 PMM - 2M 这样的桥轴线与车轴线垂直的带式自行舟桥方案,由于跳板折叠于侧舟车行道位置,车行道为一个斜面,因此自行舟桥上载时桥面存在一定的初始坡度。这个坡度如果不考虑车行道的坡面折角影响,大约为 10%;如果考虑坡面折角对载荷运动的影响,坡度大约为 14%;如果自行舟桥上载桥端挠度较大,则会加大自行舟桥上载时的桥面坡度。从上述计算看,载荷上桥时门桥的坡度会增加 4.8% ~ 5.9%,因此门桥在上载时的最大坡度达到 15% ~ 20%,并且侧舟车行部表面基本浸泡在水里(见图 6 - 33),接近于 10°左右的桥面岸边坡度加之履带所带泥土和水的润滑作用,引起门桥岸边上载困难是必然的。根据我国 GJB1162 - 1991 关于渡口进出口和桥面坡度的规定,桥面的最大坡度均小于 18%,通常都控制在 6% ~ 10%。从上述计算还可以看出,预留间隙角的增大将导致门桥端部吃水和桥面坡度的进一步增大,尤其是间隙的存在,减小了载荷对结构的冲击作用,但却可能加大了结构的瞬时变形,因此,如果将计算吃水乘以 1.1 倍的载荷冲击系数,50 t 载荷时的桥端最大吃水(自重吃水加载荷吃水)将达到 0.824 m,这个数值相当于 PMM - 2M 自行舟桥侧舟的深度,如果冲击作用再大些,吃水还要大。因此,像 PMM - 2M 这样的桥轴线与车轴线垂直的带式自行舟桥方案,试图通过进一步增大预留间隙角 α_0(例如,预留间隙角超过 0.161 3)来降低跳板负荷也是不现实的。

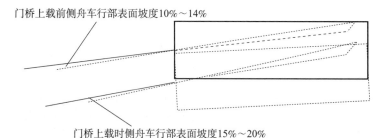

图 6 - 33 侧舟车行部坡度在上载前和上载时的变化

由于自行舟桥装备整装重量的限制,侧舟结构刚度较弱,不适合舟体搁浅承压,因此 PMM - 2M 自行舟桥规定门桥岸侧端的水深应不小于 1.1 m,从上述理论计算看，门桥端部的水深控制在1.0 m左右也是可以的。1.1 m的水深限制应该是考虑了河底的不平整或者可能出现突出的物体等异常情况，因为侧舟毕竟在11 m长以上，而在11 m的宽度上岸边河底有些起起伏伏也属正常现象。

6.6.3 舟桥结构设计参数变化对自行舟桥连岸结构体系承载的影响

研究结构参数变化对自行舟桥承载能力的影响有助于我们更好地把握自行舟桥总体技术方案。在轮式自行舟桥设计实践中，对舟桥外形尺寸设计存在着两种不同意见：一种意见认为，舟体外形尺寸应该尽可能利用装备的运输空间，使舟体的排水面积越大越好；而另一种意见则认为，目前国内工业基础水平还很难满足我军发展轮式自行舟桥的技术要求，主要表现在自行舟桥所用设备的体积和重量都比较大，设备的品种和功能限制了自行舟桥设计方案的选择余地，自行舟桥的重心无法与门桥的水线面积形心重合，为了确保重心和水线面积形心的基本重合，就只好通过牺牲水线面积的方式来调整水线面积形心位置以确保门桥的初始浮态。关于这个问题，前面已经从门桥吃水和门桥倾斜的角度研究了门桥重心与门桥漂心不重合所带来的影响，并获得科学结论，同时也向设计者提供了处理这类问题的原则。本节将从舟体外形尺寸调整对连岸结构体系承载影响的角度，为自行舟桥设计者处理该类问题提供新的决策依据。

具有自行舟桥产品研发经验的人都知道，自行舟桥对自身重量的要求是非常严格的，对舟桥结构和连岸跳板的尺寸通常也做到了极限，结构设计强度一般很难随意提高。在进行设计参数微调时，即使外形变化，主要承重结构的强度和刚度也不会出现明显改变。例如PMM-2M门桥弯曲特征系数（弹性地基梁的弯曲特征系数）$\beta = 0.1 \text{ m}^{-1}$，门桥或浮桥的计算水线面宽度$B = 11.7 \text{ m}$，门桥抗弯刚度为：$4EJ = 1 \cdot B/\beta^4 = 11.7/0.1^4 = 117\,000 \text{ (tm}^2\text{)}$。

如果门桥抗弯刚度$4EJ = 117\,000 \text{ tm}^2$保持不变，而计算水线面宽度$B = 10.0 \text{ m}$，则弹性弯曲特征系数$\beta = (10/117\,000)^{0.25} = 0.09\,615$，预留间隙角$\alpha_0$和$\alpha_2$仍然采用表6-8的计算参数，则双车门桥上载时的内力和变形计算结果见表6-9。

表6-9 门桥计算水线面宽度减小对门桥岸边上载的影响

载荷/t	α_0	初转角	初挠度/m	支座反力/t	桥节门桥连接面力矩/tm	端跳板最大弯矩/tm	跳板与门桥连接面弯矩/tm	末挠度/m	末转角
60 t	0.161 3	-0.056 33	0.629 503	27.222 53	-4.932 7	39.472 66	71.390 1	-0.036 49	-0.007 98
	0.129	-0.047 29	0.554 605	29.582 38	4.4	42.894 44	80.829 5	-0.004 21	-0.004 21
55 t	0.161 3	-0.056 29	0.607 339	24.324 02	-5.480 71	35.269 82	62.921 07	-0.032 56	-0.006 4
	0.129	-0.047 26	0.532 442	26.683 87	3.85	38.691 61	72.360 47	-0.000 28	-0.002 63

续表

载荷/t	α_0	初转角	初挠度/m	支座反力	桥节门桥连接面力矩/tm	端跳板最大弯矩/tm	跳板与门桥连接面弯矩/tm	末挠度/m	末转角
50 t	0.161 3	-0.056 25	0.585 175	21.425 51	-6.028 73	31.066 99	59.452 03	-0.028 63	-0.004 83
	0.129	-0.047 22	0.510 278	23.785 36	3.3	34.488 77	68.891 43	0.003 645	-0.001 06
45 t	0.161 3	-0.056 21	0.563 012	18.527	-6.576 74	26.864 15	50.483	-0.024 7	-0.003 26
	0.129	-0.047 18	0.488 114	20.886 85	2.75	30.285 93	59.922 4	0.007 572	0.000 511
43t	0.161 3	-0.056 2	0.554 146	17.367 6	-6.795 95	25.183 01	46.895 38	-0.023 13	-0.002 63
	0.129	-0.047 16	0.479 249	19.727 45	2.53	28.604 8	56.334 78	0.009 143	0.001 141

表 6-9 与表 6-8 的跳板弯矩对比曲线见图 6-34 和图 6-35。如果说 PMM-2M 自行舟桥（门桥的计算水线面宽度为 11.7 m）岸边上载可以承受 50 t 的载荷，那么在其他计算参数不变的情况下，将水线面宽度降至 10 m 时，其岸边结构只可以承受大约 46.5 t 的载荷作用，承载能力下降约 7%，岸边吃水和桥面倾斜都有 3% 左右的增加。图 6-34 中的虚线表明，端跳板的抗弯极限为 32 tm 左右，跳板与门桥连接面的承载极限大约为 62 tm 左右。因此，像 PMM-2M 这样的自行舟桥方案，计算水线面宽度的减小，对整个自行舟桥连岸结构体系的受力和变形影响是非常大的，大到直接影响到设计载荷的确定。从图 6-34 和图 6-35 的弯矩与载荷关系曲线还可以看出，计算结果具有比较好的线性关系，结构计算参数如果在图中范围内变化，可以进行插值快速求解。

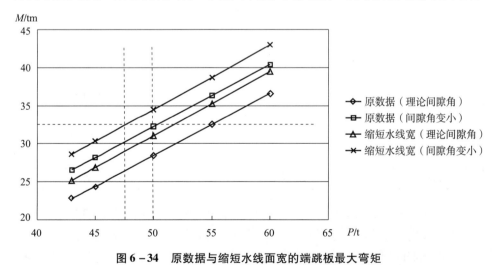

图 6-34 原数据与缩短水线面宽的端跳板最大弯矩

从理论上讲，跳板刚度的降低也有助于载荷向门桥上的转嫁以降低跳板负荷。改变跳板截面模量或者增加跳板长度都可以降低跳板刚度。现在将跳板弹

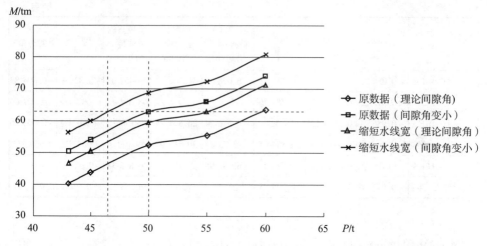

图 6-35 原数据与缩短水线面宽的跳板与门桥连接面弯矩

簧系数 $k=0.0077$ 调整为 $k=0.0087$，则在表 6-8 的初始条件下，双车门桥上载时的内力和变形计算结果见表 6-10。

表 6-10 跳板刚性降低时对双车门桥岸边上载时的影响

载荷/t	α_0	初转角	初挠度/m	支座反力/t	桥节门桥连接面力矩/tm	端跳板最大弯矩/tm	跳板与门桥连接面弯矩/tm	末挠度/m	末转角
60	0.161 3	-0.059 43	0.622 86	24.754 16	-11.444 3	35.893 54	61.516 65	-0.042 63	-0.006 65
	0.129	-0.050 49	0.551 71	27.317 47	-1.494 43	39.610 33	71.769 86	-0.013 67	-0.003 36
55	0.161 3	-0.059 09	0.600 262	22.000 69	-11.405 2	31.901	53.627 75	-0.037 54	-0.005 1
	0.129	-0.050 15	0.529 112	24.563 99	-1.455 41	35.617 79	63.880 96	-0.008 58	-0.001 82
50	0.161 3	-0.058 75	0.577 664	19.247 21	-11.366 2	27.908 46	50.738 84	-0.032 45	-0.003 56
	0.129	-0.049 81	0.506 514	21.810 51	-1.416 39	31.625 25	60.992 06	-0.003 49	-0.000 27
45	0.161 3	-0.058 41	0.555 066	16.493 73	-11.327 2	23.915 92	42.349 94	-0.027 37	-0.002 01
	0.129	-0.049 47	0.483 916	19.057 04	-1.377 37	27.632 7	52.603 15	0.001 601	0.001 272
43	0.161 3	-0.058 27	0.546 027	15.392 34	-11.311 6	22.318 9	38.994 38	-0.025 33	-0.001 4
	0.129	-0.049 33	0.474 877	17.955 65	-1.361 76	26.035 69	49.247 59	0.003 636	0.001 89

表 6-8 与表 6-10 的弯矩与载荷关系曲线见图 6-36 和图 6-37。

可以看出，跳板刚性的降低有助于跳板负载的减少，但弯矩的下降必然导致门桥端部的变形增加，而跳板刚度的下降，也会引起跳板抗弯能力的下降。因此在连岸结构系统设计时需要注意平衡变形、受力、通载与结构抗力之间的关系。

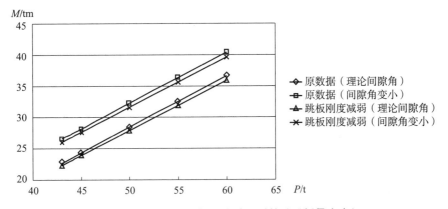

图 6-36 原数据与跳板刚度减弱时的端跳板最大弯矩

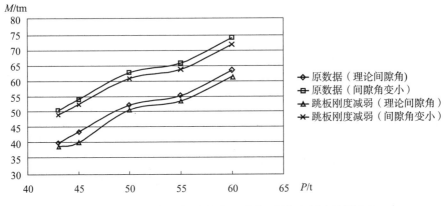

图 6-37 原数据与跳板刚度减弱时的跳板与门桥连接面弯矩

从理论上讲，浮桥的计算水线面宽度越大，如果浮桥的抗弯刚度不变，则浮桥的弹性弯曲特征系数 β 就越大，而 β 值越大，则在相同载荷作用下，浮桥所承受的弯矩就会变小。反之，如果浮桥的计算水线面宽度变小而结构刚度不变，则浮桥的 β 值就会变小，则在相同载荷作用下，浮桥所承受的弯矩就会变大。因此，计算水线面宽度 B 是确定单车自行舟桥计算排水面积的重要参数，也是确定自行舟桥外形结构的重要参数。假设单车自行舟桥门桥的展开长度为 9.7 m，则自行舟桥单车门桥计算排水面积与计算水线面宽度的对应关系见表 6-11。

表 6-11 单车门桥平均计算水线面积与门桥长度的关系

单车门桥计算排水面积/m²	计算水线面宽度/m
11.7 × 9.7 = 113.5	11.7
106.7	11
101.85	10.5

续表

单车门桥计算排水面积/m²	计算水线面宽度/m
97	10
92.15	9.5
87.3	9
82.45	8.5
77.6	8
72.75	7.5
67.9	7

注：计算排水面积是指自行舟桥自重吃水线以上、活载吃水线以下的水线面面积。

如果单车门桥的排水面积较小，则计算水线面宽度也会相应减小。为了获得较大的 β 值，就必须相应降低浮桥的抗弯刚度，而抗弯刚度的下降，将会导致浮桥吃水的增加和抗弯能力的下降。提高抗弯刚度则会加大浮桥的弯矩，并进一步增加结构重量。鉴于自行舟桥对结构重量要求严格的情况，还是应该尽量加大水线面面积，既增加单车门桥排水量，又提高门桥水线面惯性矩，并且能够满足单车成桥时的漕渡门桥安全性要求。PMM-2M 自行舟桥采用低驾驶室底盘的目的就是为了增加侧舟长度以增加水线面积和面积惯性矩，并且较好地平衡了载重与自重之间的关系。关于这一点，设计者必须有清醒的认识，在两栖底盘技术不能满足自行舟桥设计要求的情况下，任何一个迁就性的设计改变都会带来一系列使用性能的下降。

从表 6-8 计算结果可以看出，当跳板预留间隙角由 $\alpha_0 = 0.1613$ 变为 $\alpha_0 = 0.129$ 时，桥节门桥连接面弯矩出现了跟假设力学模型相反的正弯矩，这个弯矩很小，还不足以影响计算结果（这是实际受力和计算模型发生微小变化的结果），但却表明了跳板预留间隙角 α_0 与桥节门桥反向间隙角 α_2 存在匹配关系，否则桥节门桥连接面将处于铰接状态。而如果将 $\alpha_2 = 0.05$ 缩小为 $\alpha_2 = 0.049$，则表 6-8 对应的桥节门桥计算弯矩将全部出现负值，且跳板计算弯矩有微弱减小。可以认为桥节门桥间反向间隙角（上弦张开）$\alpha_2 = 0.05$ 是 PMM-2M 自行舟桥的上限值，在设置桥节门桥反向预留间隙时，应该使 α_2 小于 0.05。如果初始其他计算参数不变，只将 $\alpha_2 = 0.05$ 变为 $\alpha_2 = 0.048$、$\alpha_2 = 0.04$、$\alpha_2 = 0.03$ 和 $\alpha_2 = 0.02$，则连岸结构系统的内力和变形计算结果分别见表 6-12~表 6-15。

表 6-12　$\alpha_2 = 0.048$ 时双车门桥上载时的内力和变形计算结果

载荷/t	α_0	初转角	初挠度/m	支座反力/t	桥节门桥连接面力矩/tm	端跳板最大弯矩/tm	跳板与门桥连接面弯矩/tm	末挠度/m	末转角
60	0.161 3	-0.057 36	0.609 023	25.098 08	-10.909 4	36.392 22	62.892 33	-0.043 04	-0.007 07
	0.129	-0.048 24	0.536 433	27.713 27	-0.758 13	40.184 24	73.353 08	-0.013 49	-0.003 72
55	0.161 3	-0.057 21	0.587 972	22.288 87	-11.086 7	32.318 86	54.780 49	-0.038 58	-0.005 6
	0.129	-0.048 09	0.515 382	24.904 06	-0.935 45	36.110 89	65.241 24	-0.009 03	-0.002 25
50	0.161 3	-0.057 07	0.566 921	19.479 66	-11.264	28.245 51	51.668 64	-0.034 12	-0.004 13
	0.129	-0.047 95	0.494 331	22.094 85	-1.112 77	32.037 53	62.129 4	-0.004 57	-0.000 78
45	0.161 3	-0.056 92	0.545 87	16.670 45	-11.441 3	24.172 15	43.056 8	-0.029 66	-0.002 65
	0.129	-0.047 8	0.473 28	19.285 64	-1.290 1	27.964 18	53.517 55	-0.000 11	0.000 697
43	0.161 3	-0.056 87	0.537 45	15.546 77	-11.512 3	22.542 81	39.612 07	-0.027 88	-0.002 07
	0.129	-0.047 75	0.464 86	18.161 95	-1.361 02	26.334 83	50.072 82	0.001 677	0.001 287

表 6-13　$\alpha_2 = 0.04$ 时双车门桥上载时的内力和变形计算结果

载荷/t	α_0	初转角	初挠度/m	支座反力/t	桥节门桥连接面力矩/tm	端跳板最大弯矩/tm	跳板与门桥连接面弯矩/tm	末挠度/m	末转角
60	0.161 3	-0.056 08	0.609 307	24.469 52	-16.549 5	35.480 81	60.378 09	-0.067 3	-0.011 35
	0.129	-0.046 96	0.536 717	27.084 71	-6.398 28	39.272 83	70.838 84	-0.037 75	-0.008
55	0.161 3	-0.055 93	0.588 256	21.660 31	-16.726 8	31.407 45	52.266 25	-0.062 84	-0.009 88
	0.129	-0.046 81	0.515 666	24.275 5	-6.575 6	35.199 47	62.727	-0.033 29	-0.006 53
50	0.161 3	-0.055 79	0.567 205	18.851 1	-16.904 2	27.334 1	49.154 41	-0.058 38	-0.008 41
	0.129	-0.046 67	0.494 615	21.466 29	-6.752 92	31.126 12	59.615 16	-0.028 83	-0.005 05
45	0.161 3	-0.055 64	0.546 154	16.041 89	-17.081 5	23.260 74	40.542 56	-0.053 93	-0.006 93
	0.129	-0.046 52	0.473 564	18.657 08	-6.930 24	27.052 76	51.003 32	-0.024 37	-0.003 58
43	0.161 3	-0.055 58	0.537 733	14.918 21	-17.152 4	21.631 4	37.097 83	-0.052 14	-0.006 34
	0.129	-0.046 47	0.465 143	17.533 39	-7.001 17	25.423 42	47.558 58	-0.022 59	-0.002 99

表 6-14　$\alpha_2 = 0.03$ 时双车门桥上载时的内力和变形计算结果

载荷/t	α_0	初转角	初挠度/m	支座反力/t	桥节门桥连接面力矩/tm	端跳板最大弯矩/tm	跳板与门桥连接面弯矩/tm	末挠度/m	末转角
60	0.161 3	-0.054 48	0.609 661	23.683 82	-23.599 7	34.341 54	57.235 29	-0.097 64	-0.016 7
	0.129	-0.045 36	0.537 071	26.299 01	-13.448 5	38.133 57	67.696 04	-0.068 08	-0.013 35
55	0.161 3	-0.054 33	0.588 61	20.874 61	-23.777	30.268 19	49.123 45	-0.093 18	-0.015 23
	0.129	-0.045 21	0.516 02	23.489 8	-13.625 8	34.060 21	59.584 2	-0.063 62	-0.011 88
50	0.161 3	-0.054 19	0.567 559	18.065 4	-23.954 3	26.194 83	46.011 61	-0.088 72	-0.013 75
	0.129	-0.045 07	0.494 969	20.680 59	-13.803 1	29.986 86	56.472 36	-0.059 17	-0.010 4
45	0.161 3	-0.054 04	0.546 508	15.256 19	-24.131 7	22.121 48	37.399 77	-0.084 26	-0.012 28
	0.129	-0.044 92	0.473 918	17.871 38	-13.980 4	25.913 5	47.860 52	-0.054 71	-0.008 93
43	0.161 3	-0.053 98	0.538 088	14.132 51	-24.202 6	20.492 14	33.955 03	-0.082 47	-0.011 69
	0.129	-0.044 86	0.465 498	16.747 7	-14.051 3	24.284 16	44.415 78	-0.052 92	-0.008 34

表 6-15　$\alpha_2 = 0.02$ 时双车门桥上载时的内力和变形计算结果

载荷/t	α_0	初转角	初挠度/m	支座反力/t	桥节门桥连接面力矩/tm	端跳板最大弯矩/tm	跳板与门桥连接面弯矩/tm	末挠度/m	末转角
60	0.161 3	-0.052 87	0.610 016	22.898 12	-30.649 9	33.202 28	54.092 49	-0.127 97	-0.022 05
	0.129	-0.043 76	0.537 426	25.513 31	-20.498 6	36.994 3	64.553 24	-0.098 42	-0.018 7
55	0.161 3	-0.052 73	0.588 965	20.088 91	-30.827 2	29.128 92	45.980 65	-0.123 51	-0.020 58
	0.129	-0.043 61	0.516 375	22.704 1	-20.676	32.920 95	56.441 4	-0.093 96	-0.017 22
50	0.161 3	-0.052 58	0.567 914	17.279 7	-31.004 5	25.055 57	42.868 81	-0.119 05	-0.019 1
	0.129	-0.043 47	0.495 324	19.894 89	-20.853 3	28.847 59	53.329 56	-0.089 5	-0.015 75
45	0.161 3	-0.052 44	0.546 863	14.470 49	-31.181 8	20.982 21	34.256 97	-0.114 59	-0.017 63
	0.129	-0.043 32	0.474 273	17.085 68	-21.030 6	24.774 24	44.717 72	-0.085 04	-0.014 28
43	0.161 3	-0.052 38	0.538 443	13.346 81	-31.252 8	19.352 87	30.812 23	-0.112 81	-0.017 04
	0.129	-0.043 26	0.465 853	15.962	-21.101 5	23.144 89	41.272 98	-0.083 25	-0.013 69

表 6-12 ~ 表 6-15 计算结果很好地反映了桥节门桥之间连接面预留反向间隙角大小对连岸结构体系承载的影响。研究预留反向间隙角的目的，主要是为了自行舟桥的桥节门桥之间连接接头的设计，接头承载能力设计得过大，将会增加接头的重量。对此可以通过 PMM-2M 自行舟桥的桥节门桥上部纵向拉紧连接器的承载能力，来确定自行舟桥桥节门桥间连接面的接头承载能力。控制 PMM-2M 自行舟桥的桥节门桥连接面负弯矩大小的是桥节门桥间上部拉紧连接器，该连接器最弱的地方就是连接器的锁销，而锁销的抗弯能力决定了连接面

负弯矩的大小。锁销承载形式见图 6-38。锁销直径 45 mm，设负弯矩引起的水平拉力为 P，则锁销所承受的弯矩为：

$$M = \frac{P}{8}(2 \times 130 - 20) = 30P$$

锁销的抗弯截面矩为：

$$W \approx 0.1d^3 = 0.1 \times 45^3 = 9\,112 \text{（mm}^3\text{）}$$

设销钉材料为 30CrMnSi，材料的屈服应力为 835 MPa，则锁销的抗弯能力为：

$$M = 835 \times 9\,112 = 7.61 \times 10^6 \text{（Nmm）}$$

图 6-38 锁销承弯示意图

锁销能够承受的最大拉力为：

$$P = 7.61 \times 10^6 / 30 = 2.54 \times 10^5 \text{ N} = 245 \text{ kN} = 25 \text{ t}$$

PMM-2M 自行舟桥的门桥间连接面的上、下接头中心距为 590 mm，一个连接面有两个接头，则 PMM-2M 自行舟桥的桥节门桥之间连接面所能承受的负弯矩为：

$$M = 2 \times 25 \times 0.59 = 29.5 \text{（tm）}$$

对比上述计算结果可以看出，门桥上载时，桥节门桥连接面必须设置反向预留间隙角，PMM-2M 自行舟桥的反向预留间隙角的上限为 0.05。反向预留间隙角太大会导致跳板与门桥之间的连接弯矩较大，适当控制反向间隙角可以使跳板与门桥之间的连接弯矩相对合理，因此在类似结构设计中必须注意两者之间的匹配关系。从表 6-14 的数据可以看出，当反向预留间隙角为 0.03 时，其计算弯矩比表 6-8 的结果更加合理。但这里只是针对双车门桥岸边上载时连岸结构内力和变形计算结果所得出的结论，最终结论还需通过三车或多车门桥岸边上载的内力和变形计算之后才能作出。

6.6.4 自行舟桥三车门桥岸边上载时连岸结构体系的内力和变形

前面分析了双车门桥上载时的连岸结构内力和变形，讨论了门桥使用中的一些具体技术问题，那三车门桥在岸边上载时会与双车门桥有什么不同呢？这是产品设计者迫切需要弄清的技术问题。从理论上讲，三车门桥比双车门桥长，其门桥端部对跳板的支撑作用应该比双车门桥更大，因此三车门桥的跳板受力应该比双车门桥略小。当然这种约束作用是有限的，从理论上讲，弹性地基梁一旦超过临界长桥后，上述约束作用将不再增加，而根据前述临界门桥计算，三车门桥的长度已经略微大于临界长桥。当然，跳板负载的降低也必然会引起岸边桥节门桥与第二个桥节门桥连接处负弯矩的增加，这也是因为长桥的约束作用。从表 6-8 的计算结果可以看出，对应于跳板与门桥连接面预留间隙角为 0.161 3，在双车门桥水侧端的负吃水（上翘）为 0.02 m~0.037 m，转角（逆时针）为 0.1%~0.6%，随着双车门桥水侧端再连接一个单车桥节门桥，即形成三车门桥。第三个桥节门桥对第二个门桥的变形约束作用是显而易见的,第二个桥节门桥水侧端在岸边载荷作用下要上翘,第三个桥节门桥就要约束它,不让它上翘。因此,针对跳板与门桥连接面预留间隙角小于 0.161 3 的情况,可以初步假设在第二个桥节门桥和第三个桥节门桥连接处的吃水和转角均为 0(这个假设对计算连接面负弯矩是适合的),则解三车及三车以上的长门桥或者浮桥的岸边上载问题,可以应用下列初参数方程:

$$y(6\beta d) = y_0 A(6\beta d) + \frac{\theta_0}{\beta} B(6\beta d) + \frac{1}{\beta} \sum \alpha_i B[\beta(6d - x_i)] - \frac{Rl_0}{EJ\beta^2} C(6\beta d) + \frac{P-R}{EJ\beta^3} D(6\beta d) = 0$$

$$\theta(6\beta d) = -4\beta y_0 D(6\beta d) + \theta_0 A(6\beta d) + \sum \alpha_i A[\beta(6d - x_i)] - \frac{Rl_0}{EJ\beta} B(6\beta d) + \frac{P-R}{EJ\beta^2} C(6\beta d) = 0$$

$$M(\beta x) = 4\beta^2 EJ y_0 C(\beta x) + 4\beta EJ\theta_0 D(\beta x) + 4\beta EJ \sum \alpha_i D[\beta(x - x_i)] + Rl_0 A(\beta x) - \frac{P-R}{\beta} B(\beta x)$$

$$Q(\beta x) = 4\beta^3 EJ y_0 B(\beta x) + 4\beta^2 EJ\theta_0 C(\beta x) + 4\beta^2 EJ \sum \alpha_i C[\beta(x - x_i)] - 4\beta R l_0 D(\beta x) - (P - R)A(\beta x)$$

$$\alpha_0 l_0 + kR = y_0 - \theta_0 l_0$$

根据图 6-32 的计算模型以及第二个桥节门桥和第三个桥节门桥连接处的变形假设,该连接面挠度方程为:

$$y(6\beta d) = y_0 A(6\beta d) + \frac{\theta_0}{\beta} B(6\beta d) + \frac{1}{\beta} \{ \alpha_1 [B(5\beta d) + B(4\beta d)] + \alpha_3 B(3\beta d) \} - \frac{l_0}{EJ\beta^2} C(6\beta d) \left(\frac{y_0}{k} - \frac{\alpha_0 l_0}{k} - \frac{l_0 \theta_0}{k} \right) + \frac{P}{EJ\beta^3} D(6\beta d) - \frac{D(6\beta d)}{EJ\beta^3} \left(\frac{y_0}{k} - \frac{\alpha_0 l_0}{k} - \frac{l_0 \theta_0}{k} \right) = 0$$

将挠度方程中的系数和常数项分别用 a_1、b_1、c_1 代替,则有:

$$a_1 = A(6\beta d) - \frac{l_0}{kEJ\beta^2} C(6\beta d) - \frac{D(6\beta d)}{kEJ\beta^3}$$

$$b_1 = \frac{B(6\beta d)}{\beta} + \frac{l_0^2}{kEJ\beta^2} C(6\beta d) + \frac{l_0 \cdot D(6\beta d)}{kEJ\beta^3}$$

$$c_1 = -\frac{P}{EJ\beta^3} D(6\beta d) - \frac{\alpha_0 l_0^2}{kEJ\beta^2} C(6\beta d) - \frac{\alpha_0 l_0 \cdot D(6\beta d)}{kEJ\beta^3} - \frac{1}{\beta} [\alpha_1 B(5\beta d) + \alpha_1 B(4\beta d) + \alpha_3 B(3\beta d)]$$

连接处转角方程为：

$$\theta(6\beta d) = -4\beta y_0 D(6\beta d) + \theta_0 A(6\beta d) + \alpha_1 [A(5\beta d) + A(4\beta d)] +$$

$$\alpha_3 A(3\beta d) - \frac{l_0 \cdot B(6\beta d)}{EJ\beta} \left(\frac{y_0}{k} - \frac{\alpha_0 l_0}{k} - \frac{l_0 \theta_0}{k} \right) +$$

$$\frac{P}{EJ\beta^2} C(6\beta d) - \frac{C(6\beta d)}{EJ\beta^2} \left(\frac{y_0}{k} - \frac{\alpha_0 l_0}{k} - \frac{l_0 \theta_0}{k} \right) = 0$$

将转角方程中的系数和常数项分别用 a_2、b_2、c_2 代替，则有：

$$a_2 = -4\beta D(6\beta d) - \frac{l_0}{kEJ\beta} B(6\beta d) - \frac{C(6\beta d)}{kEJ\beta^2}$$

$$b_2 = A(6\beta d) + \frac{l_0^2}{kEJ\beta} B(6\beta d) + \frac{l_0 \cdot C(6\beta d)}{kEJ\beta^2}$$

$$c_2 = -\frac{P}{EJ\beta^2} C(6\beta d) - \frac{\alpha_0 l_0^2}{kEJ\beta} B(6\beta d) - \frac{\alpha_0 l_0 \cdot C(6\beta d)}{kEJ\beta^2} -$$

$$\alpha_1 A(5\beta d) - \alpha_1 A(4\beta d) - \alpha_3 A(3\beta d)$$

求解二元一次方程得：

$$\theta_0 = \frac{a_1 c_2 - a_2 c_1}{a_1 b_2 - a_2 b_1}, \quad y_0 = \frac{-b_1 c_2 + b_2 c_1}{a_1 b_2 - a_2 b_1}$$

桥端上载时第一桥节门桥与第二桥节门桥连接处的弯矩为：

$$M(3\beta d) = 4\beta^2 EJ y_0 C(3\beta d) + 4\beta EJ \theta_0 D(3\beta d) + 4\beta EJ [\alpha_1 D(2\beta d) +$$

$$\alpha_1 D(\beta d)] + R l_0 A(3\beta d) - \frac{P-R}{\beta} B(3\beta d)$$

桥端上载时跳板与门桥连接处的弯矩（考虑履带均布影响）为：

$$M_0 \approx R l_0 - \frac{Ps}{8}$$

端跳板与主跳板交接面最大弯矩为

$$M_d \approx R l_d$$

跳板预留间隙角 $\alpha_0 = 0.1613$，桥节门桥内部舟间间隙角 $\alpha_1 = 0.003$，桥节门桥间反向间隙角（上弦张开）$\alpha_2 = 0.04$、0.05，跳板弹簧系数 $k = 0.0077$，跳板总长 $l_0 = 4$ m，端跳板长度 $l_d = 1.45$ m，舟节节距 $d = 3.23$ m，门桥弯曲特征系数（弹性地基梁的弯曲特征系数）$\beta = 0.1$ m^{-1}，门桥或浮桥的计算水线面宽度 $B = 11.7$ m。则三车门桥岸边上载时连岸结构的内力和变形见表 6-16。如果将 $\alpha_0 = 0.1613$ 变为 $\alpha_0 = 0.15$，三车门桥岸边上载时连岸结构的内力和变形见表 6-17。

表 6-16　$\alpha_0 = 0.1613$ 三车门桥上载时内力和变形计算结果

载荷/t	α_0	α_3	初转角	初挠度/m	支座反力/t	桥节门桥连接面力矩/tm	端跳板最大弯矩/tm	跳板与门桥连接面弯矩/tm
60	0.1613	0.05	-0.05782	0.604233	24.7176	-19.2134	35.84052	61.3704
		0.04	-0.05645	0.600218	23.48254	-34.8026	34.04968	56.43014
55	0.1613	0.05	-0.05747	0.584639	21.98797	-17.2058	31.88256	53.57688
		0.04	-0.05609	0.580624	20.75291	-32.795	30.09172	48.63663
50	0.1613	0.05	-0.05711	0.565044	19.25834	-15.1982	27.9246	50.78337
		0.04	-0.05574	0.561029	18.02328	-30.7874	26.13375	45.84311
45	0.1613	0.05	-0.05676	0.54545	16.52871	-13.1906	23.96663	42.48985
		0.04	-0.05538	0.541434	15.29365	-28.7798	22.17579	37.5496
43	0.1613	0.05	-0.05661	0.537612	15.43686	-12.3875	22.38345	39.17245
		0.04	-0.05524	0.533597	14.2018	-27.9768	20.59261	34.23219

表 6-17　$\alpha_0 = 0.15$ 三车门桥上载时内力和变形计算结果

载荷/t	α_0	α_3	初转角	初挠度/m	支座反力/t	桥节门桥连接面力矩/tm	端跳板最大弯矩/tm	跳板与门桥连接面弯矩/tm
60	0.15	0.05	-0.05472	0.579558	25.77289	-13.6309	37.37068	65.59154
		0.04	-0.05335	0.575542	24.53782	-29.2202	35.57984	60.65129
55	0.15	0.05	-0.05437	0.559963	23.04326	-11.6233	33.41272	57.79803
		0.04	-0.05299	0.555948	21.80819	-27.2126	31.62188	52.85778
50	0.15	0.05	-0.05401	0.540368	20.31363	-9.61569	29.45476	55.00452
		0.04	-0.05264	0.536353	19.07857	-25.2049	27.66392	50.06426
45	0.15	0.05	-0.05366	0.520774	17.584	-7.60809	25.4968	46.711
		0.04	-0.05228	0.516759	16.34894	-23.1973	23.70596	41.77075
43	0.15	0.05	-0.05351	0.512936	16.49215	-6.80504	23.91362	43.3936
		0.04	-0.05214	0.508921	15.25709	-22.3943	22.12277	38.45334

从表 6-16 和表 6-17 的计算结果可以看出，连岸结构的受力和变形与理论分析的趋势完全一致，如果说在双车门桥计算中我们还在疑惑 PMM-2M 自行舟桥为什么要在桥节门桥连接面之间设置如此之大的反向预留间隙角（$\alpha_3 =$

0.05)的话,三车门桥的计算结果告诉我们,理论间隙角为 0.05,而实际间隙角可能为 0.04,而 0.04 时产生的负弯矩就有可能达到 30 tm,所以双车门桥所得结论只适合双车门桥的情形。如果一个装备既要考虑结构双车门桥,又要考虑结构三车门桥,则预留间隙必须具有包容性。PMM – 2M 自行舟桥在桥节门桥连接面之间设置 0.05 的预留间隙角就可以理解了。应该指出的是,在三车门桥岸边上载计算中假设在第二个桥节门桥和第三个桥节门桥连接处的吃水和转角均为 0 的边界条件可能导致约束过于强大。从实际结构构造看,由于第二个和第三个桥节门桥连接面也具有 0.05 的预留间隙,而且这个间隙可能不会完全被张开,如果不能完全张开的话,则第三个门桥实际上起铰接门桥的作用。即三车门桥的连岸结构体系如图 6 – 39 所示。即在门桥上载时,跳板与门桥形成刚性连接,第一个和第二个桥节门桥也形成刚性连接,但第二个第三个桥节门桥形成铰接。

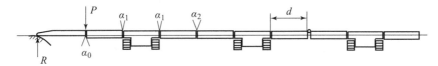

图 6 – 39　自行舟桥三车门桥靠岸上载

设单车门桥的排水面积为 F,水线面惯性矩为 J,则在第二个和第三个桥节门桥连接处的边界条件为:

$$M(6\beta d) = 0, y(6\beta d) = Q(6\beta d)/(\gamma F) + 2.25 d^2 Q(6\beta d)/(\gamma J)$$

已知 PMM – 2M 自行舟桥单车门桥的计算排水面积约为 113 m²,计算水线面惯性矩为 887 m⁴,则:

$$y(6\beta d) = -Q(6\beta d)/(\gamma F) - 2.25 d^2 Q(6\beta d)/(\gamma J)$$
$$= -0.035 Q(6\beta d)$$

弹性地基梁初参数方程为:

$$y(6\beta d) = y_0 A(6\beta d) + \frac{\theta_0}{\beta} B(6\beta d) + \frac{1}{\beta} \sum \alpha_i B[\beta(6d - x_i)] -$$
$$\frac{R l_0}{EJ\beta^2} C(6\beta d) + \frac{P - R}{EJ\beta^3} D(6\beta d)$$
$$= -0.035 Q(6\beta d)$$

$$\theta(6\beta d) = -4\beta y_0 D(6\beta d) + \theta_0 A(6\beta d) + \sum \alpha_i A[\beta(6d - x_i)] -$$
$$\frac{R l_0}{EJ\beta} B(6\beta d) + \frac{P - R}{EJ\beta^2} C(6\beta d)$$

$$M(6\beta d) = 4\beta^2 EJ y_0 C(6\beta d) + 4\beta EJ \theta_0 D(6\beta d) + 4\beta EJ \sum \alpha_i D[\beta(6d - x_i)] +$$

$$Rl_0 A(6\beta d) - \frac{P-R}{\beta} B(6\beta d) = 0$$

$$Q(6\beta d) = 4\beta^3 EJy_0 B(6\beta d) + 4\beta^2 EJ\theta_0 C(6\beta d) +$$
$$4\beta^2 EJ \sum \alpha_i C(\beta[6d - x_i]) - 4\beta Rl_0 D(6\beta d) -$$
$$(P - R) A(6\beta d)$$

$$\alpha_0 l_0 + kR = y_0 - \theta_0 l_0$$

根据图 6 – 36 计算模型和边界条件,桥节门桥铰接处的弯矩方程为:

$$M(6\beta l) = 4\beta^2 EJy_0 C(6\beta d) + 4\beta EJ\theta_0 D(6\beta d) + 4\beta EJ[\alpha_1 D(5\beta d) +$$
$$\alpha_1 D(4\beta d) + \alpha_3 D(3\beta d)] + \left(\frac{1}{k} y_0 - \frac{\alpha_0}{k} l_0 - \frac{l_0}{k} \theta_0\right) l_0 A(6\beta d) -$$
$$\left[\frac{P}{\beta} - \frac{y_0}{k\beta} + \frac{\alpha_0 l_0}{k\beta} + \frac{l_0}{k\beta} \theta_0\right] B(\beta l)$$

$$= \left[4\beta^2 EJC(6\beta d) + \frac{l_0}{k} A(6\beta d) + \frac{1}{k\beta} B(6\beta d)\right] y_0 +$$
$$\left[4\beta EJD(6\beta d) - \frac{l_0^2}{k} A(6\beta d) - \frac{l_0}{k\beta} B(6\beta d)\right] \theta_0 +$$
$$4\beta EJ[\alpha_1 D(5\beta d) + \alpha_1 D(4\beta d) + \alpha_3 (3\beta d)] -$$
$$\frac{\alpha_0 l_0^2}{k} A(6\beta d) - \frac{P}{\beta} B(6\beta d) - \frac{\alpha_0 l_0}{k\beta} B(6\beta d)$$
$$= 0$$

将弯矩方程中的系数和常数项分别用 a_1、b_1、c_1 代替,则有:

$$a_1 = 4\beta^2 EJC(6\beta d) + \frac{l_0}{k} A(6\beta d) + \frac{1}{k\beta} B(6\beta d)$$

$$b_1 = 4\beta EJD(6\beta d) - \frac{l_0^2}{k} A(6\beta d) - \frac{l_0}{k\beta} B(6\beta d)$$

$$c_1 = \frac{P}{\beta} B(6\beta d) + \frac{\alpha_0 l_0}{k\beta} B(6\beta d) + \frac{\alpha_0 l_0^2}{k} A(6\beta d) - 4\beta EJ[\alpha_1 D(5\beta d) +$$
$$\alpha_1 D(4\beta d) + \alpha_3 D(3\beta d)]$$

在铰接连接处的挠度方程为:

$$y(6\beta d) = y_0 A(6\beta d) + \frac{\theta_0}{\beta} B(6\beta d) + \frac{1}{\beta} \{\alpha_1[B(5\beta d) + B(4\beta d)] +$$
$$\alpha_3 B(3\beta d)\} - \frac{l_0}{EJ\beta^2} C(6\beta d) \left(\frac{y_0}{k} - \frac{\alpha_0 l_0}{k} - \frac{l_0 \theta_0}{k}\right) + \frac{P}{EJ\beta^3} D(6\beta d) -$$
$$\frac{D(6\beta d)}{EJ\beta^3} \left(\frac{y_0}{k} - \frac{\alpha_0 l_0}{k} - \frac{l_0 \theta_0}{k}\right) = -0.035 Q(6\beta d)$$

$$0.035 Q(6\beta d) = 0.035 \times \{4\beta^3 EJy_0 B(6\beta d) + 4\beta^2 EJ\theta_0 C(6\beta d) + 4\beta^2 EJ[\alpha_1 C(5\beta d) +$$

$$\alpha_1 C(4\beta d) + \alpha_3 C(3\beta d)] - 4\beta \left(\frac{y_0}{k} - \frac{\alpha_0 l_0}{k} - \frac{l_0}{k}\theta_0\right) l_0 D(6\beta d) -$$

$$\left(P - \frac{y_0}{k} + \frac{\alpha_0 l_0}{k} + \frac{l_0}{k}\theta_0\right) A(6\beta d)\bigg\}$$

$$= 0.035 \times \left[4\beta^3 EJB(6\beta d) - \frac{4\beta l_0}{k} D(6\beta d) + \frac{1}{k} A(6\beta d)\right] y_0 +$$

$$0.035 \times \left[4\beta^2 EJC(6\beta d) + \frac{4\beta l_0^2}{k} D(6\beta d) - \frac{l_0}{k} A(6\beta d)\right] \theta_0 +$$

$$0.035 \times 4\beta^2 EJ[\alpha_1 C(5\beta d) + \alpha_1 C(4\beta d) + \alpha_3 C(3\beta d)] +$$

$$0.035 \times \left\{\frac{4\beta\alpha_0 l_0^2}{k} D(6\beta d) - PA(6\beta d) - \frac{\alpha_0 l_0}{k} A(6\beta d)\right\}$$

将挠度方程中的系数和常数项分别用 a_2、b_2、c_2 代替,由 $y(6\beta d) + 0.035Q(6\beta d) = 0$ 得:

$$a_2 = A(6\beta d) - \frac{l_0}{kEJ\beta^2} C(6\beta d) - \frac{D(6\beta d)}{kEJ\beta^3} + 0.035 \times$$

$$\left[4EJ\beta^3 B(6\beta d) - \frac{4\beta l_0}{k} D(6\beta d) + \frac{1}{k} A(6\beta d)\right]$$

$$b_2 = \frac{B(6\beta d)}{\beta} + \frac{l_0^2}{kEJ\beta^2} C(6\beta d) + \frac{l_0 \cdot D(6\beta d)}{kEJ\beta^3} + 0.035 \times$$

$$\left[4EJ\beta^2 C(6\beta d) + \frac{4\beta l_0^2}{k} D(6\beta d) - \frac{l_0}{k} A(6\beta d)\right]$$

$$c_2 = -\frac{P}{EJ\beta^3} D(6\beta d) - \frac{\alpha_0 l_0^2}{kEJ\beta^2} C(6\beta d) - \frac{\alpha_0 l_0 \cdot D(6\beta d)}{kEJ\beta^3} -$$

$$\frac{1}{\beta}[\alpha_1 B(5\beta d) + \alpha_1 B(4\beta d) + \alpha_3 B(3\beta d)] - 0.035 \times$$

$$4EJ\beta^2 [\alpha_1 C(5\beta d) + \alpha_1 C(4\beta d) + \alpha_3 C(3\beta d)] -$$

$$0.035 \left[\frac{4\beta\alpha_0 l_0^2}{k} D(6\beta d) - PA(6\beta d) - \frac{\alpha_0 l_0}{k} A(6\beta d)\right]$$

求解二元一次方程得:

$$\theta_0 = \frac{a_1 c_2 - a_2 c_1}{a_1 b_2 - a_2 b_1}, y_0 = \frac{-b_1 c_2 + b_2 c_1}{a_1 b_2 - a_2 b_1}$$

桥端上载时第一桥节门桥与第二桥节门桥连接处的弯矩:

$$M(3\beta d) = 4\beta^2 EJy_0 C(3\beta d) + 4\beta EJ\theta_0 D(3\beta d) + 4\beta EJ[\alpha_1 D(2\beta d) +$$

$$\alpha_1 D(\beta d)] + Rl_0 A(3\beta d) - \frac{P-R}{\beta} B(3\beta d)$$

桥端上载时跳板与门桥连接处的弯矩(考虑履带均布影响):

$$M_0 \approx Rl_0 - \frac{Ps}{8}$$

端跳板与主跳板交接面最大弯矩：

$$M_d \approx Rl_d$$

则三车门桥岸边上载时连岸结构的内力和变形见表 6 – 18。

表 6 – 18　三车门桥上载时内力和变形计算结果

载荷/t	α_0	α_3	初转角	初挠度/m	支座反力/t	桥节门桥连接面力矩/tm	端跳板最大弯矩/tm	跳板与门桥连接面弯矩/tm
60	0.161 3	0.05	-0.057 52	0.608 321	25.093 28	-11.646 8	36.385 26	62.873 14
		0.04	-0.055 8	0.608 157	24.174 73	-20.458 9	35.053 35	59.198 9
55	0.161 3	0.05	-0.057 4	0.587 346	22.303 61	-11.565 1	32.340 23	54.839 43
		0.04	-0.055 67	0.587 182	21.385 05	-20.377 2	31.008 32	51.165 2
50	0.161 3	0.05	-0.057 27	0.566 371	19.513 93	-11.483 4	28.295 2	51.805 72
		0.04	-0.055 54	0.566 208	18.595 37	-20.295 5	26.963 29	48.131 49
45	0.161 3	0.05	-0.057 15	0.545 396	16.724 25	-11.401 7	24.250 17	43.272 01
		0.04	-0.055 42	0.545 233	15.805 69	-20.213 7	22.918 26	39.597 78
43	0.161 3	0.05	-0.057 09	0.537 006	15.608 38	-11.369	22.632 16	39.858 53
		0.04	-0.055 37	0.536 843	14.689 82	-20.181 1	21.300 24	36.184 3

从表 6 – 18 计算结果可以看出，如果第三个门桥的约束作用不像表 6 – 16、6 – 17 计算所得结果那么强，第一个与第二个桥节门桥之间的负弯矩介于表 6 – 8 和表 6 – 16 计算结果之间，跳板所承受的弯矩也介于表 6 – 8 和表 6 – 16 计算结果之间。从 $y(6\beta d)$ 和 $\theta(6\beta d)$ 的计算看，表 6 – 18 的计算结果更符合三车门桥岸边上载时的结构实际情况，表 6 – 18 的计算结果也进一步说明制式带式舟桥结构允许承受的负弯矩大约为正弯矩的 20%。由此可以获得结论，PMM – 2M 自行舟桥双车门桥岸边上载时，连岸跳板的受力控制着跳板的结构设计，而三车门桥上载时，则自行舟桥连岸结构系统（指第一个和第二个桥节门桥连接处）所受到的反弯矩最大，并且控制着自行舟桥的桥节门桥上部纵向拉紧装置的设计，预留间隙角的大小对跳板结构和纵向拉紧装置的设计都有重大影响。确定具体预留间隙时如果理论间隙对结构设计安全有利，则应该按理论间隙计算结果指导结构设计；如果考虑加工误差而导致的实际间隙对结构设计安全有利，则应该按实际间隙计算结果指导结构设计。

6.6.5 自行舟桥跳板与门桥间不设置预留间隙角时的承载能力

前面已经介绍了自行舟桥的连岸承载特性,通过计算可知,像 PMM – 2M 这样的自行舟桥结构型式,由于连岸跳板强度有限,因此在重型履带载荷作用下,跳板和门桥间的连接都要通过设置预留间隙角 α_0 以期将载荷转嫁到门桥/浮桥上,以确保跳板承载安全。而在车辆载荷不大时,从使用方便性上讲,跳板和门桥间的连接可以不设置预留间隙角 α_0,因此需要确定不设置预留间隙角时的门桥载荷上限。对此以表 6 – 8 计算参数为例,将载荷调整为 30 t、35 t,预留间隙角 α_0 调整为 0,$\alpha_1 = \alpha_2 = 0$(因为此时,连接面不会出现反向张开),计算结果见表 6 – 19。

表 6 – 19 不设预留间隙角时,PMM – 2M 双车门桥的单个载荷最大重量

载荷/t	α_0	初转角	初挠度/m	支座反力/t	桥节门桥连接面力矩/tm	端跳板最大弯矩/tm	跳板与门桥连接面弯矩/tm	末挠度/m	末转角
30	0	– 0.000 87	0.126 306	16.855 26	1.063 926	24.440 13	51.671 05	– 0.026 76	– 0.008 84
35	0	– 0.001 01	0.147 357	19.664 47	1.241 247	28.513 48	60.282 89	– 0.031 22	– 0.010 31

从表 6 – 19 的计算结果看,双车门桥不设置预留间隙角时,单个载荷的最大重量不宜超过 35 t。但设置预留间隙角可以确保跳板结构的安全,PMM – 2M 自行舟桥技术说明书和使用守则(中译本)规定,对于单车门桥,所有载荷上、下门桥前都要设置、消除预留间隙角;对于双车门桥,单个载荷在 5 t 以内的,上载要设置预留间隙角,下载可以不消除预留间隙角(理论计算 5 t 以内完全可以不设预留间隙角,可能中译本有误)。两辆前后行驶的中型坦克上(下)桥时,需设置(消除)预留间隙角;两辆间隔距离的中型坦克上(下)桥时,每辆坦克上桥前都要设置预留间隙角,而只需要在第一辆坦克下桥时消除预留间隙角。按照苏联中型坦克的常规概念,其战斗全重应该在 40 t 以内(T – 54 为 35.4 t,T – 55 为 36 t,T – 62 为 38 t)或 40 t 左右,因为 PMM – 2M 双车门桥的载重量只有 85 t。总之,像 PMM – 2M 自行舟桥这样的桥轴线与车轴线垂直的带式自行舟桥结构,在每辆坦克上载之前进行一次预留间隙角设定,可以保证门桥的上载安全。下载为什么要消除预留间隙角则是一个需要研究和探索的技术问题。

6.6.6 自行舟桥门桥上、下载时连岸结构的内力和变形

正如上面所述,PMM – 2M 自行舟桥的单车门桥和双车门桥在上载时,需要在跳板与门桥连接处设置预留间隙角,而在门桥卸载前又需要消除预留间隙角。难道自行门桥上、下载在连岸结构受力方面会有什么不同吗?从理论上讲,门

桥上载时，当车辆载荷进入门桥预定位置并定位之后，如果跳板处于非受力状态（指载荷不对跳板的受力产生影响），则在门桥重新靠岸后，下载前设置预留间隙角将可以确保门桥卸载时跳板的受力与上载时相同，但跳板的位移状态将比上载时恶劣（见图6-40）。

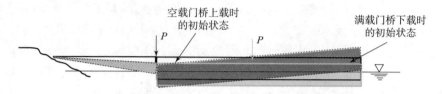

图6-40　门桥连岸上载与门桥连岸卸载的状态示意图

图6-40中很好地表现了自行舟桥的门桥在上、下载时的几何形状。假设门桥靠岸上载前，门桥与跳板之间的折角为 θ_0，图6-40所示的 $\theta_0 = 0$，当门桥设置预留间隙角 α_0 后，门桥开始上载，当车辆载荷移动至跳板与门桥连接处，预留间隙角完全张开，此时门桥与跳板之间的折角为：

$$\theta = \theta_0 + \alpha_0$$

而当门桥靠岸下载时，门桥跳板接岸，由于存在载荷吃水，门桥接岸后，跳板与门桥之间的折角就比空载靠岸时增加了一个角度 $\Delta\theta_0$。设跳板的长度为 l，门桥的负载吃水为 t，则跳板与门桥之间的初始折角为：

$$\theta'_0 = \theta_0 + \Delta\theta_0 = \theta_0 + t/l$$

此时如果设置预留间隙角 α_0，则在门桥卸载时，当载荷移至跳板与门桥连接处，预留间隙角完全张开，此时门桥与跳板之间的折角为：

$$\theta' = \theta_0 + \Delta\theta_0 + \alpha_0 = \theta_0 + t/l + \alpha_0$$

很明显 $\theta' > \theta$，这个现象说明门桥下载时会比上载产生更大的折角。而PMM-2M自行门桥通载试验也表明，门桥下载时如果设置预留间隙角，车辆载荷会和跳板产生干涉现象，即车辆载荷的接近角或者离去角略显不足，车辆载荷的端部或者尾部会擦碰跳板或者门桥车行道表面。这就是PMM-2M这种桥轴线与车轴线垂直的带式自行舟桥所固有的结构特性。为了解决载荷与门桥的干涉问题，PMM-2M自行舟桥提出了在门桥卸载前需要消除跳板与门桥连接处预留间隙角的设想。这样也就出现了门桥上载与下载时，连岸结构受力不同的问题。

为了便于弄清自行门桥上、下载时跳板受力的区别，以便为门桥漕渡时跳板的操作方法提供理论依据，首先可以假设整个门桥和跳板都是绝对刚性结构（绝对刚性结构在载荷作用下所产生的内力将略大于弹性结构，而变形将略小于弹性结构，但与弹性结构的承载规律却是相同的）。

如前所述，由于跳板结构的承载能力有限，因此必须采取设置预留间隙角的形式，通过增大门桥岸端吃水来降低跳板结构所承受的弯矩。跳板与门桥之

第 6 章 自行舟桥设计

间的预留间隙角为 α_0，门桥的长度为 L，门桥的计算水线面面积为 F，门桥的计算水线面积惯性矩为 J，跳板的长度为 l，水的比重为 γ，则门桥上载时在图 6–41 所示载荷位置，可以将门桥载荷分解成 P_0 和 P_1 两个部分，其中 P_0 致使跳板与门桥之间的预留间隙角张开（见图 6–42）。

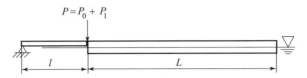

图 6–41 上载时载荷作用在门桥与跳板结合部

图 6–42 上载时载荷 P_0 致使预留间隙角张开

此时跳板的支座反力 R 为 0，则门桥与跳板之间张开的间隙角为：

$$\alpha_0 = \left[\frac{P_0}{\gamma F} + \frac{P_0}{\gamma J}\left(\frac{L}{2}\right)^2\right] \Big/ l + \frac{P_0 L}{\gamma J 2}$$

如果预留间隙角已知，则 P_0 为：

$$P_0 = \frac{\alpha_0}{\dfrac{1}{\gamma F l} + \dfrac{L^2}{4\gamma J l} + \dfrac{L}{2\gamma J}}$$

当跳板与门桥的间隙角张开后，门桥处于刚性受力状态（见图 6–43）。

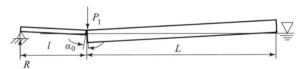

图 6–43 上载时载荷 P_1 致使跳板产生支反力

在载荷 P_1 作用下，其跳板岸端支座的变形协调条件为：

$$\frac{R}{\gamma F} + \frac{R}{\gamma J}\left(\frac{L}{2} + l\right)^2 = \frac{P_1}{\gamma F} + \frac{P_1 L}{\gamma J 2}\left(\frac{L}{2} + l\right)$$

上式中 P_1 为致使跳板产生支座反力 R 的载荷，则跳板的支座反力为：

$$R = \frac{\dfrac{1}{\gamma F} + \dfrac{L^2}{4\gamma J} + \dfrac{Ll}{2\gamma J}}{\dfrac{1}{\gamma F} + \dfrac{L^2}{4\gamma J} + \dfrac{Ll}{\gamma J} + \dfrac{l^2}{\gamma J}} P_1$$

则跳板在任意截面所受弯矩为：

$$M(x) = Rx = \frac{\frac{1}{\gamma F} + \frac{L^2}{4\gamma J} + \frac{Ll}{2\gamma J}}{\frac{1}{\gamma F} + \frac{L^2}{4\gamma J} + \frac{Ll}{\gamma J} + \frac{l^2}{\gamma J}} P_1 x$$

从上面的分析可以看出，在载荷不变的情况下，使跳板受力减小的唯一方法是增大预留间隙角 α_0，而增大预留间隙角 α_0，必然增大门桥的桥端吃水，因此需要全面衡量，合理选择预留间隙角 α_0 的大小，这一点在前面已经分析过。而门桥上载时，在跳板与门桥连接处的最大弯矩为：

$$M_1(l) = Rx = \frac{\frac{1}{\gamma F} + \frac{L^2}{4\gamma J} + \frac{Ll}{2\gamma J}}{\frac{1}{\gamma F} + \frac{L^2}{4\gamma J} + \frac{Ll}{\gamma J} + \frac{l^2}{\gamma J}} (P - P_0) l$$

当满载门桥靠岸下载荷时，如果在图 6-43 所示载荷位置靠岸，则此时跳板的支座反力为 0，而当载荷由图 6-44 所示位置移动至门桥与跳板结合部时，如果不消除门桥与跳板之间的预留间隙角 α_0，则跳板与门桥之间将产生大于门桥上载时的折角，这个折角会导致门桥下载出现困难；此时如果消除门桥与跳板之间的预留间隙角，则跳板的受力将与上载时有着明显的不同，且下载时跳板的受力大于上载时情况。

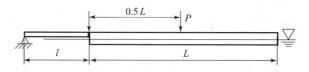

图 6-44　下载前载荷作用在门桥中央时靠岸

PMM-2M 自行舟桥实载试验表明，消除预留间隙角是必要的，否则门桥下载存在较大的困难。为了研究门桥靠岸时消除预留间隙角后下载的跳板受力，可以将载荷分成两个部分：即载荷作用在门桥中央，此时处于靠岸状态，跳板的支座反力为 0；当载荷由门桥中央移动至门桥与跳板结合部时（见图 6-45），则相当于载荷 P 作用于门桥中央，同时作用一个力矩 $0.5PL$，而跳板所产生的支座反力将由力矩 $0.5PL$ 引起。此时跳板岸端支座的变形协调条件为：

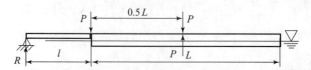

图 6-45　下载时载荷作用在门桥与跳板结合部

$$\frac{R}{\gamma F} + \frac{R}{\gamma J}\left(\frac{L}{2} + l\right)^2 = \frac{P}{\gamma J}\frac{L}{2}\left(\frac{L}{2} + l\right)$$

则跳板的支座反力为：

$$R = \frac{\dfrac{L^2}{4\gamma J} + \dfrac{Ll}{2\gamma J}}{\dfrac{1}{\gamma F} + \dfrac{L^2}{4\gamma J} + \dfrac{Ll}{\gamma J} + \dfrac{l^2}{\gamma J}} P$$

跳板任意截面的弯矩为：

$$M(x) = Rx = \frac{\dfrac{L^2}{4\gamma J} + \dfrac{Ll}{2\gamma J}}{\dfrac{1}{\gamma F} + \dfrac{L^2}{4\gamma J} + \dfrac{Ll}{\gamma J} + \dfrac{l^2}{\gamma J}} Px$$

而门桥下载时，在跳板与门桥连接处的最大弯矩为：

$$M_2(l) = Rl = \frac{\dfrac{L^2}{4\gamma J} + \dfrac{Ll}{2\gamma J}}{\dfrac{1}{\gamma F} + \dfrac{L^2}{4\gamma J} + \dfrac{Ll}{\gamma J} + \dfrac{l^2}{\gamma J}} Pl$$

将门桥下载时的弯矩除以门桥上载时的弯矩得：

$$\frac{M_2(l)}{M_1(l)} = \frac{\dfrac{L^2}{4\gamma J} + \dfrac{Ll}{2\gamma J}}{\dfrac{1}{\gamma F} + \dfrac{L^2}{4\gamma J} + \dfrac{Ll}{2\gamma J}} \frac{P}{(P - P_0)}$$

以 PMM – 2M 自行舟桥单车门桥为例，门桥长度为 10 m，门桥计算水线面面积为 100 m²，门桥的水线面面积惯性矩为 1 000 m⁴，跳板长度为 4 m，门桥载荷为 P，则下载弯矩与上载弯矩之比为：

$$\frac{M_2(l)}{M_1(l)} = \frac{9}{11} \frac{P}{(P - P_0)}$$

也就是说，只要：

$$P_0 > \frac{2}{11} P,$$

在跳板与门桥连接处，下载时的弯矩就将大于上载时的弯矩。而为了降低跳板的受力，在跳板与门桥连接处所设置的预留间隙角所能产生的 P_0 通常都将大于 $2P/11$。根据对 PMM – 2M 自行舟桥的计算分析可知，如果不采取技术措施，且在图 6 – 46 载荷位置消除预留间隙角，则门桥下载时在跳板与门桥连接处所产生的弯矩将大于上载弯矩。为了确保门桥下载时在跳板与门桥连接处所产生的弯矩低于上载时的弯矩，可将载荷适当向岸边移动，然后再消除预留间隙角。即首先门桥负载靠岸，将跳板置于浮动状态，跳板支座反力为 0，再将载荷移动至图 6 – 46 所示位置，然后消除预留间隙，将跳板锁紧，此时跳板支座反力仍然为 0，当载荷移动下门桥时，跳板开始承受载荷作用。根据这个操作程序，跳板支座的变形协调条件为：

$$\frac{R}{\gamma F} + \frac{R}{\gamma J}\left(\frac{L}{2}+l\right)^2 = \frac{P}{\gamma J}x_1\left(\frac{L}{2}+l\right)$$

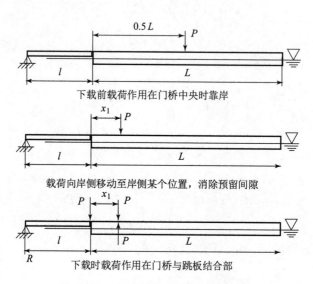

图 6-46 门桥下载时作业步骤示意图

则跳板的支座反力为：

$$R = \frac{\dfrac{Lx_1}{2\gamma J}+\dfrac{x_1 l}{\gamma J}}{\dfrac{1}{\gamma F}+\dfrac{L^2}{4\gamma J}+\dfrac{Ll}{\gamma J}+\dfrac{l^2}{\gamma J}}P$$

跳板任意截面的弯矩为：

$$M(x) = Rx = \frac{\dfrac{Lx_1}{2\gamma J}+\dfrac{lx_1}{\gamma J}}{\dfrac{1}{\gamma F}+\dfrac{L^2}{4\gamma J}+\dfrac{Ll}{\gamma J}+\dfrac{l^2}{\gamma J}}Px$$

则跳板与门桥连接处的弯矩为：

$$M_2(l) = Rl = \frac{\dfrac{Lx_1}{2\gamma J}+\dfrac{lx_1}{\gamma J}}{\dfrac{1}{\gamma F}+\dfrac{L^2}{4\gamma J}+\dfrac{Ll}{\gamma J}+\dfrac{l^2}{\gamma J}}Pl$$

要使门桥下载时跳板与门桥连接处的弯矩不超过上载情况，则消除预留间隙角时的载荷位置为：

$$x_1 = \frac{\frac{1}{F} + \frac{L^2}{4J} + \frac{Ll}{2J}}{\frac{L}{2J} + \frac{l}{J}} \left(1 - \frac{P_0}{P}\right) \quad (6-10)$$

只要 x_1 小于式 (6 – 10) 的计算值，即可确保门桥下载时连岸结构的受力不超过上载时的情况。以 PMM – 2M 自行舟桥双车门桥为例，门桥长度为 20 m，门桥计算水线面面积为 200 m²，门桥的水线面面积惯性矩为 8 000 m⁴，跳板长度为 4 m，门桥载荷为 P，P_0 大约为 $0.5P$，则双车门桥消除预留间隙角的载荷位置为：

$$x_1 = \frac{\frac{1}{F} + \frac{L^2}{4J} + \frac{Ll}{2J}}{\frac{L}{2J} + \frac{l}{J}} \left(1 - \frac{P_0}{P}\right) = 6.43 \text{ (m)}$$

也就是说载荷必须从门桥中心位置向岸侧移动约 3.5 m，此时消除预留间隙角即可保证连岸结构的受力满足设计要求。如果 P_0 大约为 $0.3P$，载荷基本不需要移动即可消除预留间隙角。如果载荷在门桥中心位置即消除预留间隙角的话，则必须以下载工况作为连岸结构的设计依据，但结果只能是增加连岸结构的重量。

6.6.7 履带式自行舟桥的行走系统在门桥岸边上载时连岸结构的受力分析

正如前面所述，像 PMM – 2M 这样的桥轴线与车轴线垂直的带式自行舟桥，其门桥岸边上载时，跳板的承载能力是受到限制的。为了解决门桥岸边上载问题，PMM – 2M 自行舟桥采取了在跳板和门桥之间以及桥节门桥与桥节门桥之间设置预留间隙角（限制铰）的方法以降低跳板和门桥的负载。PMM – 2M 自行舟桥还有一个特点，就是可以在 1.3 m 水深的区域负载行走（PMM – 2M 自行舟桥单车门桥空载吃水 1.4 m，满载吃水 1.8 m），也就是说，PMM – 2M 门桥可以在岸边 1.3 m 水深的水域靠岸并上、下载荷，此时履带底盘的行走系统始终都存在负载。如果岸边河底比较硬，则负重轮的负载就会比较大，门桥岸边上、下载时，门桥岸端的变形就会比较小，甚至可以使具有预留间隙角的跳板处于简支梁状态，进一步降低了跳板的负载。另外，在浅水区履带搁浅，有助于门桥的靠岸定位，使岸边上载更加安全，有时甚至可以省略门桥的岸边系留固定作业。如果说，前面关于自行舟桥河中部分和岸边部分（连岸部分）的结构力学模型与底盘车技术要求没有直接关联的话，那么如果考虑上述搁浅问题，就将舟桥结构与底盘车建立了相互联系的关系。首先研究单车门桥，根据 PMM – 2M 自行舟桥技术说明书和使用守则的规定，门桥靠岸时，门桥靠岸一侧的端部水深应当控制在 1.10 m，若河底的坡度小于 10%，PMM – 2M 自行舟桥底盘的岸侧履带将会处于负载状态。根据对 PMM-2M 自行舟桥样机的实测结果，PMM-2M 自行舟桥底盘悬挂的弹性系数为：

$$k = \frac{12.86}{0.0283} = 454.4 \text{ (t/m)}$$

单边弹性悬挂的弹性系数为：

$$k_0 = \frac{k}{2} = 227.2 \text{ (t/m)}$$

如果车辆行走系统搁浅，河底土质坚硬，其计算模型可以用图 6-47 表示。

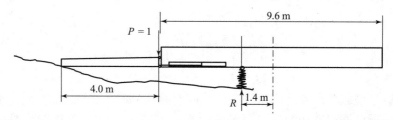

图 6-47　单车门桥岸侧履带搁浅

在单位力作用下，在弹性支座处的变位由变形协调条件确定。计算时可将门桥视为刚体，在单位力作用下弹性支座产生的支反力为：

$$R = 0.5k\left(\frac{1}{\gamma F} + \frac{1 \times 4.8 \times 1.4}{\gamma J} - \frac{R}{\gamma F} - \frac{R \times 1.4^2}{\gamma J}\right), \quad R = 1.0535 \text{ (t)}$$

如果单位载荷不是作用于门桥端部，而是作用于距门桥中心 x 的位置，则弹性支座在单位载荷作用下产生的支反力为：

$$R = \frac{k_0 \cdot J + x \cdot k_0 \cdot d \cdot F}{\gamma \cdot F \cdot J + k_0 \cdot J + k_0 \cdot d^2 \cdot F}$$

门桥逆时针转动角为：

$$\theta_1 = \frac{1 \times 0.5 \times 9.6}{\gamma J} - \frac{1.0535 \times 1.4}{\gamma J} = \frac{4.8 - 1.475}{900} = 0.003694$$

跳板与门桥连接处的吃水为：

$$\Delta = \frac{1}{\gamma F} + \frac{1 \times 4.8^2}{\gamma J} - \frac{1.0535}{\gamma F} - \frac{1.0535 \times 1.4 \times 4.8}{\gamma J} + \frac{1.0535}{0.5k}$$
$$= 0.021836 \text{ (m)}$$

跳板的顺时针转动角为：

$$\theta_2 = \frac{\Delta}{4} = \frac{0.021836}{4} = 0.005459$$

跳板与门桥端部上、下连接接头的间距 $h = 0.31$ m，则在图 6-48 受力情况下跳板与门桥在下部连接处的伸长为：

$$\Delta l = (\theta_1 + \theta_2) \times 0.31 = 0.00284 \text{ (m)}$$

设跳板与门桥下部连接处预留自由行程为 0.05 m，则门桥可承受的载荷为：

$$P = \frac{0.05}{\Delta l} = \frac{0.05}{0.00284} \approx 17.6 \text{ （t）}$$

即如果预留自由行程为 0.05 m，就相当于在单车门桥岸端施加了一个 17.6 t 的载荷，此时跳板与门桥端部形成刚性连接，连接位置的吃水为 0.384 m。

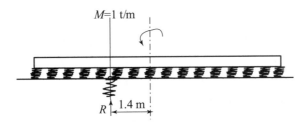

图 6-48　单位力矩作用于门桥之上

研究图 6-48 所示单位力矩引起的弹性支座反力。当门桥在单位力矩作用下，根据变形协调条件有：

$$\frac{R}{k} = \left(\frac{1 \times 1.4}{\gamma J} - \frac{R}{\gamma F} - \frac{R \times 1.4^2}{\gamma J} \right), \quad R = 0.09382 \text{ （t）}$$

门桥端部的逆时针转角为：

$$\theta_m = \frac{1}{\gamma J} - \frac{0.09382 \times 1.4}{\gamma J} = 0.0009652$$

门桥端部的吃水为：

$$\Delta_m = \frac{1 \times 4.8}{\gamma J} - \frac{R \times 1.4 \times 4.8}{\gamma J} - \frac{R}{\gamma F} = 0.003695 \text{ （m）}$$

单车门桥设计载荷为 43 t，此时可将 43 t 载荷分成 17.6 t 和 25.4 t 两部分，其中 17.6 t 导致跳板与门桥端部形成刚性连接，且连接面弯矩为 0。而 25.4 t 载荷将引起跳板与门桥端部的连接产生弯矩。则载荷上门桥时，按照图 6-49 用叠加法计算跳板的支座反力。

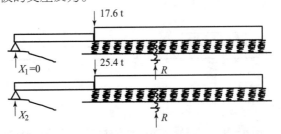

图 6-49　门桥上载的叠加示意图

由 X_2 引起的跳板支座处刚体位移为:
$$\Delta_1 = \Delta X_2 + \theta_1 \times 4X_2 + \Delta_m \times 4X_2 + \theta_m \times 4^2 \cdot X_2 = 0.066\ 835 X_2$$
由 X_2 引起的弹性位移为:
$$\Delta_2 = k_1 X_2 = 0.0077 X_2\ (k_1\ \text{为跳板弹簧系数})$$
由载荷 25.4 t 引起的支座处刚体位移为:
$$\Delta_3 = 25.4 \times (\Delta + \theta_1 \times 4) = 0.929\ 944\ 8(\text{m})$$

$\Delta_1 + \Delta_2 = \Delta_3$,$X_2 \approx 12.5$ t,根据图 6 – 49 所示受力状态,端跳板与主跳板连接处(距岸边支座 1.45 m 处)的弯矩为 $M = 12.5 \times 1.45 = 18.125$ tm,主跳板与门桥连接处的弯矩(考虑均布载荷影响)为 27.5 tm。而当载荷作用在单车门桥岸侧履带中心时,岸侧履带悬挂的受力约为 31.5 t。这是底盘车设计需要注意的载荷。跳板之所以不采用铰接而是采用限制铰连接,其目的是防止门桥端部吃水和变形过大而影响门桥上、下载荷。

在分析了单车门桥的行走系统搁浅后,还应该研究双车门桥的跳板承受载荷的情况。双车门桥需要考虑门桥结构的柔性,将其视为弹性地基短梁,利用初参数方法进行门桥端部的转角和吃水计算。从理论上讲,门桥岸侧履带搁浅负载有助于降低跳板结构的负载,如果跳板与门桥连接面的预留连接间隙角足够,跳板将会以简支状态承受载荷;但履带搁浅负载,势必造成底盘车单侧履带负载过大的问题,尤其是双车门桥在设计载荷作用于岸侧履带中心时,悬挂的支撑反力大小对底盘结构和履带悬挂的设计意义重大。

如果考虑岸侧有一条履带搁浅,再考虑舟节连接间隙的影响,解析模型很难建立,因为门桥结构受力状态复杂之后,各舟节之间的连接间隙的开、合方向和开、合程度都与载荷大小、载荷位置关系密切,某些部位的连接间隙还可能出于半开、半合的状态。要精确计算底盘车弹性悬挂支撑的影响,首先需要忽略舟节之间连接间隙的影响,并且根据浮桥间隙影响理论和门桥变形对履带弹性悬挂支撑的影响,对履带的支撑反力进行适当放大或缩小。

由于 PMM – 2M 自行舟桥的跳板与门桥连接处的预留间隙角比较大,当载荷上门桥之后,跳板将不再承受载荷。门桥的受力状态可按图 6 – 50 计算,为了简化计算也可以按照图 6 – 51 进行。

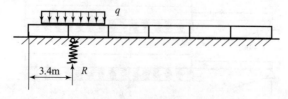

图 6 – 50 岸侧履带搁浅时载荷作用在履带中心

图 6 – 51 弹性地基短梁的初参数特征方程为：

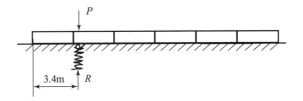

图 6 – 51　将履带载荷转化为集中载荷

$$y(\beta l) = y_0 A(\beta l) + \frac{\theta_0}{\beta} B(\beta l) - \frac{R}{EJ\beta^3} D[\beta(l-3.4)] + \frac{P}{EJ\beta^3} D[\beta(l-3.4)]$$

$$\theta(\beta l) = -4\beta y_0 D(\beta l) + \theta_0 A(\beta l) - \frac{R}{EJ\beta^2} C[\beta(l-3.4)] + \frac{P}{EJ\beta^2} C[\beta(l-3.4)]$$

$$M(\beta l) = 4\beta^2 EJ y_0 C(\beta l) + 4\beta EJ \theta_0 D(\beta l) + \frac{R}{\beta} B[\beta(l-3.4)] - \frac{P}{\beta} B[\beta(l-3.4)] = 0$$

$$Q(\beta l) = 4\beta^3 EJ y_0 B(\beta l) + 4\beta^2 EJ \theta_0 C(\beta l) + RA[\beta(l-3.4)] - PA[\beta(l-3.4)] = 0$$

$$R = k_0 \cdot y_0 A(3.4\beta) + \frac{k_0 \cdot \theta_0}{\beta} B(3.4\beta)$$

将 PMM – 2M 的相关计算参数代入，其计算结果见表 6 – 20。

表 6 – 20　双车门桥岸侧履带搁浅时履带处的支撑反力

载荷/t	初转角	初挠度/m	底盘履带处支反力/t
60	-0.016 51	0.240 672	41.807 39
55	-0.015 14	0.220 616	38.323 44
50	-0.013 76	0.200 56	34.839 49
45	-0.012 39	0.180 504	31.355 54
43t	-0.011 84	0.172 482	29.961 96

考虑到门桥舟间连接间隙的作用，这个载荷可能更大，因为间隙导致门桥刚度下降、吃水增加，弹性悬挂会承受更大的载荷。当然，履带的搁浅与河床性质有关，如果河底条件并非完全刚性，履带处的支反力也会有所减小。根据

PMM-2M 自行舟桥生产国工程师介绍，PMM-2M 自行舟桥的单车门桥可以在岸上装载 30 t，并且自行泛水，PMM-2M 自行舟桥自重为 36 t，这就说明 PMM-2M 自行舟桥单侧履带可以承受近 48 t 的载荷（30+0.5×36）。之所以外国专家介绍该产品具有这项功能（《PMM-2M 自行舟桥使用操作说明书》并没有介绍这项功能），其根据还是因为底盘设计时考虑了门桥靠岸时履带搁浅的使用方式。

6.6.8 自行舟桥三车门桥装载两个载荷时的内力和变形分析

已知 PMM-2M 自行舟桥单车门桥承载能力 42.5 t，双车门桥承载能力 85 t，三车门桥承载能力 127.5 t。从排水量上讲，三车门桥具备了承载 2 个 60 t 履带载荷的能力。研究载荷数量与位置对三车门桥结构承载的影响可以不必考虑舟节间连接间隙的影响，因为间隙的影响直接与载荷大小、载荷位置和结构变形等因素有关，计算时也需要根据具体情况对间隙的开合进行接近实际的人工设定。从理论上讲，在个别连接部位还会出现间隙半开半合的现象，力学模型类似于铰接，尽管微小间隙对弹性地基梁总体计算的影响不大，但计算结果还是带有一定的近似性。因此，根据舟桥计算理论和舟桥设计实践，连接间隙的影响通常都是使舟桥结构增加约 10% 的吃水，使舟桥结构减少 10%~20% 的弯矩，因此，研究自行舟桥三车门桥岸边上载的影响，可以假设舟节间的连接间隙为 0，而将计算结果折减或放大 10% 即可。对于三车门桥，当第一个载荷车辆开上门桥并在特定位置定位后，门桥结构所产生的弯矩不会超过三车门桥的跨中弯矩，而当第二个载荷车辆开上门桥并在规定位置定位后，即形成如图 6-52 所示的三车门桥承载状态，载荷对称布置，变形也对称分布。

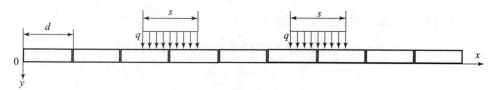

图 6-52 三车门桥承载示意图

三车门桥的跨中弹性地基梁初参数方程为：

$$y(4.5\beta d) = y_0 A(4.5\beta d) + \frac{\theta_0}{\beta} B(4.5\beta d) -$$

$$\frac{q}{4EJ\beta^4}[A(2.345\beta) - A(7.345\beta)]$$

$$\theta(4.5\beta d) = -y_0 4\beta D(4.5\beta d) + \theta_0 A(4.5\beta d) -$$

$$\frac{q}{EJ\beta^3}[D(2.345\beta) - D(7.345\beta)] = 0$$

$$M(4.5\beta d) = 4EJ\beta^2 y_0 C(4.5\beta d) + 4EJ\beta\theta_0 D(4.5\beta d) +$$
$$\frac{q}{\beta^2}[C(2.345\beta) - C(7.345\beta)]$$

$$Q(4.5\beta d) = y_0 4EJ\beta^3 B(4.5\beta d) + \theta_0 4EJ\beta^2 C(4.5\beta d) +$$
$$\frac{q}{\beta}[B(2.345\beta) - B(7.345\beta)] = 0$$

通过转角方程和剪力方程联立求解，可以获得弹性地基梁的初参数，并对三车门桥主要断面的内力和变形进行求解。其中载荷作用中心位置的内力和变形方程为：

$$y(3\beta d) = y_0 A(3\beta d) + \frac{\theta_0}{\beta} B(3\beta d)$$

$$\theta(3\beta d) = -y_0 4\beta D(3\beta d) + \theta_0 A(3\beta d) + \frac{Ps^2}{48EJ}$$

$$M(4.5\beta d) = 4EJ\beta^2 y_0 C(3\beta d) + 4EJ\beta\theta_0 D(3\beta d) - \frac{Ps}{8}$$

$$Q(3\beta d) = y_0 4EJ\beta^3 B(3\beta d) + \theta_0 4EJ\beta^2 C(3\beta d) - \frac{P}{2}$$

其不考虑间隙影响的计算结果见表 6-21。

表 6-21　三车门桥承载两个相同履带载荷时的内力和变形数据

载荷/t	初转角	初挠度/m	载荷下挠度/m	跨中弯矩/tm	载荷下弯矩/tm
60	0.029 448	0.169 429	0.421 56	81.990 9	106.682 9
55	0.026 994	0.155 31	0.386 43	75.158 32	97.792 69
50	0.024 869	0.139 04	0.352 562	67.596 45	93.314 11
45	0.022 382	0.125 136	0.317 306	60.836 8	83.982 7
43t	0.021 388	0.119 574	0.303 203	58.132 94	80.250 13

从不考虑舟节连接间隙的三车门桥承载计算结果看，门桥在载荷作用下所产生的弯矩均略小于三车门桥承受单个载荷的情况，说明两个载荷的作用位置避开了载荷叠加的最不利影响。

6.6.9　自行舟桥连岸跳板结构的设计

前面已经介绍过，采用 PMM-2M 这种桥轴线与车轴线垂直的自行舟桥总体技术方案，其最大的不足是连岸跳板承载能力受到较大限制，如果结构形式不做适当改变，即使增加结构重量，也很难保证连岸跳板的承载 60 t 履带载荷的使用要求，PMM-2M 自行舟桥的最大履带设计载荷只有 50 t。由图 6-16 所示跳板的折叠展开原理可以看出,端跳板首先通过人工翻出,之后整个连岸跳板由机械翻转展开。因此端跳板结构重量的增加会给人工作业带来不利影响。

从图 6-53 的跳板构造可以看出,为了确保端跳板折叠在主跳板以内,主跳板只能采用双主梁结构,且两主梁之间的连接横梁刚度受到较大限制,主跳板下接头只能靠两根八字形连杆传递内力,跳板宽度较小,两跳板之间的空隙较大,导致轻型车辆通行困难。如果跳板宽度增大,主跳板两主梁开档更大,连接横梁要么刚度不足,要么会造成结构重量急剧增加。已有的跳板结构试验已经证明,这种结构承载 60 t 履带载荷的安全是缺乏保障的。为了增大跳板宽度、减小两跳板之间的空隙,适应 60 t 以下所有军用车辆的通行要求,轮式自行舟桥的跳板可以采用如图 6-54 所示结构形式。即主跳板采用三主梁结构,这样原先两边主梁之间的横梁由于受到中间主梁的支撑,跨度明显减小,刚度大幅提高,极大地改善了跳板的承载能力。由于中间设有一根主梁,主跳板下接头的内力传递线路非常明确,无须在接头尾部设置八字形连杆,确保了接头受力可靠,端部横梁的刚度也不需要像图 6-53 所示跳板结构那么刚强。主跳板采用三主梁结构后,端跳板将由原先的一块变为两块,相当于将原先的两根主梁变为四根主梁,有助于解决原先端跳板承受 60 t 载荷强度略显不足的问题,主梁结构也可以进一步得到优化。原先端跳板重量较大,人工作业略显吃力,改成双跳板后,人工作业将不再成为问题。

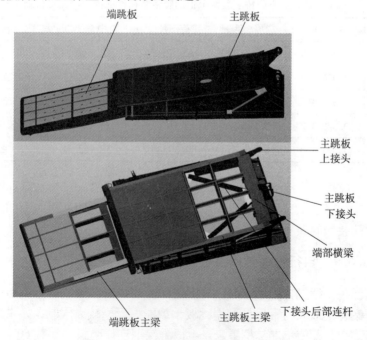

图 6-53　PMM-2M 跳板结构示意图

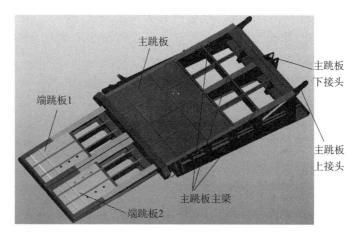

图 6-54 轮式自行舟桥跳板结构形式

由前述连岸结构系统承载分析可知，为了减轻结构重量并且适应承受 60 t 履带载荷的需要，自行舟桥连岸机构需要在门、浮桥上载前设置预留间隙。实践证明，预留间隙的设置并不容易被使用者所掌握，应该考虑预留间隙自动设置装置，可尝试通过弹簧机构保证接头在特定拉力状态下的自动伸长量。这项工作需要产品开发者进行深入探索。

6.7 轮式自行舟桥的总体设计要求和主要设计参数

产品的总体设计要求和设计参数是设计者研发新产品的主要依据和根本遵循，第 2 章介绍了渡河桥梁器材的作战使用性能和战术技术指标论证，提出了按照完成作战任务剖面提取产品设计参数的方法，并且分析了总体技术方案对作战使用性能的影响。产品总体设计要求和主要设计参数是否科学合理，直接影响到产品的总体技术方案是否科学、有效和可行。应该说产品的总体设计要求、设计原则和主要设计参数是产品设计的原始设计输入。而产品的总体技术方案就是这个产品的原始设计输出，上一步设计工作产生的设计输出就是下一步设计工作的设计输入。为了获得科学合理的轮式自行舟桥总体技术方案，本节将专门讨论轮式自行舟桥的总体设计要求和相关设计输入和输出参数。

产品总体设计要求是否科学合理，关键在于产品研发设计人员是否能够把握产品的设计规律。通常产品的设计输入和设计输出之间都存在着一定的必然联系，也存在着一定的匹配关系。例如，产品的运输性就与产品的外形尺寸相关联；产品的外形尺寸和结构尺寸必然与产品的排水量以及承载能力相关联；发动机功率、转速、油耗等与产品的机动性、航速、续航力等都存在着必然的

渡河桥梁产品研发方法

联系。通过技术，一定的设计输入将会转化为特定的设计输出，这就是产品的设计规律。运用的技术先进、科学、合理，与之匹配的设计输出也必然科学合理，设计输入很大，而设计输出很小，这是一种效能低下的表现，也反映了产品在设计时所运用的相关技术的落后和不合理。

所谓轮式自行舟桥的总体设计要求，就是指在轮式自行舟桥设计中应该遵从的规律和把握的原则。而要遵从规律和把握原则，首先需要具有清晰的设计思路或者叫设计思维逻辑，要清楚地知道满足自行舟桥设计的物质基础条件，包括作战使命任务、设计理论、设计方法以及与自行舟桥产品设计相匹配的工业产品要求和工业技术水平等要求，知道自行舟桥设计中的主要矛盾和主要问题，不要纠缠在一些无关紧要的次要问题上。只有总体设计要求科学合理，才能避免总体设计方案出现重大失误；只有设计思路清晰，才能把握正确的产品设计方向，才能使产品的军事职能不出现偏差。产品的军事职能，就是产品必须具备的使用功能，这是对产品的设计要求。而产品的军事功能，则是指产品所具备了的使用功能。例如，自行舟桥的职能是既能完成门桥渡河任务又能完成浮桥渡河任务，而反映到功能上就是既能结构门桥又能架设浮桥。从军事职能出发，就是希望产品完成任务的能力越强越好，完成任务的质量越高越好。例如，既能结构门桥又能架设浮桥，就比军事职能为完成渡河工程保障任务要求更具体。

在遂行渡河工程保障任务时，完成门桥渡河任务，自行舟桥可以结构单车漕渡门桥、双车漕渡门桥和三车（多车）漕渡门桥，门桥越大漕渡效能越高，但双车以下的漕渡门桥与三车以上的漕渡门桥在相同车辆载荷作用下的结构受力是有所不同的，往往三车门桥的结构受力要大于双车以下门桥。如果在设计要求中不提可以结构三车门桥，产品设计者为了控制产品重量，就可能会有意避开三车门桥的设计要求，从而使输出的自行舟桥总体技术方案的使用功能大打折扣。所谓设计原则其实就是产品设计的指导思想和设计约束。例如要求产品具有良好的经济性、安全性和保障性，设计人员就会在总体设计方案中考虑原材料、元器件和配套设备的国产化运用问题、设计冗余问题等，这是一个设计指导思想问题；如果明确规定不能使用进口材料和设备，这就是一个设计约束问题。从作战使用性能上讲，要求产品具有一定的隐身性能并适合夜间操作，这是一个设计指导思想问题；如果明确规定夜间不能使用照明设备，这就是设计约束问题，也就是要求产品设计人员在考虑产品夜间操作时，尽量考虑运用自动化和智能化技术，并可考虑为操作手配备夜视设备。

进行轮式自行舟桥的总体技术方案和作战使用性能论证，首先必须紧贴轮式自行舟桥的作战使命，其次就是要紧紧围绕轮式自行舟桥完成任务剖面提取作战效能参数，最后要充分运用设计输入和设计输出之间的科学关系，从需要

第6章 自行舟桥设计

和可能两个方面进行充分论证，确保轮式自行舟桥的战术技术指标全面、科学、协调、可行。

6.7.1 轮式自行舟桥的外形尺寸、承载能力和整车重量

轮式自行舟桥的外形尺寸、承载能力和整车重量之间的关系是有着一定的内在规律的，轮式自行舟桥的主要战术技术指标只有遵循它们之间关系的内在规律，自行舟桥的总体技术方案才能先进、科学、合理。自行舟桥的外形轮廓决定了它的排水量；结构材料、结构尺寸决定了自行舟桥的承载能力；系统组成以及组成系统的原材料、元器件、设备和配套件等决定着整车的重量。业内人员通常把军用桥梁称之为可以移动的桥梁，也就是说渡河桥梁器材主要具备两个特征：第一是可机动性，第二是可保障车辆、人员和技术兵器通过江河障碍。自行舟桥是渡河桥梁器材中机动能力最强的渡河器材，主要用于伴随地面作战部队陆上机动，并且随时前出遂行门桥渡河/浮桥渡河等工程保障任务，保障作战部队迅速克服江河障碍。从自行舟桥的作战使命任务看，轮式自行舟桥主要伴随地面作战部队陆上机动，因此具备良好的陆上机动性能是对轮式自行舟桥最基本的要求。根据对现代战争特点和陆上机动环境的情况，在现代战争中地面作战部队的机动将以公路机动和越野机动为主，铁路机动和空中机动为辅。铁路机动的隐蔽性、安全性和成功率都不如公路机动，空中机动要受到运输尺寸、运输重量等的限制，作战部队运用航空运载工具实施空中机动时，其部队在规模上和武器装备配备上都会受到一定限制，通常很少配备重型装备。因此，轮式自行舟桥首先必须具备公路机动能力和越野机动能力，外形尺寸不受公路运输尺寸限制；其次轮式自行舟桥应该具备铁路机动能力，但要求不必像对公路机动能力的要求那么高，能够整体铁路运输最好，不能整体铁路运输但可以分装运输（将底盘和舟桥结构分开进行铁路运输）也可以接受。除专门为空中机动部队开发可空运自行舟桥外，一般不对轮式自行舟桥提出空中机动要求，但在产品设计时，可以兼顾空中机动要求，在外形尺寸上和重量上尽量满足空中运输条件，可考虑通过对整装进行适当拆分以满足运输要求。

自行舟桥是一种具备舟桥功能的两栖车辆，从产品战术使用要求的角度讲，人们希望舟桥产品的运输尺寸越小越好，从而便于战术机动。同时又希望舟桥产品在使用的时候排水面积和排水体积越大越好，从而最大限度地满足军用车辆的渡河需求。解决这一矛盾的方法就是采用可折叠构造，就是通常所说的折叠式舟桥，将舟体折叠起来以满足运输要求，将舟体展开以满足使用要求。通常舟桥设计师都会最大限度地利用运输尺寸限制，在满足运输限界要求的前提下，使舟桥的外形轮廓尺寸尽可能大以期获得必要的排水量。纵观国内外自行舟桥的外形尺寸情况以及我国公路、铁路运输尺寸限界，轮式自行舟桥在陆上

渡河桥梁产品研发方法

机动状态下的外形尺寸（长×宽×高）应该控制在 13 m×3.3 m×4 m 范围以内。在陆上机动过程中，如果遇到桥涵净空小于 4 m 时，可以通过调整车桥高度和调整轮胎气压等方式，适当降低整车高度，在满足限高的情况下，慢速通过限高区域。

对于不含充气结构的舟桥而言，自行舟桥的外形轮廓尺寸一旦确定，它的总排水量也就随之确定，合理分配自行舟桥各个舟体（如中间舟和侧舟）的外形轮廓尺寸和相对位置，就可以使自行舟桥的漕渡门桥具有较小的自重吃水和较大的有效排水量，最大限度地提高漕渡门桥的承载能力。自行舟桥的总排水量确定之后，就需要确定自行舟桥各个组成部分的重量，根据重量最轻原则和设备安装体积约束条件选取自行舟桥设计所需要的、同时也是与自行舟桥总体设计相匹配的结构材料和两栖车辆所需零部件、配套设备和元器件等，根据上述产品设计的物质基础条件进行自行舟桥各个部分的重量分配和重量、重心控制，提出科学合理的自行舟桥整车重量指标和承载能力。通过自行舟桥漕渡门桥的总排水量、整车重量和储备浮力，获得自行舟桥漕渡门桥的有效排水量。再根据结构材料的机械性能和自行舟桥结构形式和尺寸的初步设计、门/浮桥结构总体分析计算，获得自行舟桥的最大设计载荷，同时根据不同的门桥类型（单车门桥、双车门桥和多车门桥等）确定门桥的承载能力和浮桥的承载能力。

在确定自行舟桥设计载荷和承载能力时，切忌外形尺寸与承载能力的不匹配。根据对外军自行舟桥承载能力与外形尺寸的统计分析，只要自行舟桥的外形尺寸在 13 m×3.3 m×4 m 左右，其有效载重排水量就不会低于 40 t，也就是说单车门桥的有效载重排水量不会小于 40 t。通过轻质高强结构材料的运用以及对两栖车辆的精心设计，如果将轮式自行舟桥的整车重量控制在 28t 左右，则单车自行舟桥漕渡门桥的承载能力可以满足渡送 40 t~45 t 履带车辆的军事需求。例如，PMM 轮式自行舟桥单车门桥可以漕渡一辆 40 t 重的履带车辆，M3 自行舟桥三车漕渡门桥可以漕渡两辆 MLC70 坦克，相当于单车门桥的有效载重排水量达到 42t。从 PMM 自行舟桥单车门桥的水线面面积看（水线面积达到 100 m² 以上），即使载重量增加 5 t，门桥吃水也就增加 5 cm，因此 PMM 自行舟桥即使漕渡 45 t 的坦克也是可以的，但使用环境可能会受到一定限制。从排水量的角度讲，如果说产品的外形尺寸在 13 m×3.3 m×4 m 左右，而单车门桥的承载能力却设定为 35 t，这种指标要求一定没有经过科学论证。

我国发展轮式自行舟桥，就承载能力上讲，也应该遵循以重代轻的建设原则，提高轮式自行舟桥的战场奉献率。同时轮式自行舟桥也应该具备结构多种漕渡门桥和架设浮桥的功能，单车门桥的承载能力应视总体技术方案、国家工业技术基础水平和主要保障对象的情况而定。如果轮式自行舟桥总体技术方案的基本尺寸与履带式自行舟桥基本相当，而整装重量又比后者轻 20%~30%，

第6章 自行舟桥设计

则轮式自行舟桥的单车门桥载重量应该不小于43 t，多车门桥载重量为43t 的倍数。

自行舟桥对整车重量的控制非常严格，因此舟桥结构的强度与重量也受到一定限制，如果我国三代坦克以及今后拟发展的新型坦克重量拟控制在55 t 以内，则漕渡门桥上允许的单个履带载荷的最大重量应该为55 t，浮桥的设计载荷也为履带载荷55 t；如果将来的坦克重量可能发展到60 t，则门桥允许的单个载荷的最大重量以及浮桥的设计载荷应该为60 t。如果将漕渡门桥允许的单个载荷最大重量和浮桥的设计载荷定为45 t，则该轮式自行舟桥只能满足96式坦克和155自行火炮重量以内的车辆通行。如果将轮式自行舟桥单个履带载荷的重量控制在30 t～35 t，则从战术技术两个方面上讲都是不合理的。将单个履带载荷控制在35 t以内，这样的装备只能对特定的战斗模块实施机动渡河工程保障，战场上的使用机会相对比较少，装备使用效率较低；而将单个履带载荷重量控制在45 t以内（满足96式坦克和155自行火炮的使用要求），基本可以满足战场上对主要重型战斗群实施渡河工程保障的要求。如果单个履带载荷的重量可以达到55 t～60 t，则基本可以满足我军现在，乃至将来的渡河工程保障需求。最重要的是在舟桥部队规模不增加的情况下（目前舟桥部队主要装备重型舟桥），轮式自行舟桥一旦装备部队，如果部队是轻型自行舟桥和重型自行舟桥混装，虽然保障方式更加灵活了，但总体保障能力并不一定获得全面提高；如果部队是履带式自行舟桥和轮式自行舟桥混装，且均是重型自行舟桥，其保障能力和保障方式都会获得全面改善。试想一个外形尺寸与履带式自行舟桥相当的轮式自行舟桥，其本身自重要小于履带式自行舟桥，则其有效排水量一定大于履带式自行舟桥，而人为限定轮式自行舟桥的载重量必须小于履带式自行舟桥，无论从技术论证的角度还是战术论证的角度看均是没有道理的，除非轮式自行舟桥还必须人为限制其运输尺寸，要求其外形尺寸小于履带式自行舟桥，但如果不考虑空运要求的话，这种限制依然是没有道理的。纵观世界范围内的自行舟桥发展情况，除日本70式自行门桥承载能力38t以外，其余的自行舟桥，例如季洛瓦、MAB、M2B、ABC、ГСП、M3、EFA、PMM等自行门（舟）桥，其承载能力均在50 t以上，其中绝大部分承载能力在60 t以上，并且绝大部分可以结构三车门桥和浮桥。从目前的情况看，小载重量自行门（舟）桥装备不是自行舟桥发展的主流。舟桥与固定桥装备不同，固定桥装备一旦载重量降低就可以明显减轻装备重量或者提高装备克障能力，而舟桥装备载重量的降低并不能给装备重量或者克障能力带来明显变化。因为固定桥承载完全依赖结构强度，而舟桥承载能力却取决于浮力和结构强度的相互结合。

另外，轮式自行舟桥总体技术方案也可以放弃单车成桥的构想，以双车标准门桥的形式确定自行舟桥的承载能力，此时的浮桥设计载荷应该为60 t，标准门桥的承载能力也为 60 t。如果单车门桥的载重量只能达到履带式车辆 30 t~35 t，浮桥的设计载荷也只能达到 30 t~35 t，则这样的轮式自行舟桥将不可能成为骨干舟桥装备，而只能成为"战场配角"的那一类装备，通常其数量不会太多，其适应战场环境的能力也有限，因为战场很少只有轻型装备和轻型部队而没有重型部队介入，一个态势均衡的战场大都应该是多种战斗部队、多种战斗车辆共存的复杂环境。

6.7.2 轮式自行舟桥的结构材料选择

从自行舟桥设计师的角度讲，对结构材料运用相对来讲是比较看重的。通常业内喜欢将轻质高强结构材料在产品上的应用与产品的先进性相联系，原因是我军舟桥产品长期使用钢材，舟桥结构所使用的钢材，其屈服强度从 235 MPa 一直发展到接近 1 000 MPa，新产品似乎只有使用轻质高强的有色金属材料或者使用高性能纤维复合材料，才能显示其产品的先进性特征。同时舟桥设计师普遍认为，采用轻质高强结构材料，能够有效降低结构重量，在产品外形尺寸不变的情况下，舟桥重量的降低，要么可以提高有效载重排水量，要么可以降低舟桥的吃水，减少舟桥水阻力，进而提高门桥航速。但事实证明，从产品设计的角度讲，上述人们习以为常的专业认识，其实都存在着很大的片面性，并且对产品设计有害无益。

从产品设计的角度讲，自行舟桥结构材料的选择，直接关系到一个总体技术方案的成败。本书前面曾经介绍过俄罗斯 PMP 带式舟桥和美德带式舟桥，并且介绍了 20 世纪 70 年代末我国与德国就带式舟桥进口所进行的商务、技术会谈，德国就推销其铝合金结构带式舟桥罗列了一大堆优点，而我军提出产品需要具备结构 20 t 浮桥的使用要求之后，德国技术人员经过两个月的技术准备，最后提出了与 PMP 带式舟桥完全相同的钢结构舟桥总体技术方案。这充分说明，不同的结构材料有着不同的设计特性和加工特性，各种结构材料都有各自的特点，并且适应不同的总体技术方案，反映到产品上也会具有不同的使用特性。例如履带车辆如果采用挂胶履带，则车辆对铝合金桥面的破坏作用就非常小；如果履带不挂胶，车辆就会对铝合金桥面产生较大的切削和磨损作用。为了确保铝合金桥面的耐用性，人们尝试了许多桥面增强或者保护措施，例如车行道表面渗镉硬化处理、车行道表面设置聚氨酯保护层、车行道表面涂覆金刚砂橡胶层等，但对于不挂胶履带车辆而言，所有措施的实际效果均不够理想。其实，桥面即使是钢结构车行道，履带凸肋（履刺）对钢桥面的局部作用仍然是非常恶劣的，如果履带车辆在桥面上转向，就有可能将桥面防滑条和防护条直接拧断。铝合金桥面与钢桥面相比，强度和硬度都存在较大差距，采取表面处理方法是能够解决铝合金桥面的耐用性的，但这个问题的解决也可能导致产

第6章 自行舟桥设计

品重量的增加甚至使铝合金桥梁结构所带来的减重效果丧失殆尽，表面渗镉可能带来环境污染等问题。目前西方发达国家军队装备的履带车辆基本都是挂胶履带，而俄罗斯和中国目前的履带车辆多数是不挂胶履带。这就是为什么西方国家渡河桥梁装备大量使用铝合金结构而俄罗斯的舟桥装备大量使用钢结构的一个重要原因。

对自行舟桥产品设计而言，采用铝合金材料所能带来的性能变化并不能通过定性分析来获得，必须结合总体技术方案进行定量分析，结合战术技术论证，找准主要矛盾和矛盾的主要方面，科学地选择结构材料。已有的产品设计实践表明，单车自行舟桥使用铝合金的整装重量大约比钢材减轻10%，对于排水面积达 $100 \ m^2$ 的单车门桥而言，即使减少自重 3 t，也就意味着门桥吃水大约减少 3 cm，而相对于满载吃水超过 100 cm 的排水型自行舟桥漕渡门桥而言，吃水增加3%对产品性能几乎没有实质性影响。由此可见，基于一般常识所得出的采用铝合金材料可以降低自行舟桥重量，进而减少舟桥吃水，并显著提高漕渡门桥的岸边适应性和门桥航速的结论，在定量分析面前就只能是设计者的一个噱头而已。自行舟桥是否使用铝合金结构，与产品的水上适应性和岸边适应性并没有十分紧密的联系。自行舟桥采用铝合金的最主要和直接原因应该还是为了控制产品的重量，产品的重量与工业基础水平密切相关，4×4 两栖底盘的承载能力限制着自行舟桥的重量。从我国目前的工业基础水平、加工能力以及产品设计成熟度上看，自行舟桥使用钢结构更符合我国国情，只有在自行舟桥整装重量必须控制在某个指标范围以内，而钢结构不能满足设计要求时，才需要使用铝合金结构或者其他轻质高强结构。

另外，使用铝合金结构也不应该与产品的先进性紧密联系。钢结构有钢结构的优点和不足，铝合金结构有铝合金结构的优点和不足，如果钢结构可以解决的问题，而非要使用铝合金结构，其实并不经济也不科学。虽然整装重量的降低可以给产品的某些性能带来一定的提高，但铝合金自身的许多不足，如材料偏软、集中传力小、不耐高温、维修困难等也会给产品的某些性能带来一定的降低。贬低钢结构而拔高铝合金结构的做法其实并没有科学依据，也容易将设计者或决策者引入歧途。瑞典的 48 m 快速桥和英国的轴向折叠桥，前者用钢材，后者用铝材，又有谁敢说瑞典 48 m 快速桥不如英国的轴向折叠桥先进？如果说 PMM 自行舟桥采用的是铝合金结构就是先进的话，那么它的改进型 PMM－2 和 PMM－2M 采用钢结构是不是就是一种倒退？就是落后？答案显然是否定的，一定是 PMM 在铝合金结构的使用中出现了这样或者那样的技术问题（而这些问题并不被我们所知晓）。从我国履带式自行舟桥的设计实践看，由于总体技术方案给自行舟桥连岸跳板提供的外形尺寸非常有限，跳板的承载能力受到极大的限制，如果连岸跳板采用铝合金结构，自行舟桥就无法实现总体技术方案所确定的性能指标。因此，以结构材料判断产品先进与否的观点并不可取，它会引导产品设计者误入歧途。结构材料的选择必须视国情、军情和具体产品的设计要求而定，视具体结构方案而定。

从 PMM-2M 自行舟桥的重量分配情况看，中间舟（含两栖履带底盘）的重量是 24 t，两个侧舟的重量是 12 t，整装重量 36 t。如果包含轮式两栖车辆底盘的中间舟重量可以控制在 17 t 以内，则轮式自行舟桥的全重完全可以控制在 30 t 以内，且作战使用性能完全不会弱于履带式自行舟桥。因此，轮式自行舟桥设计不应排斥高强度结构钢材，如果整装重量不能控制在 30 t 以内，可以考虑采用铝合金材料，但车行道结构需要进行创新设计，例如采用双层复合铝合金桥面板结构，与舟体肋骨焊接的面板采用可焊性和延伸率良好的 7 系铝合金板材，与车辆履带直接接触的车行道表面采用铝基金刚砂复合材料板材，两种板材之间的复合需要专门研究。当然也可以像 PMM 自行舟桥那样使用复合材料表面防护层，且防护层为可更换结构。

轮式自行舟桥采用铝合金材料的主要优点就是可以满足单车成桥总体技术方案的整备重量控制在 26 t~30 t 的设计要求，而主要缺点就是车行部的耐磨性能较差，履刺将对铝合金桥面以及高出桥面的铝合金构件产生较大的刺损和切削作用。另外铝合金接头承载能力有限，因此铝合金结构的舟间大拉力连接接头、跳板接头等也直接影响轮式自行舟桥的总体技术方案，进而影响承载能力、整备重量和外形尺寸。轮式自行舟桥采用钢材的主要优点是造价低、载重量大、制造加工和使用维修性能更加符合国情，设计制造成熟度高，桥面抗履刺磨损能力与现行钢质舟桥相当，而主要缺点就是可能无法满足单车成桥时整备重量不大于 26 t 的设计要求，当然如果敢于引进进口车桥，并且通过引进、消化、吸收和再创新的方式，整装重量控制在 26 t~28 t 也是完全可能的。

6.7.3 轮式自行舟桥的航速指标

航速是自行舟桥设计的重要指标，产品设计人员通常认为自行舟桥的航速决定着渡河工程保障效率，因此把航速指标作为产品先进性的一个重要体现。一切与速度有关的参数通常都会与效率相联系，因此专业人员在研制新型自行舟桥时，都想在航速指标上有所突破，超过现有国内外的同类产品。因此分析航速对渡河工程保障的重要性，理性看待自行舟桥的航速指标，对于搞好自行舟桥的作战使用性能（战术技术指标）论证，具有非常重要的意义。

在渡河桥梁产品研发中，业内人员总是希望设计者在门桥航速上有所突破，似乎航速不突破，产品就没有研制的必要，只有航速才能体现产品的先进性和实用性。其实，如果用辩证的观点看问题，门桥的航速并非越高越好，物或损之而益，或益之而损，产品设计讲究协调合理，关键在于掌握一个度。因此，

第6章 自行舟桥设计

研究门桥航速问题，需要研究门桥的使用环境，要将渡江河作战环境与渡海登陆作战环境相区别。渡江河作战，通常以克服 100～300 m 宽的江河，500 m 宽以上的江河并不多，最宽的江河也不过 1 000 m 左右。门桥从一岸装载后航行到对岸卸载，再由对岸航行至我岸的过程被称为一个航次，门桥在一个航次中要经历门桥靠岸、系留固定、装载、解缆、门桥离岸航行、停靠对岸、系留固定、卸载、解缆、门桥离岸返回我岸，我们将一个航次中除门桥航行外所用的时间都称为门桥的岸边作业时间。实践证明，根据河宽不同，门桥一个航次的岸边作业时间通常占到门桥一个航次时间的 1/2～2/3，尤其在河幅较窄时，门桥航速根本不能得到充分发挥。门桥开始航行，从静止状态加速到巡航状态通常需要几十米、上百米甚至 200 米左右的加速段，在河幅较窄时，门桥还没有达到巡航速度就必须考虑减速靠岸问题。

关于舟桥的航速问题，国外也曾走过弯路，还曾经考虑采用滑行体线型，但最终发现这种设想对于一个横渡江河的门桥来说毫无意义。因此早在 20 世纪 70 年代，国外认为排水型的漕渡门桥，满载最大航速控制在 10 km/h 左右是比较合适的。国外自 20 世纪 50 年代末开始出现自行舟桥，到 20 世纪 90 年代末，先后出现了 10 多种自行舟桥产品。其中 1961 年装备法军的季洛瓦自行舟桥，其门桥水上最大航速 11 km/h（水上最大航速在未标注空载或满载的情况下，那一定就是空载航速，因为空载比满载航速高）；1967 年装备德军的 M2B 自行舟桥，门桥空载最大航速 14 km/h，满载 12 t 单车门桥航速 13 km/h，满载 30 t 双车门桥航速 12 km/h，满载 60 t 三车门桥航速 11 km/h；1970 年装备美军的 MAB 自行舟桥，门桥满载航速 12.87 km/h；日本的 70 式自行舟桥，水上航速 12 km/h；法国 BAC 自行门桥（1957 年申请专利）单车门桥满载航速 11 km/h，双车门桥满载航速 10 km/h；苏联 ГСП 自行门桥（1967 年装备部队）空载航速 10 km/h，满载航速 6 km/h；PMM 自行舟桥（1974 年研制）水上满载航行速度 10 km/h（佛罗德数 0.44，相当于水深 4.0 m 的条件），空载航速 11.5 km/h（佛罗德数 0.592，相当于水深 3.0 m 的条件）；PMM-2M 自行舟桥（20 世纪 70 年代末开始研制，80 年代开始服役）单车门桥满载 42.5 t 时最大航速 10 km/h；1996 年交付德军使用的 M3 自行舟桥水上航速空载 14 km/h，单车门桥负载 12t 时 13 km/h，双车门桥负载 MLC70 时 10 km/h；1992 年交付法军使用的 EFA 自行舟桥水上航速（载重 MLC70）3.1m/s（11 km/h），空载 3.8 m/s（13.68 km/h）。

以上国外产品的航速数据表明，在 20 世纪 60 年代，门桥的空载和满载航速范围基本在 10 km/h～14 km/h 之间，只有一个装备的满载航速小于 10 km/h。而进入 20 世纪 90 年代，门桥的空载和满载航速范围依然控制在 10 km/h ～ 14 km/h 之间。值得一提的是，满载 40 t 以上的门桥多数航速指标都定在

10 km/h。由此可见，外军自行舟桥产品在 40 多年的发展中，门桥的航速没有发生实质性变化，这说明国外并没有将门桥的航速视为确定门桥漕渡效能的重要指标，也没有将航速指标与产品的进步相关联。应该讲，自行舟桥产品的门桥航速指标多年来变化不大的原因主要体现在三个方面：

第一，主要强调排水量，因此线型比较简单，加之自重大、吃水深，水阻力比较大，航速的提高需要发动机的功率作保证。发动机功率的增大，不仅带来自身重量的增加，还会带来传动系统、燃油系统、冷却系统和水上推进系统等相关设备和零部件重量的进一步增加，最终导致产品总体技术方案无法实现或者影响产品的综合效能。

第二，自行门桥的水动力稳定性通常是固有的，舟桥水动力稳定性计算理论告诉我们，只要舟桥外形尺寸一旦定下来，门桥的临界航速也就随之被确定下来，自行舟桥受运输尺寸的限制，门桥的外形尺寸有限，门桥的临界航速并不高。为了提高门桥的临界航速，通常在门桥首部需要设置水动力板以确保门桥航行时的稳定性。根据航速与门桥首部壅水的关系，当门桥航速达到 10 km/h 时，门桥首部壅水高度达到 30 cm。我国履带式自行舟桥在满载高速航行时也会出现门桥首部上水现象。如果航速达到 11 km/h 多，首部壅水高度将达到 40 cm，通常水动力板无法全面覆盖门桥首部，满载门桥也无法提供过高的干舷。其实，上述门桥舟首的壅水高度是按照传统舟桥设计理论给出的公式 $\Delta h = \mu \dfrac{V^2}{2g}$ 进行计算的，根据我国 20 世纪 70 和 80 年代所进行的大量实物和模型试验发现，传统舟首壅水高度计算值与实际情况存在较大的偏差，且这种偏差随着水流速度的增大而增大，实测值与计算值之比接近 2，由此可见用传统计算公式估算高流速情况下的舟首壅水高度可能低估实际情况。如果综合考虑舟体吃水 T、水深 h 以及水深弗鲁德数 $F_r = V/\sqrt{gh}$，则在较高流速情况下舟首壅水高度用公式 $\Delta h = \left[\dfrac{T}{h}\left(F_r + \dfrac{1}{F_r}\right) + \mu\right]\dfrac{V^2}{2g}$ 计算更为准确，门桥的壅水可能超过上述计算值的 50%。这也表明，自行舟桥必须在舟首设置水动力板，同时也要求相关人员科学确定门桥航速指标。

第三，在门桥漕渡作业中，门桥最大航速出现的概率比较少，或者说门桥最大航速的航行时间占门桥一个航次的时间的比例非常小，码头作业时间通常就占据一个航次时间的一半以上。从产品设计的角度讲，门桥的最大航速主要是用来匹配发动机的功率，而从使用的角度讲，门桥的平均航速对漕渡效能的影响更大。当然，希望提高门桥航速的人员也有自己的思考，他们都希望能提高自行舟桥对流速的适应性，并将适应流速与门桥航速挂钩，甚至认为，航速必须大于流速才能完成门桥漕渡任务。这种观点既对也不对，航速高当然好，门桥航速高使用起来更灵活，但确定门桥航速指标，必须兼顾需要与可能。再者,门桥漕渡实践证明,门桥航速小于河流的最大流速是完全可以完成门桥漕渡任务的,江河流速沿河幅并非一成不变,在主流道流速高,其他地方流速低,一般岸边流速小于河中流速,通常岸边流速不超过最大流速的 1/2,人们也是根据流速分布情况来确定门桥漕渡线路,如 8 字形渡和三角形渡等。从这个意义上讲,片面地以门桥最大航速来判别自行舟桥的流速适应性是不可取的,自行舟桥产品的性能是否先进还是需要从需求与可能以及相关性能指标的协调合理上来作出判别。从水桶理论上讲,消除性能短板,才是产品是否先进的重要标志。

6.7.4 多车门桥是提高门桥渡河效能的重要途径

在实际产品研发中,专业人员会使用两个产品名称,一个叫自行舟桥,一个叫自行门桥。有人将自行门桥看作是不具备浮桥渡河功能的舟桥产品,将自行舟桥看作是既具备门桥渡河功能又具备浮桥渡河功能的舟桥产品。这种看法是错误的,这种看法会让研制自行门桥的专业人员为了降低研制难度而放弃产品的浮桥渡河功能。从 GJB1161 军用桥梁术语的定义看,舟桥是用浮舟结构门桥和架设浮桥的器材,自行舟桥是具备水陆自行能力的舟桥;而门桥则被定义为类似渡船的浮游结构物。因此将一个舟桥产品名称定义为一个浮游结构物明显不妥,自行门桥作为产品名称更凸现的是产品的特征,而非作为一种器材。其实,如果把自行舟桥和自行门桥作为一种舟桥器材来看待的话,自行舟桥和自行门桥都是具备舟桥功能的两栖工程车辆,两者没有实质意义上的差别,之所以出现两种不同的叫法,应该与翻译国外文献关系密切,自行舟桥是业内的通俗叫法,表示一类舟桥器材,而自行门桥则可能是翻译者介绍某种自行舟桥产品。例如,我们常说的 PMM-2M 自行舟桥,在翻译的口中叫 PMM-2M 自行门桥,它即可结构门桥又可架设浮桥。自行舟桥产品开发,不可因为产品名称叫自行门桥就忽略了产品的浮桥功能。因为舟桥结构设计师知道,具备架设浮桥功能的产品,一定可以结构多车门桥,而不具备架设浮桥功能的产品,其结构门桥的长度必然受到限制,而漕渡门桥的长度、承载面积和承载能力直接关乎门桥渡河的效能,本节将会进行专门的渡河效能分析。从这个意义上讲,自行门桥也必须具备架设浮桥的功能。

自行舟桥的门桥漕渡效能分析必须以特定的任务想定为研究对象。在渡河行动中,通常克服 200 m 以下的河流多数采用浮桥渡河,渡河器材不足以架设浮桥时,也可采用门桥渡河;对于 200 m 以上的宽大河流,通常实施宽广正面的多点门桥渡河。要研究门桥渡河效能,当以 200 m 以上河流为对象进行量化分析,而 500 m 以内的河流,一对码头只能容纳 2 个漕渡门桥,因此门桥渡河任务想定当以 500 m 宽以上的河流为研究对象,将河宽分为 500 m、600 m、

700 m、800 m 和 900 m；门桥渡河总作业时间假定为 4 h，漕渡门桥的平均航速假定为 7 km/h（2 m/s），漕渡门桥分为单车门桥装载一个 43 t 履带车辆，双车门桥装载 2 个 43 t 履带车辆，三车门桥装载 3 个 43 t 履带车辆，双车门桥装载一个 60 t 履带车辆，三车门桥装载 2 个 60 t 履带车辆。从自行舟桥的作战任务剖面可以看出，影响自行舟桥完成任务的因素很多，这里只是就门桥漕渡这一环节对自行舟桥门桥的漕渡效能进行量化分析。根据上述任务假定和门桥种类，各种漕渡门桥一个航次所用时间计算结果见表 6-22，一对码头可以容纳的门桥数量计算结果见表 6-23，每种漕渡门桥在 4 小时内的渡送量计算结果见表 6-24。

表 6-22　各种漕渡门桥一个航次所用时间（门桥平均航速为 2 m/s）　　min

河宽/m \ 装载履带车辆数量	单车门桥装载 1 个履带车辆	双车门桥装载 2 个履带车辆	三车门桥装载 3 个履带车辆	双车门桥装载 1 个履带车辆	三车门桥装载 2 个履带车辆
500	24.016 67	25.616 67	27.216 67	22.016 67	23.616 67
600	26.1	27.7	29.3	24.1	25.7
700	28.183 33	29.783 33	31.383 33	26.183 33	27.783 33
800	30.266 67	31.866 67	33.466 67	28.266 67	29.866 67
900	32.35	33.95	35.55	30.35	31.95

表 6-23　一对码头能够容纳的门桥数量（门桥平均航速为 2 m/s）

河宽/m \ 装载履带车辆数量	单车门桥装载 1 个履带车辆	双车门桥装载 2 个履带车辆	三车门桥装载 3 个履带车辆	双车门桥装载 1 个履带车辆	三车门桥装载 2 个履带车辆
500	3	3	3	3	3
600	3	3	3	4	3
700	4	4	3	4	4
800	4	4	4	5	4
900	4	4	4	5	5

表6-24 在4 h时间内一对码头所能够渡送的履带载荷数量（门桥平均航速为2 m/s）

河宽/m \ 装载履带车辆数量	单车门桥装载1个履带车辆	双车门桥装载2个履带车辆	三车门桥装载3个履带车辆	双车门桥装载1个履带车辆	三车门桥装载2个履带车辆
500	30	56	79	32	60
600	27	51	73	39	56
700	34	64	68	36	69
800	31	60	86	42	64
900	29	56	81	39	75

从表6-22数据可以看出，单车门桥装载一个载荷、双车门桥装载2个载荷、三车门桥装载3个载荷时，由于载荷距门桥两端非常近，需要对漕渡门桥上的载荷进行特殊固定（单车门桥由于水线面惯性矩较小，门桥容易倾斜，因此门桥上的车辆肯定是需要用链葫芦等索具进行特殊固定的；多车门桥多个载荷时，门桥的水线面惯性矩比较大，但载荷靠近门桥边缘，是否需要特殊固定还缺少实践经验），所以花去的岸边作业时间比较多，一个航次所花的时间也比较多；而双车门桥装载一个载荷或三车门桥装载两个载荷，由于门桥承载面比较大，载荷距门桥端部比较远且门桥水线面惯性矩足够大，因此不必对载荷进行特殊固定，所以花去的岸边作业时间比较少，一个航次所花时间也比较少。

从表6-23数据可以看出，随着门桥一个航次时间的增加，一对码头能够容纳的漕渡门桥数量也会逐步增加，表中数据没有考虑漕渡门桥等待码头靠岸的情形，否则一对码头容纳的漕渡门桥数量可以适当增加，因为存在漕渡门桥等待码头的情况，故实际一对码头的渡送能力不会明显变化。

从表6-24数据可以看出，单桥单载的门桥漕渡方式，其漕渡效能一定是最低的，一个大载重量的门桥一次运载多个载荷，对一对码头来说，利用率是最好的，漕渡效率也是最高的。在一对码头上，三车门桥在规定时间内的渡送量是单车门桥的2.8倍，是双车门桥的1.45~1.92倍。

上述计算分析表明，自行舟桥不但能够单车成桥和双车成桥，还应该能够多车成桥或架设浮桥。不能因为浮桥结构受力偏大导致结构重量控制困难而回避产品的浮桥性能，也不能因为三车门桥的受力与浮桥相当而回避三车门桥的性能。任何试想通过降低门桥漕渡效能而获取产品设计减重效果的做法都是愚蠢的。

6.7.5 轮式自行舟桥的总体设计要求

自行舟桥产品的总体设计要求是建立在对产品使用方法的了解和对产品使

用过程细节的预判的基础之上的,是结合科学技术的发展而对产品设计的一种总体优化。其实,自行舟桥的出现本身就是人们对舟桥产品的一种优化设计。早期的舟桥,从船只发展而来,由于受到动力技术、结构材料以及科学认知等方面的限制,浮桥是在船的基础上,再构筑上部结构,使之构成门桥(渡船)或者浮桥。当时军队架设浮桥的材料,只能在架桥点附近就地取材,劳动力只能是人力和马力。随着动力技术和材料技术的不断进步,造船技术和车辆技术得到发展,随之也出现了由车辆运输的制式舟桥产品,它们由桥脚舟、上部结构、架桥汽艇(水上推进动力)和运输车辆组成。通常浮桥的桥脚舟根据承载能力要求可以由首舟、中间舟和尾舟组成,上部结构主要是桥桁和桥板,桥桁的数量也是根据浮桥的吨位进行设置,所构筑的浮桥,叫桥脚分置式浮桥。架设浮桥时,通常先结构桥节门桥,然后通过架桥汽艇将桥节门桥逐个引入桥轴线并相互连接形成浮桥。桥脚舟和上部结构按照一定的比例配套成一个车辆运输单元,被称之为节套舟,运输车辆主要用于舟桥器材的陆上机动和节套舟的装车、泛水作业。这种舟桥产品可以根据不同的载重量,变化浮游桥脚舟的大小、上部结构的桥桁数量、两桥脚舟之间的距离和车行道的宽度,使用非常灵活,但存在劳动强度大、作业时间长、作业人员和运输车辆多等不足,尤其是桥脚分置式浮桥需要配置专用的码头器材或者栈桥器材,作战效能受到很大影响。

随着技术的进一步发展,人们开始考虑将这种传统的舟桥产品进行进一步集成,人们设想将舟桥的上部结构、桥脚舟、渡河所需要的水上推进动力和运输车辆集成在一起,形成一个或者半个桥节舟。所谓桥节舟就是一段桥梁,这就是人们对早期制式舟桥产品的一种优化设计,其基本总体设计要求就是要集车辆、渡船和桥梁的功能集于一身,人们将这种新的舟桥产品称之为自行舟桥。但在人们刚开始提出自行舟桥设想并从事自行舟桥产品开发的年代,当时的工业产品和工业技术并不能完全支撑自行舟桥产品的开发,自行舟桥产品也存在着许多缺陷,如自重太大,有效浮力太小;吃水太大,水阻力大,水动力稳定性和岸边适应性较差;产品造价昂贵,效费比差等。在这样的背景之下,一种新的产品设计构思导致了带式舟桥的出现,这种产品基于当时的科技水平和工业水平,设计人员将早期的桥脚分置式舟桥产品的桥脚舟和上部结构合二为一,一个运输单元就是一个或者半个桥节舟,桥节舟泛水后相互连接形成桥节门桥、漕渡门桥或者浮桥,由于这种浮桥像一个漂浮在水面上的带子,因此被称作带式舟桥(ribbon bridge)。

为了发挥带式舟桥的优势,人们要求桥节舟在运输时,尺寸尽可能小以满足公路和铁路运输要求,使用时排水面积尽可能大以满足承载要求,因此制式带式舟桥都是折叠式舟桥。带式舟桥解决了当时桥脚分置式舟桥的不足,同时在作战效能和效费比上也不比当时的自行舟桥差,尤其在第四次中东战争中一鸣惊人,受到业内关注,因此带式舟桥产品被发展起来,至今还是许多先进军事强国的主要舟桥装备,但这种产品主要在预有准备条件下渡河才能发挥最大效能。泛水点越多效果越好,但渡场泛水点的数量与渡场进出路的数量和构筑进出路的土工作业量关系密切。随着工业技术和工业水平的不断进步,工业产品小型化、轻量化、自动化和智能化程度不断提高,也为新型自行舟桥产品的开发创造了条件。对自行舟桥产品的各种实用功能而言,目前是只有想不到,没有做不到,我们的产品,之所以与国外存在差距,其根本原因就在于此。要开发好自行舟桥产品,首先要论证到底是使用轮式两栖底盘还是履带式两栖底盘,再根据自行舟桥在完成任务过程中的一系列动作和可能遇到的一系列问题,并且根据相应技术发展情况,提出自行舟桥总体功能和设计要求。

作为具有舟桥功能的两栖车辆,轮式自行舟桥的设计要求主要有以下几个方面。

首先,轮式自行舟桥必须具有良好的出、入水性能。与一般轮式两栖车辆相比,轮式自行舟桥的出、入水能力必须更加优越。一般轮式两栖车辆,通常是在普通车辆的基础上增加一套水上推进装置,其在出、入水时遇到的最大问题就是车辆会在岸边特定水域出现打滑现象,这个位置处于浮力不足以将车辆浮起,同时陆上行走系统又无法获得必要的行走摩擦力,且水上行走系统不能工作(通常在车辆入水时)或者即使工作也不能产生足够的推进力(通常在车辆入水时)的岸边水侧地段。轮式自行舟桥为了克服这种现象,确保产品使用时的水陆转换,必须具备车桥收起功能和车轮自动充放气功能,可以说这是轮式自行舟桥总体设计的首要设计要求。自行舟桥以正常行驶状态入水,当车辆到达岸边上述特定位置时,收起车桥,自行舟桥就会自动浮起,此时水上动力即可发挥作用,自行舟桥即可水上航行。自行舟桥在水上工作时,车桥处于收起状态,这样既可以减少门桥的水阻力,又可以减小门桥的吃水深度,提高门桥的适应性能。自行舟桥出水时,门桥浮游到岸边,此时放下车桥,浮力消失,车辆搁浅,车辆可以获得必要的行走附着力,或者通过陆上行走系统和水上行走系统共同工作,确保自行舟桥出水上岸。如果车辆行走出现打滑时,可以通过轮胎放气来调整胎压,增加轮胎接地面积,即可克服轮胎打滑现象。

第二,轮式自行舟桥必须最大限度地提供浮力,确保产品的渡河功能。根据分析,车桥收起功能将导致自行舟桥的浮力损失,且一个车桥可能导致自行舟桥损失 3 t~5 t 的浮力,因此自行舟桥在确保出、入水性能的前提下,选择 4×4 两栖越野底盘最为科学。否则要么出入水性能欠缺,要么承载能力有所欠缺。由于采用 4×4 两栖越野底盘,就自然产生了大承载力的越野转向车桥和大直径车轮的设计要求。根据对国内外轮式自行舟桥的了解,一般轮式自行舟桥

· 309 ·

的单车重量大约为 25 t~30 t，越野车桥的承载能力一般为 13 t~15 t，个别车桥的承载能力达到 20 t 左右。采用全轮转向是为了降低车辆的转弯半径，自行舟桥长度在 13 m 左右，如果不能全轮转向，转弯半径将达到 26 m 左右，全轮转向可使转弯半径缩小一倍。大直径车轮可以提高车辆离地间隙，有助于 4×4 车辆提高越野克障能力，根据图片反求分析，国外轮式自行舟桥的车轮直径通常都在 1.6 m 以上，而文献记载的德国水陆工程侦察车的轮胎直径达到 1.74 m。应该讲我国目前在大承载力车桥和大直径轮胎方面与国外还存在较大差距，一是车桥重量偏大，二是轮胎直径偏小，且为低速轮胎。我国某 4×4 底盘自行门桥的车桥轴距为 6.5 m，车轮直径为 1.5 m，轮胎由正常胎压放气到低压约耗时 20 min，由低压充气到正常胎压约耗时 30 min；而德国 M3 自行舟桥的轴距也为 6.5 m，但车轮直径达到 1.7 m，轮胎由正常胎压放气到低压约耗时 1.5 min，由低压充气到正常胎压约耗时 4 min。由此可见，虽然我国自行舟桥与国外自行舟桥在功能上区别不大，但由于设计技术和设计理念方面的落后，在具体作战使用性能方面差距明显。

第三，轮式自行舟桥必须具有良好的安全可靠性。自行舟桥在低速行驶时可以全轮转向，但在高速行驶时只能前轮转向而后轮被锁在直线状态，上述动作都需要通过液压系统来实现，因此液压系统的可靠性至关重要，目前我国业内相关人员还不能保证车辆在高速行驶时确保后轮锁住。从国外产品的设计实践看，在液压系统设计中，大量使用了冗余设计。光液压泵就在 3 个以上，可分为主泵、副泵和电动泵，确保系统供油稳定性，进而保证了车辆转向系统、刹车系统、车桥提升系统和各种液压锁的正常工作。为防止刹车摩擦片工作失效，在制动器上还安装了加热烘干装置，在自行舟桥出水后，烘干制动器上的水分才可以高速行驶。

第四，自行舟桥必须具有良好的水上机动性能和靠岸能力。目前随着离心泵式喷水推进器的应用，自行门桥在水中可以实现急停、前进、后退、横移和原地回转，水上机动能力比传统推进装置提高很多，但自行舟桥作为漕渡门桥时，靠泊渡口码头是最重要的环节，并且是可能非常花费作业时间的一个环节。而渡口码头位置的选择，通常都要符合一定的战术技术原则，符合战术要求的码头，附近水域环境条件对门桥靠岸可能带来一定的困难。为了提高漕渡效能，自行舟桥应该具备门桥自动靠岸的功能，不光具备单车门桥自动靠岸功能，还应具备多车门桥自动靠岸功能。传统漕渡门桥靠岸后，都需要对门桥进行岸边系留固定，然后才能进行门桥装卸载作业。进行门桥系留固定的作业动作主要是设置系留桩和进行门桥带缆固定。门桥完成装卸载作业后，还需要进行解缆作业，漕渡门桥方可离岸并航行，上述作业通常费时费力，有时还需要码头班配合漕渡作业。而新型自行舟桥，对完成漕渡作业的兵力有着严格要求，作为伴随机械化部队快速机动并可迅速实施渡河保障的渡河器材，参与渡河保障的兵力只能是随车乘员，不可能有其他兵力参与渡河工程保障行动，同时还必须尽可能缩短码头作业时间。因此漕渡门桥除具备自动靠、离岸功能外，还应该具备自动实施门桥岸边定位固定功能，如通过连岸跳板和跳板翻转液压系统进行门桥岸边固定，废除传统的打桩系留和带缆、解缆等作业。

第五，自行舟桥必须大力运用军事传感和军事通信技术，尽量使自行舟桥在完成任务各个环节中的相关操作实现智能化、自动化和半自动化。如实现车桥收起的可控化和程序化，作业人员在驾驶舱内即可对车桥的收起量进行精确控制；侧舟展开和跳板展开的自动化，作业人员在驾驶舱内操作控制器即可完成相关作业，而不再需要车外人员进行作业指挥；作业控制器采用触摸双视窗显示系统，一个视窗为产品实际操作控制系统，一个视窗为产品模拟操作训练系统；配备夜视系统和通信设备，方便夜间作业而不再依靠旗语、信号灯和哨音等完成漕渡作业。

第六，自行舟桥产品必须具有良好的工艺性能和维修性能。自行舟桥是一个具有舟桥功能的两栖车辆，从我国目前的生产情况看，通常是由车辆厂提供车辆底盘，由造船厂完成最终产品。这种生产模式对于完全使用钢质结构材料的产品而言，虽然不尽合理，但也不会出现多大技术问题，但对使用铝合金结构材料的产品而言，可能给产品的加工和日后的维修带来较大麻烦。因为车辆底盘的车架为钢结构，需要考虑与铝合金结构与钢质车架的连接问题。由于车架与行走系统和传动系统有着许多关联，这就导致车体结构与车架的连接形式变得复杂和麻烦，尤其是车体水密问题很难处理，有的部位采用橡胶密封垫圈，但这种构造在产品使用中，一旦垫圈老化，在不破坏结构的情况下，密封圈是无法进行更换的。因此最好的方法是采用铝合金车架，与车体结构一体成型，车架上的车辆设备安装支点可以利用钢质构件进行加强，这样的设计处理可以确保铝合金自行舟桥的设计质量、制造质量和产品使用以后的维修性能。

自行舟桥的总体设计要求通常都与自行舟桥完成任务剖面和全寿命周期内的经历互相关联，自行舟桥的产品优化，就是对过去产品作业动作的优化，有的是通过技术，实现产品相关作业动作的合并简化；有的是通过技术，实现产品相关作业动作的机械化、自动化；有的是通过技术，实现产品相关系统的可靠性、安全性和耐用性；有的是通过技术，改变传统的渡河作业方式和作训模式等。总之，要想设计出好的产品，设计人员在办公室里是不可能做到的，必须经常下部队了解相关产品的使用情况、存在的问题，了解产品使用者的使用需求，最终通过技术去实现对产品的改进。

6.8 轮式自行舟桥的总体技术方案的可行性论证

自行舟桥产品设计的可行性论证相比一般舟桥产品要复杂得多，前面说过，自行舟桥是所有舟桥产品中各个分系统相互关联度最高、技术最为复杂、未知因素最多、对工业基础水平要求最高、研制难度最大的舟桥产品。其设计可行性论证必须紧紧围绕所提出的初步总体技术方案，从设计物质基础条件与设计要求之间的对应关系入手，对组成自行舟桥的各个系统的设计要求进行技术分析，并使之与当前的设计物质基础条件相联系，看看设计物质基础条件是否能够满足设计要求，以及满足设计要求的可能性。以往自行舟桥的可行性论证就是宏观分析一下目前我国的工业基础水平对研制自行舟桥的满足程度，指出几项制约自行舟桥产品研制的关键技术，如车桥（轮胎）收起技术和轮胎自动充放气技术等的解决情况；同时对研制自行舟桥所需人才结构以及对同类产品研制经验进行粗略分析，便得出研制自行舟桥的可行性结论。应该讲以往的产品研制可行性论证只能算是一个初步论证，而进一步的论证就必须与产品的总体技术方案紧密结合才能取得实际效果。面对初步总体技术方案，同时结合国内外同类产品的技术特征，我们可以初步确定自行舟桥产品的系统组成、技术要求以及重量分配等初步技术数据，如为提高自行舟桥出、入水性能的车桥（车轮）收起装置的收起行程、悬挂刚度和受力大小等数据；提高车辆越野性能的轮胎自动充放气系统的充气压力、充放气速度等数据；降低车辆转弯直径的全轮转向车桥以及在高速行驶时控制后桥不发生转向的装置等的设计要求；适应地形条件的前、后桥动力自动分配装置及其技术要求，等等。

一些技术要求能够提高产品的性能但并非产品研制的必备条件，如自动变速箱技术、全轮转向技术和动力自动分配技术等，因为手动变速、前轮转向和动力定向分配也可以用于产品设计，只是会降低产品的性能。如果对车辆转弯直径有所要求，而前轮转向不能满足要求时就必须使用全轮转向技术，而一旦确定系统组成和相关技术要求，就必须对产品进行进一步的可行性论证。根据总体技术方案的空间约束条件、重量约束条件以及各个系统的初步技术设计情况，对组成系统的结构件、设备和零部件等进行必要的可行性分析，如按照发动机的功率要求、体积要求和重量要求对应去查找市场上有无相应的产品。如果没有适合的市场产品，是否可以选择替代产品？同时分析选择替代产品可能给产品设计和产品性能所造成的影响等。对于产品设计所使用的材料、设备、外购零部件，如果没有市场产品，也可以选择自主设计开发，但也需要进行必要的可行性分析和风险评估。通过产品总体技术方案的可行性论证，可以让管理者和设计者清晰地知道，什么样的设计条件可以获得优良的自行舟桥产品，什么样的设计条件可以得到一个堪用的或者是勉强可以接受的自行舟桥产品。前面说过，使用要求和技术实现存在对应关系，可行性分析也需要根据产品使用方的需求牵引出相关的产品设计技术，一旦发现产品设计技术缺失或者产品设计技术成熟度不够，这就为我们的预先研究、应用研究提供了正确的方向。

参 考 文 献

[1] 孙文俊，陈宝泉．军用桥梁设计原理［M］．北京：国防工业出版社，2008．

[2] 孙文俊．渡河桥梁装备研究方法．［M］．北京：国防工业出版社，2003．

[3] 孙文俊．渡河桥梁装备设计与计算．［M］．北京：国防工业出版社，2013．

[4] 张鄂．现代设计理论与方法［M］．北京：科学出版社，2007．

[5] 孙文俊．军用桥梁装备战术技术指标体系与综合效能分析［J］．工兵装备研究，2008（5）．

[6] 美军野战条令 FM5 – 100［S］．工程兵战斗行动，1979．

[7] 美军野战条令 FM5 – 100［S］．工程兵战斗行动，1984．

[8] 美军野战条令 FM3 – 34［S］．工程兵战斗行动，2003．

[9] 中国人民解放军工程兵司令部．渡河教范问题解答［G］．1982．

[10] 中国人民解放军总参谋部工程兵部．浮桥门桥冰上渡河［G］．1984．

[11] 国外工兵装备（1973 年 1 ~ 6 期合订本）［G］．中国人民解放军工程兵科研一所内部资料，1973．

[12] 外军工兵装备（1974 年 1 ~ 6 期合订本）［G］．中国人民解放军工程兵科研一所内部资料，1974．

[13] 外军工兵装备（1975 年 1 ~ 6 期合订本）［G］．中国人民解放军工程兵科研一所内部资料，1975．

[14] 外军工兵装备（1976 年 1 ~ 6 期合订本）［G］．中国人民解放军工程兵科研一所内部资料，1976．

[15] 外军工兵装备（1977 年 1 ~ 6 期合订本）［G］．中国人民解放军工程兵科研一所内部资料，1977．

[16] 外军工兵装备（1978 年 1 ~ 6 期合订本）［G］．中国人民解放军工程兵科研一所内部资料，1978．

[17] 孙文俊，等．履带底盘自行舟桥跳板的设计计算［J］．工兵装备研究，2009．

[18] 孙文俊,等. 制式带式舟桥的总纵弯矩和吃水计算[J]. 工兵装备研究, 2010.

[19] 孙文俊,等. 某自行舟桥门桥间连接处的负弯矩设计计算[J]. 工兵装备研究, 2010.

[20] 孙文俊,等. 对俄罗斯新型自行舟桥的技术分析[J]. 工兵装备研究, 2011.

[21] 孙文俊,等. 混合门桥或浮桥段的内力和变形计算[J]. 工兵装备研究, 2011.

[22] 孙文俊. 舟桥器材与水流的相互作用及其试验验证[J]. 工兵装备研究, 2011.

[23] 孙文俊. 履带式自行门桥上、下载时的跳板受力分析[J]. 工兵装备研究, 2011.

[24] 外军工兵装备(1979年1~6期合订本)[G]. 中国人民解放军工程兵科研一所内部资料, 1979.

[25] 孙文俊,等. 从舟桥装备的使用效能和特点看舟桥装备的发展[C]//渡河桥梁专业学组第十四届学术年会论文集, 2010.

[26] 孙文俊. 渡河桥梁装备名称及其意义初探[C]//渡河桥梁专业学组第十四届学术年会论文集, 2010.

[27] 孙文俊,等. 浅谈反求工程设计在渡河桥梁装备设计开发中的应用[C]//渡河桥梁专业学组第十四届学术年会论文集, 2010.

[28] 孙文俊,等. 某自行舟桥结构总体强度的试验验证[J]. 工兵装备研究, 2011.

[29] 孙文俊. 对发展我军自行舟桥的思考[C]//渡河桥梁专业学组第十四届学术年会论文集, 2006.

[30] 孙文俊,等. 科学把握渡河桥梁装备发展中的几个问题[C]//兵工学会学术年会论文集.

[31] 孙文俊. 对渡河工程保障能力建设、装备技术进步和渡河桥梁装备体系的思考[C]//兵工学会学术年会论文集.

[32] 外军工兵装备(1980年1~4、1981年1~4期合订本)[G]. 中国人民解放军工程兵科研一所内部资料, 1981.

[33] 工兵装备研究(外军版, 1982年1~2、1983年1~2、1984年1~3期合订本)[G]. 中国人民解放军工程兵科研一所内部资料, 1984.

[34] 工兵装备研究(外军版, 1985年1~4、1986年1~4期合订本)[G]. 中国人民解放军工程兵科研一所内部资料, 1986.

[35] 工兵装备研究(外军版, 1987年1~4、1988年1~4期合订本)[G]. 中

国人民解放军工程兵科研一所内部资料，1988.
[36] 外军工程装备技术（1989年1~4、1990年1~4期合订本）. 中国人民解放军工程兵科研一所内部资料，1990.
[37] 外军工程装备技术（1991年1~4、1992年1~4期合订本）[G]. 中国人民解放军工程兵科研一所内部资料，1992.
[38] 外军工程装备技术（1993年1~4、1994年1~4、1995年1~4期合订本）[G]. 中国人民解放军工程兵科研一所内部资料，1995.
[39] 中国人民解放军总参谋部兵种部. 军事工程百科辞典 [M]. 北京：解放军出版社，2003.
[40] HIS Jane's Land Warfare Platforms Logistics，Support & Unmanned 2014—2015，Shaun C Connors，Christopher F Foss & Damian Kemp.